Jürgen Bock

Wassersport-Lexikon

Jürgen Bock

Das große pietsch Wassersport-Lexikon

pietsch

Einbandgestaltung: Dos Luis Santos

Bildnachweis: Alle Bilder Archiv Jürgen Bock

ISBN 13: 978-3-613-50480-6

ISBN-10: 3-613-50480-4

Ein Unternehmen der Paul Pietsch Verlage GmbH + Co

1. Auflage 2005

Sie finden uns im Internet unter www.pietsch-verlag.de

Lektorat: Martin Gollnick

Innengestaltung: Green Tomato GmbH

Druck und Bindung: Henkel GmbH, 70435 Stuttgart

Printed in Germany

Liebe Leserin, lieber Leser

Das vorliegende Wassersport-Lexikon soll Ihnen dabei helfen, sich in der Wassersportsprache auf dem Wasser zurechtzufinden. Diese Sprache ist über Jahrzehnte aus der deutschen, niederdeutschen, holländischen, englischen, französischen und spanischen Sprache entstanden, und die Begriffe werden Ihnen, wenn Sie zunächst als *Badegast* mitfahren, zumeist sehr fremd vorkommen. In der Regel werden weder der Skipper noch die Crewmitglieder auf einer Motor- oder Segelyacht die speziellen Ausdrücke übersetzen, deren Zahl zudem so groß ist, dass ihre Bedeutung nach einem einmaligen Törn kaum zu begreifen ist. Genau hier setzt dieses Lexikon an, dessen rund 800 Abbildungen (hoffentlich) dazu beitragen, die leicht verständlich gehaltenen Erklärungen noch besser nachvollziehbar zu machen.

Bremen, im September 2005 *Jürgen Bock*

Hinweise zur Benutzung

- Die Stichwörter (fett gedruckt) sind natürlich alphabetisch angeordnet, einzig die Kommandos (in blauer Schrift) wurden zusammengefasst und an den Beginn der Einträge zum jeweiligen Buchstaben gestellt.
- Bei weniger geläufigen Sachworten ist der zugehörige Artikel mit angegeben.
- Den Einträgen jeweils vorangestellt ist die internationale Signalflagge, die dem Buchstaben zugeordnet ist, mitsamt der Erläuterung ihrer Bedeutung. Außerdem finden sich dort der zum jeweiligen Buchstaben gehörende Begriff aus der Internationalen Sprechfunkbuchstabiertafel sowie das entsprechende Morsezeichen.

Ich habe Taucher unten; halten Sie sich bei langsamer Fahrt gut frei von mir.

A Alpha ● ▬

»Ahoi!« – Seemannsgruß, Anruf eines Bootes oder Schiffes im Sinne von Hallo. Aus dem Englischen übernommen (»A Hoy« = eine Hoy, einmastiger Küstensegler). Der Anruf ist heute kaum noch gebräuchlich.

»All hands on deck!« – Alle Hände an Deck. Dieses Kommando erfolgt, wenn alle Mitglieder der Crew an Bord gebraucht werden.

»Alle Mann an Bord!« – Kommando vorm Ablegen, das sich keineswegs nur auf männliche Crewmitglieder bezieht. Dieses Kommando wird zur Sicherheit gegeben, dass auch alle an Bord kommen.

»Alle Mann von Bord!« – Kommando, wenn das Schiff aufgegeben werden muss.

»Aye, Aye!« – »Jawohl, verstanden«.

A1-Gebiet – Die Seegebiete auf der Erde sind von A1 bis A4 in vier funktechnische Gebiete unterteilt. Nach diesen Gebieten müssen Berufsschiffe (Sportboote sollten) mit entsprechendem Funk ausgerüstet sein, sodass sie eine Küstenfunkstelle oder internationale Satelliten wie Inmarsat oder Cospas-Sarsat im Seenotfall erreichen können.

Abbringen – Ein Boot oder Schiff wieder flott machen, von einer Untiefe befreien.

ABC-Pulverlöscher – Mindestens zwei ABC-Feuerlöscher gehören an Bord und müssen regelmäßig geprüft werden. ABC bedeutet: Löschen von Bränden fester und flüssiger Stoffe sowie von brennenden Gasen möglich. Nicht geeignet für brennendes Aluminium oder Magnesium. Achtung: Brände in elektrischen Anlagen dürfen nicht mit Wasser gelöscht werden! Explosionsgefahr!

Der ABC-Feuerlöscher und die Feuerlöschdecke sollten ihren Bereitschaftsplatz in der Nähe des Niederganges und damit in der Nähe der Kochstelle sowie der Antriebsmaschine haben. Ein zweiter Löscher sollte in einer Backskiste gestaut sein, um mit ihm von außen einen Brand bekämpfen zu können.

Feuerlöscher müssen regelmäßig (mindestens alle zwei Jahre) zur Inspektion.

Bei der Brandbekämpfung muss versucht werden, das brennende Material abzudecken und nicht die Flammen. Dabei ist unnötige Luftzufuhr zu vermeiden. Für Motorräume sind Automatikfeuerlöscher am besten geeignet.

Der beste Brandschutz lässt es erst gar nicht zum Feuer kommen. Deshalb müssen Flüssiggasanlage, elektrische Anlage und Motorenanlage fachmännisch installiert sein und regelmäßig gewartet werden.

(Bild: www.feuerschutz-jockel.de)

Abdeckplane, Persenning – Mit einer Plane oder Persenning wird das ganze Schiff eingedeckt oder auch nur ein Teilbereich wie z.B. das Segel (Segelkleid).

Das Segelschiff des Autors, die *ARIANE*.

Abdichten, Kalfatern – Die Außenhaut oder das Deck des Schiffes abdichten. James Cook, der große Weltumsegler, benötigte viele Zimmerleute auf seinen Schiffen, um mit Werg, Pech und Teer die Schiffsrümpfe abzudichten. Moderne Motor- und Segelyachten sind meist aus GfK (= glasfaserverstärktem Kunststoff) und brauchen nicht abgedichtet zu werden.

Die Ehefrau des Autors beim Kalfatern der *ARIANE*.

Abfendern beim Anlegemanöver in der Bucht von Alcudia, Mallorca.

Abdrift – Die Versetzung des Schiffes nach Richtung und Distanz, die durch den Wind und die Strömung verursacht wird. Beim Amwindkurs ist die Versetzung durch den Wind am größten.

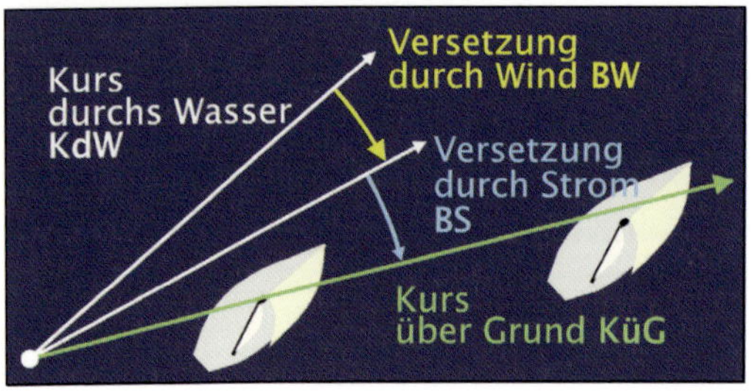

Abendflaute – Abschwächung des Seewindes gegen Abend. Die Sonneneinstrahlung lässt nach. Nimmt der Wind am Abend aber zu, so ist mit Wetterverschlechterung zu rechnen.

Abfallen – Sich vom Wind wegbewegen, vom Wind wegsteuern – Gegenteil: Anluven.

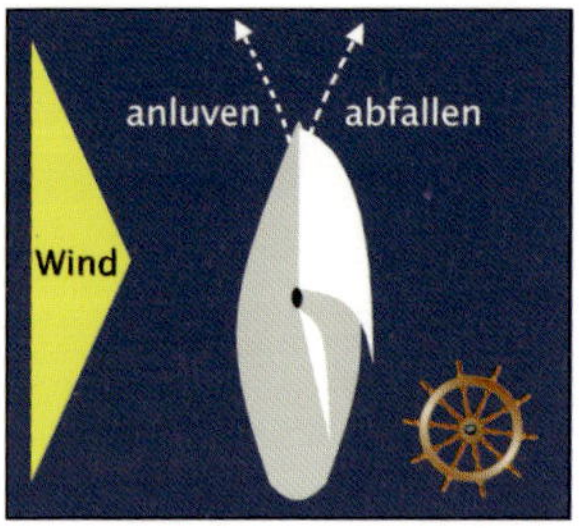

Abfendern – Beim Anlegen des Schiffes genügend Fender ausbringen. Rechtzeitig einen Fender zwischen Schiff und Pier oder Steg halten. Immer einen »Wanderfender« bereitlegen.

Abflauen – Die Stärke des Windes wird geringer. Der Sturm flaut ab.

Abhalten – Den Rumpf des Schiffes vor Beschädigung durch Abhalten schützen. Eine 50-Fuß-Yacht kann gerade noch mit den Händen gehalten werden. Bei größeren Schiffen ist das nicht mehr möglich, deshalb »Hände weg«. Im Notfall den Fuß nehmen, damit haben wir mehr Kraft.

Ablandiger Wind – Wind, der vom Land zur See weht. Achtung: Herrscht ablandiger Wind, dann ist der Wind auf See erheblich stärker!

Ablasshahn – Hahn, der sich am Wasserabscheider des Kraftstoffsystems befindet. Der Abscheider trennt Wasser von Kraftstoff. Wasser im Benzin oder Diesel kann zur Zerstörung des Motors führen.

Ablaufloch, Speigatt – Öffnungen im Schanzkleid in der Fußreeling, die ein Ablaufen des Seewassers von Deck ermöglichen.

Ablenkung, Deviation – Kompassablenkung, die durch magnetische Einflüsse des Schiffes entsteht. Ein Rundfunkgerät in die Nähe des Magnetkompasses zu stellen, ist gelinde gesagt »dämlich«.

Ablenkungstafel – Eine für das Schiff durch Kompensieren erstellte Tafel, die in 360°-Einteilung die Ablenkung, die durch das Schiff verursacht wird, angibt. Der vom Steuerkurs abhängige Wert muss bei der Kursberechnung vom und zum rechtweisenden Kurs berücksichtigt werden.

Abmustern – Ein Besatzungsmitglied verlässt das Schiff. Der Heuervertrag wird aufgehoben. Dieses ist nur in einem Hafen und bei Ersatz möglich.

Abreiten – Einen Sturm abreiten: Vor Anker oder Treibanker liegend einen Sturm heil überstehen.

Abschäkeln – Teile des laufenden oder stehenden Guts oder Segel durch Öffnen von Schäkeln lösen. Die Bolzen von Schäkeln sitzen meist sehr fest, und deshalb ist ein Schäkelöffner am Mann bzw. der Frau sehr wichtig.

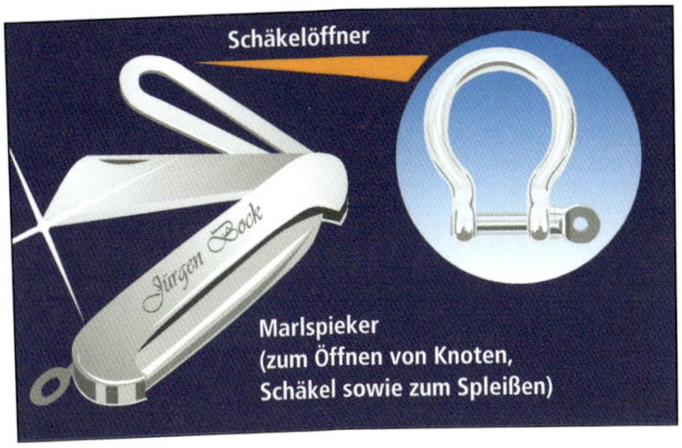

Abschlagen – Segel vom Rigg abnehmen. Gegenteil: Anschlagen.

Abschricken – Ein Tau nur ein wenig nachlassen; auch wegfieren.

Absperrventil – a) Absperrventil von Flüssiggas-

Anschlagen der Segel auf dem Schoner *ESPRIT* der Bremer Bootsbau Vegesack.

anlagen, b) Absperrventile von Borddurchführungen (Seeventile). Bei längerem Aufenthalt im Hafen sowie auf See schließen.

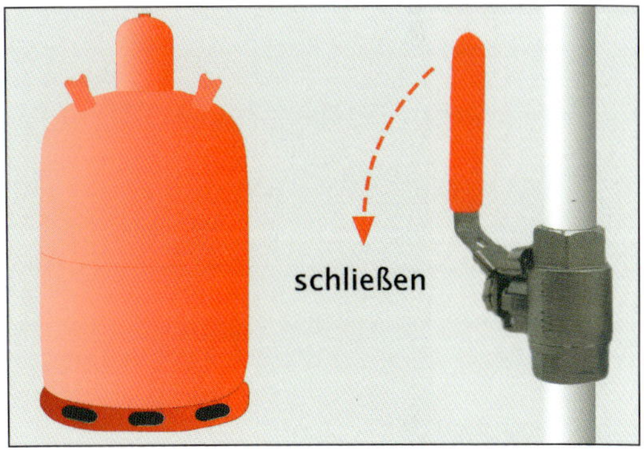

Absperrventil.

Abstandsbestimmung – Ermittlung des Abstands durch Feuer in der Kimm oder durch die Berechnung aus der Höhe eines in der Seekarte eingetragenen Objektes. Kommt die Peilung noch hinzu, ergibt das einen eigenen Schiffsort.

Abtakeln – Abnehmen der gesamten Takelage: Masten, Spieren, stehendes und laufendes Gut. Gegenteil: Auftakeln.

Abtrift, Leeweg – Winkel zwischen der Kielrichtung eines Schiffes und dem tatsächlichen Weg, den es unter dem Einfluss des Windes oder des Stroms zurücklegt.

Abweichen – Vom Kurs abkommen.

Abwettern – Mit dem Schiff im Sturm oder Orkan zum weiteren Fahren oder Beiliegen geeignete Maßnahmen treffen. Dazu gehört es, lose Gegenstände an Bord zu verlaschen, alle Öffnungen zu schließen und die Crew auf das schwere Wetter vorzubereiten.

Zwei Methoden, mit denen man einen Sturm abreiten bzw. abwettern kann.

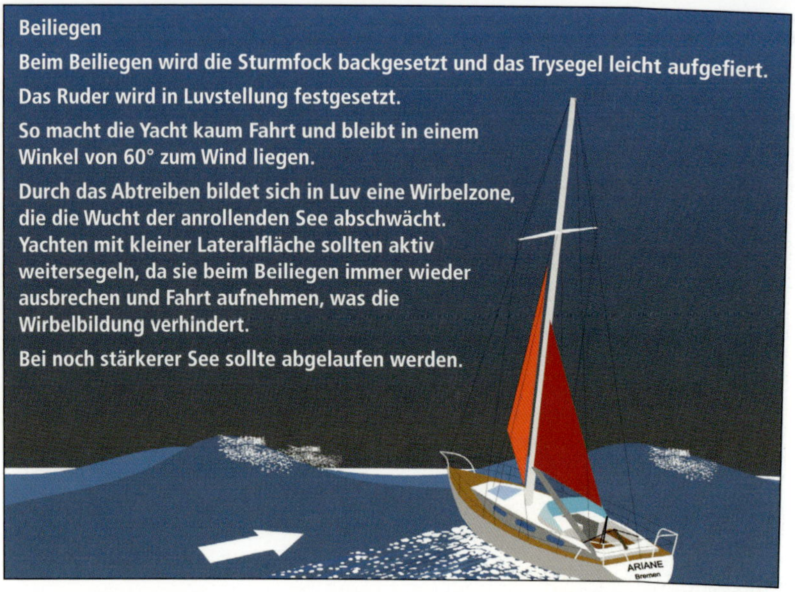

Ablaufen mit Treibanker

Der Treibanker kann die Drift auf ein Minimum an Fahrt verringern und hält den Bug oder das Heck genau gegen den Wind und die See. Er wird an einer kräftigen Trosse möglichst als Hahnepot gefiert. Seine Länge wird der mittleren Wellenlänge angepasst, sodass sich Treibanker und Schiff jeweils in einer Welle oder im Wellental befinden. Über den Bug ausgebracht, muss das Ruder festgelascht sein. Über das Heck ausgebracht können schwere Brecher ins Cockpit gelangen. Niedergangsschott schließen!

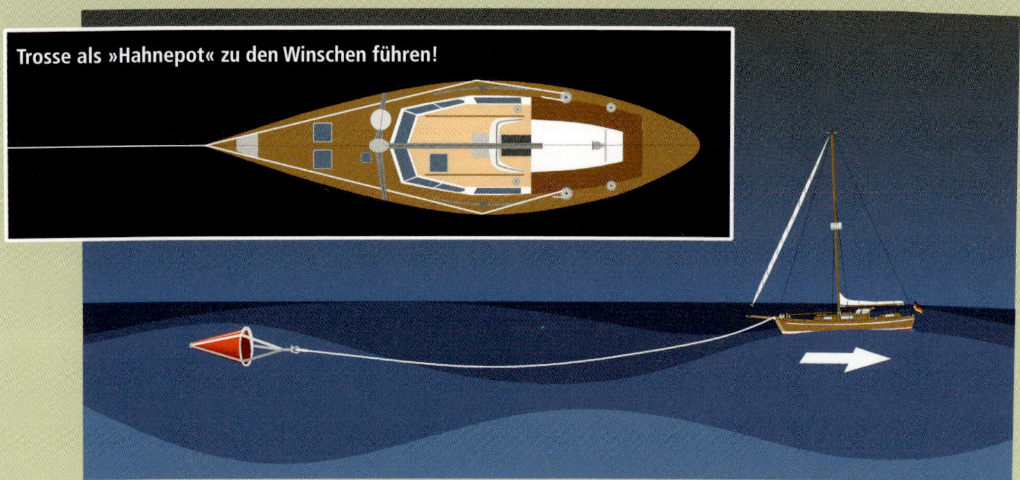

Abwracken – Ein Schiff zu Schrott zerlegen.

Abzweigendes Fahrwasser – Abzweigende oder einmündende Fahrwasser sind mit waagerechtem rotem bzw. grünem Band gekennzeichnet. Evtl. gekennzeichnet mit der fortlaufenden geraden/ungeraden Nummer der Lateralbezeichnung des durchgehenden Fahrwassers, durch waagerechten Strich getrennt, dem Namen (evtl. abgekürzt) und der ersten Nummer des abzweigenden oder der letzten Nummer des einmündenden Fahrwassers.

Abzweigendes Fahrwasser.

Achteraus – Der Bereich hinter einem Schiff. Alles, was hinter dem Schiff liegt, befindet sich achteraus.

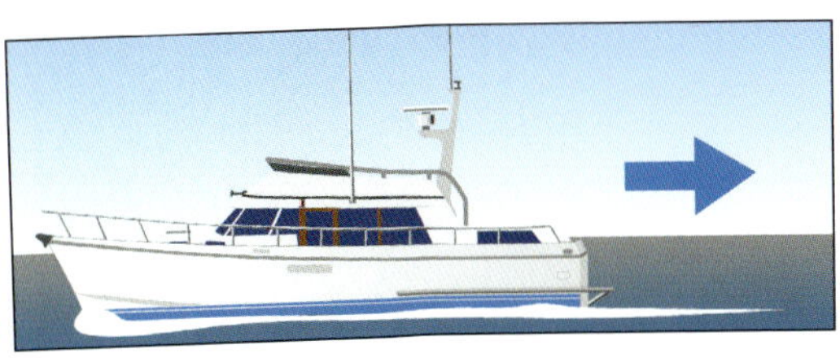

Achterdeck – Der hintere Decksbereich eines Schiffes. Als Deck wird die begehbare Fläche eines Schiffes bezeichnet.

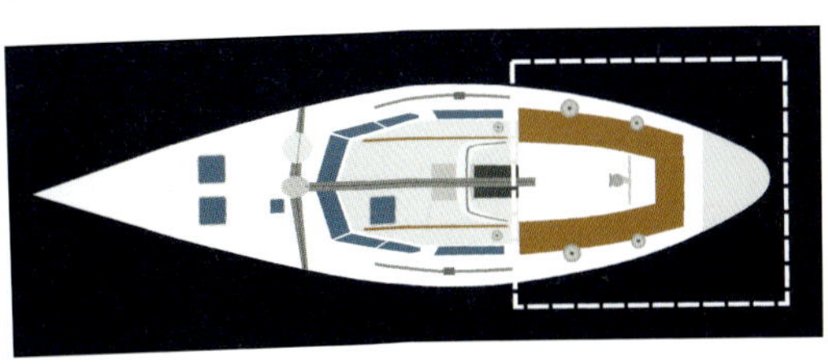

Achterholer – Eine Leine, die von der Nock des Spinnakerbaums nach achtern läuft.

Achterkajüte – Eine Kajüte (Wohnbereich) auf dem Achterdeck.

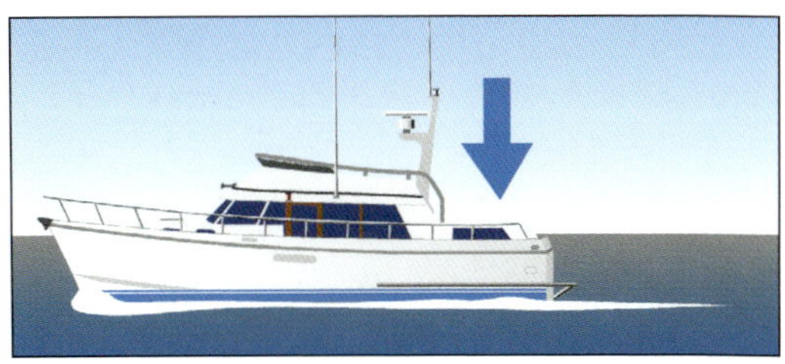

Achterleine – Beim Festmachen eines Schiffes die achtere Leine. Sie führt vom Schiff nach achtern zum Land oder zu einem Pfahl.

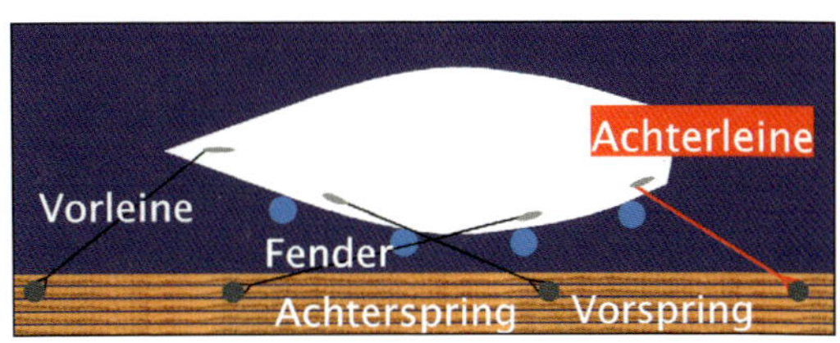

Achterliche See – Mit der Fahrtrichtung mitlaufende See.

Achterlicher Wind – Der Wind kommt von achtern und schiebt.

Achterliek – Die hintere Kante eines Segels. Sie ist mit einem Liektau verstärkt.

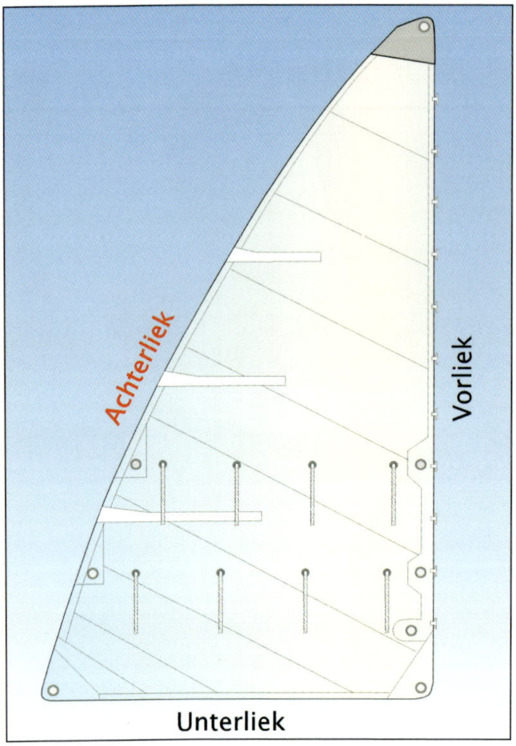

Achterliekleine – Im Achterliek eingearbeitete Leine, die gespannt werden kann. Dadurch wird ein Schlagen (Killen) des Achterlieks verhindert.

Achterluk – Luk(e) auf dem Achterschiff.

Achterpiek – Raum im achteren Bereich des Rumpfes. Dort lagern evtl. Festmacher, Fender oder sonstige Bordgeräte.

Achterschiff – Der achtere (hintere) Bereich eines Schiffes.

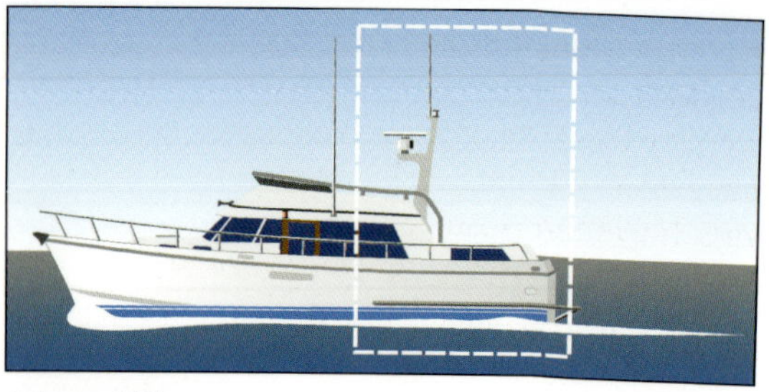

Achterschiff.

Achterspring – Festmacherleine, sie führt vom Heck des Boots nach vorn zu einem Poller oder einer Klampe an Land. Verhindert die Bewegung des Rumpfes nach achtern.

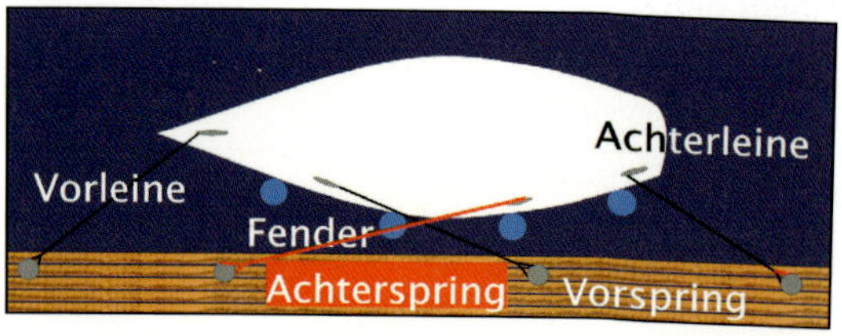

Achterstag – Die achtere Abstagung des Mastes. Sie nimmt die vom Masttopp nach vorn gerichteten Kräfte auf.

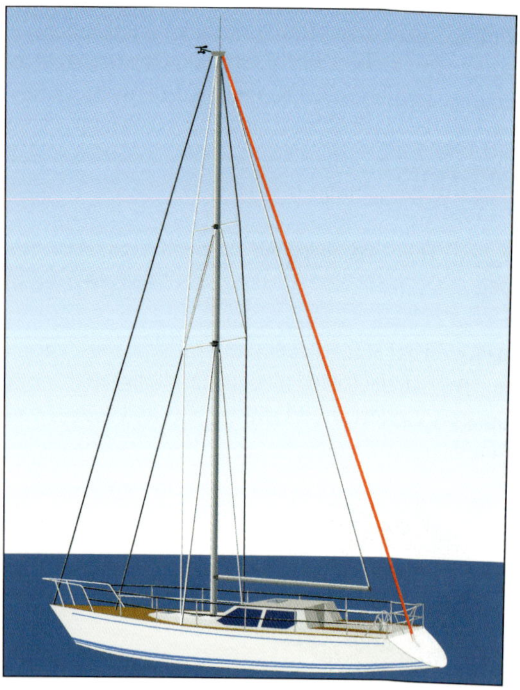

Achterstagspanner – Über den Achterstagspanner kann der Mast nach vorn oder achtern getrimmt werden. Das Großsegel wird entweder flacher oder bauchiger getrimmt. Achterstagspanner gibt es in verschiedenen Ausführungen, je nach Größe der Yacht, als Spannschraube oder Hebel, als Handradspanner oder als Talje (Flaschenzug). Auf größeren Yachten erfolgt die Trimmung durch Hydraulik.

Achtersteven – Der hinterste Abschluss des Rumpfes.

Achtknoten – Der Achtknoten verhindert das Ausrauschen eines Tampens aus einer Leitöse oder einem Block.

Admiral's Cup – Im Jahr 1957 erstmals ausgetragene Hochsee-Regatta, mit der der britische Royal Ocean Racing Club die Amerikaner herausfordern wollte. Als Trophäe dient ein Pokal aus dem Pferderennsport. Die erste Regatta fand um die Insel Cowes statt. Im Jahr 1963 nahm erstmals Deutschland teil mit dem Flaggschiff RUBIN unter der Segellegende Hans-Otto Schümann aus Hamburg, der INSCHALAH und der DIANA II.

Admiralty List of Lights – Britisches Leuchtfeuerverzeichnis.

Affenfaust – Tennisballgroßer Wurfleinenknoten, mit dem eine leichte Leine an Land geworfen wird, um den eigentlichen Festmacher an Land zu ziehen.

Ahmings – Zahlen am Rumpf, die den Tiefgang des Schiffes angeben. Sie können sich vorn und achtern befinden. Meistens achtern in arabischen und vorn in römischen Zahlen.

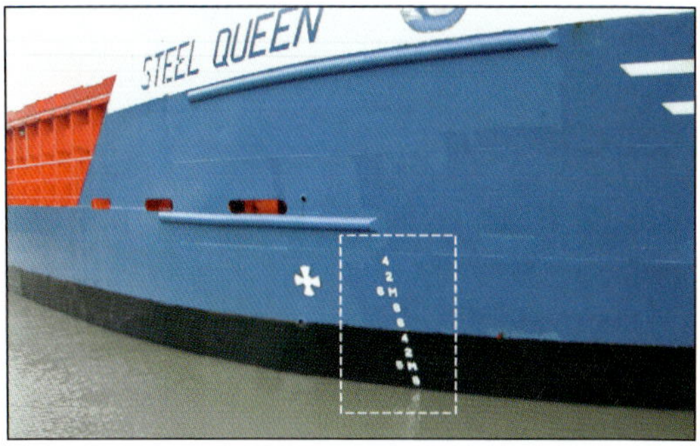

Aktiver Radarreflektor – Dieser Reflektor bildet auf Radargeräten ein gutes Echo ab. Er erhöht die Sichtbarkeit auf Radarschirmen enorm, kleine Yachten, die damit ausgerüstet sind, lassen sich aus Entfernungen von bis zu 16 sm orten. Damit trägt ein solcher Reflektor in erheblichem Maße zur Sicherheit auf Yachten bei.

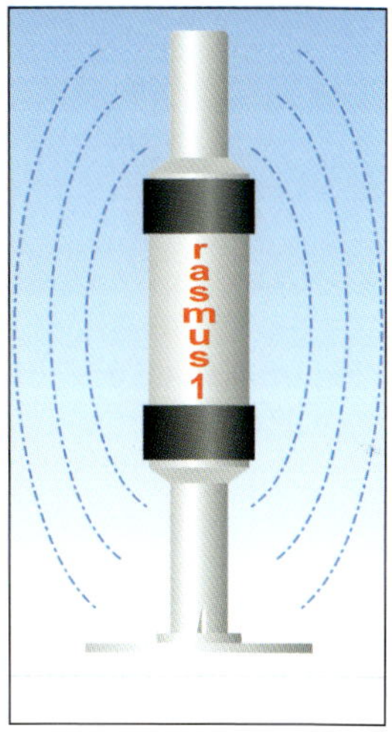

Aktiver Radarreflexionsverstärker der Fa. Dantronik.

Alhidade, die – Der bewegliche Schenkel eines Sextanten. Darauf befindet sich der Gradbogen und zum Ablesen des Winkels der Nonius.

Allgemeines Gefahren- und Warnsignal – Bei kritischer Annäherung eines anderen Fahrzeuges wird (akustisch) dieses Signal gegeben.

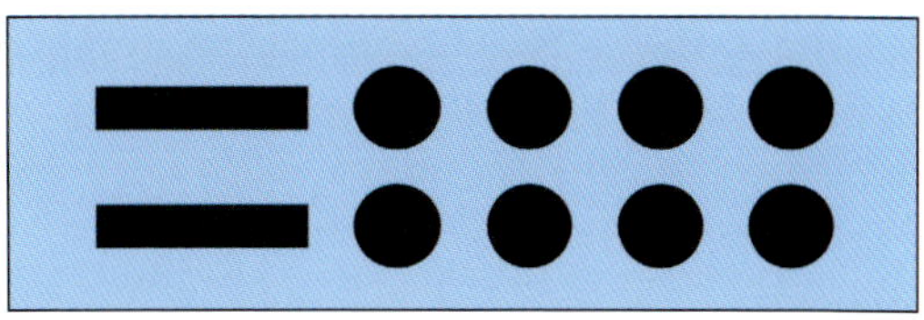

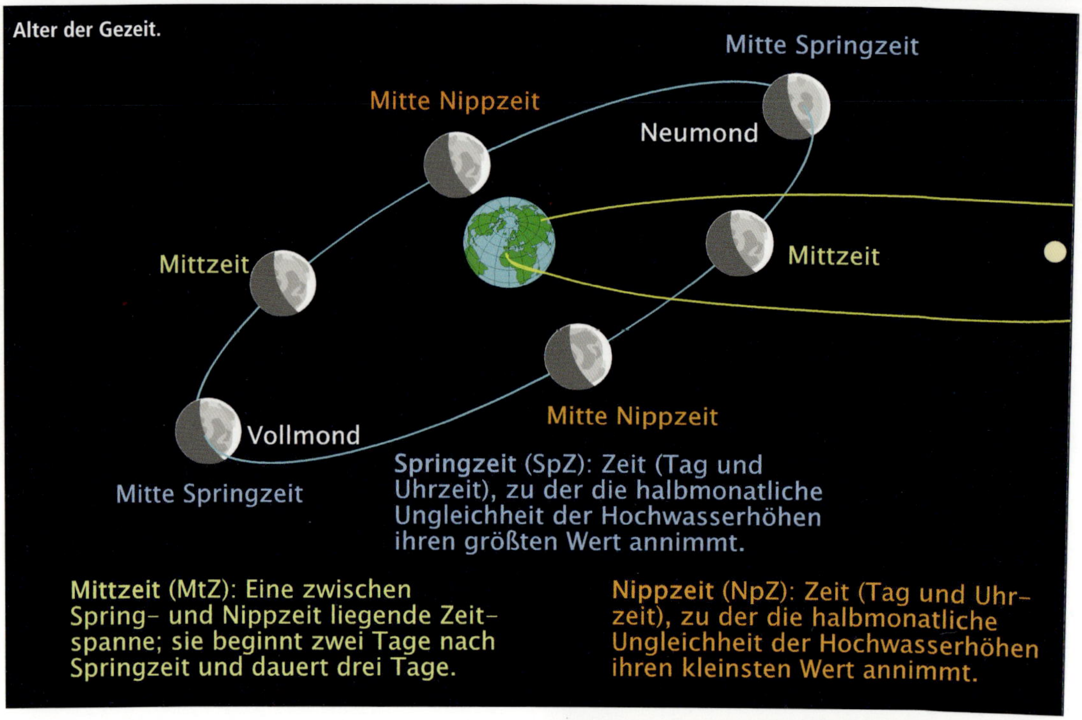

Allgemeines Sprechfunkzeugnis – Schließt das UKW-Sprechfunkzeugnis ein und berechtigt auch zum Sprechfunk auf Kurz- und Grenzwellenfrequenzen des Seefunkdienstes. Gilt aber nicht für GMDSS.

Almanach – Jährlich erscheinendes Buch über den Stand der Sonne, der Sterne, der Gezeiten usw.

Alter der Gezeit – (s. Abb. o.) Augenblickliches Tidengeschehen des vierzehntäglichen Springzyklus wie Spring- Mitt- oder Nippzeit. Bei Springzeit ist das Hochwasser höher und das Niedrigwasser niedriger – umgekehrt bei Nippzeit. Mittzeit beinhaltet Mittelwerte. Der Springzyklus dauert von Vollmond zu Neumond oder umgekehrt.

Altokumulus (Ac) – Im mittleren Stockwerk grobe, wenig scharf abgegrenzte Wolkenfelder in Form von Ballen, Walzen oder Wolkenschäfchen. Sie können als Einzelwolken oder als Schichten vorkommen.

Altokumulus.

Altostratus (As) – Mittelhohe, konturlose, graue Wolkenschicht. Die Sonne ist nur sehr verwaschen erkennbar.

Altostratus.

Altweiberknoten – Unsachgemäß gemachter Knoten.

Amboss – Tritt in Verbindung mit der Kumulonimbuswolke (Cb) (Gewitterwolke) auf. Eine ambossförmige Abflachung der Wolke in großen Höhen – bis zu 10 km in unseren Breiten; in den Tropen bis zu 13 km.

America´s Cup – Im Jahr 1851 in England gestifteter Pokal. Wurde aber im selben Jahr von den Amerikanern gewonnen. Danach gewannen die Amerikaner weiterhin in Serie. Erst die Australier gewannen den Pokal im Jahr 1983 gegen die US-Amerikaner. 1987 holten die Amerikaner den Pokal zurück, verteidigten ihn 1992. Im Jahr 2000 gewannen erstmals dann die Neuseeländer; mussten sich aber dann im Jahr 2003 gegen das Schweizer Team »ALINGHI« geschlagen geben. Damit gewann erstmals ein europäisches Team mit dem Skipper Russel Coutts und dem Sportdirektor Jochen Schümann in der 152jährigen Geschichte des America´s Cup. Es ist die älteste Sporttrophäe der Welt.

Amperemeter – Instrument zum Ablesen der Ladespannung der Lichtmaschine.

Amtliches Kennzeichen – Vom Gesetzgeber vorgeschriebene Kennzeichnung von Sportbooten.

Amtliche Seekarte – Vom BSH oder ausländischen amtlichen Stellen herausgegebene Seekarte.

Amwindkurs – Kurs gegen den Wind bzw. die Fähigkeit eines Schiffes, gegen den Wind zu segeln. Außerdem gibt es Halbwindkurs, Raumschots, Vormwindkurs.

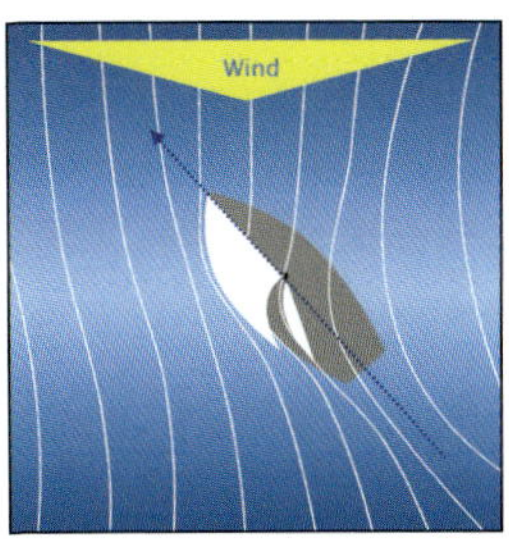

An die Kette legen – Festhalten eines Schiffes durch die Hafenbehörden, weil bestimmte Gebühren nicht bezahlt worden sind oder das Schiff nicht mehr seetüchtig ist.

Andirken – Die Dirk dichter holen, um den Großbaum anzuheben.

Anemometer – Instrument zur Messung der Windgeschwindigkeit.

Aneroidbarometer – Eine luftleere Dose wird durch den Luftdruck verformt. Durch ein Hebelsystem wird so der momentan herrschende Luftdruck auf einer Skala angezeigt.

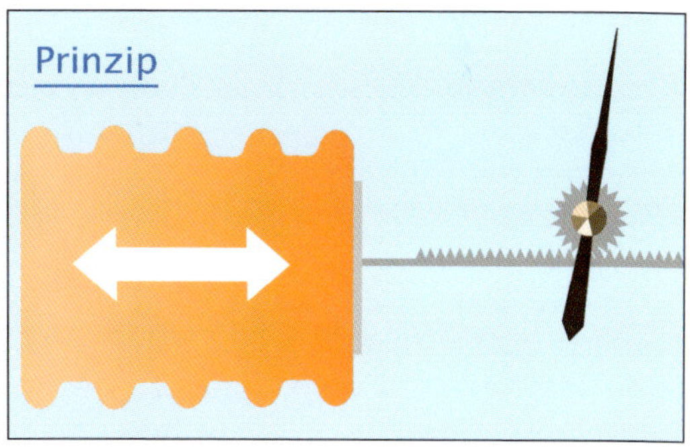

Anfangsstabilität – (s. Abb. folgende Seite) Das Aufrichtvermögen, mit dem ein Schiffskörper, der durch äußere Einflüsse wie z. B. Wind und Wellengang krängt, am Anfang der Krängung entgegenwirken kann. Formstabile Rümpfe wie Jollen haben eine hohe Anfangsstabilität; aber keine hohe Endstabilität – sie kentern. Kielyachten haben eine hohe Endstabilität.

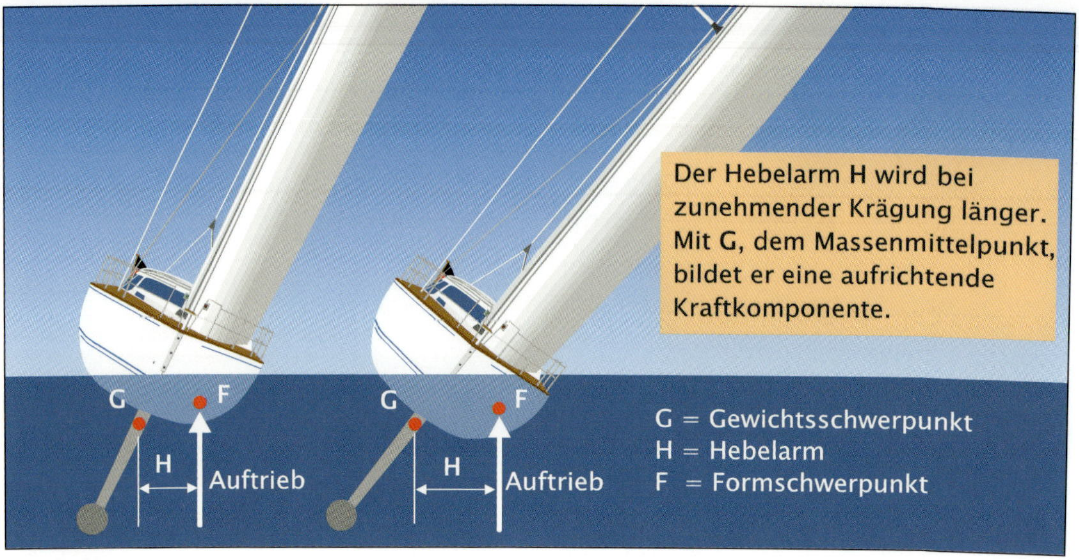

Anfangsstabilität.

Anhieven – Anheben.

Anker – Einen für jeden Ankergrund geeigneten Anker gibt es nicht. Es müssen aber immer mindestens zwei Anker mitgeführt werden.

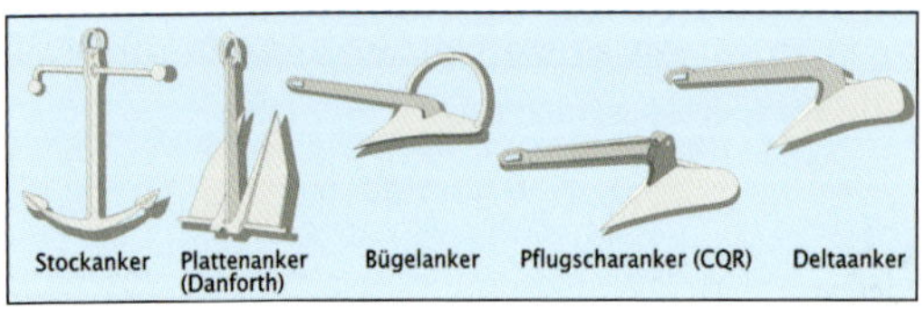

Anker auf, der – Koordiniertes Manöver zum Aufholen des Ankers.

Anker lichten – Manöver zum Aufholen des Ankers.

Ankerball – Signalkörper zum Anzeigen bei Tag: »Schiff liegt unter Anker«. Muss an einer gut sichtbaren Stelle befestigt werden.

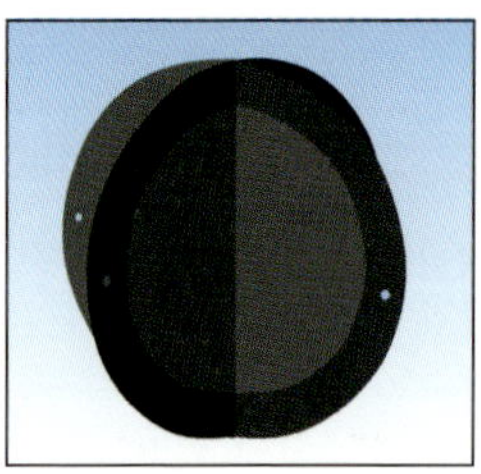

Ankerboje – Eine Boje, die am Ankerschaft mit einer Trippleine befestigt ist. Bei Bruch der Ankerleine oder -kette kann die Position des Ankers bestimmt und dieser geborgen werden.

Ankergeschirr – Allgemeiner, umfassender Begriff für die Teile, die zum Ankern benötigt werden: Anker, Ankerkette, Ankerwinsch usw.

Ankergrund – Der Ankergrund ist entscheidend für die Haltekraft des Ankers. In einem steinigen Untergrund oder in Schlick findet der Anker weniger Halt als in einem sandigen Untergrund. Einteilung der Ankergründe: Sand, Lehm, Stein, Kraut, Schlick.

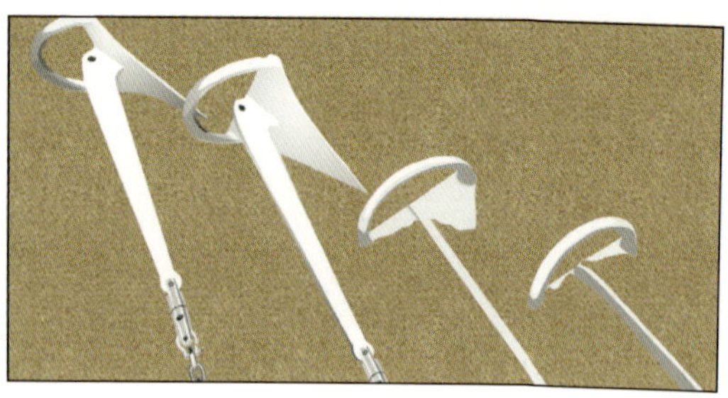

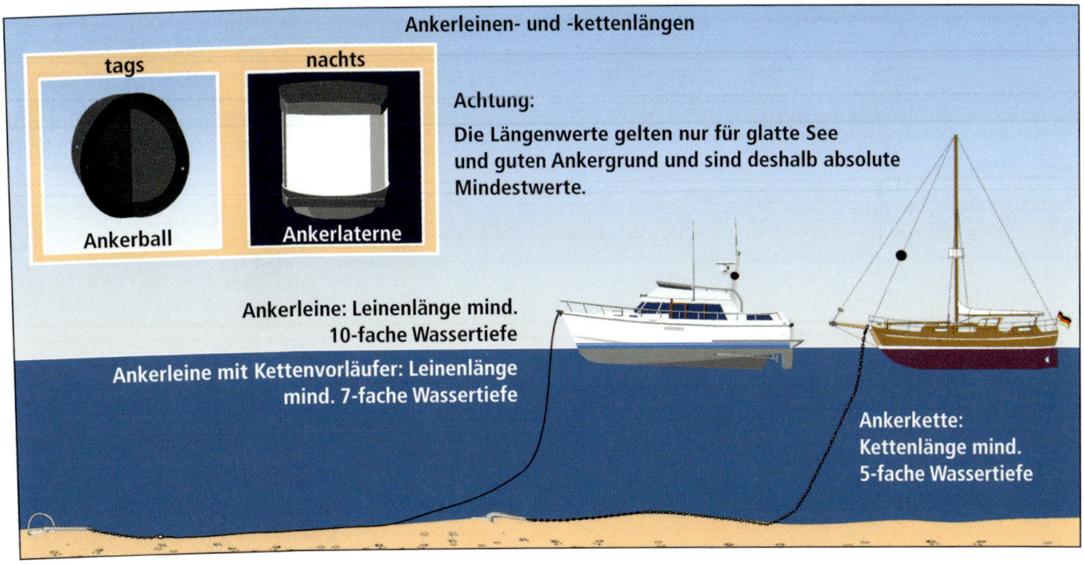

Ankerkasten – Raum/Behälter, in dem sich die Ankerleine oder die Ankerkette im Schiffsrumpf befindet.

Ankerkettenlänge – (s. Abb. o.) Die erforderliche Ankerkettenlänge ist von der Beschaffenheit des Ankergrunds, von der Ankerart und dem Wind- oder Strömungseinfluss auf den Schiffskörper abhängig.

Ankerklüse – Durchführung im Schiffsrumpf zum Durchlassen des Ankers und der Ankerkette. Zum Schutz vorm Schamfilen ist die Klüse mit einem umlaufenden Wulst versehen.

Ankerklüse des Vollschiffs *SÖRLANDET*, Norwegen,

Ankerköcher – An Relingstützen befestigter Behälter aus Nirosta , in dem sich ein kleinerer Anker (= Faltanker) befindet.

Ankerkralle – Die Ankerkette wird mit einer Kralle und einer Leine auf einem Poller oder einer Klampe befestigt. Die Belastung wird damit von der Ankerwinsch (Kupplung) genommen.

Ankerlaterne – Licht(er) zum Anzeigen des Ankerns. Muss zwischen Sonnenuntergang und -aufgang und bei nichtsichtigem Wetter gezeigt werden.

Ankerleinenlänge – siehe Ankerkettenlänge.

Ankerlieger – Ankerlieger müssen durch entsprechende Signalkörper am Tag und bei Nacht durch entsprechende Lichterführung gekennzeichnet sein.

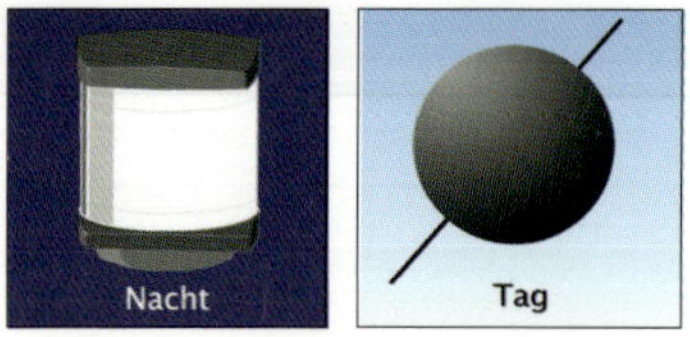

Kennzeichnung eines Ankerliegers.

Ankermanöver – Koordinierte Aktion der Crew, um den Anker aufzuholen bzw. fallen zu lassen.

Ankerpeilung – (s. Abb. u.) Durch eine Doppelpeilung feststellen, ob der Anker hält. Die Ankerleine oder -kette kann mit der Hand geprüft werden. Treten ruckartige Bewegungen auf, hält der Anker noch nicht.

Ankerreitgewicht – Ein auf einer Ankerleine oder -kette laufendes schweres Gewicht. Soll das Ausbrechen des Ankers bei Belastung verhindern, indem die Zugkräfte waagerecht an Ankerkette oder -leine angreifen.

Ankerrolle – Eine Rolle (evtl. mit Wippe) am Bug des Schiffes, über die der Anker und die Ankerleine oder Ankerkette laufen.

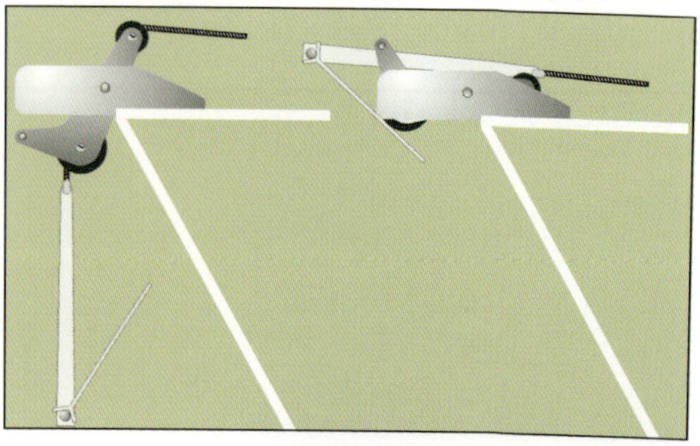

Ankerschaft – Mittelsteg des Ankers, s. Grafik.

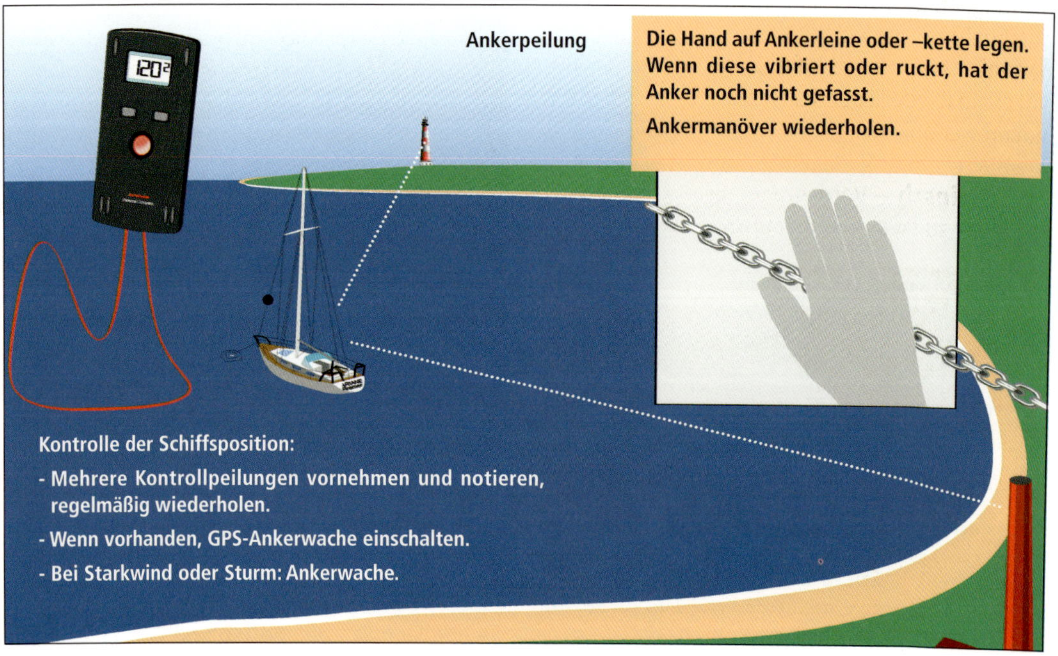

Ankerschäkel – Verbindung zwischen Anker und Ankerleine bzw. Ankerkette. Der Schäkel muss mit Niro- oder Kupferdraht gesichert sein.

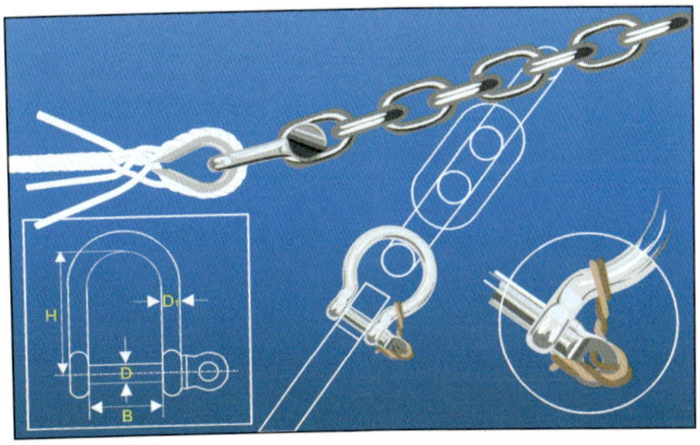

Ankerverbot – Ankerverbot im Fahrwasser, an Anlegestellen und unübersichtlichen Stellen, an Fähr- und Brückenstellen, vor Hafeneinfahrten, Anlegestellen, Schleusen und Sielen. Das Ankerverbot gilt 50 m vor und hinter dem Ankerverbotszeichen.

Ankerwache – Einteilung der Crew zur Beobachtung, ob der Anker hält. Eine Ankerwache muss durchgeführt werden, wenn zu befürchten ist, dass der Anker slippt (nicht hält), wenn das Schiff unter Anker auf Reede liegt oder wenn das Schiff in einem Tidenrevier ankert.

Ankerwinsch – Vorrichtung, um die Ankerkette mit Anker zu stecken oder aufzuholen.

Ankerwinsch der *FRANZIUS*, eines von der Bremer Bootsbau Vegesack nachgebauten Weserkahns.

Ankerwirbel – Verbindung zwischen Kette und Anker. Kann sich drehen und verhindert bei Zugrichtungsänderung der Ankerkette das Ausbrechen des Ankers.

Ankerwirbel.

Anlaufen – Mit einem Schiff einen Hafen anlaufen.

Anlegeboje – Boje, die am Grund mit einem Ankerstein befestigt ist und als Anlegestelle dient.

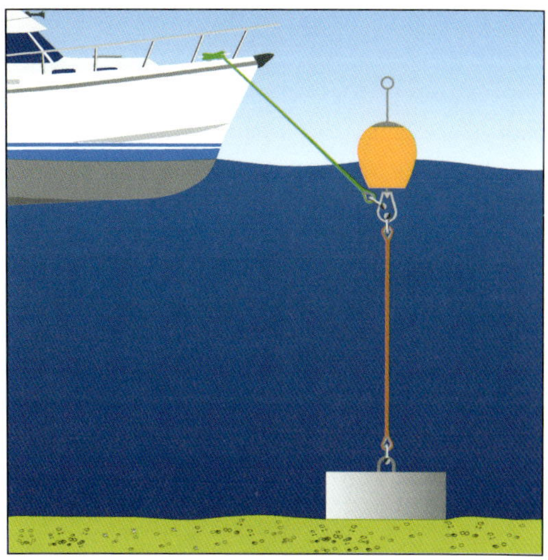

Anlegedreieck – Hilfsmittel bei der Navigation.

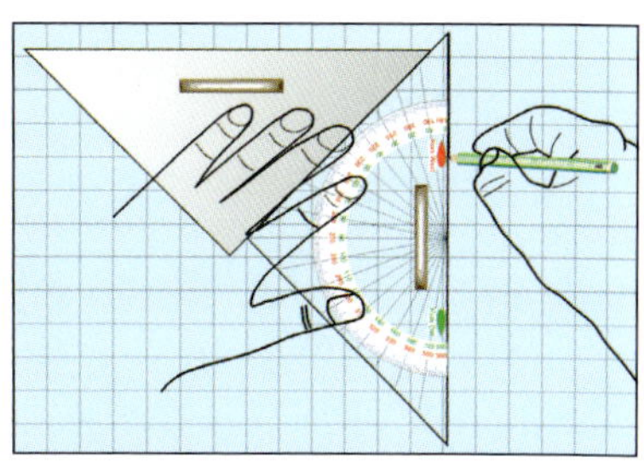

Anlegen – Das Schiff an einer Boje, einem Steg oder einer Kaimauer anlegen.

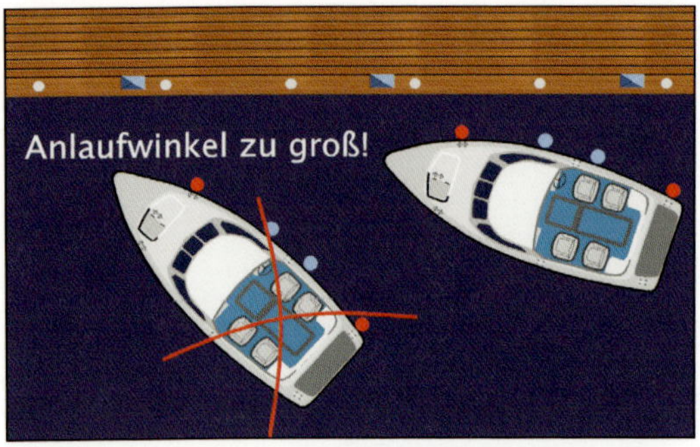

Anlegering – An Land oder auf einem Steg befindlicher Ring, an dem Boote festgemacht werden.

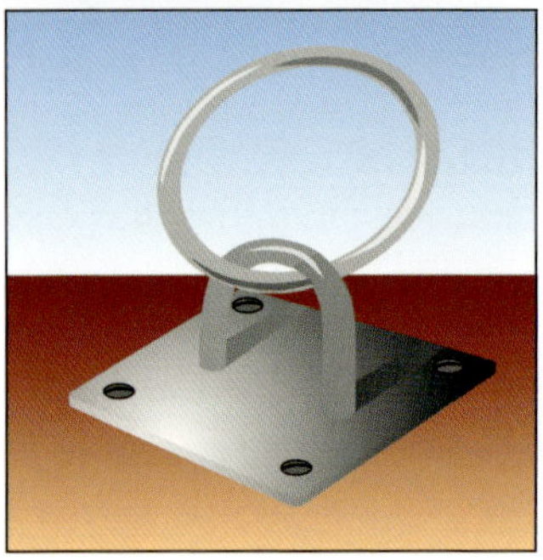

Anluven – (s. Abb. r. o.) Eine Kursänderung: zum Wind hin steuern. Gegenteil: abfallen.

Anluven

Anmustern – Sich auf einem Schiff in die Musterrolle eintragen. Gegen Heuer Besatzungsmitglied auf einem Schiff werden. Gegenteil: abmustern.

Anode – (s. Abb. u.) Opferanoden sind an Rumpf, Kiel oder Propeller angebracht. Sie werden, ganz wie es das Wort sagt, »geopfert«. Statt des Schiffsmetalls wird im Unterwasserschiffsbereich die Opferanode zerfressen. Für Süßwasserreviere empfehlen sich Aluminimum-Anoden; für Salzwasser sind Zink-Anoden am besten geeignet.

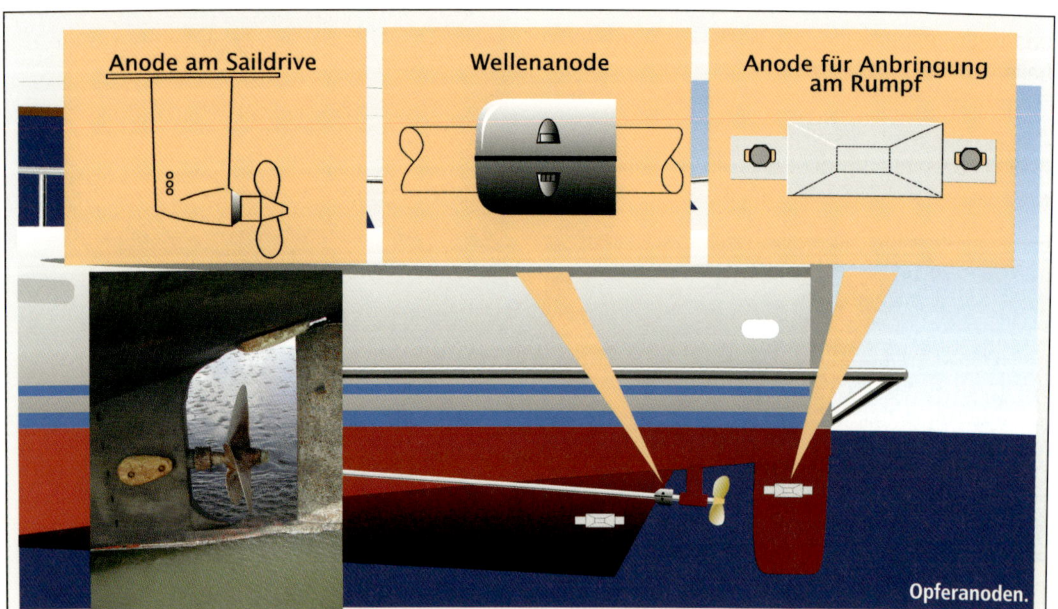

Opferanoden.

Anpicken – Eine Ladung an einem Kranseil anhaken.

Anpreien – Durch lauten Zuruf ein anderes Schiff bitten (Engl. to pray = beten, bitten).

Ansaugkorb – Ansaugkörbe in der Bilgepumpe verhindern die Verschmutzung der Förderanlage. Sie müssen regelmäßig gereinigt werden.

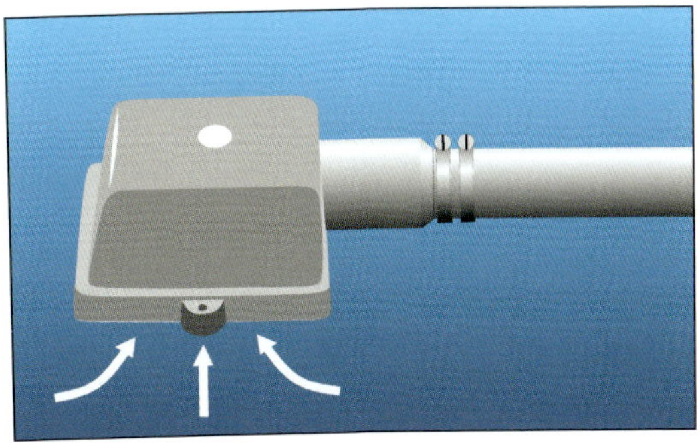

Anschlagen – Eine Last an einem Kranhaken befestigen. Segel an den Masten befestigen.

Anschlussorte – Begriff aus der Tidenberechnung. Anschlussorte geben die Zeit- und Höhenunterschiede von Tiden zu den Bezugsorten an. Sie können den vom BSH (Bundesamt für Seeschifffahrt und Hydrographie) herausgegebenen Gezeitentabellen entnommen werden.

Anschlusszone – Bereich zwischen Basislinie und max. 24 Seemeilen (sm) über Basislinie der seewärtigen Küste. Der Küstenstaat hat hier das Recht, Kontrollen auszuüben und Verstöße gegen das Zollrecht sowie gegen Finanz-, Einreise- oder Gesundheitsgesetze zu ahnden.

Anstecken – Zwei Leinen miteinander verbinden.

Anstecken, hier mit einem doppelten Schotstek.

Anstellwinkel – (s. Abb. folgende Seite) Winkel des Segels zum scheinbaren Wind.

Ansteuerungstonne – Bei den Tonnen zur Bezeichnung der Fahrwasserseiten und der Fahrwassermitte handelt es sich um laterale Schifffahrtszeichen. Die rot-weißen Tonnen befinden sich in der Zufahrt von Fahrwassern von See kommend und in der Mitte von Schifffahrtswegen. Sie können mit dem Namen des jeweiligen Fahrwassers beschriftet sein.

Ansteuerungstonne »Neustädter Bucht« in der Ostsee.

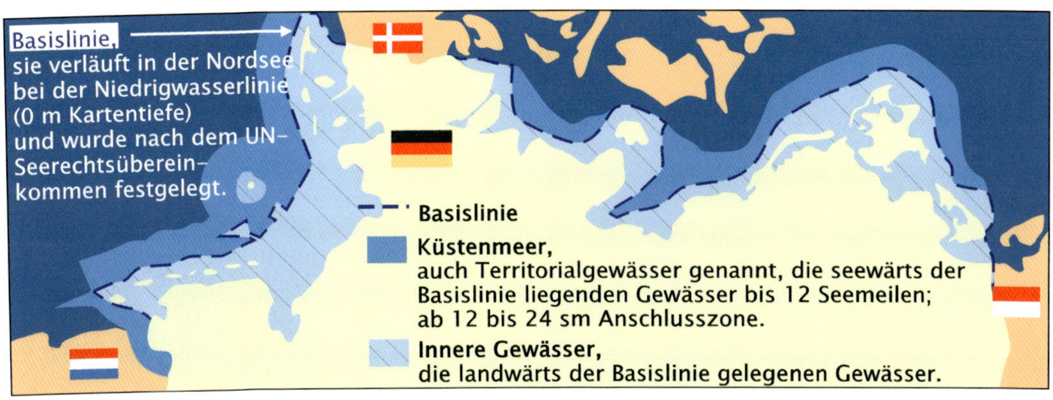

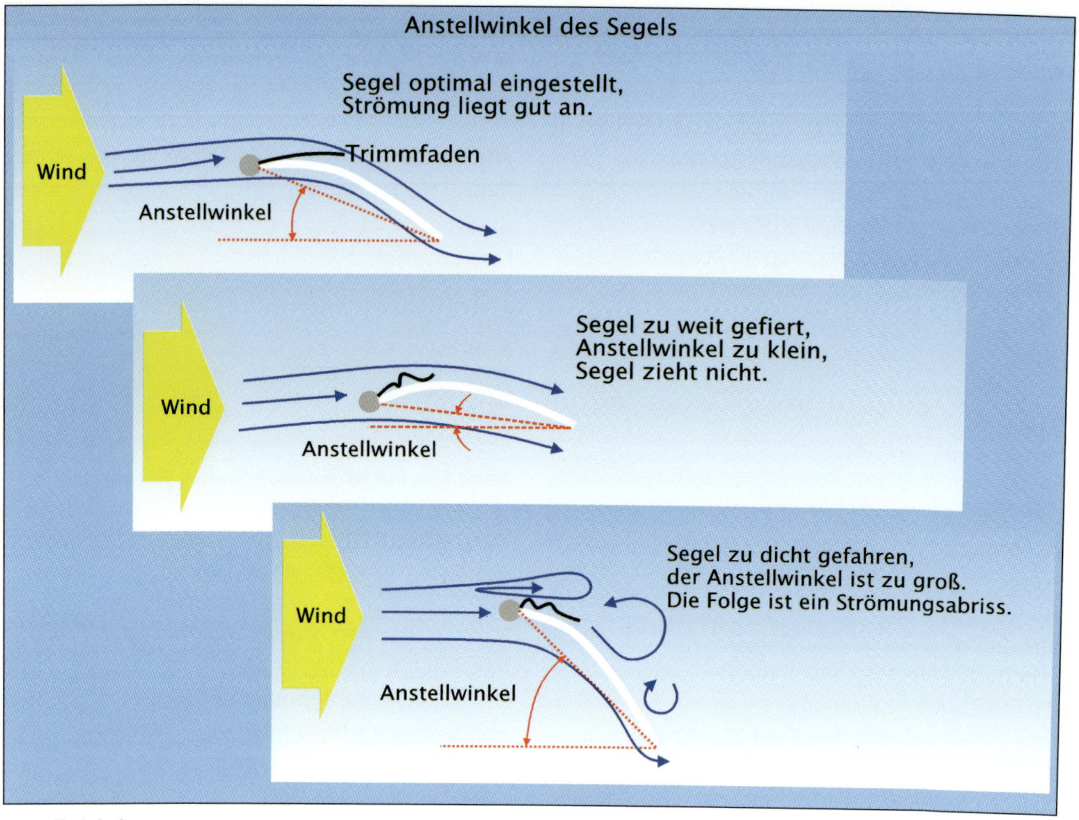

Anstellwinkel

Antifouling – Anstrich des Unterwasserschiffes, der den Bewuchs mit Organismen wie z. B. Seepocken verhindern soll. In der Vergangenheit wurden arsen-, antibiotika- und kupferhaltige Farben verwendet, die jedoch die Umwelt schädigten. Inzwischen sind die Farben umweltfreundlicher bzw. biologisch abbaubar.

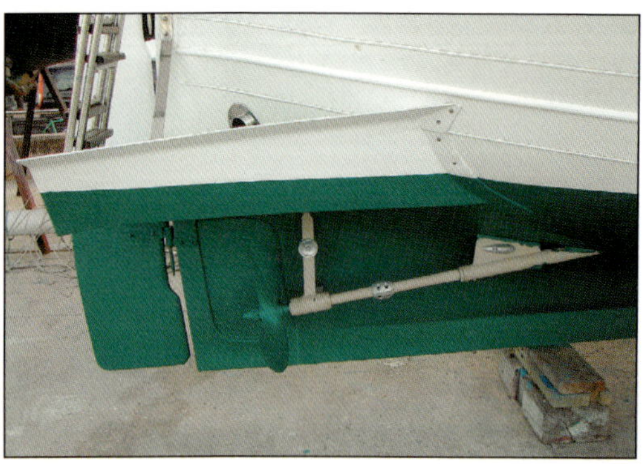

Antifouling-Anstrich.

Antirutschbelag – Auf Deck aufgetragener Farbanstrich mit einer feinen Körnung, der das Ausrutschen von Personen verhindern soll.

Antizyklone – Hochdruckgebiet mit relativ hohem Luftdruck. Es wird zwischen einem warmen, umfangreichen Hoch und einem kalten, flachen Hoch unterschieden. Das warme Hoch ist subtropischen Ursprungs und besitzt große Ausdehnung. Das kalte Hoch kommt als Zwischenhoch zwischen zwei Tiefdruckgebieten vor, ändert seine Lage sehr rasch und ist von kurzer Dauer. Gegenteil: Zyklone = Tiefdruckgebiet.

Antwortwimpel – Wimpel aus dem internationalen Flaggenalphabet.

Äquator – Größter Breitenkreis der Erde, Länge = 40076,6 km.

Äquatortaufe – Zeremonie beim Überschreiten des Äquators auf einem Schiff. Die Taufe wird von Neptun, dem römischen Gott des Meeres, persönlich durchgeführt. Der zu Taufende muss einiges über sich ergehen lassen. Es ist eine Art der Reinigung durch Neptun, und der Täufling erhält einen Namen sowie eine Urkunde. Der Ursprung geht wahrscheinlich auf die Entdeckungsfahrten der Portugiesen zurück. Sie machten sich noch einmal Mut mit einer erneuten Taufe. Die Erde galt ja nach der Kirche noch als eine Scheibe.

Arbeitsfock – Mittelgroßes Vorsegel, das in einem weiten Windstärkebereich gefahren werden kann.

Archer, Colin – Norwegischer Konstrukteur und Werfteigner (1832–1921). Er baute hochseetüchtige Fischerboote, Lotsenboote und Rettungsfahrzeuge. Von ihm konstruierte Schiffe gelten noch heute als sehr hochseetüchtig. Sein berühmtestes Schiff war die FRAM aus dem Jahr 1892.

Astrolabium, das – War vor dem Oktanten in Gebrauch. Mit ihm wurde die Höhe der Gestirne und danach der Ort auf den Breitenkreisen ermittelt.

Astronomische Navigation – Navigation mit Sextant und unter Zuhilfenahme der Gestirne. Wurde durch den Einsatz von GPS (Global Positioning System) weitgehend ersetzt.

ATIS, das – Senderidentifizierungssystem (ATIS-Code) für den Binnenfunk. Das Rufzeichen der Schiffsfunkstelle wird verschlüsselt. Beispiel: Rufzeichen DC6580, ATIS-Code 9 211 03 6580. 9 = Binnenschifffahrt, 211 = MID (Maritim Identification Digit, Landeskenner; 211 und 218 stehen für Deutschland), 03 = C (dritter Buchstabe des Alphabets), 6580 = Rufzeichenziffern.

Atlas der Gezeitenströme – Die Gezeitenströme in der deutschen Bucht sind ausführlich im Atlas der Gezeitenströme dargestellt, der vom BSH (Bundesamt für Seeschifffahrt und Hydrographie) herausgegeben wird.

Auf der Hohen See – Bereich der See ohne Landsicht, liegt jenseits der Küstenmeere. Die Freiheit der Hohen See wird nach dem Völkerrecht sowie der KVR (Kollisionsverhütungsregel) geregelt.

Auf Grund liegen – Ein auf Grund liegendes Schiff muss durch entsprechende Tag- und Nachtsignale gekennzeichnet sein, sofern noch Teile der Aufbauten aus dem Wasser ragen. Ein gesunkenes Schiff oder ein Wrack, das die Schifffahrt behindert, wird als Gefahrenstelle gekennzeichnet.

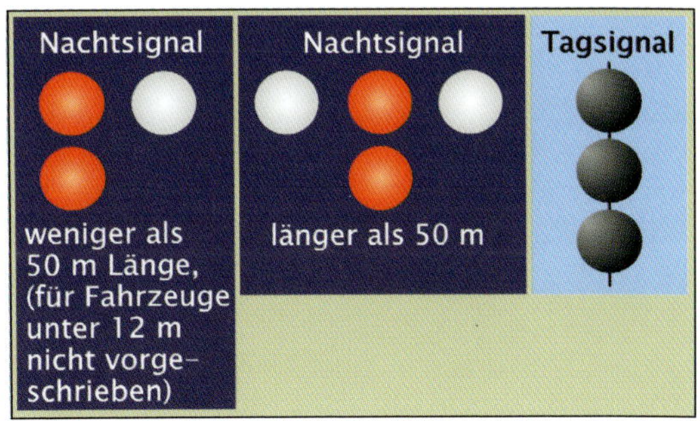

Kennzeichnung eines auf Grund liegenden Schiffes.

Auf Reede liegen – Vor Häfen gibt es Reeden, das sind durch Tonnen gekennzeichnete Bereiche. Dort können Schiffe vor Anker oder an Reedetonnen liegen, bis die Ladung im Hafen gelöscht werden kann oder bis erforderliche Reparaturarbeiten am Schiff durchgeführt sind.

Aufbauten – Bereiche des Schiffes, die oberhalb des Decks liegen.

Hohe Aufbauten eines Frachters im Nord-Ostsee-Kanal.

Aufbrisen – Zunehmen der Windstärke. Gegenteil: abflauen.

Auffieren – Zug an einer Leine kontrolliert nachgeben. (Unkontrolliertes Loslassen heißt loswerfen). An der Winsch eine Schot oder Fall auffieren, häufig auch als fieren. Gegensatz: dichtholen.

Auffieren auf der Schoneryacht *ESPRIT* der Bremer Bootsbau Vegesack.

Aufgeben – Ein Schiff auf der Hohen See aufgeben, von Bord gehen und es für verloren erklären. Damit kann jeder dieses Schiff bergen, wodurch es zu seinem Eigentum wird.

Aufklaren – a) Das Wetter klart auf. b) Das Deck aufklaren = aufräumen.

Die Leinen des Schoners *ESPRIT* müssen aufgeklart werden.

Aufkommen – a) Mit Ruderlage mittschiffs die Drehbewegung des Schiffes allmählich verringern. b) Ein Schiff kommt von achtern auf und wird evtl. überholen. c) Ein vorausfahrendes Schiff einholen. d) Schlechtes Wetter, Gewitter oder Sturm kommen auf.

Auflandig, auflandiger Wind – Der Wind weht von See zum Land. Er ist auf See genauso stark wie an der Küste.

Auflandiger Wind.

Auflegen – Ein Schiff außer Dienst stellen.

Aufpallen – Ein Schiff an Land mit Stützen aufstellen. Das Aufpallen muss sehr sorgfältig erfolgen, um ein Umkippen des Rumpfes bei starkem Wind zu verhindern. Besonders mit stehendem/n Mast/en neigt das Schiff bei stärkerem Wind dazu, sich loszurütteln. Der Kiel muss besonders befestigt werden.

Aufgepallt: Der Motorsegler des Autors, die *ARIANE*.

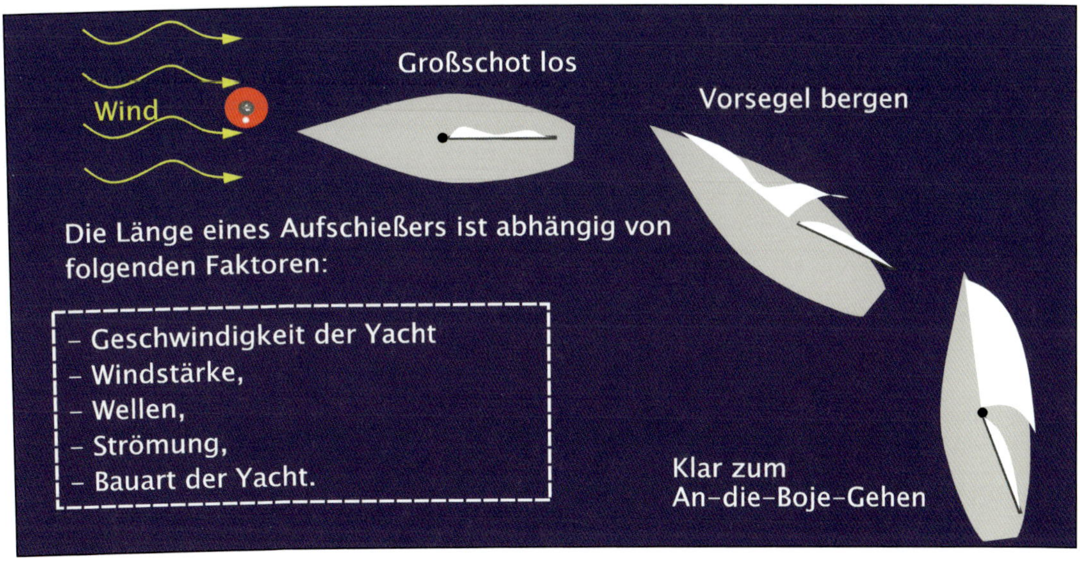

Aufschießer.

Aufriggen – Die Masten und die gesamte Takelage (= Rigg) eines Segelschiffes aufstellen.

Aufschießer, Beinaheaufschießer – (s. Abb. o.) a) Mit dem Boot in den Wind drehen, um aufzustoppen. b) Eine Leine mit regelmäßigen Buchten zusammenlegen.

Aufstoppen – Ein Schiff zum Stehen bringen. Die Kollisionsverhütungsregeln (KVR) schreiben vor: Jedes Fahrzeug muss jederzeit mit einer sicheren Geschwindigkeit fahren, sodass es geeignete und wirksame Maßnahmen treffen kann, um einen Zusammenstoß zu vermeiden und innerhalb einer Entfernung zum Stehen gebracht werden kann, die den gegebenen Umständen und Bedingungen entspricht.

Auftakeln – Die Takelage des Schiffes aufstellen. Gegenteil: abtakeln.

Auftörnen – Einen Törn, einen Kinken aus einem Tauwerk herausdrehen, um es klar zum Gebrauch zu machen.

Auftriebskörper – Im Jollenrumpf oder auch bei Dickschiffen untergebrachte luftdichte Behälter, die ein Sinken bei Wassereinbruch verhindern sollen.

Auftriebskraft – Die Kraft eines Schiffsrumpfes, die der Krängung durch Wind oder Wellen entgegenwirkt und den Rumpf wieder aufrichtet.

Auftuchen – Ein Segel, Flaggen oder auch eine Abdeckplane (Persenning) ordentlich zusammenlegen.

Augbolzen – Bolzen mit einem Auge, dient zur Befestigung von Tauwerk.

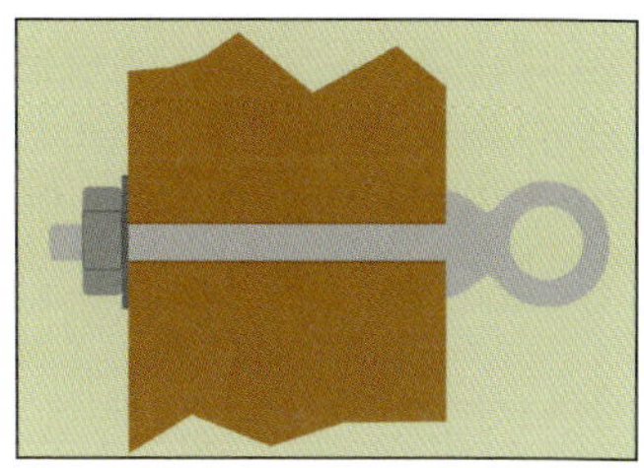

Auge – Bezeichnung für verschiedene Arten von Öffnungen wie Ösen, Ringe, Löcher, Seilöffnungen. Bei den Bezeichnungen Augbolzen, Augspleiß etc. entfällt das »e«.

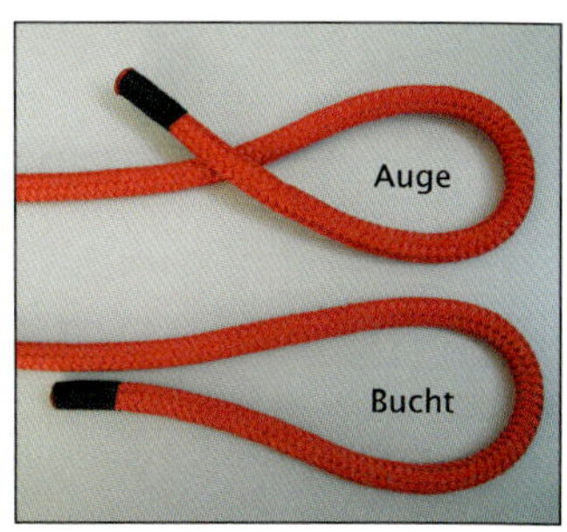

Augplatte, Decksauge – Wenn die Augplatte zum Einpicken von Sicherheitsleinen (Lifebelts) an Deck bzw. zum Befestigen von Strecktauen dienen soll, muss sie durchgebolzt und mit einer Gegenplatte versehen sein. Nur dann bietet sie ausreichenden Halt.

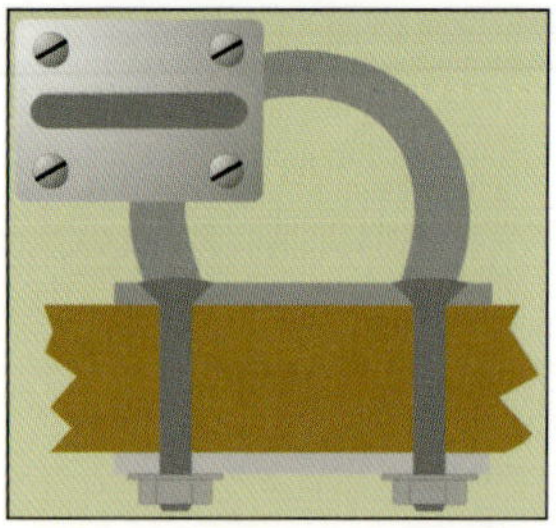

Augspleiß – Ein Spleiß, um ein Auge in einer Leine herzustellen.

Augterminal – Der Mast wird von Wanten gehalten. Die Wanten sind aus nicht rostendem Draht und gehen am unteren Ende in einen Augterminal über. Der Augterminal ist mit der Want eingewalzt und nimmt den Wantenspanner auf.

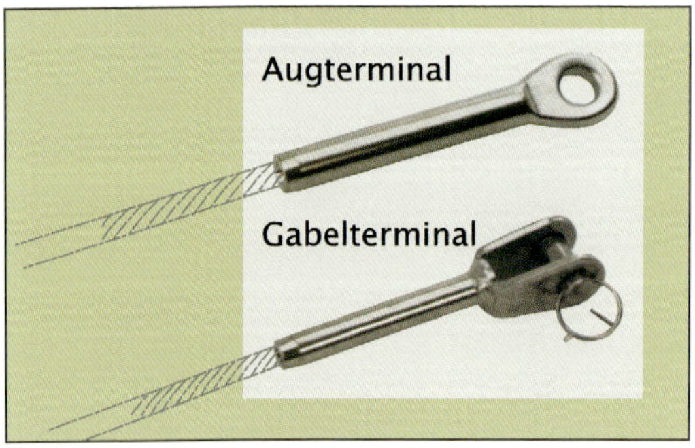

Aus dem Ruder laufen – Das Schiff folgt nicht mehr der Ruderstellung, es schert aus. Das passiert, wenn ein Schiff zu dicht ans Ufer gerät oder zwei Schiffe zu eng aneinander vorbei fahren.

Ausbaumen – Das Vorsegel mit einem Baum auf einem Vormwindkurs ausbaumen. Das Segel steht ruhiger und die Segelyacht läuft schneller. (Substantiv: Ausbaumer.)

Ausbooten – Passagiere von einem Schiff mit Booten an Land bringen. Vor Helgoland beispielsweise wird generell ausgebootet.

Ausbringen – a) Einen Anker oder Warpanker mit einem Beiboot ausbringen (verwarpen). b) Das Beiboot oder Rettungsboot ausbringen = zu Wasser lassen.

Ausflaggen – Ein Schiff (zumeist wegen finanzieller Vorteile) in einem anderen Land registrieren lassen.

Ausguck – Ein Crewmitglied, das die See bzw. die Umgebung beobachtet. Bei Eisfahrern befand sich der Ausguck im Krähennest, um eine eisfreie Zone zu finden. In den Kollisionsverhütungsregeln (KVR) heißt es: Jedes Fahrzeug muss jederzeit durch Sehen und Hören sowie durch jedes andere verfügbare Mittel, das den gegebenen Umständen und Bedingun-

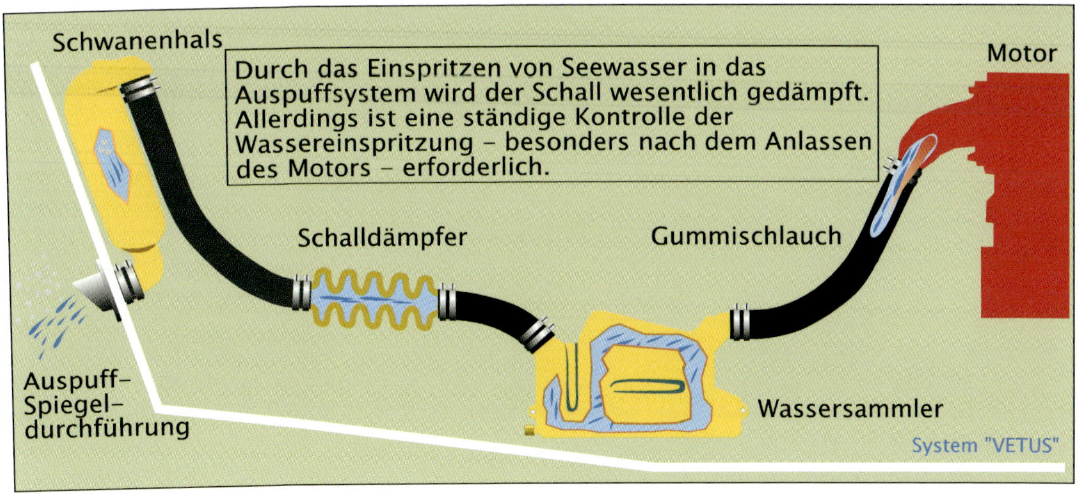

Auspuffdämpfung.

gen entspricht, gehörigen Ausguck halten, der einen vollständigen Überblick über die Lage und die Möglichkeit der Gefahr eines Zusammenstoßes gibt.

Ausklarierung – Durch die Ausklarierung wird sichergestellt, dass abgabefreier Schiffsbedarf aus dem Lagerbestand des Schiffsbedarfshändlers auch wirklich ausgeführt und nicht in den Inlandsverkehr gebracht wird.

Auskuppeln – Getriebe auf Neutralstellung schalten.

Auslaufen – Aus einem Hafen mit einem Schiff auslaufen.

Auspuffdämpfung – (s. Abb. o.) In das Auspuffsystem der Antriebsmaschine wird Seewasser pulsmäßig eingespritzt und dämpft den Schall erheblich.

Ausrauschen – Eine Leine läuft z.B. schnell aus eine Talje.

Ausreffen – Die verkleinerte (gereffte) Segelfläche wieder vergrößern. Gegenteil: reffen.

Ausreiten – Eine Jolle oder einen Katamaran durch Verlagerung des Körpergewichts (ggf. mittels eines Trapezes) in eine annähernd waagerechte Lage bringen.

Ausreiten. (Sail & Surf Pollensa, Mallorca)

Ausrüstung – Sammelbegriff für die Gesamtheit der Gegenstände, Geräte, Zubehörteile etc, die für die Sicherheit von Mensch und Schiff erforderlich sind. Je nach Fahrtgebiet, Größe und Verwendungszweck des Schiffes gibt es eine international festgelegte Mindestausrüstung. Sie gilt für die Berufs- ebenso wie für die Sportschifffahrt.

Ausschießen des Windes – Wenn eine schnelle Winddrehung bei recht drehendem Wind erfolgt, schießt der Wind aus. Eine Winddrehung nach links wird als krimpen oder rückdrehen bezeichnet.

Außenbordmotor, Seitenbordmotor – (s. Abb. folgende Seite) Ein Antrieb/Motor, der außen am Schiffskörper angebracht ist.

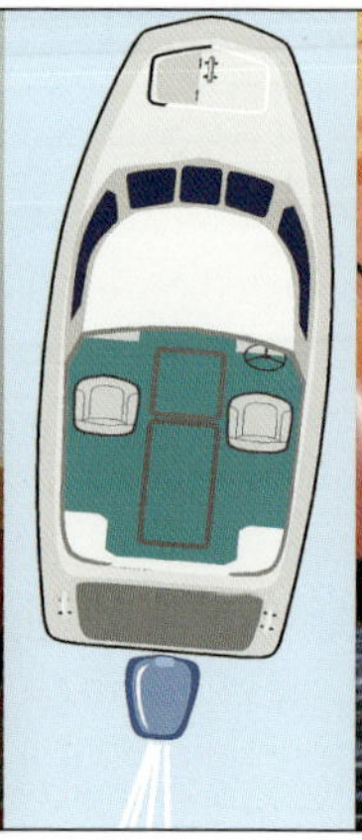

Linkes Bild: Bremer Canadier mit Seitenbordmotor. (Deutsches Schifffahrtsmuseum Bremerhaven)

Außenbordskameraden – Scherzhafte Bezeichnung des Seemanns für die Fische im Meer.

Außenhaut – Kann wie beim traditionellen Eskimo-Kajak aus Fell sein, aber auch aus Kunststoff, Holz, Stahl, ja sogar aus Ferrozement.

Ausweichpflicht – Als Ausweichpflichtiger muss ich meinen Kurs rechtzeitig und umfassend ändern, evtl. ein Schallsignal geben (zweimal kurz: »ändere meinen Kurs nach Steuerbord«). Als Kurshaltepflichtiger habe ich ggf. das Manöver des vorletzten oder evtl. das Manöver des letzten Augenblicks durchzuführen.

Automatikrettungsweste – Rettungsweste, die sich bei Wasserberührung automatisch aufbläst.

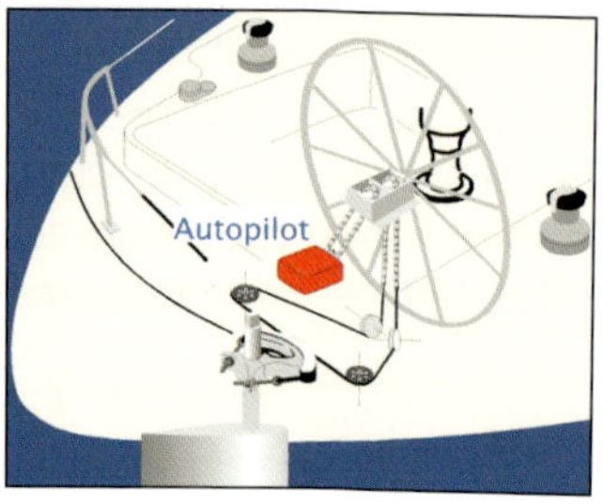

Autopilot – Automatische Steuerungseinrichtung, betätigt durch Wind oder elektrischen Strom. Der Autopilot meckert nicht, er bekommt keine Heuer und ist immer bereit; aber es ist keine Unterhaltung mit ihm möglich.

Azorenhoch – Bei den Azoren produziertes, umfangreiches Hochdruckgebiet, das auf die Kanaren und die iberische Halbinsel großen meteorologischen Einfluss hat. Trifft es auf ganz Westeuropa, so bringt es beständiges, gutes Wetter.

Manchmal öffnen Automatikrettungswesten auch auf dem Schiff, dann allerdings zu früh.

»Besanschot an!« – Heißt im Grunde genommen »Prost«. Dieses »Kommando« wurde und wird nach harter Arbeit auf Segelschiffen gegeben. Geht auf das Dichtholen des Besans als letzte Tätigkeit auf einem Rahsegler zurück. Die Mannschaft versammelte sich auf dem Achterschiff.

Babystag – a) Dient zur Stabilisierung des Mastes bei schwerem Wetter. Der Mast kann mit dem Babystag nach vorn gebogen werden, um so das Großsegel zu trimmen. b) Stag für die Sturmfock.

Back, die – a) Erhöhter vorderer Teil des Schiffes. b) Bezeichnung für Tisch. c) Muldenförmiges Gefäß zum Essen.

back – (englisch = zurück), ein Segel wird back gesetzt, um ein Drehmoment zu erzeugen. Das Schiff geht dann besser durch den Wind.

Backbord – Die linke Seite des Schiffes (in Fahrtrichtung gesehen). Gegenteil: Steuerbord.

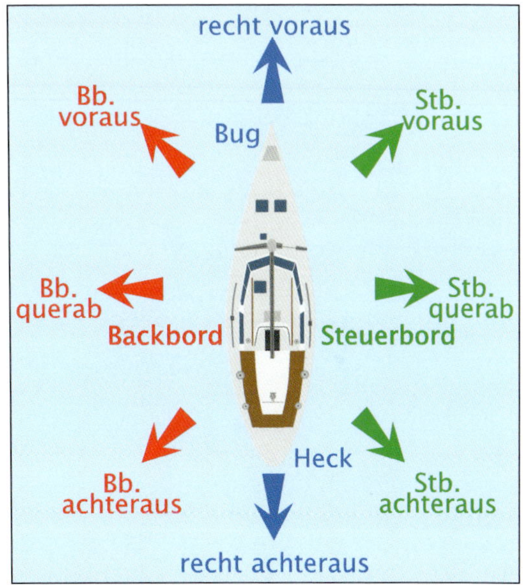

Backbordbug – Wenn man auf dem Backbordbug segelt, befinden sich die Segel auf der Backbordseite. Auf welcher Seite sich das Großsegel befindet, ist für die Ausweichregeln entscheidend.

Backdecker – Eine Yacht mit Aufbauten, die über die gesamte Breite des Rumpfes gehen.

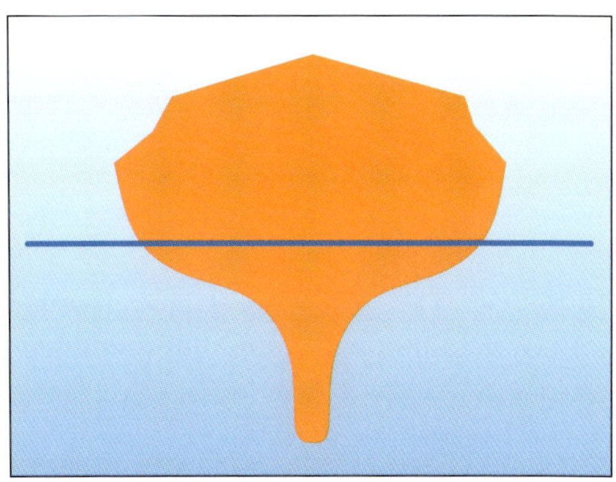

Schematischer Querschnitt eines Backdeckers.

Ablegen der *ESPRIT* mit backstehenden Segeln, Helgoland.

Backhalten – Mit backstehenden Segeln ablegen.

Backschaft – Der Küchendienst auf einem Schiff.

Backsetzen – (s. Abb. o.) Das Segel wird back gesetzt, damit das Schiff besser durch den Wind geht.

Backskiste – Ein im Cockpitbereich eingebauter Stauraum, über die Cockpitbank zugänglich.

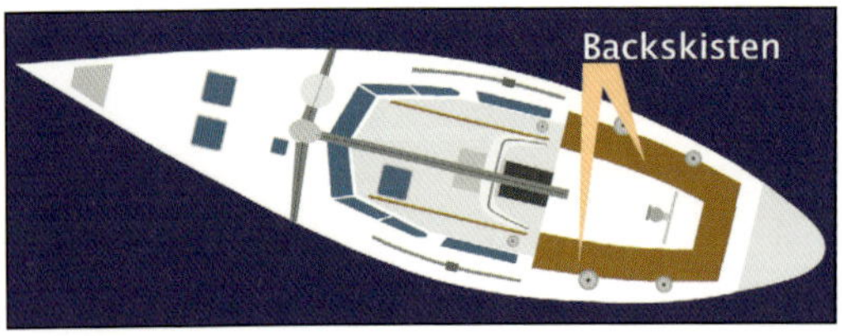

Backstag, das, auch: Preventer, der – Abstagung des Mastes nach seitlich achtern. Bei einer Wende muss das bisherige Luvstag gefiert und das Leestag dichtgeholt werden.

Gaffelketsch *ROTER SAND* der Bremer Bootsbau Vegesack.

Backstagsbrise – Wind schräg von achtern, raumer Wind.

Badegast – Ein Gast an Bord, der keine seemännische Erfahrung hat und nur zu seiner Freude mitfährt; sehr freundlich abwertend ausgedrückt.

Badegebietstonne – Abgrenzung eines Badegebietes durch entsprechende Tonnen. Innerhalb dieses Bereiches darf mit Motorfahrzeugen nicht gefahren werden.

Badeleiter – Nicht nur zum Baden, sondern auch für die Aufnahme von Überbordgefallenen. Gehört deshalb zur Sicherheitsausrüstung.

Bake – Ein an Land stehendes, festes Seezeichen. Eine bekannte Holz-Bake ist die Kugelbake in Cuxhaven an der Nordsee.

Kugelbake in Cuxhaven.

Balanceruder – 1/3 der Ruderfläche liegt vor der Achse. Der Ruderdruck wird geringer. Das Schiff steuert sich leichter.

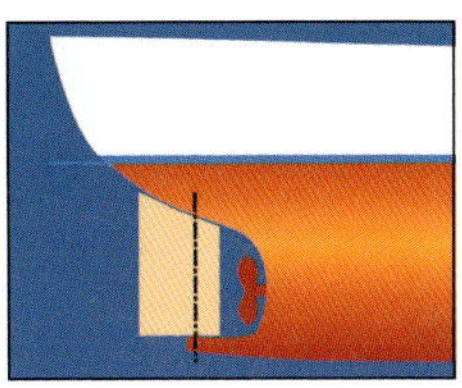

Balje – Ein tiefer und breiter Wasserlauf im Wattenmeer. Die Balje fällt auch bei Niedrigwasser nicht trocken und kann als Fahrwasser benutzt werden.

Balje: Neuharlingersiel, Nordsee.

Balkweger – Die Balkweger sind Längsbalken, auf denen die Decksbalken ruhen.

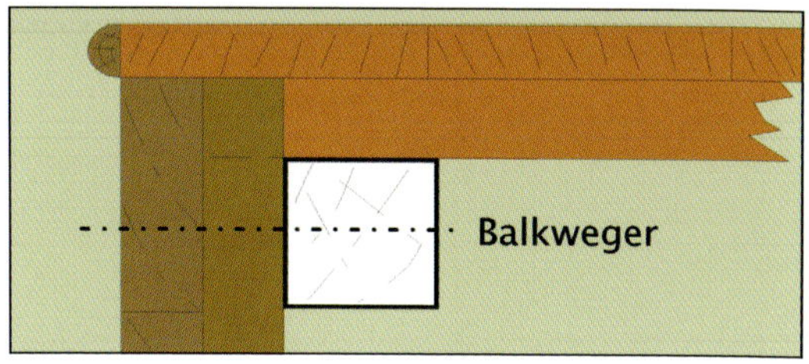

Ballast – Gewicht unter oder im Kiel, um dem Schiff Gewichtsstabilität zu geben. Kann aus Gusseisen, Blei oder Beton sein. Yachten und Schiffe mit hohem Ballastanteil haben eine hohe Segeltragzahl. Moderne Rennyachten fahren zusätzlich mit trimmbarem Wasserballast.

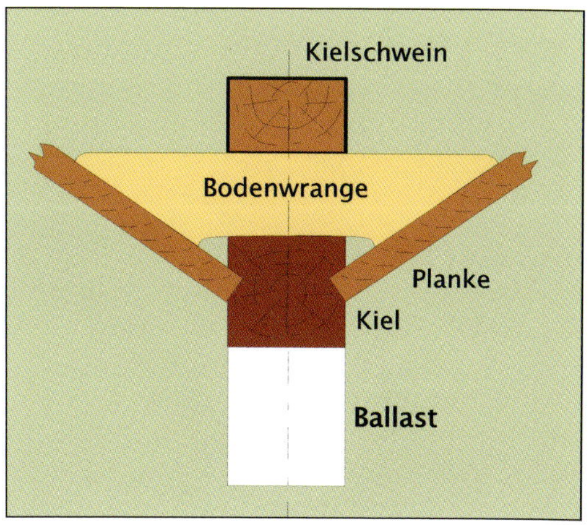

Baltic – Lat. Name für die Ostsee (= mare balticum).

Bambuse – Junger, ungelernter Seemann. Kennt sich noch nicht mit allen Arbeiten auf dem Schiff aus, weiß sich aber zu helfen.

Bändsel, Garn – Begriff für dünnes Tauwerk.

Bark – Drei- oder viermastiger Großsegler. Fock-, Groß- und Kreuzmast tragen Rahsegel und der Besanmast trägt Schratsegel. Bekannte deutsche Barken sind die Alexander von Humboldt mit ihren von einer bekannten Bremer Brauerei gesponserten grünen Segeln und die Gorch Fock der Deutschen Bundesmarine.

Barkasse – a) Verkehrsboot zum Befördern von Personen im Hafenbereich (Hafenbarkasse). b) größtes Beiboot auf Kriegsschiffen.

Barkentine, Schonerbark – Segelschiff mit drei Masten: Rahtakelung am vorderen sowie Schratsegel an den beiden folgenden Masten.

Barkentine.

Barograf – Mit dem Barografen wird der Luftdruck gemessen und aufgezeichnet. Die Aufzeichnung erfolgt als Kurve über einen längeren Zeitraum. Elektronische Geräte besitzen eine Alarmfunktion bei Überschreitung eines eingegebenen Grenzwertes für Druck und Tendenz. Barografen erlauben eine nachträgliche Wetterbeurteilung (hindcasting).

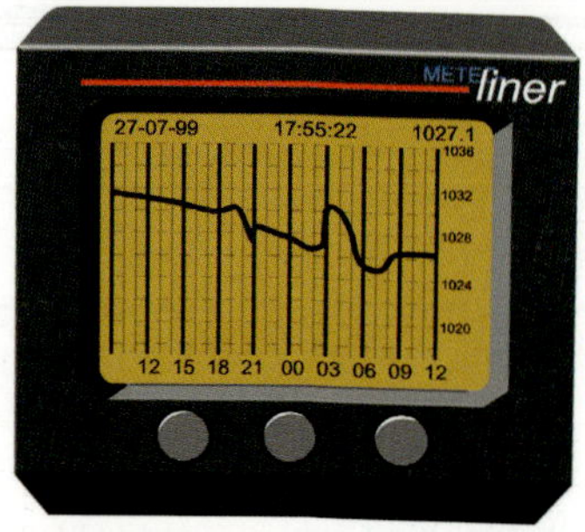

Barometer – Instrument zum Ablesen des augenblicklichen Luftdrucks. Mit dem Schleppzeiger kann die Tendenz abgelesen werden.

Barriereriff – Korallenriff vor einer Küste. Das »Great Barriereriff« vor Australien ist selbst aus dem Weltraum zu sehen.

Barre – a) Flacher Bereich im Wattenmeer. Befindet sich meist in Krümmungen. b) Flacher Bereich oder Sandbank in Flussmündungen und in Hafeneinfahrten.

Basislinie – (s. Abb. folgende Seite) Eine nach dem UN-Seerechtsübereinkommen festgelegte Linie im Küstenbereich. Sie läuft mit der Niedrigwasserlinie (= 0 Meter Kartentiefe) entlang der Küste und ist in den amtlichen Seekarten größeren Maßstabs eingezeichnet.

Batteriekasten – Batterien müssen sich in Batteriekästen befinden und gegen Verrutschen gesichert sein.

Bauch – Der gewölbte Mittelteil des Segels. Ein Segel wird bauchig gefahren. Ausnahme: Sturmsegel, werden extrem flach getrimmt.

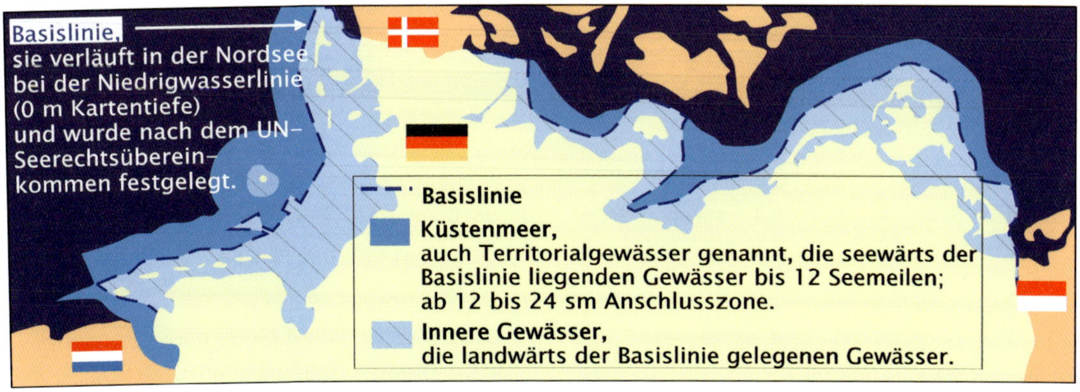

Bauernnacht – Ein Nacht ohne Wache.

Baum – Bestandteil des Riggs, Großbaum oder der Baum bei der Selbstwendefock – nimmt das Unterliek des Segels auf.

Baumbremse – Sie verhindert die Patenthalse, das ungewollte Überkommen des Großbaumes auf einem Vormwindkurs.

Baumniederholer – Mechanische oder hydraulische Verbindung von Mast und Baum, um ein Aufsteigen des Baumes auf einem Vormwindkurs zu verhindern.

Baumnock – Ende eines Baums. Beim Großbaum ist dort die Dirk angeschlagen. Sie hält den Baum in einer waagerechten Position, wenn kein Segel gesetzt ist.

Baumstütze – Ablegevorrichtung für den Baum während des Winterlagers und wenn kein Segel gesetzt ist.

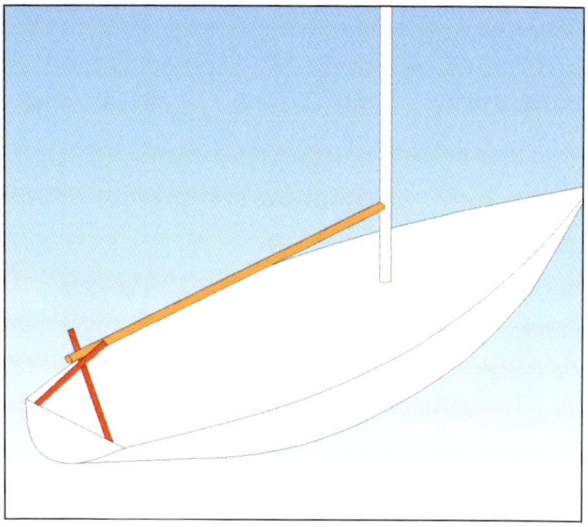

Bft	Wirkung an Land	Wirkung auf See
0	Rauch steigt senkrecht hoch	völlig glatte See
1	Rauch schwach bewegt	sehr ruhige See, geringe Wellenhöhe
2	Leichte Brise, für das Gefühl bemerkbar	ruhige See, Wellenhöhe bis 0,3 m
3	Blätter leicht bewegt, schwache Brise	leicht bewegte See, bis 1 m Wellenhöhe
4	Kräftige Brise, hebt Staub und loses Papier	mäßig bewegte See, 1,1 bis 1,5 m hoch
5	Frische Brise, kleinere Bäume schwanken	ziemlich grobe See, bis 2,5 m hoch
6	Starker Wind, heult an Häusern	grobe See mit 3 bis 4 Meter hohen Wellen
7	Steifer Wind	hohe See wirft auf Wellen Schaumköpfe
8	Stürmischer Wind, hindert am Gehen	Wellen mit einer Höhe von 6 bis 8 Metern
9	Sturm, deckt Ziegel ab	sehr hohe See, Wellen von 8 bis 9 Meter
10	Schwerer Sturm, wirft Bäume um	ebenfalls sehr hohe See, ca. 11 Meter hoch
11	Orkanartiger Sturm, schwere Zerstörungen	schwere See mit über 12 Meter hohen Wellen
12	Orkan mit schwersten Verwüstungen	schwere, gewaltige See mit über 14 Meter hohen Wellen

Beaufort – Maß für die Windstärke, Abkürzung: Bft.

Beaufortskala – (s. Abb. o.) Von Sir Francis Beaufort (englischer Admiral, 1774–1852) aufgestellte Skala der Windstärke. Sie hat noch heute ihre Gültigkeit und wird in der Seefahrt und bei Wettervorhersagen für die Windstärke angewendet.

Bedrohte Art – Nach der WCU (World Conservation Union) eine (Tier-)Art, die unmittelbar vom Aussterben bedroht ist, wenn die Faktoren, die ihr Überleben gefährden, nicht beseitigt werden.

Befeuerung – Allgemeiner Begriff für die Lichter (Farbe und Kennung) von Leuchttürmen und Seezeichen.

Beiboot, Dingi – (s. Abb. u.) Kleines Boot, z.B. für den Landfall oder das Ausbringen (Verwarpen) eines Ankers.

Beidrehen – Soll ein Segelschiff nur wenig Fahrt machen und in ruhiger Position gehalten werden, so wird beigedreht. Zum Beidrehen wird gewendet, ohne die Fock- und die Großschot loszuwerfen.

Beilbrief – Bauvertrag zwischen der Reederei und der Werft.

Beiliegen – siehe Abwettern. Begriff für langes Beidrehen. Wird angewendet, um einen Sturm abzuwettern. Die Segelfläche wird extrem verkleinert, am besten bis auf Sturmfock und Trysegel. Mit älteren Langkielern ist ein Beiliegen auch bei schwerer See

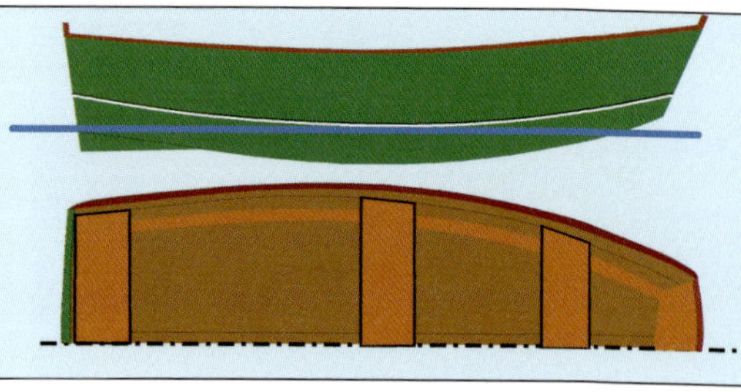

Beiboot.

möglich. Moderne Kurzkieler können nicht gut beiliegen. Sie brechen immer wieder aus und nehmen zu viel Fahrt auf. Mit ihnen muss aktiv weitergesegelt werden.

Bekanntmachungen für Seefahrer (BfS) – Werden von den Wasser- und Schifffahrtsverwaltungen herausgegeben und hängen in Häfen, Schleusen und Behörden aus. Sie enthalten wichtige Maßnahmen und Ereignisse im deutschen Küstenmeer, z.B. die Schießübungszeiten der Bundeswehr und damit die Sperrungen der Schießgebiete.

Bekleeden – Leinen mit Garn umwinkeln, um sie vorm Schamfilen, vor der Witterung oder vor Verletzungen zu schützen (auch kleeden, bekleiden).

Bekleedetes Drahtseil.

Bekneifen – Kreuzweises Herumlegen von Tauenden um einen Belegnagel, einen Poller oder eine Klampe. Das Ende hält durch den eigenen Zug.

Belegen – Ein Leine, eine Schot auf einem Poller oder einer Klampe festmachen.

Belegen auf einer Klampe – Den Festmacher auf einer Klampe mit den entsprechenden Schlägen belegen.

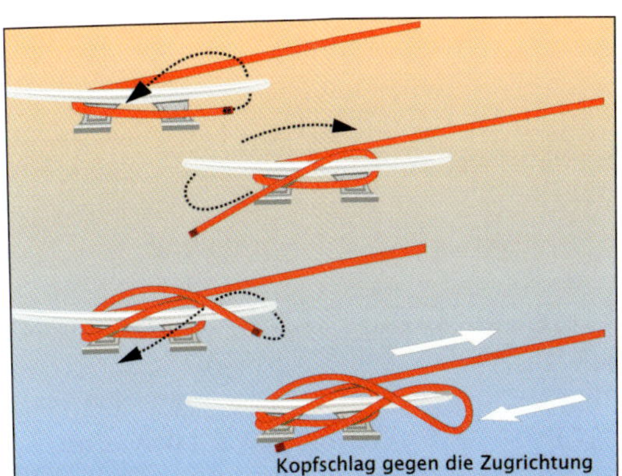

Belegklampe – Auf ihr wird die Festmacheleine oder eine Schot befestigt (= belegt).

Belegnagel, Coffeynagel – Hölzerner oder metallener Schaft, auf dem Leinen auf einer Nagelbank belegt werden können. Der Belegnagel steckt herausnehmbar in einem Loch in der Nagelbank.

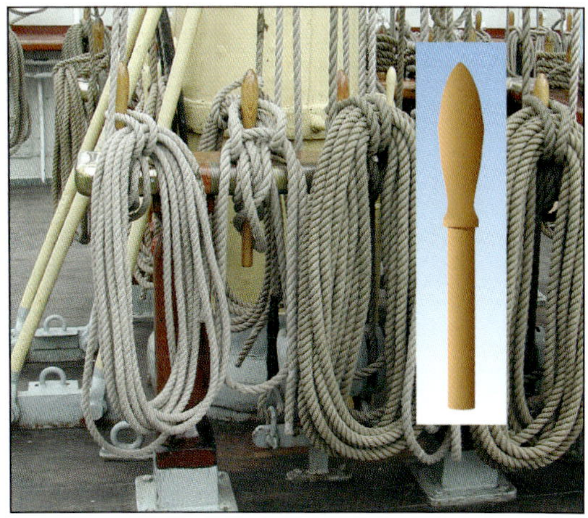

Belemmern – a) Den Seemann in seiner Tätigkeit behindern. b) Eine Sache ist belemmert = nicht mehr brauchbar.

Belt – Name zweier Meeresstraßen: Großer und Kleiner Belt. Bilden zusammen mit dem Sund die Verbindung zwischen Nord- und Ostsee.

Belüftungsventil – Ventil im Kraftstofftank des Außenbordmotors, muss beim Betrieb des Motors geöffnet sein.

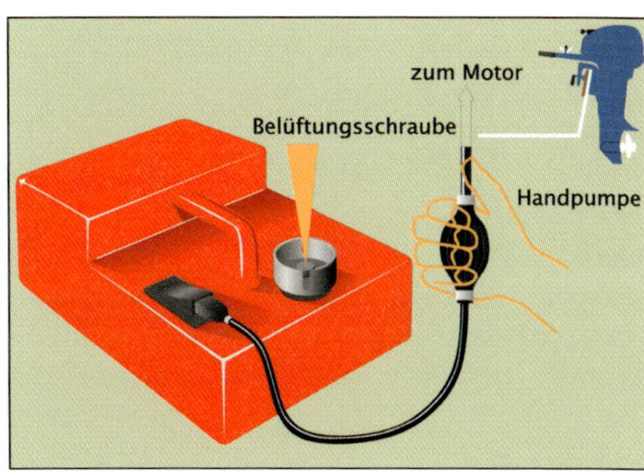

Belüftungsventil.

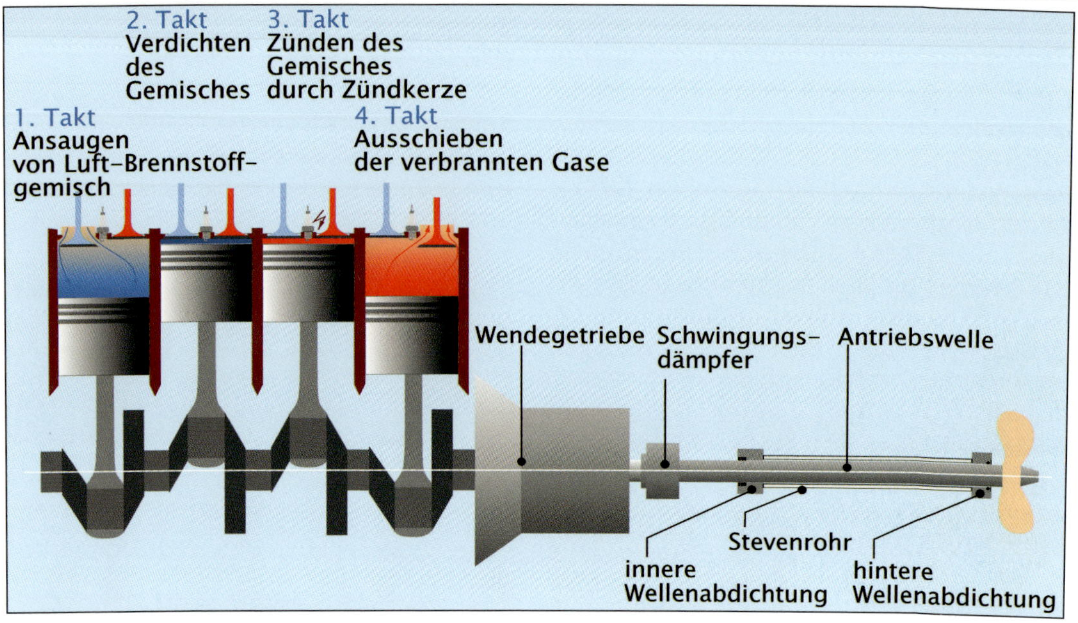

Funktionsprinzip eines Viertakt-Benzinmotors.

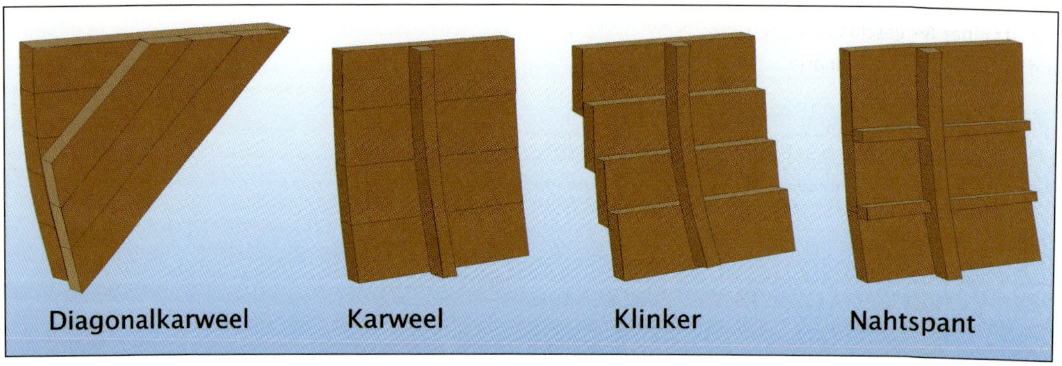

Beplankung.

Benthisch – Das Leben im oder auf dem Meeresboden.

Benzinmotor – (s. Abb. o.) Der Benzinmotor wird in schnel-le Boote eingebaut. Er ist leichter als der Dieselmotor, hat aber einen höheren Kraftstoffverbrauch.

Beobachteter Ort (Ob) – Mithilfe eines Ortsbestimmungsverfahrens wie Peilung, astronomische oder elektronische Beobachtung ermittelte Position des Fahrzeuges.

Beplankung – Begriff beim Holzbau: Außenbeplankung, Decksbeplankung.

Bergelohn – Vergütung für den Bergenden. Kann vorher vereinbart werden oder nach »open form« (kein Erfolg – kein Lohn) erfolgen. Wassersportler untereinander vergüten nach Aufwand.

Bergen der Segel – Wegnehmen und Beschlagen der Segel.

Bergeschlauch – (s. Abb. folgende S.) Erleichtert das Setzen oder Einholen eines Spinnakers oder Blisters.

Einsatz eines Bergeschlauchs beim Bergen des Blisters auf der *ARIANE*, Gran Canaria.

Bergfahrt – In einem Fluss gegen den Strom fahren.

Bergung – Abbringen eines Schiffes von einer Untiefe, Schleppen eines havarierten Schiffes in ein sicheres Gebiet oder in den Hafen.

Berichtigungsstempel – Vom BSH (Bundesamt für Seeschifffahrt und Hydrographie) oder einer autorisierten Seekartenvertriebsstelle vorgenommene Berichtigung der amtlichen Seekarten. Die Berichtigung wird durch einen Stempel dokumentiert.

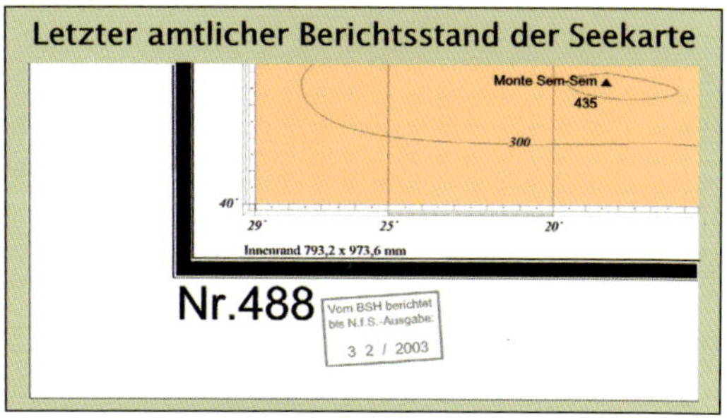

Berichtigungsstempel.

Gaffelketsch *ROTER SAND* der Bremer Bootsbau Vegesack.

Bermpohl, Adolph – Durch seine in Bremen-Vegesack im Jahr 1860 veröffentlichten Artikel in einer Wochenzeitschrift wurde er zum Initiator des Deutschen Seenotrettungswerkes.

Besanmast – (s. Abb. vorherige Seite) Hinterer kürzerer Mast auf Zwei- oder Mehrmastern. Das Segel am Besanmast wird auch als Besan bezeichnet.

Beschickung für Strom – Als Beschickung wird die Korrektur des jeweiligen Kurses bezeichnet, hier die um die Versetzung durch den Strom.

Beschickung für Wind – Korrektur des jeweiligen Kurses um die Versetzung durch den Wind. Die DIN 13312 sagt: Winkel zwischen der Rechtvorausrichtung des Fahrzeuges und der tatsächlichen oder beabsichtigten Bewegungsrichtung des Fahrzeuges durch das Wasser.

Beschlag – Allgemeiner Begriff für anmontierte Teile am Schiff, z.B. Lümmelbeschlag.

Beschlagen der Segel – Segel mit Zeisingen festmachen.

Beschränkt gültiges Betriebszeugnis für Funker I – Schließt das UKW-Sprechfunkzeugnis ein und gestattet weltweit die Teilnahme am GMDSS im UKW-Bereich.

Beschränkt gültiges Betriebszeugnis für Funker II – Schließt das UKW-Sprechfunkzeugnis ein und gestattet die Teilnahme am GMDSS im UKW-Bereich, aber nur im Bedeckungsbereich deutscher UKW-Küstenfunkstellen.

Besentoppzeichen – (s. Abb. r. o.) Im Wattenmeer aufgestellte Besen, um die Fahrrinne zu kennzeichnen. Können sie das Wasser »fegen«, ist das die Steuerbordseite des Fahrwassers. »Fegen« sie den Himmel, stehen sie auf der Backbordseite.

Besteck – (s. Abb. r. m.) Hilfsmittel zur Navigation wie Sextant, Kartenzirkel, Kursdreieck, Anlegedreieck usw. Mit dem Besteck kann ein Kurs in der Karte bestimmt und die Position ermittelt werden.

Besentoppzeichen.

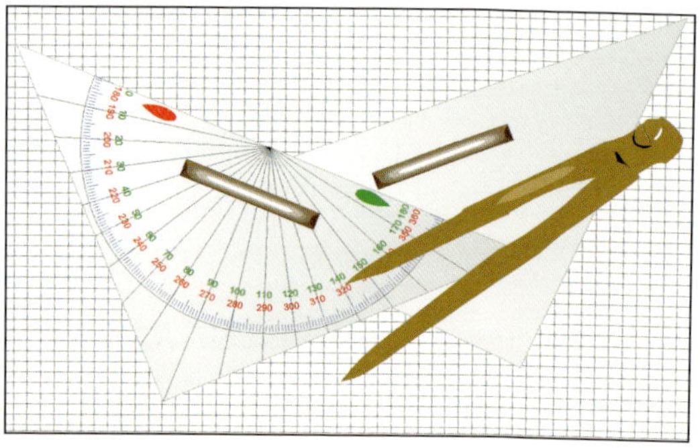

Teile des Bestecks.

Besteckversetzung (BV) – Durch unvorhersehbare Einflüsse wie Abdrift und Strom und ungenaues Steuern verursachte Versetzung. Die rechtweisende Richtung und Distanz, in die versetzt wurde, ist die Besteckversetzung.

Betonnung – Fahrwasser und Schifffahrtswege durch Tonnen kenntlich machen.

Betonnungsrichtung – (s. Abb. folgende S.) Fahrwassertonnen werden auch laterale Zeichen genannt. In der Region A (Europa und Teile von Fernost) liegen (von See kommend) grün an Steuerbord und rot an Backbord. In der Region B (amerikanischer Kontinent und Teile von Fernost) ist es umgekehrt. Toppzeichen sind gleich – nur die Farbe ist umgekehrt.

Bezugsort – Für zirka 40 Bezugsorte werden vom BSH (Bundesamt für Seeschifffahrt und Hydrographie) im Tidenkalender vorausberechnete Tidenkurven sowie die täglichen Hoch- und Niedrigwasserzeiten für einen Jahreszeitraum herausgegeben. Da

der Gezeitenablauf sich in der Nähe der Bezugsorte verschiebt, gibt es entsprechende Tabellen, aus denen sich diese Verschiebungen ablesen lassen. Die Tabellen werden ebenfalls vom BSH herausgegeben.

Bezugssystem – Berichtigung der Abweichung zwischen der Satellitennavigation und den Seekarten. Das GPS gibt die geografischen Koordinaten in WGS 84 an. Sind Seekarten noch nicht nach WGS 84 geändert, so ist die Abweichung am Kartenrand vermerkt.

Bft – Abkürzung für Beaufort.

Big Boy – Großer Junge. Zusätzliches Beisegel auf Hochsee-Rennyachten. Wurde in Lee des Großsegels neben dem Spinnaker gesetzt.

Bilge – Tiefster Punkt im Schiffsrumpf. In der Bilge sammelt sich das Bilgenwasser. Beim Abpumpen der Bilge müssen die Bestimmungen des Gewässerschutzes beachtet werden.

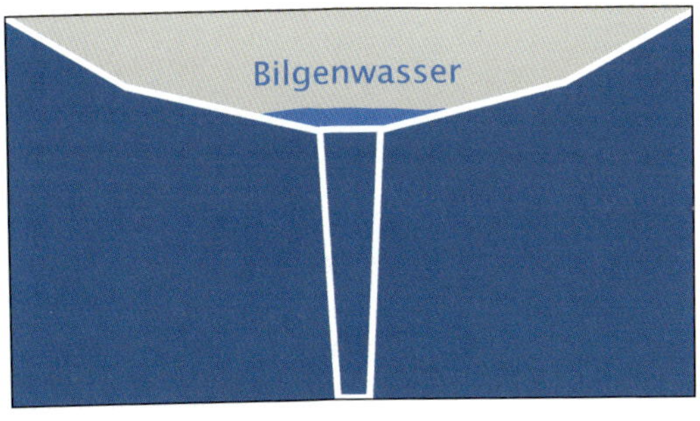

Bilgepumpe – Pumpe zum Abpumpen des Bilgenwassers.

Billigflagge – Ein Billigflaggenschiff fährt unter der Flagge eines anderen Landes als des Landes der Eigentümerschaft. Niedrige Registergebühren, niedrige Besteuerung oder gar Steuerfreiheit und die Möglichkeit, Arbeitskräfte zu niedrigen Kosten zu beschäftigen, sind in der Regel die Motive, die einen Reeder zum Ausflaggen veranlassen. Von der ITF wurden 28 Länder zu Billigflaggen erklärt. Auch Deutschland gehört dazu, weil es zurzeit noch das Zweitregister betreibt.

Bimini – Abdeckung des Rudergängerplatzes zum Schutz vor Sonnenstrahlung. Besonders im Mittelmeer auf vielen Yachten vorhanden.

Biminis auf Charteryachten in Palma de Mallorca.

Einreffen auf dem Schoner *ESPRIT*, Helgoland.

Bindereff – Verkleinern der Segelfläche durch Einbinden des Segels mittels Reffbändsel. Das Unterliek wird auf den Baum gebunden.

Binnensteven – Hinter dem Steven als Verlängerung des Kielschweins eingebautes Holzstück.

Biom – Große ökologische Zone.

Black Frost – (Wörtlich: Schwarzer Frost). Vereisung der Schiffsaufbauten und dadurch extreme Kentergefahr. Kann am Rand der antarktischen Gewässern auftreten sowie um Grönland und Island. Das Eis muss unverzüglich durch mechanische Bearbeitung entfernt werden.

Blanker Hans – Bezeichnung für die Nordsee, wenn sie mit einer Sturmflut kommt.

Blauwal – Größtes Tier auf unserer Welt, bis 33 m lang und 190 t schwer.

Blauwassersegler – Segeln dort, wo die Sonne scheint und das Wasser die tiefblaue Färbung hat.

Blauwassersegler.

Bleib-weg-Signal – (s. Abb. folgende Seite) Signal, um auf einen Notstand bzw. Gefahr (Brand- und Explosionsgefahr) hinzuweisen.

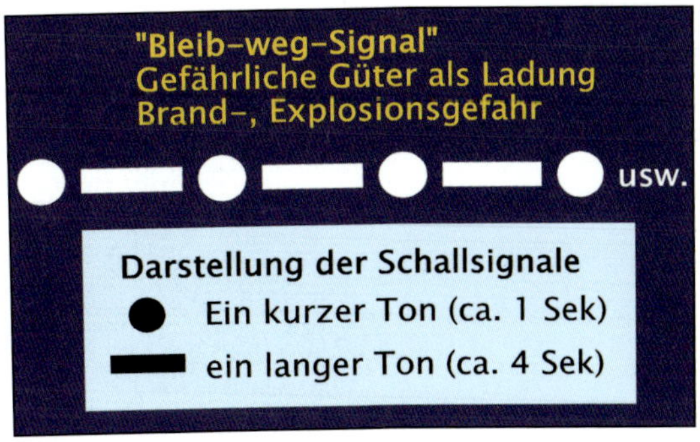

Blinder Passagier – Eine Person, die sich illegal an Bord befindet. Sie muss verpflegt und kann zum Borddienst herangezogen werden. Im nächsten Hafen wird sie den dortigen Behörden übergeben. Anfallende Kosten muss der Reeder übernehmen.

Blinkfeuer – Licht eines Seezeichens (Feuer). Ein Blink ist mindestens zwei Sekunden lang.

Blister – Großes Leichtwettersegel, das vom Raumwindkurs bis fast zum Halbwindkurs gefahren wird. Für Vormwindkurse ist es nicht gut geeignet. Der Blister wird im Gegensatz zum Spinnaker ohne Baum gesegelt. Mit einem Bergeschlauch kann er gesetzt und geborgen werden.

Blister.

Blitzfeuer – Licht eines Seezeichens (Feuer). Ein Blitz ist weniger als zwei Sekunden lang.

Blizzard – An der nordamerikanischen Ostküste auftretender, orkanartiger Schneesturm.

Block – Gehäuse mit Scheiben. Ein Block dient der Umlenkung von laufendem Gut.

Block.

Blüse, Feuerblüse – Vorläufer der heutigen Leuchttürme. Offenes Feuer in einer Metallschale auf einem Holzgestell.

Böe – Plötzlich einfallender Windstoß von begrenzter Dauer. Böen können bis zu 2–3 Bft stärker als der mittlere Wind sein.

Bodenlenzventil – Ventil, mit dessen Hilfe eine Jolle wieder vom Wasser freigesegelt werden kann.

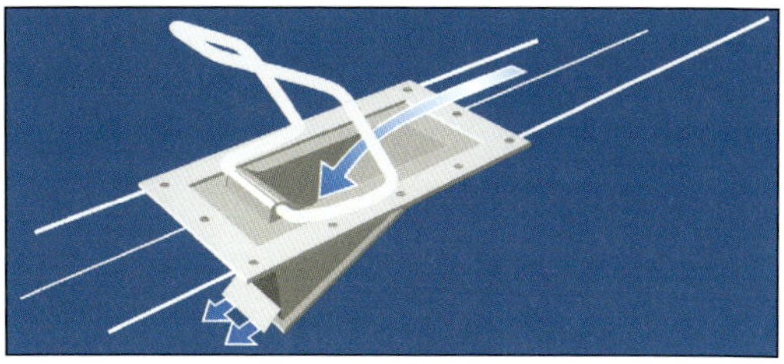

Bodenwrange – Querträger im Schiffsboden zum Versteifen der Beplankung.

Bohrwürmer – Können einen Holzrumpf oder Hafenanlagen durch raspelartiges Fressen zerstören. Es gibt sie nicht nur in wärmeren Gewässern, sie sind auch schon in der Ostsee. Eigentlich sind es Muscheln.

Boje – a) Schwimmkörper zum Festmachen (Liegen an einer Boje). b) Markierung bei einer Regatta. c) Ankerboje.

Bolzenschneider – Werkzeug, um bei einem Mastbruch die Wanten zu kappen (Wantenschneider).

Bootshaken – Lange Stange aus Holz oder Aluminium mit Spitze und Haken aus Metall. Dient zum Abstoßen oder Festhalten und dem Hantieren mit Tauwerk.

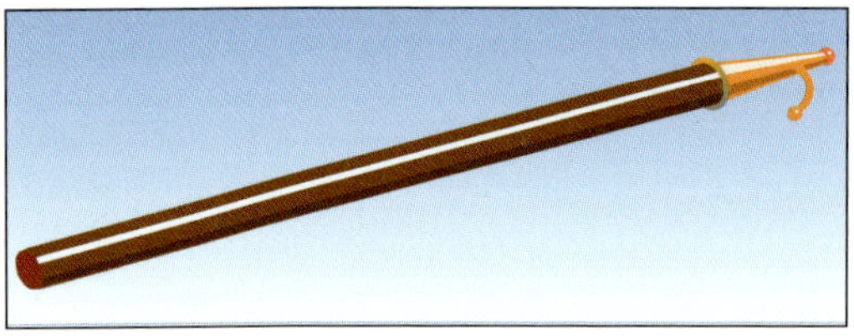

Bootsmann – Auf Segelschiffen hat er die Aufsicht über den technischen Zustand des Schiffes. Gehört zur Besatzung und ist hierarchisch dem Steuermann untergeordnet.

Bootsmannspfeife – Signalpfeife zum Erteilen von Befehlen auf einem Schiff. Wird auch bei der Marine zur Ehrenbezeugung benutzt, wenn der Kapitän oder Schiffsoffiziere an Bord kommen.

Bootsmannstuhl – Vorrichtung (Sitz) zum Hochziehen einer Person in die Takelage, um dort Arbeiten durchzuführen. Früher ein einfaches Brett ohne viel Sicherheit, inzwischen sichere Vorrichtung mit Werkzeugtaschen.

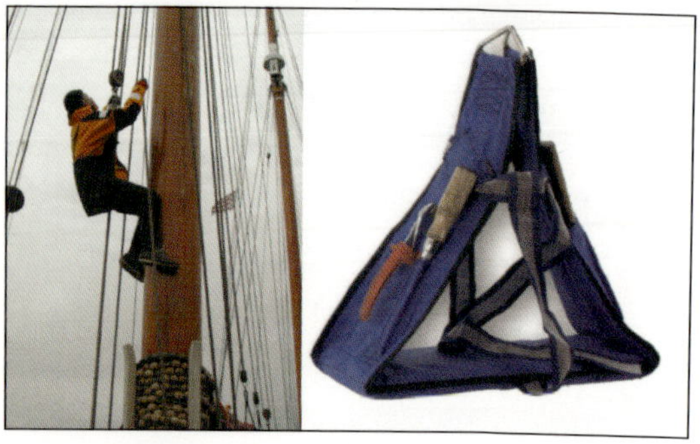

Bootsmannstuhl.

Bootsriemen, Riemen – Seemännischer Ausdruck für Ruder, mit denen dann auch nicht »gerudert«, sondern »gepullt« wird.

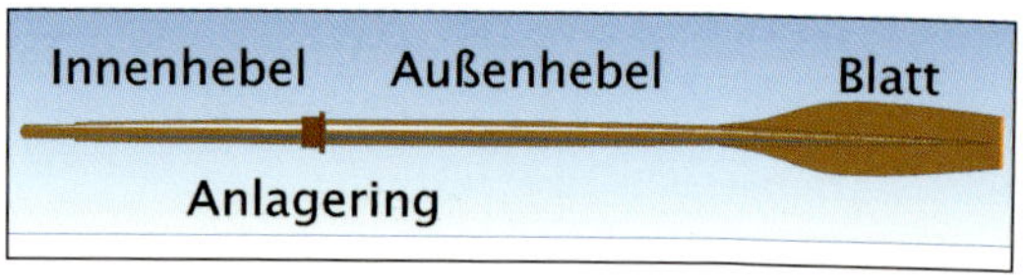

Bootsschuhe – Für den Bootsbetrieb geeignete Schuhe, salzwasserfest und mit rutschfester, durchgehender Sohle.

Bootszeugnis – Von einer Zulassungsbehörde ausgestelltes Zertifikat, mit dem einem Sportboot oder einem Wassermotorrad ein verkehrssicherer Zustand bescheinigt wird. Ein Bootszeugnis wird für das Verchartern benötigt und gilt für 1 Jahr.

Bora, die – Fallwind im adriatischen Meer. Aus 2000 Meter fällt sie ins Meer hinab und kann bis zu Sturmstärke erreichen.

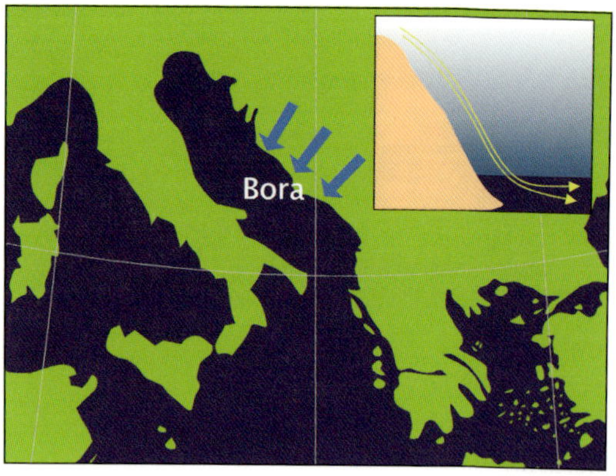

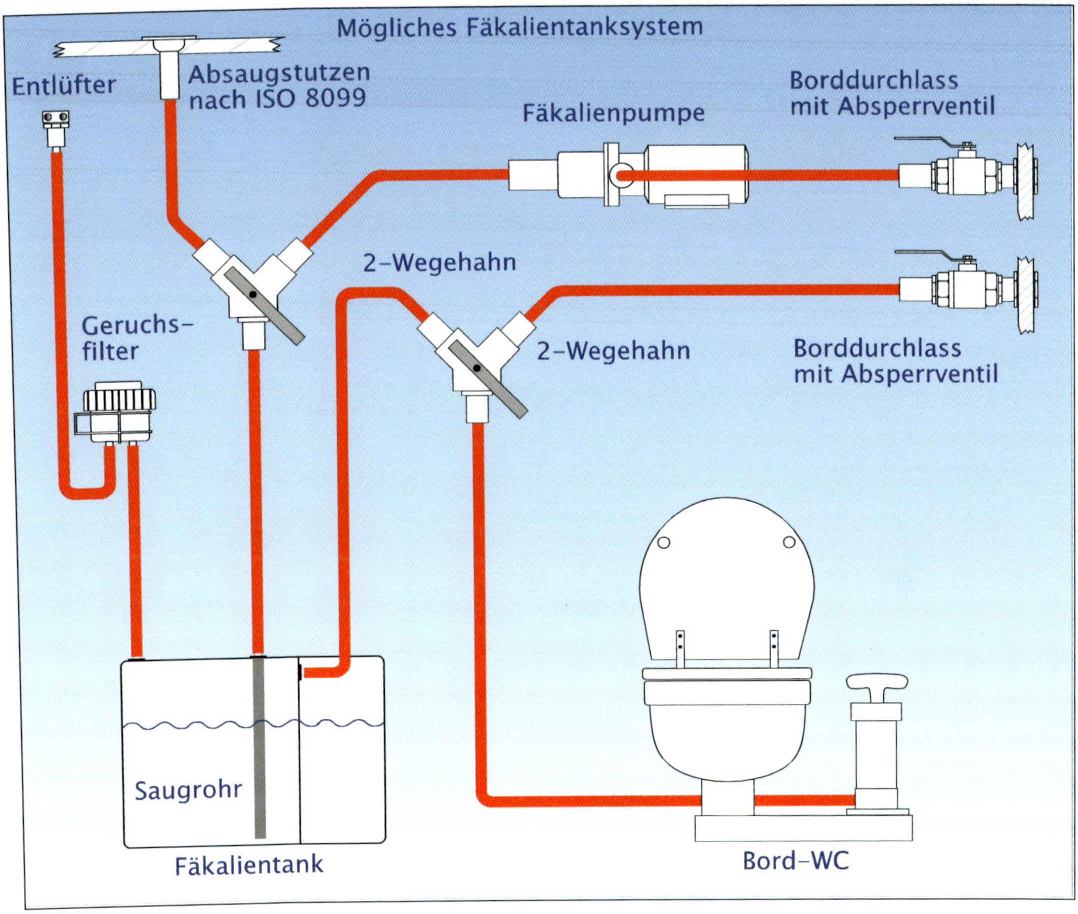

Bord-WC.

Bordapotheke – Ausgewählte, mit internationaler Kennzeichnung (Nummern) versehene Medikamente. Der Umfang der Medikamente richtet sich nach der Crew- und Passagierstärke sowie nach der Törnlänge.

Borddurchführung – Durch die Rumpfwand führende Leitungen und Ventile.

Bordnetz – Das elektrische Bordnetz hat in der Regel auf Sportbooten 12 bzw. 24 Volt. Auf Berufsschiffen beträgt es 220 bzw. 380 Volt.

Bordtoilette – (s. Abb. o.) In der Regel mit Seewasser gespültes WC. Nach MARPOL müssen seegehende Yachten ab 2005 mit Fäkalientanks ausgerüstet sein.

Bordwind – An Bord wahrgenommener Wind. Bei Fahrt des Schiffes ist es der scheinbare Wind.

Brackwasser – Gemisch aus Süß- und Salzwasser. Mitgeführtes (Trink-)Wasser wurde auf langen Fahrten brack.

Bramsegel – (s. Abb. folgende Seite) Rahsegel in der dritten Etage über den Marssegeln. Sie werden als Unter- und Oberbramsegel bezeichnet.

Bramstenge – Die zweite Verlängerung des Mastes.

Brandbekämpfung – (s. Abb. folgende Seite) Koordiniertes Löschen eines Brandes an Bord. Beim Löschen mit einem Feuerlöscher stets den Schaum-

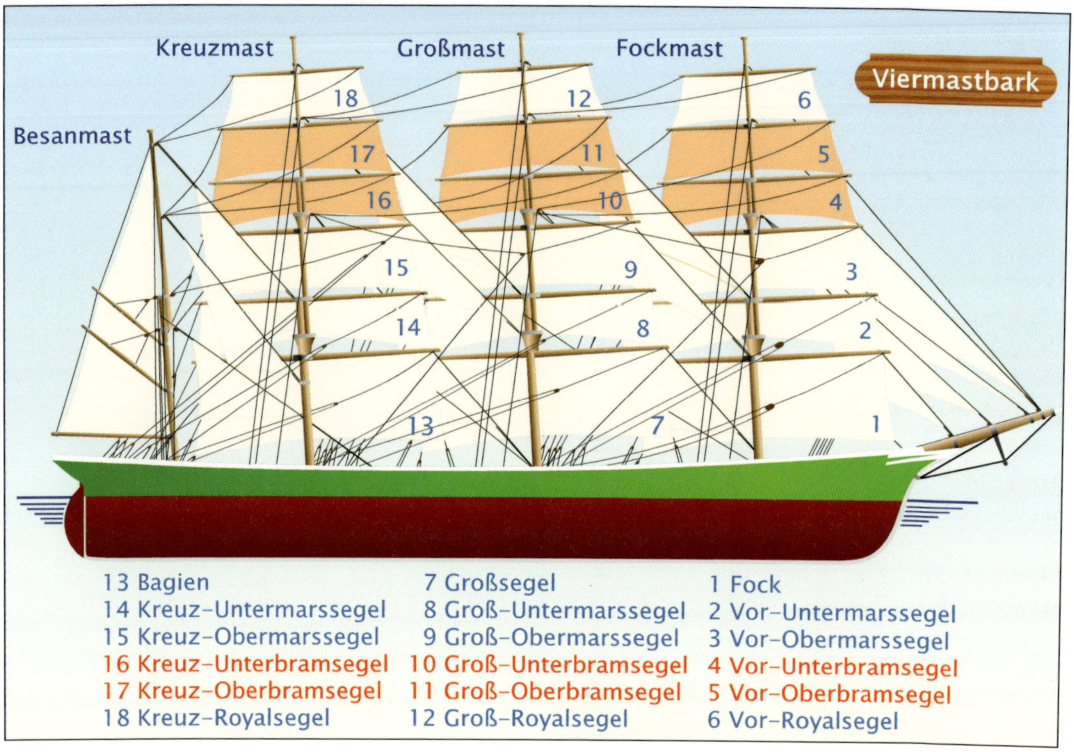

Bramsegel auf einer Viermastbark.

strahl auf die Glut richten. Feuer immer von unten bekämpfen.

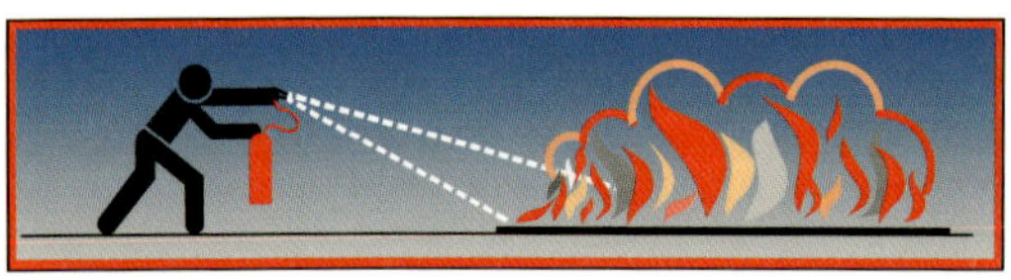

Brandklassen – Einteilung von Brände in Klassen, um die Wahl eines geeigneten Löschmittels zu ermöglichen. Handfeuerlöscher sind für die Brandklassen A, B und C geeignet.

Brandklasse A
Brände fester Stoffe, hauptsächlich solcher organischer Natur, mit Glutbildung (z.B. Holz, Papier, Stroh, Kohle, Textilien, Gummi)
Brandklasse B
Brände von flüssigen oder flüssig werdenden Stoffen (z.B. Benzin, Fette, Öle, Lacke, Harze, Wachse, Teer, Äther, Alkohol, Kunststoffe)
Brandklasse C
Brände von Gasen (z.B. Methan, Propan, Wasserstoff, Azetylen, Stadtgas)
Brandklasse D
Brände von Metallen (z.B. Aluminium, Magnesium)
Brände in elektrischen Anlagen nicht mit Wasser löschen = Explosionsgefahr!

Brandlöschdecke – Löschdecke aus nicht brennbarem Material, mit der kleinere Brände erstickt werden können.

Brandung – (s. Abb. folgende Seite) Im Uferbereich, am Strand oder auf Untiefen brechende Wellen.

Brasse – Leine an der Rahnock, mit der die Rah mit Rahsegel zum Wind eingestellt wird.

Brassen – Segel mit der Brasse nach dem Wind drehen.

Brandung.

Bratspill – Handwinde (zum Setzen eines Segels) mit waagerecht liegender Achse (s. Spill).

Brechen – a) Leinen können brechen (= reißen). b) Wellen können brechen.

Brecher – Auf der See brechende Welle. Es können Schwallbrecher und Sturzbrecher auftreten. Bei entgegenlaufenden Seen wie Dünung und Windsee treten Brecher in pyramidischer Form auf.

Breite, geographische –Die geografische Breite eines Ortes ist der Winkel am Mittelpunkt der Erdkugel zwischen der Äquatorebene und dem Erdradius des Ortes, polwärts gezählt von 0° bis 90°.

Geografische Länge und Breite.

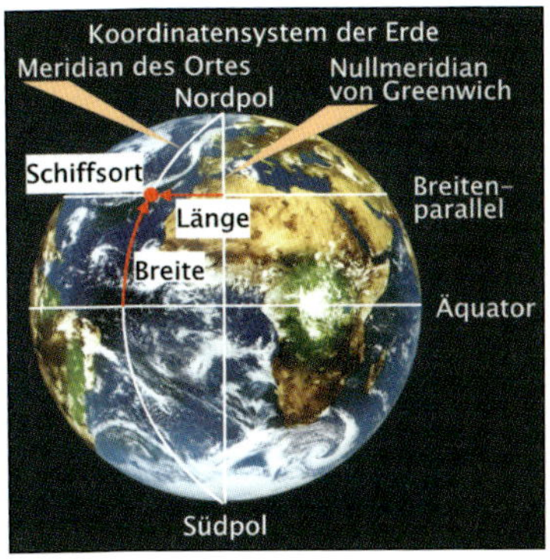

Breitenkreis – Der gesamte Ring, der für die Navigation gedanklich um die Erde gelegt wird. Es sind die Kreise, die parallel zum Äquator laufen.

Bremen Rescue – Das deutsche MRCC (Maritim Rescue Coordination Center, die DGzRS in Bremen) wird mit »Bremen Rescue« auf UKW-Kanal 16 und auf Kanal 70 per DSC gerufen. Die Rettungsleitstelle ist jederzeit erreichbar.

MRCC-Arbeitsplatz bei der DGzRS-Zentrale in Bremen.

Breusing, Georg – Gründete am 2. März 1861 in Emden den Verein zur Rettung Schiffbrüchiger in Ostfriesland. Es war der erste Rettungsverein in Deutschland.

Brigantine, Schonerbrigg – Segelschiff mit zwei Masten: Rahsegel am vorderen Mast sowie Schratsegel am hinteren Mast.

Brigg – Segelschiff mit zwei Masten; an beiden Masten Rahsegel sowie ein zusätzliches Schratsegel am hinteren Mast.

Brise – Leichte Brise = 2 Bft, schwache Brise = 3 Bft, mäßige Brise = 4 Bft, frische Brise = 5 Bft.

Britany-Anker – Plattenanker mit sehr hoher Haltekraft in allen Ankergründen.

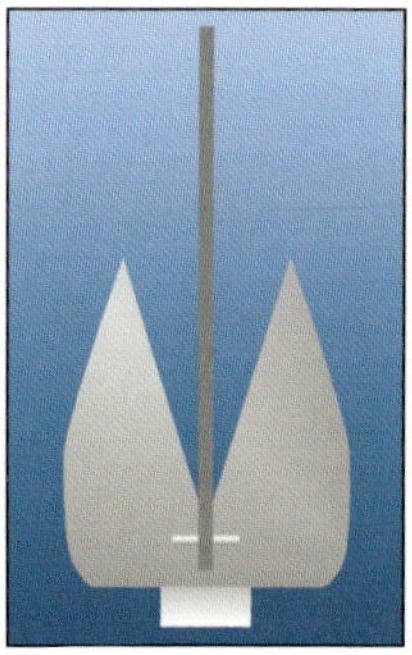

Brücke – Bereich, Arbeitsraum, von dem aus ein Schiff navigatorisch geführt/gesteuert wird.

Brückenpegel – Angabe der Durchfahrtshöhe.

Digitale Anzeige des Brückenpegels an der Weser in Bremen.

Brüllende Vierziger, Roaring Fourties – Starke Westwinddrift zwischen 40° und 50° Süd. Schlecht, wenn ein Segler gegenan muss, und gut, wenn er mit dem Wind segelt.

Brummelhaken – Haken für dünnes Tauwerk, Bändsel.

BRZ – Bruttoraumzahl = Maßeinheit für das Volumen eines Schiffes; internationale Bezeichnung: Gross Tonnage (GT).

BSH – Bundesamt für Seeschifffahrt und Hydrographie in Hamburg und Rostock. Behörde, die für das Seewesen zuständig ist. Hat ein großes Aufgabenspektrum wie z.B. Seevermessung, Herausgabe von amtlichen Seekarten usw.

Buchstabiertafel – Beim Seefunk müssen Worte, über deren Schreibweise Zweifel bestehen, besonders geografische Begriffe, erst genannt und dann buchstabiert werden. Dazu muss eine internationale Buchstabiertafel benutzt werden. Danach wird beispielsweise ein »A« buchstabiert mit »Alfa«, Z = Zoulou oder 1 = Unone.

Bucht – a) Zurückspringen einer Küstenlinie. b) Leinen werden in Buchten zusammengelegt.

Leinen sollen nicht auf Deck liegen.

Bug – Vorderer Abschluss eines Schiffes.

Bügelanker – (s. Abb. r. o.) Anker mit dreieckigem Pflug und einem Bügel. Kann am Schiffsbug geführt werden. Bietet hohe Haltekraft.

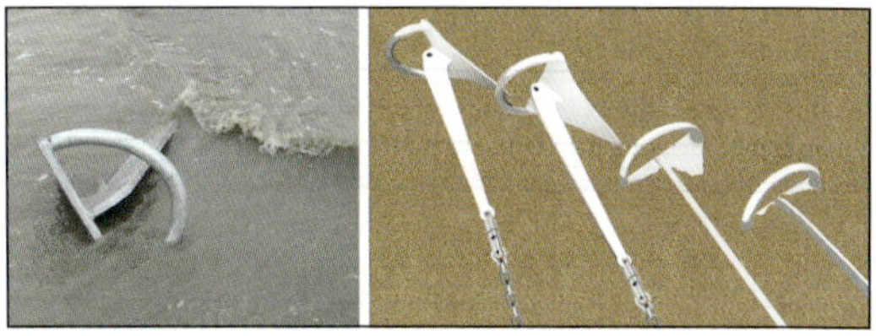

Bügelanker.

Bugkorb – Verstärkte Rohrverstrebung des Bugbereichs zum Schutz vor dem Überbordfallen.

Bugleine – Festmacheleine vom Bug eines Schiffes zum Land.

Bugspriet – Über den Bug hinausragende Verstärkung/Aufnahme für den Klüverbaum.

Bugstrahlruder – Die Yachten werden immer größer und die Häfen immer enger. Daher empfiehlt sich der Einbau eines Bugstrahlruders. Propeller in einem Rohr, am Bug eingebaut; zum An- und Ablegen sowie Manövrieren auf engem Raum.

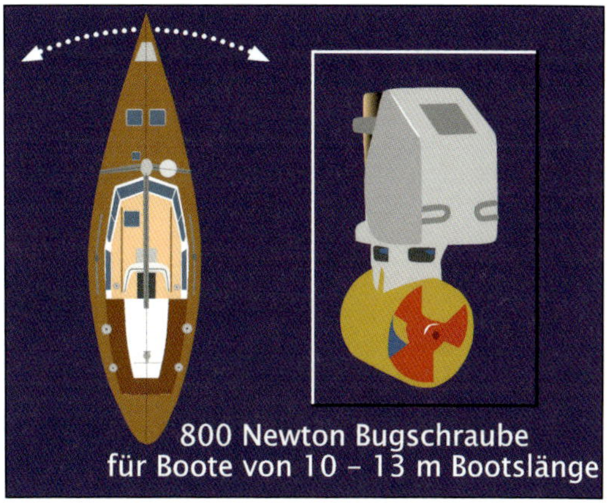

Bugwellenreiten – Reiten auf der Druckwelle vor dem Bug eines Schiffes. Wird häufig von Delphinen gemacht.

Buhne – Rechtwinklig zur Küste oder zum Fluss in das Wasser hineinragende Steinaufschüttung. Sie soll das Abtragen von Material im Uferbereich verhindern.

Bullauge – Kreisrundes, wasserdichtes Schiffsfenster (aus dem engl. »Bull's eyes«). Kann mit einer Seeschlagblende von innen gesichert werden.

Bullentalje – Um zu verhindern, dass vor dem Wind der Großbaum plötzlich auf die andere Seite schlägt, wird ein Bullenstander / eine Bullentalje gesetzt.

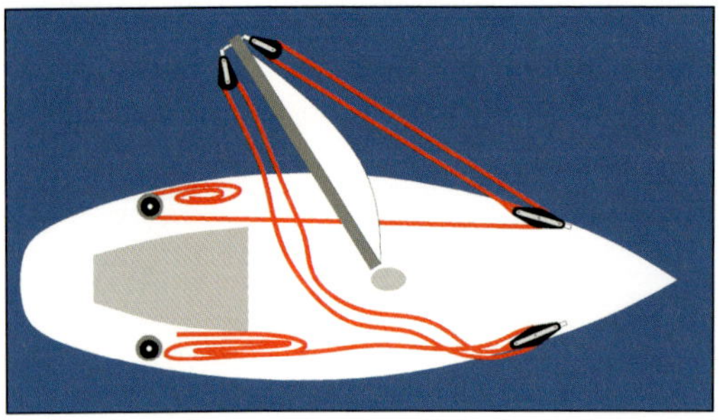

Bundesflagge, Nationale – Zum Führen der Bundesflagge, auch Nationale genannt, wird ein Flaggenzertifikat benötigt. Es bescheinigt, dass das Schiff einem deutschen Eigner gehört.

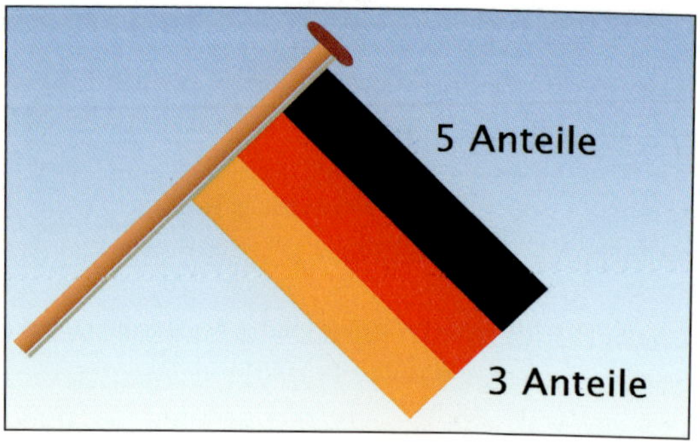

Bundesstelle für Seeunfalluntersuchung – Weltweit müssen schaden- oder gefahrverursachende Vorkommnisse auf einem unter deutscher Flagge fahrenden Schiff an die Bundesstelle für Seeunfalluntersuchung gemeldet werden. Das gilt auch für Sportboote.

Bunkern – Treibstoff, Frischwasser usw. an Bord nehmen. Beim Bunkern von Benzin besteht Explosionsgefahr – Sicherheitsvorschriften fürs Tanken beachten.

Bureau Veritas – 1828 in Antwerpen gegründete Klassifikationsgesellschaft (See-TÜV). Hauptsitz ist heute Paris, als offizielle französische Klassifikationsgesellschaft. Nimmt auch Sportboote ab.

Buten un binnen wagen un winnen – Bremer Leitspruch (Draußen und drinnen wagen und gewinnen).

Buys Ballot, Gesetz von – Steht man auf der nördlichen Halbkugel mit dem Rücken zum Wind, befindet sich das Tiefdruckzentrum links von einem, auf der südlichen Halbkugel rechts von einem.

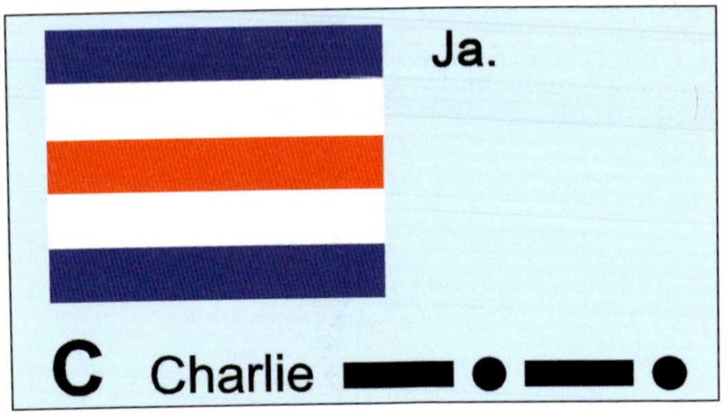

Canadier – Kleines Paddelboot für eine oder mehrere Personen. Canadier werden unter Verwendung von Einblatt-Stechpaddeln kniend oder sitzend gefahren.

Carbon – Kunststoff, der Kohlenstoff als Grundbestandteil enthält. Aus ihm werden Bauteile »gebacken«, die leichter als Stahl sind und dessen Festigkeit erreichen.

Celsius – (s. Abb. u.) Maßeinheit für die Temperatur, benannt nach dem schwedischen Astronomen Anders Celsius (1701–1744).

Cetologe – Walforscher.

CE-Zeichen – Boote mit diesem Zeichen erfüllen die von der Europäischen Union festgelegten Vorschriften für Sportboote im EU-Markt, ab 1998 eingeführt. Danach werden Sportboote nach Fahrtgebieten klassifiziert. Werden Sportboote von außerhalb der EU eingeführt, müssen sie der CE-Norm entsprechen.

Charakteristische Wellenhöhe – (s. Abb. folgende Seite) Durchschnittliche Höhe des höchsten Drittels aller Wellen im Seegang.

Charter – Mieten eines Sportbootes (Bootscharter) oder auch nur Mieten einer Koje (Kojencharter).

Clipper – Sehr schnelle Großsegler mit sehr viel Segelfläche, die Rennpferde unter den Segelschiffen. Legendär waren die Teeclipper; zu den bekanntesten Clippern zählt die »Cutty Sark«. Über 50 Jahre segelte sie ohne größere Schäden durch die Weltmeere, und seit 1954 liegt sie als Museumsschiff in einem Trockendock in Greenwich, England.

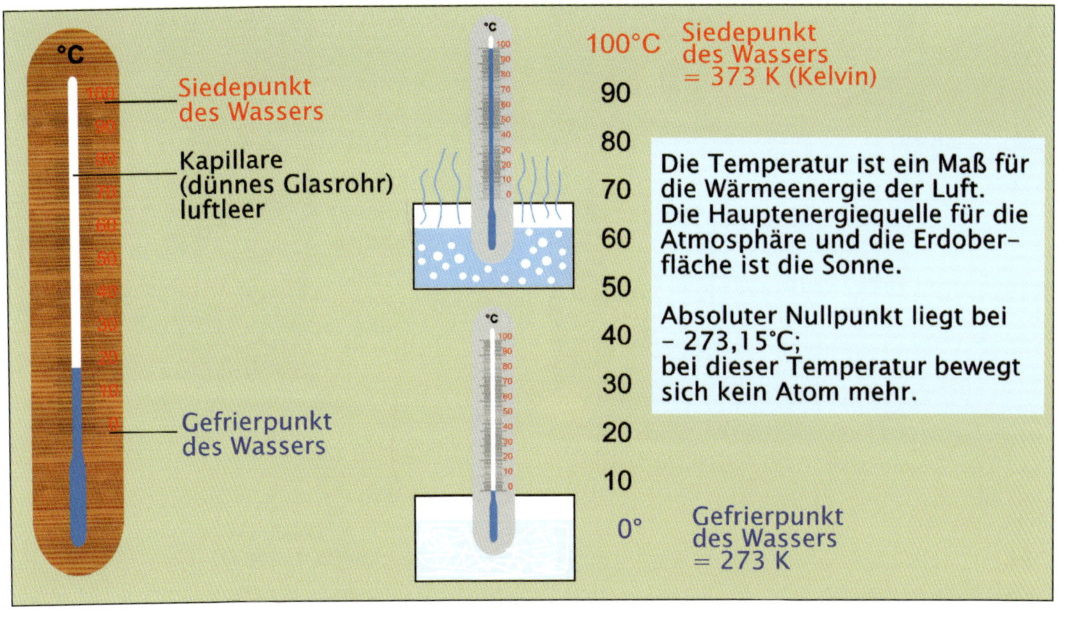

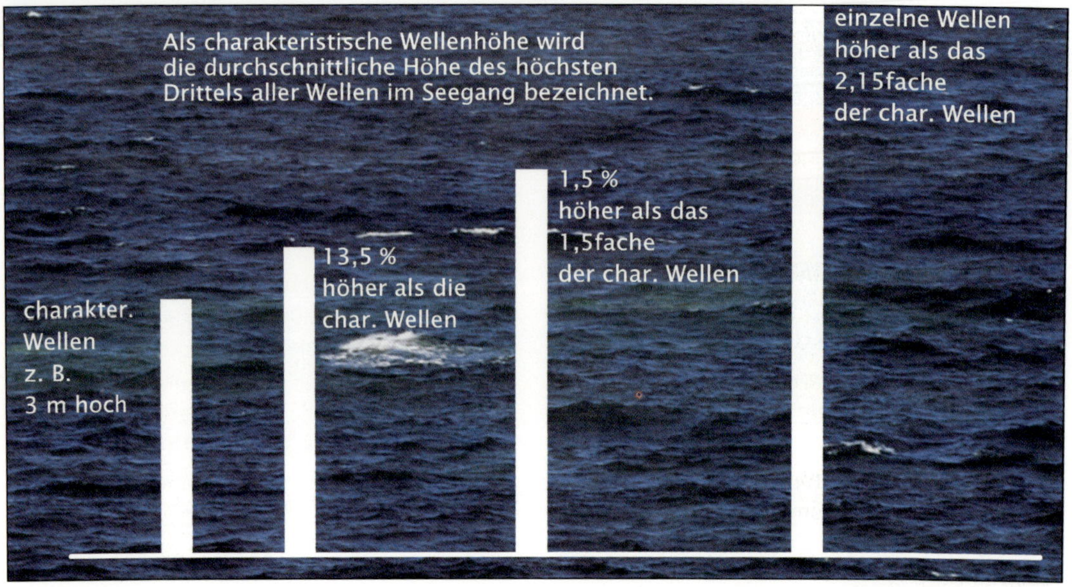

Charakteristische Wellenhöhe.

Clubstander – Dreieckige Flagge, die die Zugehörigkeit zu einem Verein signalisiert. Der Clubstander wird unter der Backbordsaling bei Tag und Nacht geführt.

Cockpit – Bereich, von dem aus ein Sportboot geführt/gesteuert wird.

Cockpit des Schoners *ESPRIT*, Überführung im Nord-Ostsee-Kanal.

COG – Course over Ground (Kurs über Grund). Begriff beim Navigieren mit GPS (s. dort).

COLREG – Die Kollisionsverhütungsregeln KVR (international regulations for preventing at sea) wurden durch die IMO (UN-Organisation für die Seeschifffahrt) verabschiedet und ab 1972 eingeführt.

Cook, James – Am 26. Juli 1768 bricht James Cook mit der Endeavour zur ersten Weltreise auf. Am 14. Februar 1779 fällt der größte Entdecker aller Zeiten auf seiner dritten Reise bei einem Gefecht mit Eingeborenen in der Südsee.

James Cook, Ölgemälde im Deutschen Schifffahrtsmuseum Bremerhaven.

Corioliskraft – (s. Abb. folgende Seite) Durch die Rotation der Erde entsteht eine Trägheitskraft. Sie bewirkt, dass auf der Nordhalbkugel ein Hochdruckgebiet im Uhrzeigersinn, ein Tiefdruckgebiet gegen

den Uhrzeigersinn umströmt wird. Auf der Südhalbkugel erfolgt die Umströmung umgekehrt.

Cospas-Sarsat – Satellitengestütztes System zur Suche und Rettung. Das System wird von Frankreich, Kanada, Russland und USA betrieben, anders als bei Inmarsat benutzt es LEO-Satelliten (Low earth orbit = erdnahe Umlaufbahn). Es empfängt Alarme von See, aus der Luft und von Land auf der ganzen Erdoberfläche und leitet sie an Rettungsleitstellen weiter. Empfängt auf 406 MHz und zusätzlich auf 121,5 MHz der Flugfunknotfrequenz. Alarmierungszeit beträgt ca. 45 Minuten.

Cospas-Sarsat/Leosar-Geosar – Neues Cospas-Sarsat-System, erfordert ein ebenfalls neues, mit GPS ausgestattetes EPIRB-System. Vereint die Vorteile von Inmarsat und Cospas-Sarsat.

CQR-Anker – Aus Schottland kommender Anker. Einer der besten Anker für Yachten.

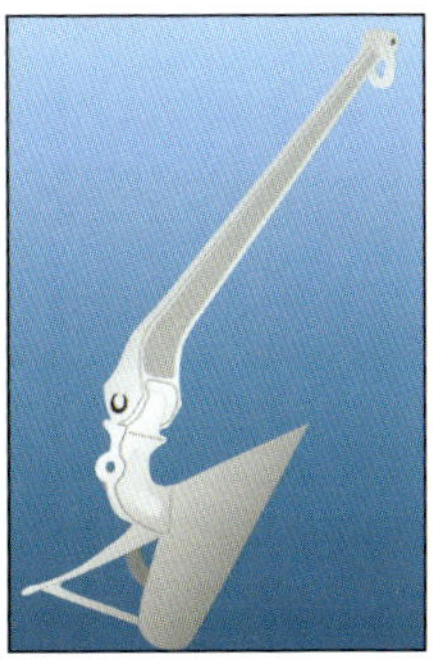

Cunnighamkausch – Wird die Cunninghamkausch auf den Hals heruntergezogen, wandert der Bauch des Segels nach vorn.

Curryklemme – Nach Dr. Manfred Curry benannte, nach hinten gezahnte Klemme zum Festsetzen von Schoten und Streckern.

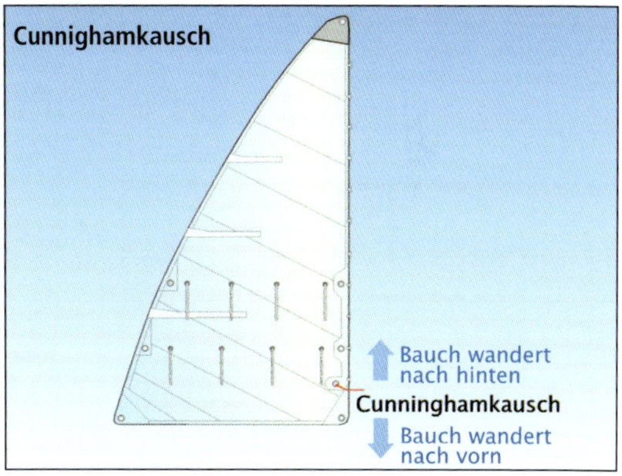

CWL – Konstruktionswasserlinie, berechnete Wasserlinie.

Halten Sie sich frei von mir; ich manövriere unter Schwierigkeiten.

D Delta ▬ ● ●

Dacron – Bis zur Erfindung der Kunstfaser gab es nur Baumwolle als Yachtsegelmaterial. Danach kam Dacron als Kunstfaser (Polyestermaterial). Es dehnt sich nicht, hat eine hohe Zerreißfestigkeit, ist wasserabweisend und verrottungsfest. Nachteil ist die Empfindlichkeit gegen ultraviolette Strahlung, Scheuern (Schamfilen) und Knicken.

Dalben – Zu einem Verband zusammengefasste eingerammte Rundhölzer (Anlegedalben).

Dalben im Nord-Ostsee-Kanal.

Danebrog – Dänische Nationalflagge. Rotes Flaggentuch mit weißem Kreuz.

Danforth-Anker – Der Danforth-Anker besitzt großflächige, scharfe Flunken, die an den Schaft geklappt werden können. Er lässt sich dadurch gut stauen und wird oft als Zweitanker (Heckanker) verwendet.

Datumsgrenze – Von 0° Greenwich (Nullmeridian) nach West und Ost 180° gezählt, ergibt die Datumsgrenze. Liegt etwa auf der Höhe Aleuten–Midway-Inseln–Neuseeland.

Davit – Kleiner Kran/Hebevorrichtung für das Beiboot, Kran für Rettungsboote.

DECCA-System – Navigationssystem nach der Hyperbelfunktion, wurde inzwischen abgeschaltet und durch GPS ersetzt.

Deck – Begehbare waagerechte Fläche eines Schiffes. Deckenkonstruktion zum oberen Abschluss des gesamten Schiffsrumpfes oder einzelner Räume.

Deck des Schulschiffs *Deutschland* in Bremen-Vegesack.

Decksauge – Auf Deck verschraubte Platte mit einem aufgeschweißten Bügel.

Deckshaus – Aufbau auf dem Deck, der nicht von Bord zu Bord reicht.

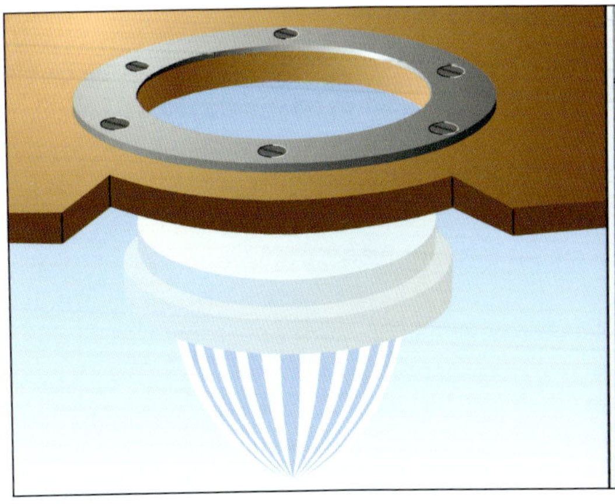

Deckslicht-Zitrone – (s. Abb. o.) Im Deck eingelassenes, zitronenförmiges Glas. Verstärkt und streut das Tageslicht unter Deck.

Deckslüfter – Auf Deck montierter Lüfter zur Belüftung unter Deck. Ein Doradekasten verhindert das Eindringen von Seewasser.

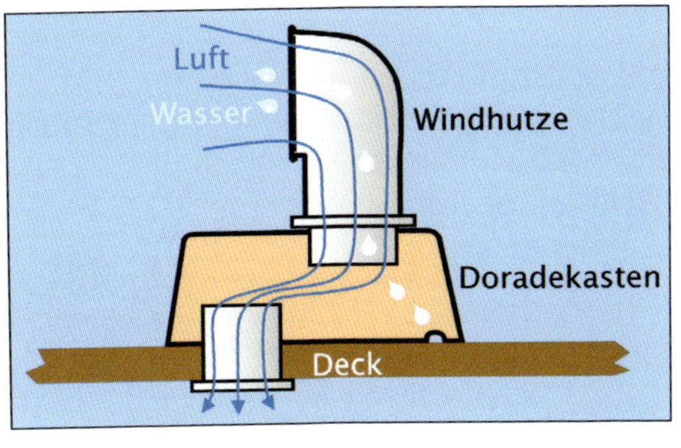

Decksluke – In das Deck eingelassene Luke.

Deckspeilung – Genaue und einfache Form, eine Standlinie zu bekommen. Liegen zwei Peilobjekte, die in der Seekarte eingezeichnet sind, in Deckung, ergibt sich eine Gerade – die Standlinie.

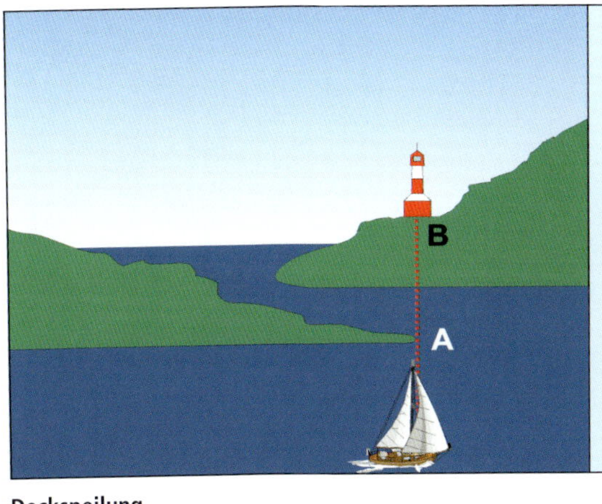

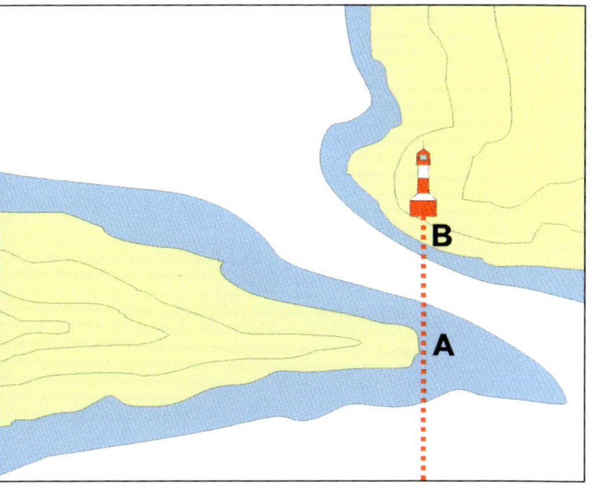

Deckspeilung.

Deckssprung – Steigt die Deckslinie zum Heck und Bug an, spricht man von einem positiven Deckssprung, fällt sie, so ist das ein negativer Deckssprung.

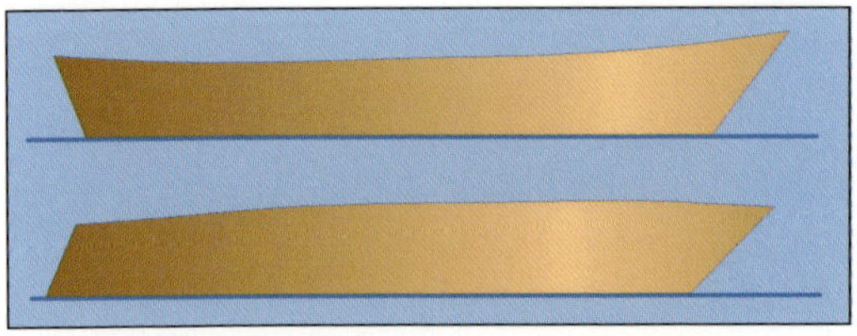

Deviation – Ablenkung des magnetischen Kompasses. Sie wird durch magnetische Einflüsse des Schiffes bewirkt. Da sie nicht nur schiffs-, sondern auch kursabhängig ist, muss eine Ablenkungstafel für 360° erstellt werden. Ist die Ablenkung größer als 5°, wird zusätzlich eine Steuertafel erstellt.

Deviationsdalben – Aus mehreren Rundhölzern bestehender Dalben. An ihm kann eine Kompensation durchgeführt werden.

DGPS – Differential Global Positioning System. Die Genauigkeit der meist zivil betriebenen DGPS-Stationen liegt bei ±0,5 m und weniger. An den Küsten in aller Welt stehen DGPS-Stationen.

DGzRS – (s. Abb. folgende Seite) Deutsche Gesellschaft zur Rettung Schiffbrüchiger. In unseren Gebieten von Nord- und Ostsee zuständig für den Such- und Rettungsdienst. Sie nimmt damit für die Bundesrepublik Deutschland hoheitliche Aufgaben wahr, ohne staatliche Zuschüsse zu beanspruchen. Die gesamte Arbeit der Seenotretter wird ausschließlich durch freiwillige Spenden aus Teilen der Bevölkerung finanziert. Schirmherr der Gesellschaft ist der jeweilige Bundespräsident. Die DGzRS wird im Jahr 2005 140 Jahre alt. In diesen 140 Jahren hat sie mehr als 72 000 Menschen aus Seenot gerettet. Allein im Jahr 2004 fuhr sie 2547 Einsätze in Nord- und Ostsee, dabei wurden über 1200 Menschen aus kritischen Situationen geborgen. 61 Rettungseinheiten sind bei der DGzRS rund um die Uhr 365 Tage im Jahr einsatzbereit, 800 ehrenamtliche und 185 fest angestellte Retter riskieren im Notfall für andere ihr Leben.

DHH – Deutscher Hochseeverband Hansa e.V. Traditionsreiche Segelschule mit mehreren Standorten.

DHI – Deutsches Hydrographisches Institut. Zusammen mit dem Bundesamt für Schiffsvermessung wurde daraus 1990 das BSH Bundesamt für Seeschifffahrt und Hydrographie.

Differential GPS

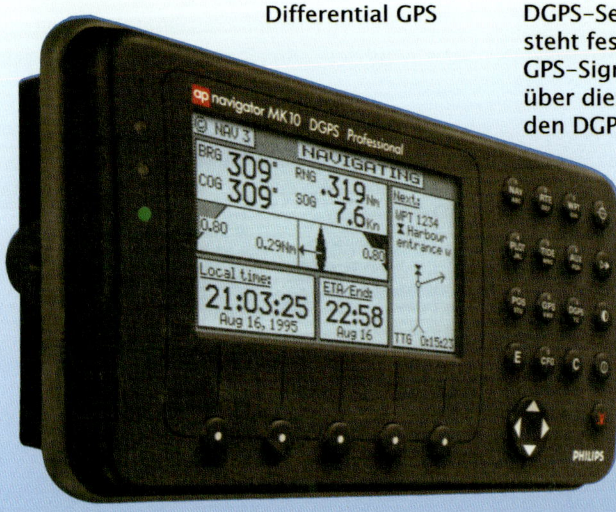

Prinzip: Auf Helgoland steht ein DGPS-Sender. Die Position dieses Senders steht fest. Die Abweichung (Differenz) des GPS-Signals von den GPS-Satelliten wird über diesen Sender ausgestrahlt und an den DGPS-Geräten korrigiert.

Dadurch ergibt sich eine Genauigkeit von ca. +/- 0,5 m. Ein normales GPS-Gerät hat eine Abweichung ca. +/- 20 m.

Die DGzRS-Zentrale in Bremen.

D'Hone-Anker – Anker für die Klüse, mit hoher Haltekraft.

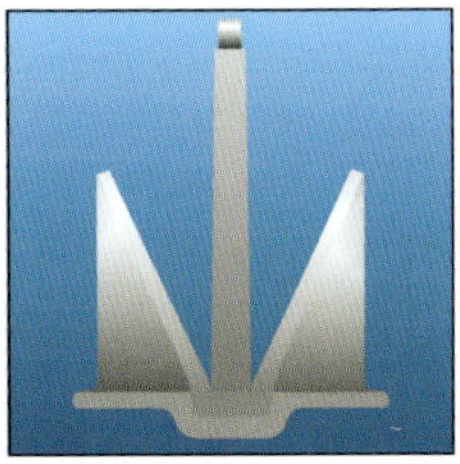

Dichtholen – Eine Leine zu sich heranholen. Gegenteil: auffieren.

Dickschiff – a) Ausdruck für eine Segelyacht mit einem dicken Rumpf. b) Großes Seeschiff; Kriegsschiff.

Dieselmotor – Meistverwendeter Schiffsmotor. Wenig Wartung, geringer Kraftstoffverbrauch, aber schwerer und teurer als ein Benzinmotor bei gleicher Leistung.

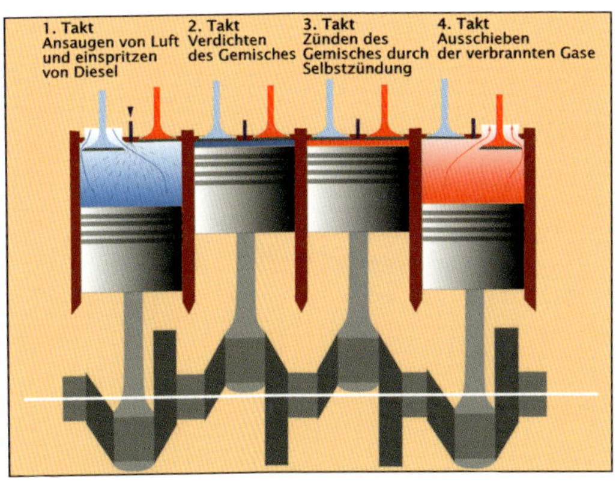

Funktionsprinzip des Dieselmotors.

Digital Selective Calling (DSC) – Digitaler Selektivruf, digitale Anruftechnik. Die 24h-Funkwache wurde durch diese Technik ersetzt. Der DSC-Controller macht das offene Anrufverfahren überflüssig. Das DSC übermittelt die MMSI, Kanal und Priorität. Am Funkgerät ertönt ein Signal und der Hörer wird nur abgenommen. Das Funkgerät stellt sich automatisch ein. Es können Einzelanrufe (Selektivruf) oder Rufe an alle Funkstellen und Gruppen erfolgen.

DIN 13312 – In der Seekarte wird nach DIN (Deutsche Industrienorm) 13312 gearbeitet.

Dinette – Bezeichnung und Anordnung der Sofabänke und des Tisches in einer Yacht, meistens u-förmig angeordnet. Der Tisch kann oftmals abgesenkt werden, die Dinette wird dann zu einer zusätzlichen Doppelkoje.

Dinette. (Männertörn in der Ostsee, Kleiner Belt.)

Dingi – Kleines Beiboot auf einer Yacht. (Auch Dinghy geschrieben.)

Dirk – Die Dirk hält den Großbaum, wenn das Segel nicht gesetzt ist. Bei Bruch des Achterstags kann die Dirk den Mast nach achtern halten.

DIST – Distanz zum nächsten Wegpunkt. Begriff beim GPS (s. dort).

Distress-Taste – Mit einer Abdeckkappe versehene Auslösetaste (fünf Sekunden drücken) für das weltweit einheitliche digitale Notalarmsystem. Der Notalarm wird von Funkstellen empfangen, die mit einem DSC-Controller für UKW ausgerüstet sind. Dies sind Schiffe in der Umgebung und die in den A1-Gebieten zuständigen MRCC.

Dock – (s. Abb. u.) Trockendock: abgeschlossener, zu flutender Bauplatz für Schiffe; Schwimmdock: u-förmiger, zu flutender Schwimmkörper zur Reparatur von Schiffen.

Dockschleusung – Wasserstände auf beiden Seiten der Schleuse sind gleich.

Doldrums, Kalmen – Windarmes Gebiet um den Äquator.

Dollbord – Oberer Abschluss/Rand des Schiffes.

Dolle – U-förmiges Lager zur Aufnahme der Riemen bei einem Ruderboot.

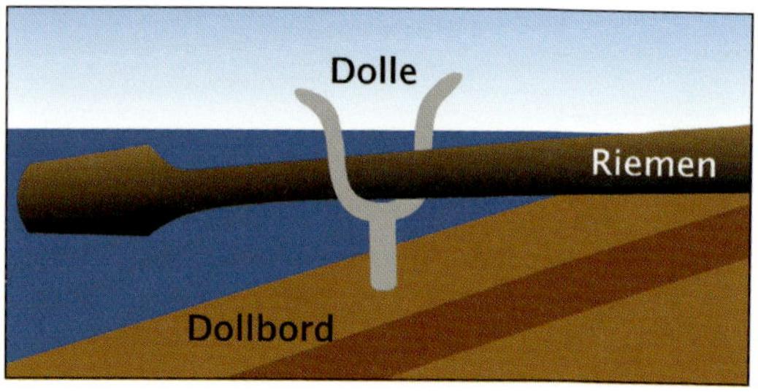

Schwimmdock in Bremerhaven.

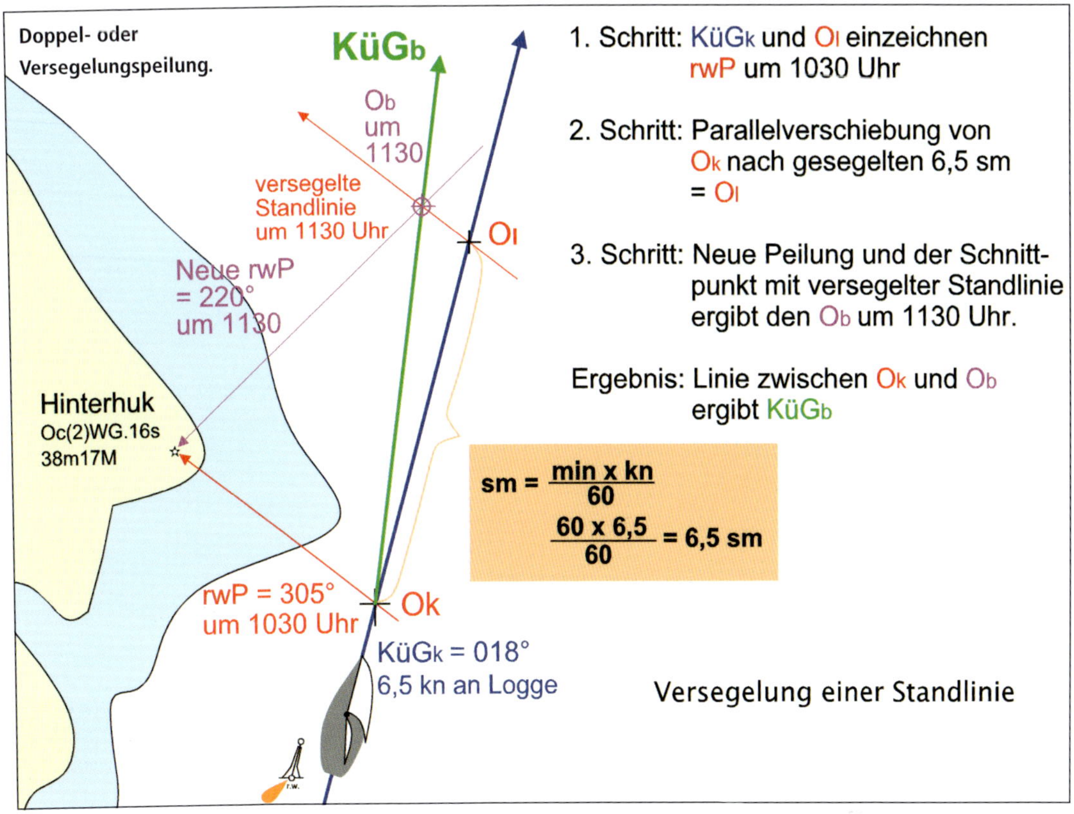

Versegelung einer Standlinie

Doppelpeilung – (s. Abb. o.) Bei einer Doppelpeilung wird ein Objekt zu zwei verschiedenen Zeitpunkten gepeilt, wird auch als Versegelungspeilung bezeichnet. Daneben gibt es die Kreuzpeilung, bei der zwei Objekte zur gleichen Zeit gepeilt werden.

Doppelstander – Flagge mit dreieckigem Einschnitt an der Achterkante.

Doradelüfter – Geteiltes Belüftungssystem, verhindert das Eindringen von Seewasser (s. Deckslüfter).

Drahtseilklemme – Mit ihnen können zwei Drahtseile verbunden werden, z.B. bei Bruch einer Want oder eines Stags.

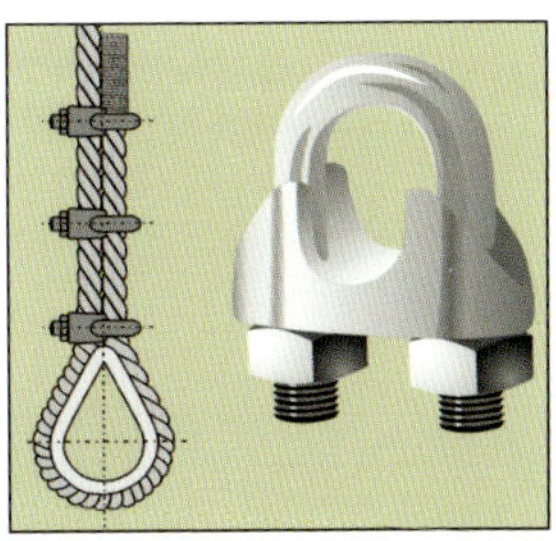

Dreifarbenlaterne – In einer Laterne zwei Seitenlichter grün und rot und das weiße Hecklicht. Für Segelschiffe unter 20 m Länge zugelassen, um Strom zu sparen: »Segler haben nie genug Strom«.

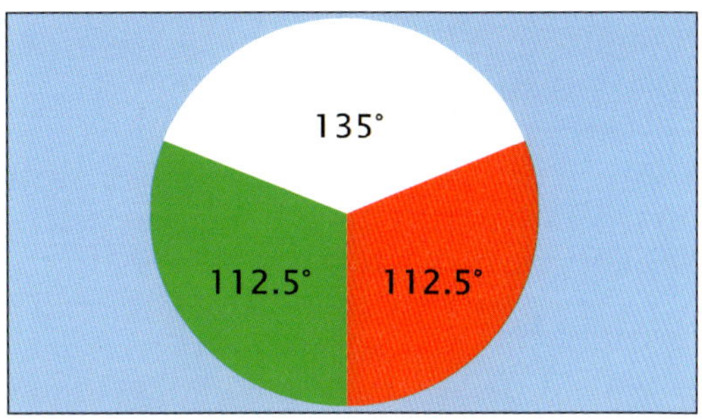

Dreimeilenzone – Das Küstenmmeer, 5556 Meter zwischen dem Festland und der Hoheitsgrenze verlaufendes Meeresgebiet eines Küstenstaates. Inzwischen wurde die Zone auf 12 Seemeilen = 22 224 Meter ausgedehnt.

Drempelmarkierung an der Schleuse Brunsbüttel im NOK (Nord-Ostsee-Kanal).

Drempel – (s. Abb. o.) Erhöhte Kante in einer Schleuse. Vor der gelben Drempelmarkierung stoppen.

Drift – Oberflächenströmung der Meere, hervorgerufen durch verschiedene Wassertemperaturen, unterschiedlichen Salzgehalt oder Verengungen und Wind. Starke Drift entsteht z.B. in der Straße von Gibraltar.

Dringlichkeitsmeldung – Dringlichkeitsmeldungen werden mit »PAN PAN PAN« eingeleitet. Eine Dringlichkeitsmeldung kann die Meldung eines Wassereinbruchs sein, der zunächst mit Bordmitteln bekämpft werden kann. Daraus kann dann eine Notmeldung entstehen, wenn der Wassereinbruch nicht gestoppt werden kann.

Dritthand, Dörte – Einfache Arbeitstalje für verschiedene Maßnahmen wie z.B. ein Vorsegel mittschiffs holen.

Druckgradient – Maß für die Druckänderung, auf eine Entfernung bezogen. Horizontaler Druckgradient: Enge Isobaren bedeuten viel Wind, liegen die Isobaren weit auseinander, entsteht wenig Luftbewegung. Vertikaler Druckgradient: Luftdruckunterschiede zwischen verschiedenen Höhen innerhalb eines Wolkengebietes, Merkmal sind starke Böen.

Druckminderer – Ventil zur Reduzierung des Drucks z.B. in Flüssiggasflaschen.

DSC-Controller (GMDSS) – Der DSC-Contoller übermittelt MMSI, Kanal und Priorität. Ähnlich wie beim Telefon ertönt ein Signal und es muss nur noch der Hörer abgenommen werden. Die Einstellung des Funkgerätes erfolgt automatisch.

DSV – Deutscher Segler-Verband, Dachverband der deutschen Segelclubs.

Ducht – Sitzbrett in einem offenen Boot.

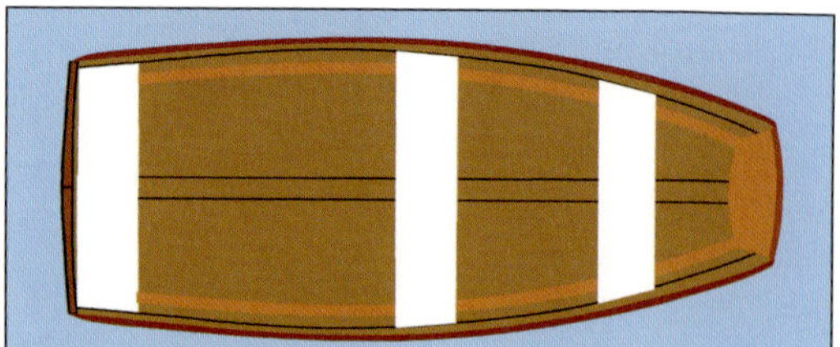

Duchten.

Dunst – Winzige kondensierte Wassertröpfchen schweben in der Luft und beeinträchtigen die Sicht. Werden die Wassertröpfchen größer, gibt es Nebel.

Dünung – Alte See oder Seegang aus einem anderen Wind-/Seegebiet. Die Wellen sind abgerundet und laufen lange nach.

Duplex-Verfahren – Seefunktechnisches Verfahren, bei dem über zwei Kanäle wie mit einem Telefon gleichzeitig gehört und gesprochen werden kann.

Düseneffekt – Verstärkter Wind (2 bis selten 5 Bft stärker), der zwischen Inseln auftreten kann, z.B. in der Straße von Gibraltar, der Straße von Bonifacio, zwischen den Inseln der Ägäis oder den Kanarischen Inseln.

Dwars – Quer, rechtwinklig zur Längsrichtung des Schiffes.

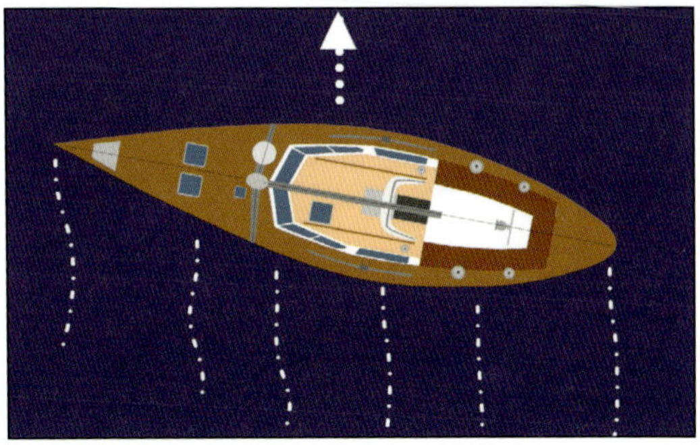

Dwarssee – Seegang, der rechtwinklig auf ein Schiff trifft, auch Klopfsee genannt. Am Rumpf des Schiffes entsteht ein lautes Klopfgeräusch.

DWD – Deutscher Wetterdienst, Hauptstelle ist in Offenbach, das Seewetteramt ist in Hamburg.

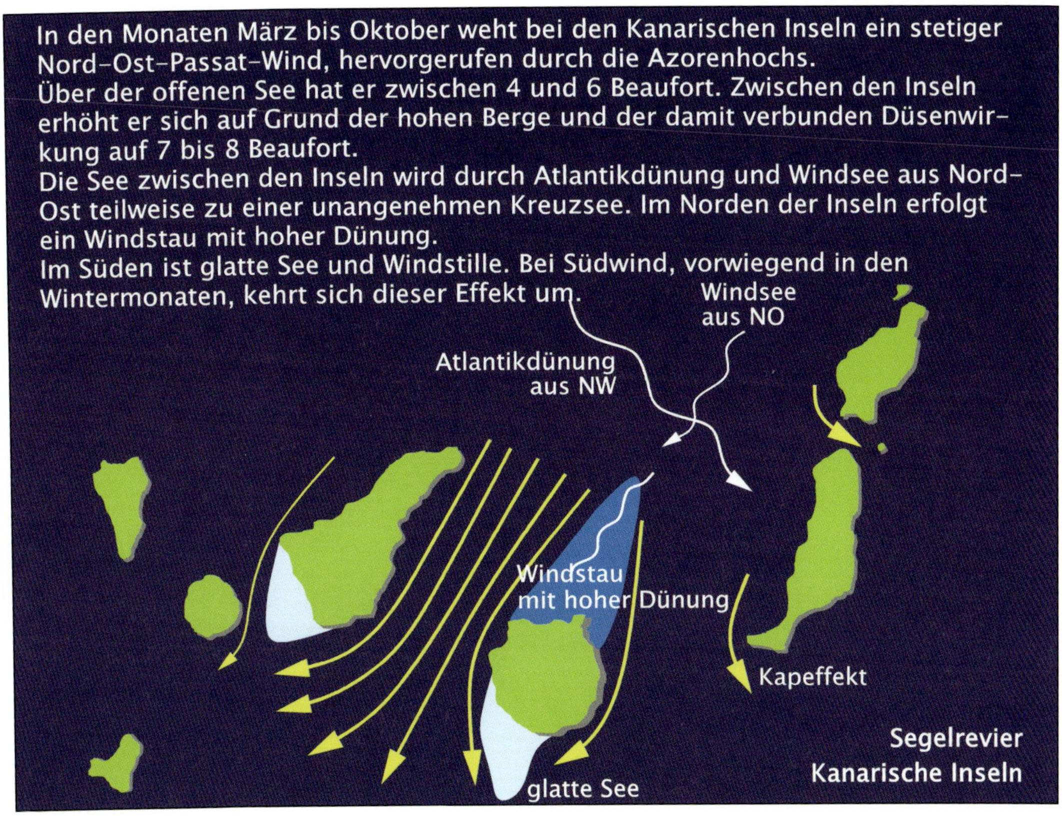

Düseneffekt

»Essen fassen« – Mahlzeit.

Essen fassen in der Messe im Weserkahn *FRANZIUS*.

Ebbe – Fallen des Wassers vom Hochwasser zum folgenden Niedrigwasser. Gegenteil: Flut.

Ebbstrom – Seewärts ablaufendes Wasser. Gegenteil: Flutstrom.

EBL – Electronic bearing line, elektronisches Peillineal. Begriff der Radartechnik, mit dem EBL kann eine Radarpeilung durchgeführt werden.

Echolot – Tiefenortungsgerät eines Schiffes. Wurde 1913 von A. Behm erfunden. Schallimpulse werden vom Boot ausgesandt und die Zeit bis zu ihrer Wiederkehr gemessen. Da die Ausbreitungsgeschwindigkeit von Schallwellen im Wasser bekannt ist, kann aus der gemessenen Zeitspanne die Wassertiefe errechnet werden.

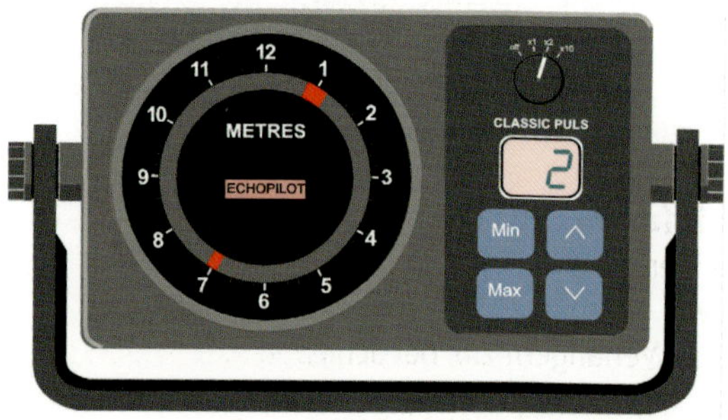

Echolotung (EL) – Abstand zwischen Echolotwandler und Meeresgrund.

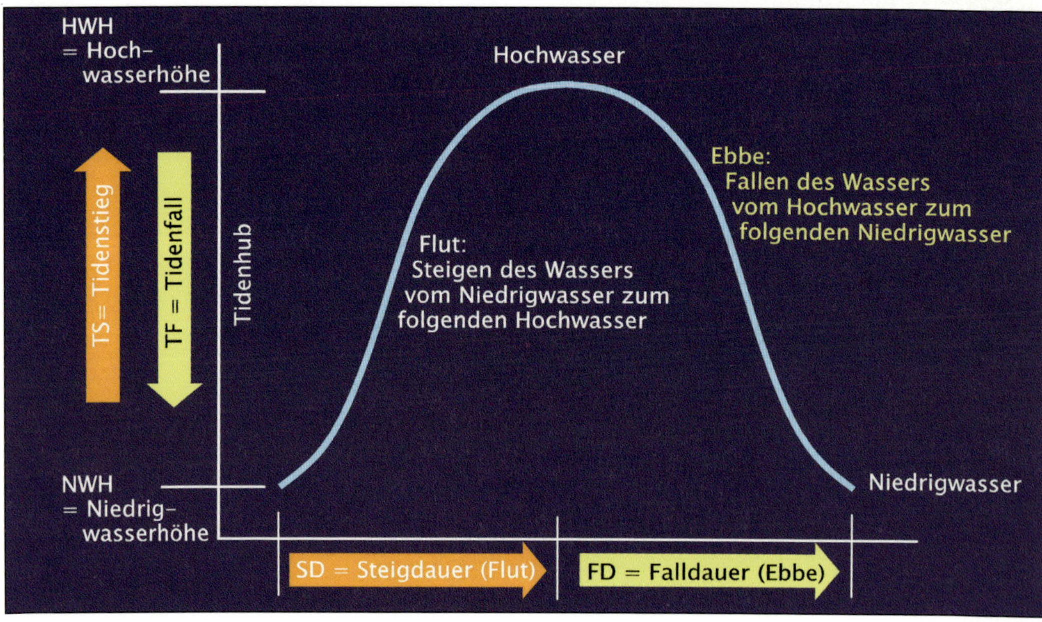

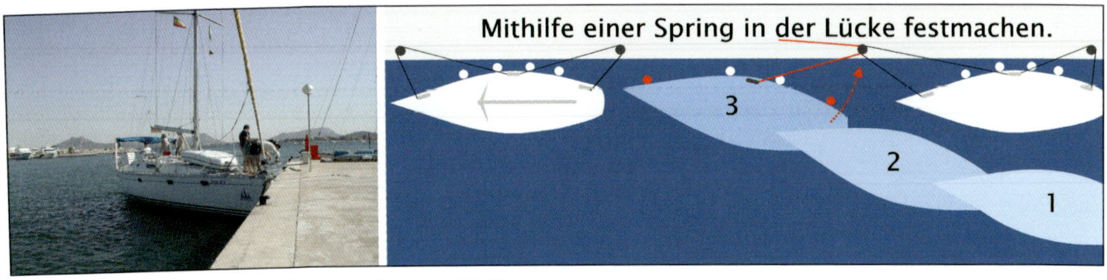

Eindampfen in eine Spring: Ablegemanöver vor Mallorca.

Edelstahl – Nicht rostender Stahl. V2A und V4A sind Markenbezeichnungen für nicht rostenden Stahl der Fa. Krupp.

Eindampfen in eine Spring – (s. Abb. o.) Mithilfe einer Spring ein Schiff von einer Pier oder einem Steg ablegen oder mithilfe einer Spring aufstoppen.

Einfacher Schotstek, doppelter Schotstek – Der einfache oder doppelte Schotstek verbindet zwei gleich oder unterschiedlich starke Enden. Wird zum Verlängern z.B. bei Schleppleinen angewandt.

Einfacher Schotstek.

Doppelter Schotstek.

Einhandsegler – Kann ein Segler mit einer Jolle sein; aber auch ein Segler, der allein die Welt umsegelt. Nach der alten Grundregel »Eine Hand für das Schiff, eine Hand für den Mann« ist jeder, der allein segelt, ein Einhandsegler.

Einhandzirkel – Zirkel, mit dem mit einer Hand gearbeitet werden kann. Der Zirkel dient zum Abstecken von Distanzen in der Seekarte.

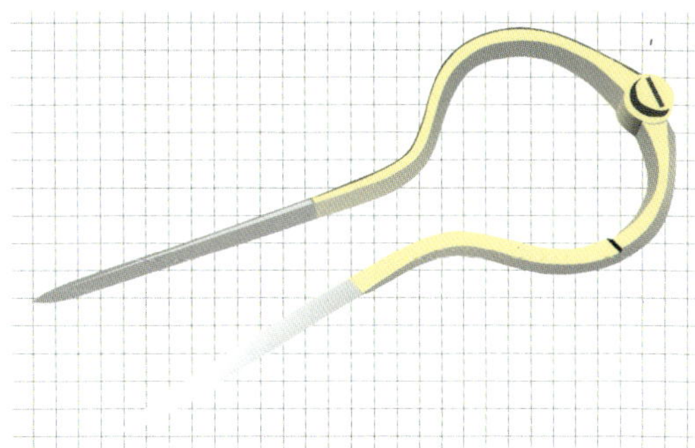

Einhebelschaltung – Gleichzeitige Steuerung des Getriebes (»Vorwärts« oder »Rückwärts«) und der Drehzahl des Motors.

Einholen – Taue oder Gegenstände von außenbords auf Deck einholen, eine Flagge einholen. **Einklarieren** – Anmelden in einem Hafen, Hafengebühr entrichten, Zoll-, Gesundheits- und Passformalitäten erledigen.

Einkreiskühlsystem – (s. Abb. folgende Seite) Motorkühlung mit einem Kühlkreislauf.

Einleinenreffsystem – Mit einer Leine wird die Segelfläche verkleinert (gerefft) oder vergrößert (ausgerefft). Siehe auch Zweileinenreffsystem.

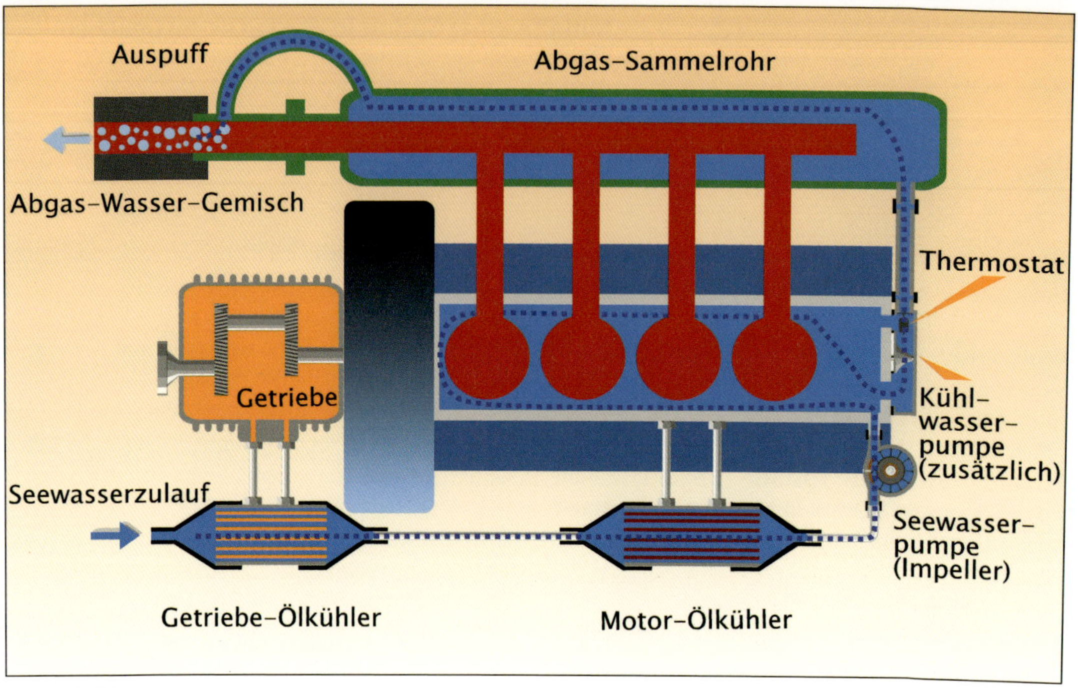

Einkreiskühlsystem.

Einpicken – (s. Abb. u.) Seemännischer Begriff für Festmachen, z.B. des Lifebelts (der Sicherheitsleine) an einem dafür geeigneten Punkt: sich einpicken.

Einschlafen – Windstille, der Wind ist eingeschlafen.

Eintonner – 11,2 m Länge, 3,10 m Breite, über 50 qm Segelfläche.

Eintörnen – Drehen des Schiffes mit dem Bug in den Wind, sobald der Anker gefasst hat.

Einzelgefahrenstelle – (s. Abb. folgende Seite o.) Die rot-schwarz gestreifte Tonne bezeichnet eine Gefahrenstelle, die von allen Seiten umfahren werden kann, da die Gefahrenstelle unter ihr liegt.

Eiswolke – (s. Abb. folgende Seite u.) Eiswolken bilden sich in großen Höhen zwischen 5 und 13 km.

Electronic chart system – Elektronische Seekarte, auf Datenträgern abgespeicherte Seekarten. Auf einem Plotter wird die elektronische Seekarte sichtbar gemacht.

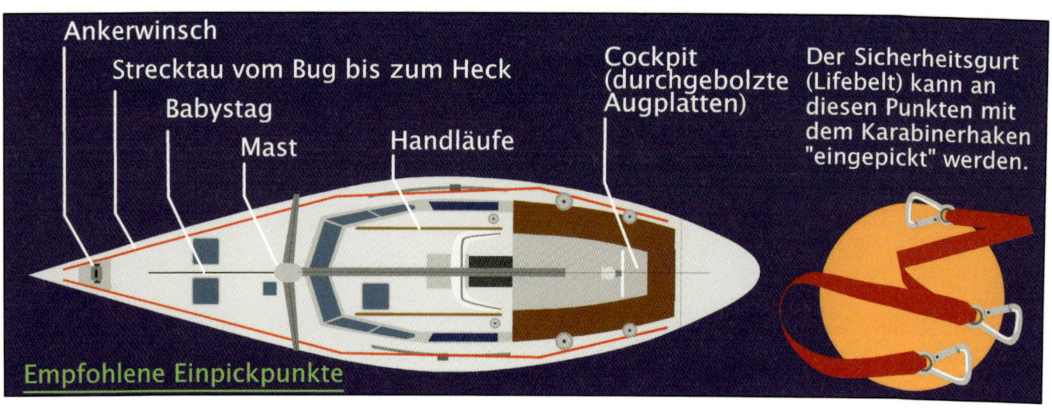

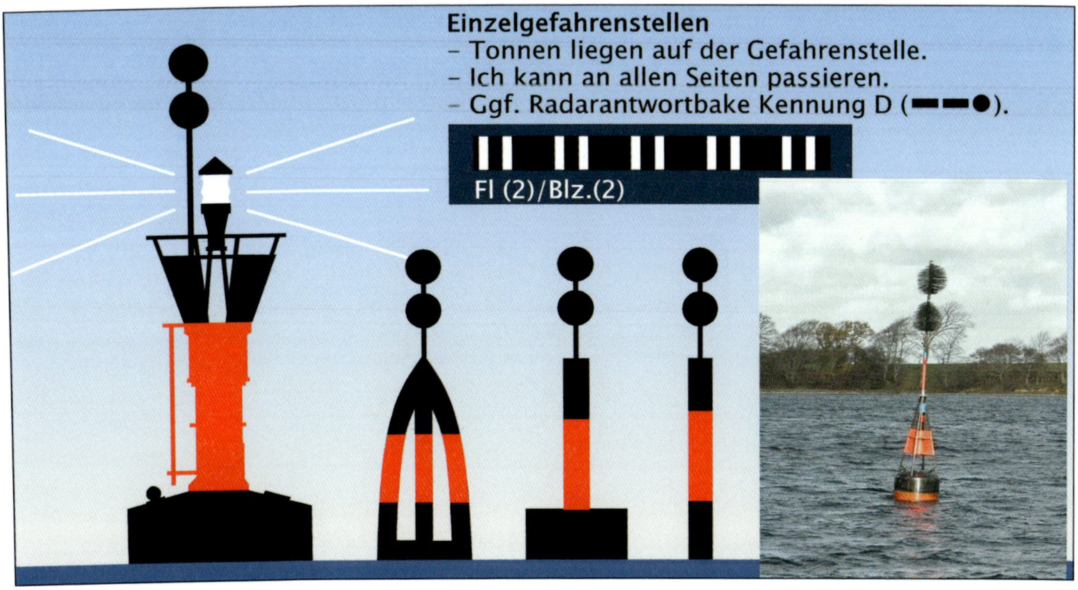

Kennzeichnung einer Einzelgefahrenstelle.

Elektrolyse – Elektrochemische Zersetzung von unterschiedlichen Metallen am Schiff. Durch richtige Anbringung von Opferanoden kann dieser Vorgang quasi gesteuert werden: Es werden nur noch die Opferanoden und keine wichtigen Schiffsteile mehr zersetzt.

Elevationswinkel – (s. Abb. folgende Seite.) Winkel, dessen gemessene Größe die Berechnung der Entfernung zu einem Objekt erlaubt, wenn dessen Höhe bekannt ist.

EmsSchO – Emsschifffahrts-Ordnung. Zusätzlich zur Seeschifffahrtsstraßen-Ordnung gibt es die EmsSchO.

Ende – Bezeichnung für Leine oder Tau, ausgenommen sehr dicke Taue, die heißen Trossen. Das Ende eines »Endes« wird als Tamp oder Tampen bezeichnet.

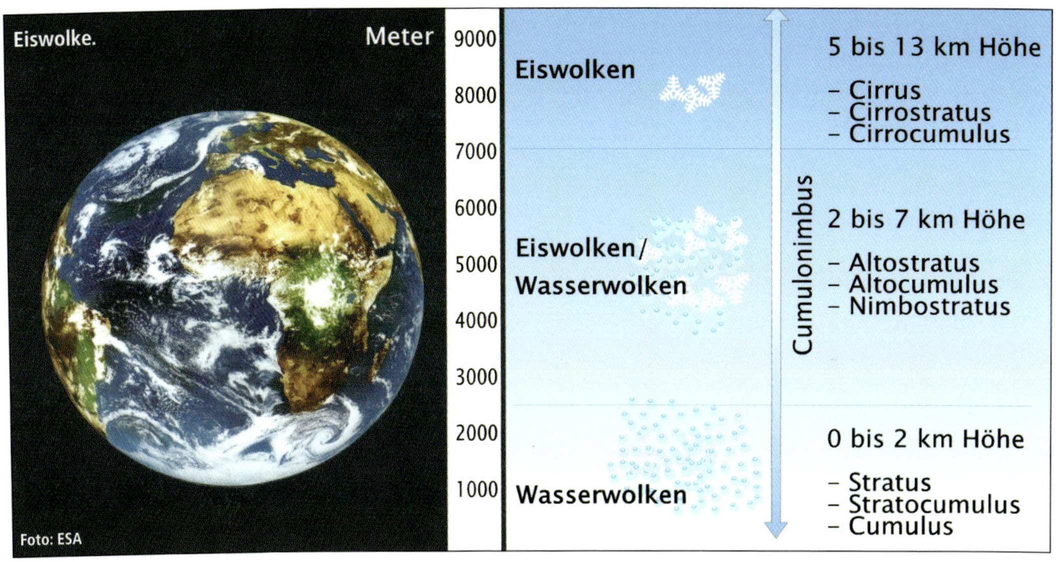

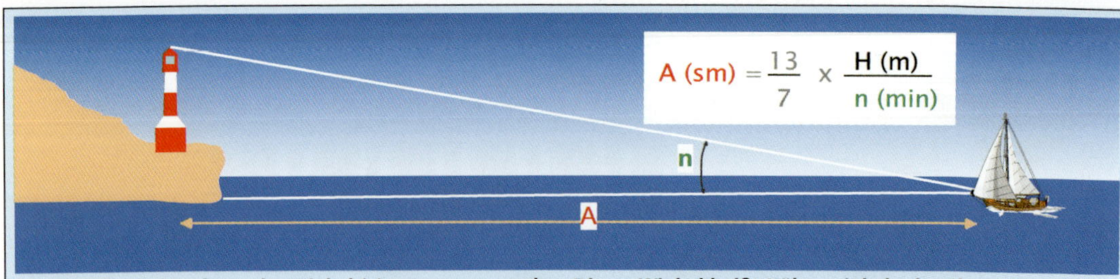

Mit dem Sextanten kann der Winkel (n) gemessen werden. Dieser Winkel heißt Höhenwinkel oder Elevationswinkel. Die Höhe des Objektes kann aus der Seekarte oder dem Leuchtfeuerverzeichnis abgelesen werden.

Es gibt auch Tabellenwerke, die uns das Umrechnen ersparen. Allerdings gilt die obige Formel nur, solange ein Fußpunkt der Landmarke sichtbar ist, also vor der Kimm liegt. In Gezeitenrevieren muss der Wasserstand berücksichtigt werden.

Entfernungsbestimmung mithilfe des Elevationswinkels.

Enges Fahrwasser – Nach der Definition der KVR (internationale Kollisionsverhütungsregeln) werden Flüsse (SeeSchStrO) als enge Fahrwasser bezeichnet.

EN-Norm, EN 396 und 399 – Norm(en) zur Herstellung von Rettungswesten.

Entern – In die Takelage eines Segelschiffes hinaufgehen oder wieder an Deck kommen (aufentern oder niederentern). Ein Schiff hingegen entern nur Piraten.

EPIRB – Emergency position indicating radio beacon. Satellitengestütztes Seenotfunksystem (s. Seenotfunkboje).

Epoxidharz – Kunstharz zum Füllen oder Kleben. Erst durch Vermischung von zwei Komponenten wird die Masse hart.

Erste Hilfe – Auch auf See ist jeder zur Ersten Hilfe verpflichtet.

Eselshaupt – Der Topp des Untermastes wird mit einem Eselshaupt abgeschlossen. Dieses ist meistens ein vierkantig geschnittenes Stück Ulmenholz mit zwei vertikalen Löchern, welches der Verbindung von Mast und Stenge dient.

ETA – Estimated time of arrival, berechnete Ankunftszeit am Fahrtziel. Das GPS-System kann aufgrund der Geschwindigkeit und der Kenntnis der jeweiligen position sowie des anzusteuernden Wegpunkts (geografische Koordinaten) die voraussichtliche Ankunftszeit errechnen (s. GPS).

Etesien – griechischer Name (der türkische lautet »Meltemi«) für nordöstliche Winde in der nördlichen Ägäis. Es treten bei wolkenlosem, klarem Himmel morgens Windstärken bis zu 4 Bft und abends bis zu 10 Bft auf. Weht in den Monaten Mai bis September.

Etmal – Die in 24 Stunden (von Mittag zu Mittag) effektiv zurückgelegte Distanz in Seemeilen eines Schiffes.

European Datum – Älteres europäisches Bezugssystem für Seekarten. Das GPS-System verwendet das neuere WGS 84. Es gibt rund 180 verschiedene unterschiedliche Bezugssysteme für Seekarten, die sich in der Regel nur geringfügig unterscheiden.

Ewer – Bezeichnung für einen flachbodigen Segler auf der Unterelbe.

Besan-Ewer um 1900.

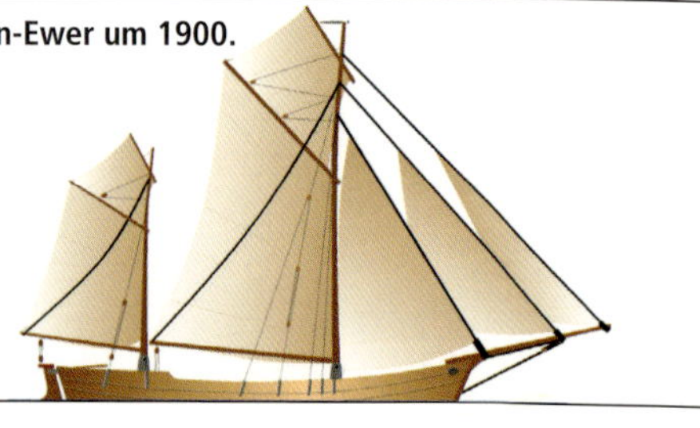

»Frauen und Kinder zuerst!« – Diese Anordnung erfolgte auf einem englischen Schiff im 19. Jahrhundert von einem Offizier. Ein Raddampfer war am Kap der guten Hoffnung auf einen Felsen aufgelaufen. Alle Frauen und Kinder überlebten; aber mehr als 400 Männer ertranken oder wurden von Haien getötet. Noch heute gilt dieser Satz, und beim Untergang der Titanic wurde nach demselben Kodex gehandelt. Inzwischen haben alle Schiffe genügend Rettungsboote, und auf Kreuzfahrern müssen Rettungsübungen mit den Passagieren regelmäßig durchgeführt werden.

Faden – Englische Maßeinheit für die Wassertiefe. 1 Faden hat 6 Fuß zu je 0,3048 Meter = 1,8288 Meter.

Fahrenheit – Ältere Maßeinheit für die Temperatur, wurde außer in den USA durch Celsius ersetzt. Die Umrechnung von Fahrenheit in Celsius erfolgt durch das Subtrahieren der Zahl 32 und die Multiplikation des Ergebnisses mit 0,56. Beispiel: 70° Fahrenheit (70 - 32) = 38; 38 x 0,56 = 21° Celsius.

Fahrrine – Der schiffbare Bereich des Fahrwassers.

Fährstelle – An- und Ablegestelle von Fähren. Als Sportbootfahrer achten wir auf Fähren und Fährlinien, notfalls aufstoppen oder Kurs ändern.

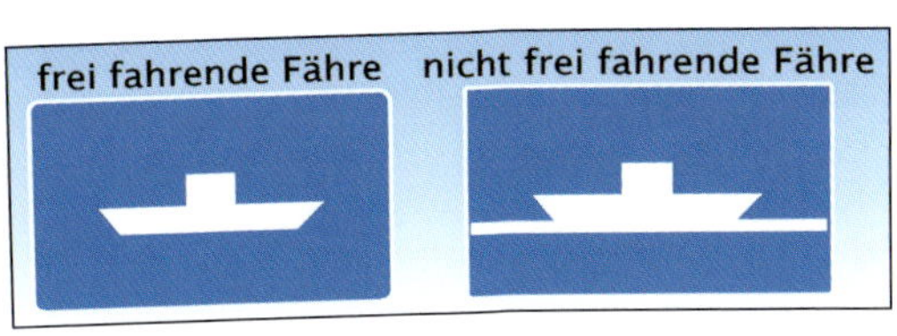

Hinweisschilder Fähren.

Fahrt durchs Wasser – Die Fahrt, die das Schiff durch das Wasser macht. Strömung und Abdrift sind noch nicht berücksichtigt.

Fahrt über Grund – Bei der Fahrt über Grund sind die Abdrift und die Strömung berücksichtig. Es ist der Weg des Schiffes über den Meeresboden.

Fahrwasser nach BinSchStrO – Durch Zeichen (Tonnen) bezeichneter Schifffahrtsweg. Nach der Binnenschifffahrtsstraßen-Ordnung werden die Ufer in Fließrichtung bezeichnet: Linkes Ufer grüne Tonnen und rechtes Ufer rote Tonnen.

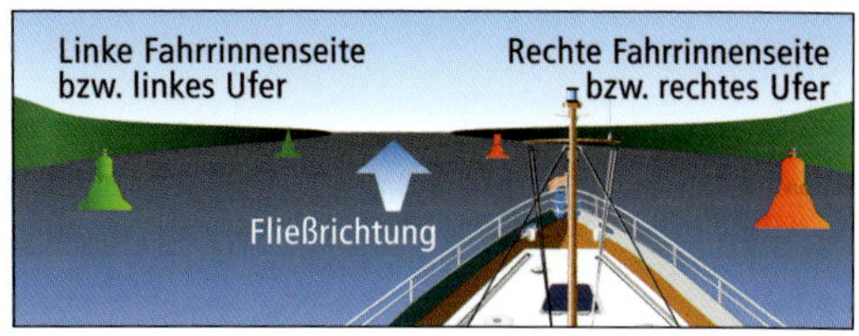

Fahrwasser nach SeeSchStrO – Durch Zeichen (Tonnen) bezeichneter Schifffahrtsweg. Nach der Seeschifffahrtsstraßen-Ordnung werden die Ufer von See kommend bezeichnet: Auf der Steuerbordseite grüne Tonnen und auf der Backbordseite rote Tonnen. Fahrwasser gelten als eng im Sinne der KVR.

Fahrwassertonne – Zeichen (Tonne), welches das schiffbare Fahrwasser markiert. Von See kommend grün an Steuerbord und Rot an Backbord.

Fahrwassertonnen Rhein und Weser.

Fahrzeug – Nach KVR (Internationale Kollisionsverhütungsregeln) Regel 3 umfasst der Ausdruck »Fahrzeug« alle Wasserfahrzeuge einschließlich aller nicht wasserverdrängenden Fahrzeuge und Wasserflugzeuge, die als Beförderungsmittel auf dem Wasser verwendet werden.

Fahrzeugführer – Verantwortlicher auf einem Fahrzeug. Kann ein Kapitän auf einem Berufsschiff, ein Binnenschiffer oder ein Skipper auf einer Yacht sein.

Fall – a) Eine Leine (laufendes Gut), die zum Setzen und Bergen der Segel dient. Wird meistens über Winschen geführt, auf Traditionsschiffen aber auch von Hand bedient: Großfall, Genuafall, Fockfall, Spifall. Auf Traditionsschiffen als Klau- und Piekfall. Ein Fall kann aber auch zum Hochziehen und Herunterlassen von Rahen und Booten dienen. b) Abweichung von der Senkrechten, z.B. der Mastfall (Neigung des Mastes nach achtern).

Falldauer (FD) – Zeitspanne zwischen einer Hochwasserzeit und der folgenden Niedrigwasserzeit.

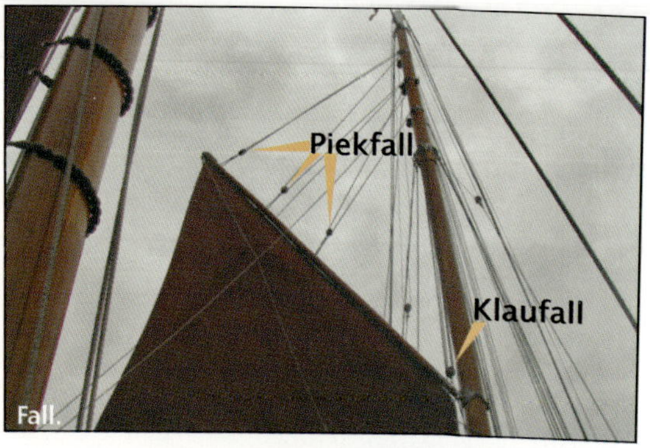

Fall.

Fallenstopper – Klemmvorrichtung zum Festsetzen von Fallen.

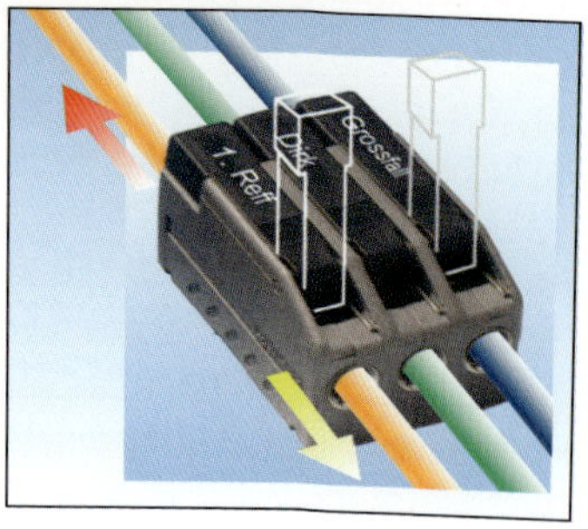

Fallreep – (s. Abb. folgende S.) An der Bordwand angehängte Leiter, meist mit Holzstufen, auch Jacobsleiter genannt.

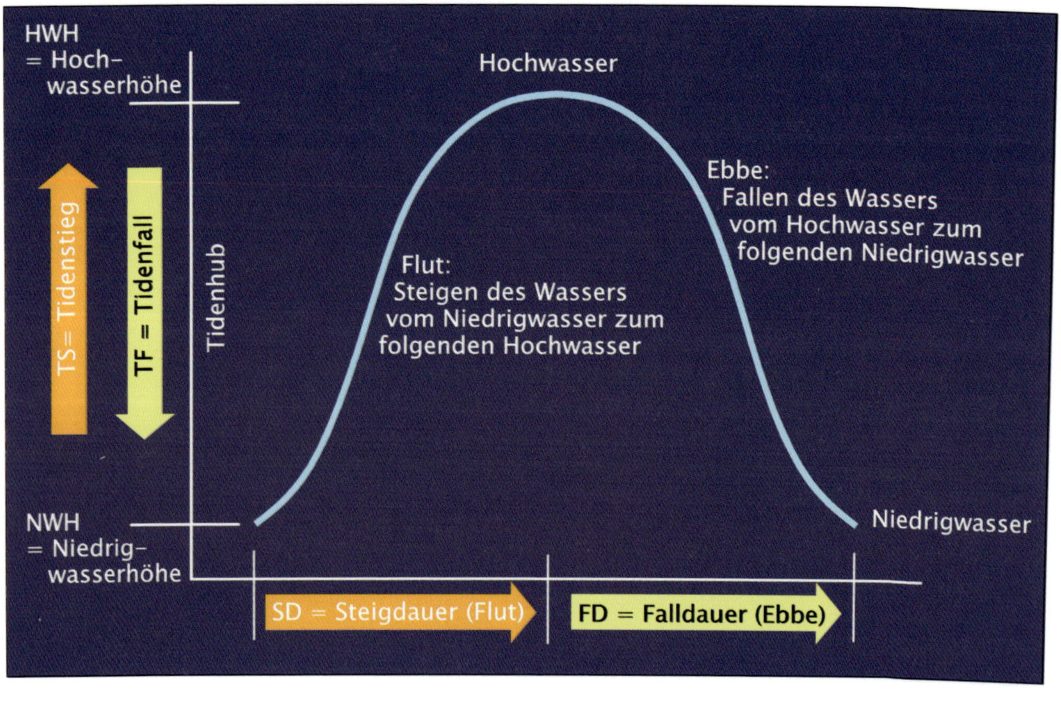

Fallreep.

Fallschirm-Seenotsignal – Pyrotechnisches Seenotsignalmittel. Fallschirmsignale sinken langsamer, sie steigen auf ca. 300 m, sind bei guter Sicht 12 sm weit zu sehen und brennen 30 Sekunden lang.

Fallwind – Örtlich begrenzter, von Bergen wehender Wind an der Küste, der über das Wasser weht und schon Sturmstärke erreichen kann. Im Mittelmeer als Bora bekannt.

Faltpropeller – Propeller, der sich beim Segeln einfaltet und dadurch den Widerstand verringert.

Fancywork – Zierknoten aller Art, dienen nur der Verschönerung.

FdW – Fahrt durch das Wasser (= Geschwindigkeit).

Federwolke – Dünne Eiswolken, Zirren, die sich in großer Höhe befinden.

Federwolken (Zirren) über Bremerhaven.

Fehlerdreieck – Werden drei oder mehrere Objekte zur Standortbestimmung gepeilt, entsteht in der Seekarte ein Fehlerdreieck.

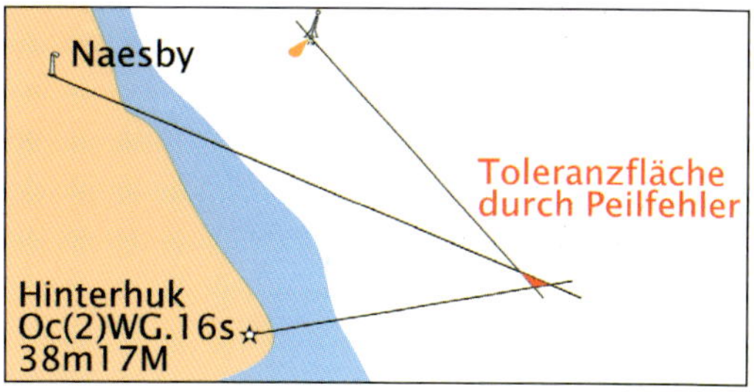

Fehlerdreieck (rot).

Fehlweisung – Ablenkung des Kompasses durch magnetische Einflüsse des Schiffes (Abl) und durch die Missweisung aufgrund der sich ändernden Magnetfelder der Erde (Mw). Beides zusammen ergibt

Faltpropeller.

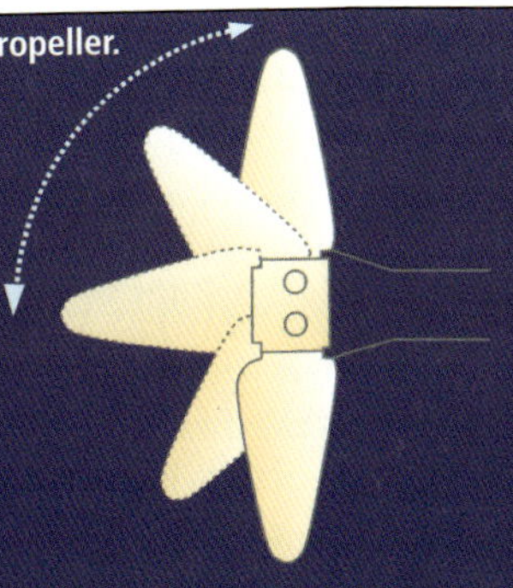

Der Faltpropeller wird nach dem Einkuppeln der Antriebswelle durch die Fliehkraft in Arbeitsstellung gebracht. Dieses erfordert einige Zeit. Der Wirkunsgrad eines Faltpropellers ist gegenüber dem Festpropeller nicht so hoch.

Beim Segeln wird der Propeller duch den anströmenden Wasserdruck in Segelstellung gedrückt – geringerer Widerstand.

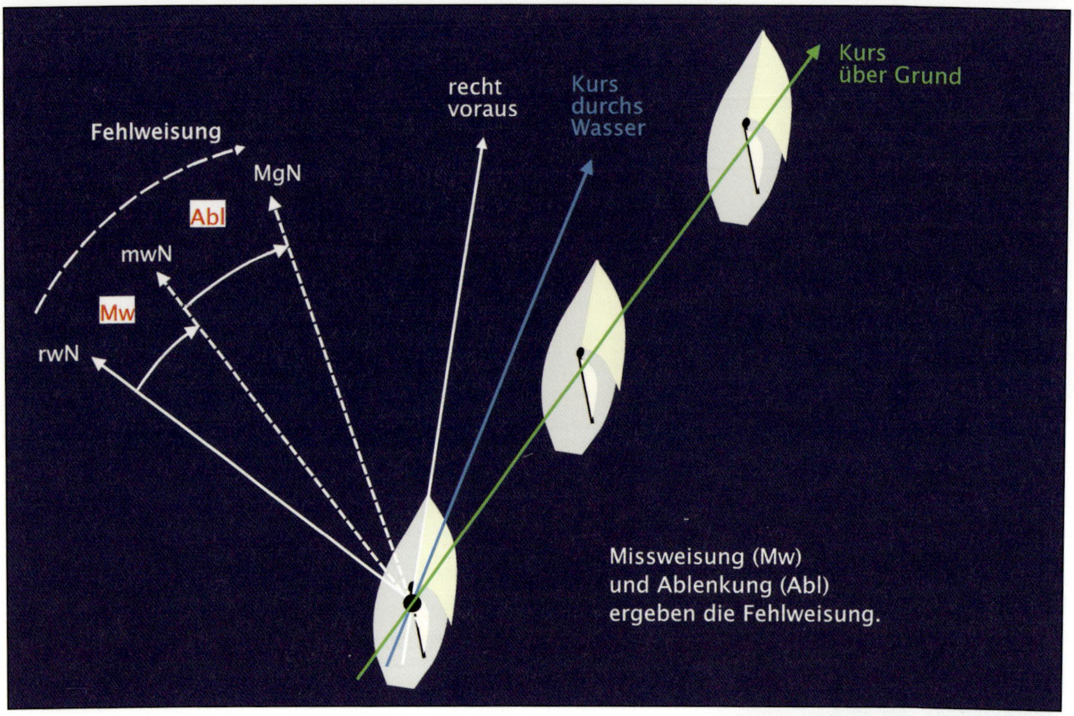

die Fehlweisung und muss bei der Ermittlung des rechtweisenden Kurses (rwK) oder Magnetkompasskurses (MgK) berücksichtigt werden.

Fender – Luftgefüllter Körper zum Abfendern der Yacht beim Anlegen.

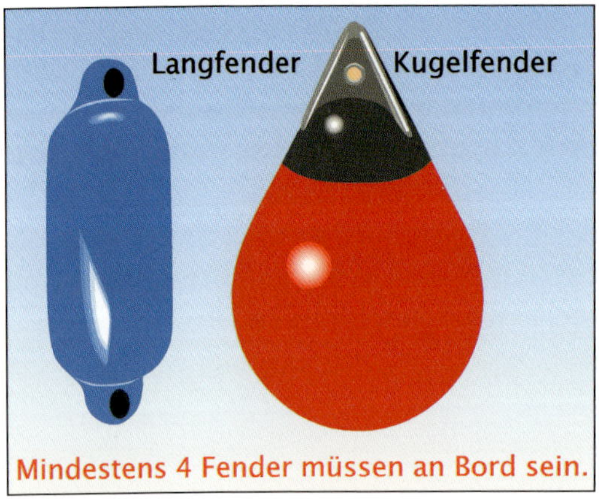

Fenderbrett – An Dalben oder Spundwänden wird mit einem zusätzlichen Fenderbrett das Schiff festgemacht. In Tidengewässern müssen Fenderbrett und Fender regelmäßig kontrolliert werden, da sich beide mit dem veränderlichen Wasserstand verschieben können.

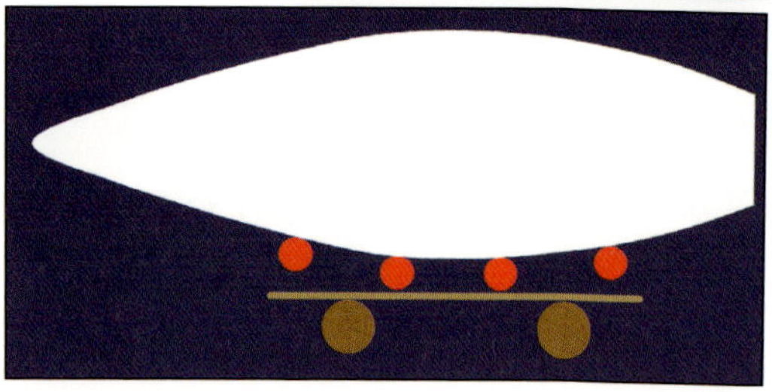

Fenderbrett.

Ferrozement – Material für Schiffskörper aus Zement und Stahlgewebe, kommt relativ selten vor.

Feste Part – Der Tampen einer Leine, der festgemacht ist.

Festfeuer – Meistens als Hafeneinfahrtsfeuer. Grün auf der Steuerbord- und rot auf der Backbordseite.

Festkommen – Auf Grund laufen.

Festliegend – Luftdruckgebiete, die ihre Lage kaum verändern, werden in der Wettervorhersage als »festliegend« bezeichnet.

Festmacher – Bezeichnung für Leinen, mit denen ein Schiff festgemacht wird.

Festmacheleinen des Großseglers *Sörlandet*, Dänemark.

Festmachetonne – Im Binnenbereich oder auf Seeschifffahrtsstraßen ausgelegte Tonne zum vorübergehenden Festmachen.

Festmacheverbot, Liegeverbot – Liege- bzw. Festmacheverbot auf der Seite, auf der die Zeichen stehen.

Schilder Festmache-/Liegeverbot.

Feststoff-Rettungsweste – Früher als Korkweste, heute mit Styropor gefüllte Rettungsweste, die den Kopf über Wasser hält.

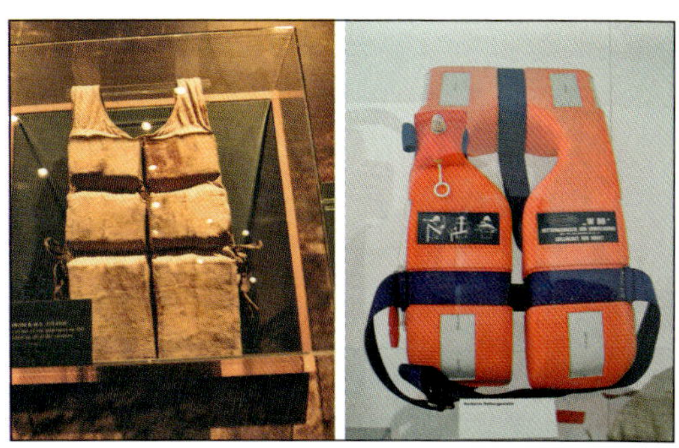

Rettungsweste der *TITANIC* (links) und moderne Rettungsweste.

Feuer in der Kimm:
Ist der Abstand größer als die Sichtweite, ist nur ein diffuser Schein an der Kimm auszumachen.
Wenn das Feuer deutlich in der Kimm auftaucht, ist der Zeitpunkt der Abstandsbestimmung gekommen, da sich die Yacht auf Sichtweite dem Feuer genähert hat.

Fetch – Der Wellenaufbau über die Stärke des Windes, die Dauer der Windeinwirkung und die Wirklänge (Strecke der Windeinwirkung). Aus diesen Grundbedingungen ergeben sich Höhe, Geschwindigkeit/Laufzeit und Länge einer Welle.

Feuer – Das Licht eines Seezeichens, gekennzeichnet durch Farbe, Stärke und Wiederkehr des Feuers.

Feuer in der Kimm – Ist ein Feuer in der Kimm zu sehen, kann aus einer Tabelle je nach Höhe des Betrachters und Höhe des Feuers dessen Entfernung zum Betrachter aus einer Tabelle »Feuer in der Kimm« entnommen werden.

Feuerlöschboot – Für Feuerlöscheinsätze auf dem Wasser gebautes Boot.

Löschboot der Bremer Feuerwehr.

Feuerschiff.

Feuerlöschdecke – Nicht brennbare Decke, mit der man einen kleineren Brand abdecken und wirksam ersticken kann.

Feuerschiff – (s. Abb. vorherige Seite) Feuerschiffe waren Signaleinrichtungen ähnlich den Leuchttürmen. Können nur noch als Museumsschiffe in Häfen besichtigt werden. Wurden durch unbemannte Tonnen ersetzt.

Fieren – Lose geben.

Fingerschnäpper – An der Rückwand von Schapptüren eingebauter Verriegelungsmechanismus. Mit dem Finger wird durch ein Loch der Mechanismus geöffnet. Es gibt keine vorstehenden Teile, die ein Verletzungsrisiko bieten.

Finnkiel – Kleine Leitfläche unter Wasser zur Verbesserung der Kursstabilität.

Fischereiaufsicht – Überwacht die Fischerei und gibt auf ihren Fangplätzen ärztliche und technische Hilfe. Übermittelt Wettermeldungen und gibt Wetterberatung. Es gibt Boote für den Kusteneinsatz sowie Schiffe für die Hohe See.

Boot der Fischereiaufsicht.

Fischfinder – Echolot zum Orten der Wassertiefe und zum Orten von Fischschwärmen.

Flachmann – a) Flacher und schmaler Spinnaker für starken Wind. b) Kleine, flache Flasche für Hochprozentiges.

Flagge dippen – Ein ehrenbezeugender Gruß durch teilweises Niederholen und Hissen der Flagge. Eine Heckflagge wird langsam bis auf Höhe der Reling niedergeholt, wenn das zu grüßende Schiff oder die Landstelle fast querab ist. Dann wird die Flagge wieder vorgeheißt, wenn die gegrüßte Stelle die Flagge niedergeholt hat. Wird ein Kriegsschiff gegrüßt, muss das grüßende Schiff mit dem Heißen solange warten, bis das Kriegsschiff wieder vorgeheißt hat. Handelschiffe grüßen Kriegsschiffe zuerst bzw. auslaufende grüßen einlaufende Schiffe zuerst.

Flaggenalphabet – Internationales Flaggenalphabet zur Verständigung von Schiff zu Schiff oder von Land zu einem Schiff (s. Internationale Flaggensignale).

Flaggenführung – Regularien zum ordnungsgemäßen Führen/Benutzen von Flaggen.

Flaggengala – Setzen von Signalflaggen bei einem feierlichen Anlass (keine Nationalflaggen) in einer bestimmten Reihenfolge (zwei Flaggen, gefolgt von einem Stander oder Wimpel) und immer in gleichen Abständen vom Bug bis zum Heck.

Flaggenleine – Leine zum Aufheißen der Flagge.

Flaggenparade – Setzen am Morgen und Niederholen am Abend der Nationalitätsflagge. Wird in der Sportschifffahrt nur noch sehr selten durchgeführt.

Flaggenstaat – Staat, in dessen Schiffsregister ein Schiff eingetragen ist und dessen Nationalflagge es führen darf.

Flaggenstock – Der Flaggenstock, der die Nationale aufnimmt, sollte in einem Winkel von 45° am Heck angebracht sein.

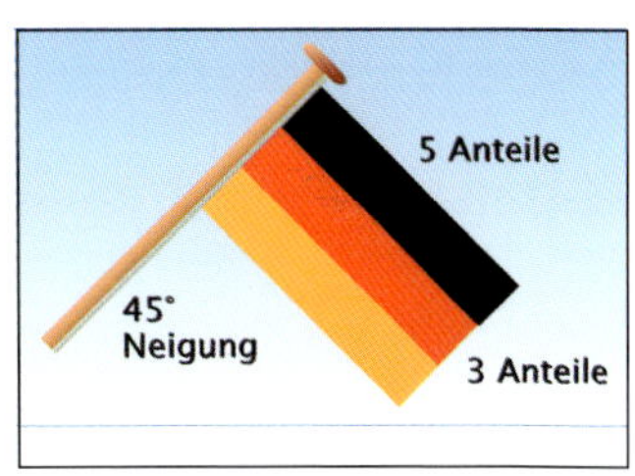

Flaggenwechsel – Feierlicher Wechsel der Flaggen (Werftflagge = Reedereiflagge) bei Übergabe eines Schiffes von der Werft an die Reederei.

Flaggenzertifikat – Amtlicher Nachweis für Schiffe über 15 m, dass ein deutscher Staatsbürger Eigner ist.

Flaschenzug – s. Talje.

Flaute – Windstille, glatte See. Beste Bedingungen für Motorbootfahrer.

Flaute im Kleinen Belt, Dänemark.

Flögel – Windrichtungsanzeige, Windsack aus farbigem Flaggentuch. Auf Jollen im Masttopp angebracht.

Flossenkiel – Tief reichender Ballastkiel mit Außenballast für Segelyachten.

Fluchtluke – Luken an der Rumpfunterseite von Katamaranen, um bei einer Kenterung aus dem Rumpf entkommen zu können. Katamarane richten sich nicht wieder auf.

Flugnotfrequenz – Auf 121,5 MHz; die Signalgeber sind weit verbreitet. Sie können preisgünstig hergestellt werden und sind in Flugzeugen, Yachten und bei Expeditionen vorhanden.

Fluidkompass – In Flüssigkeit gelagerter Kompass (s. Schwimmkompass). Erlaubt ein Ablesen auch bei starker Krängung.

Fluke – Horizontal ausgerichtete Schwanzflosse eines Wales.

Flunke – Teil des Ankers, der sich eingräbt.

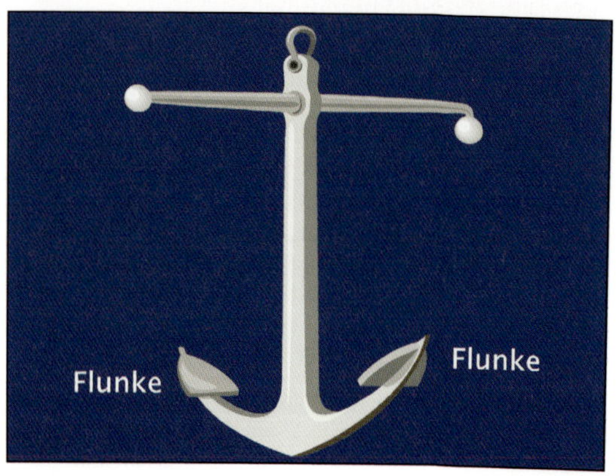

Flüstertüte – Schallverstärkendes Sprachrohr für Segelanweisungen.

Flut – (s. Abb. folgende Seite) Steigen des Wassers von einem Niedrigwasser bis zum folgenden Hochwasser.

Flutstrom – Landeinwärts laufendes Wasser. Gegenteil: Ebbstrom.

Fluxgate-Kompass – Elektrischer Kompass (Induktionskompass), der eine ganz geringe Fehlweisung von unter +/- 5°

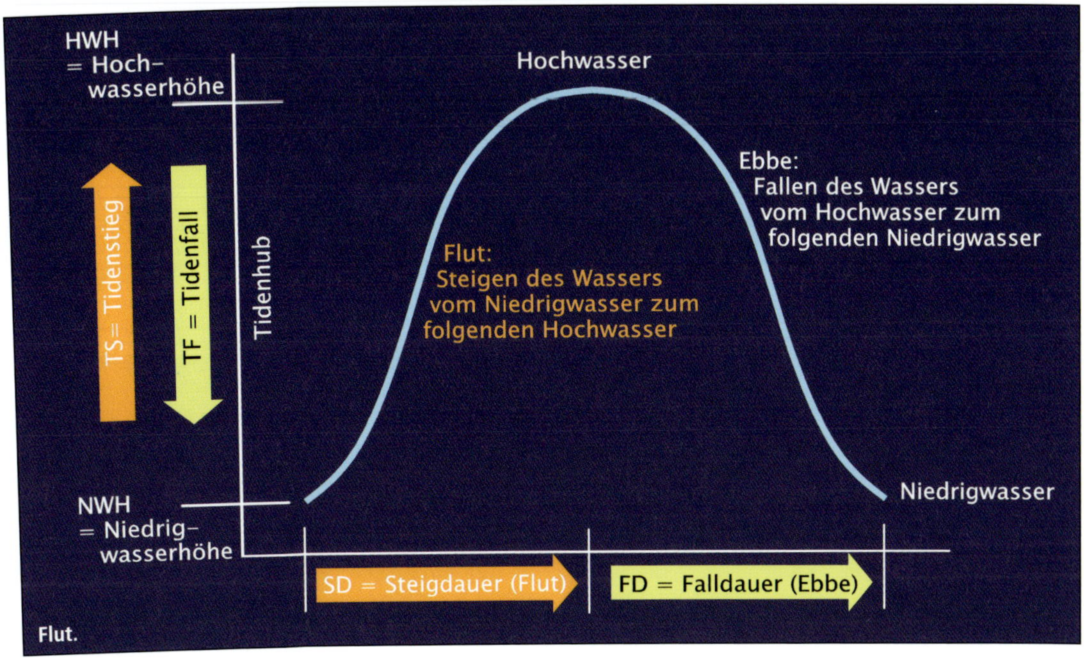

Flut.

aufweist. Benötigt allerdings elektrische Energie zum Betrieb.

Fock – Vorsegel.

Fockmast – Der vordere Mast, auch Vortopp genannt, auf einem mehrmastigen Segelschiff.

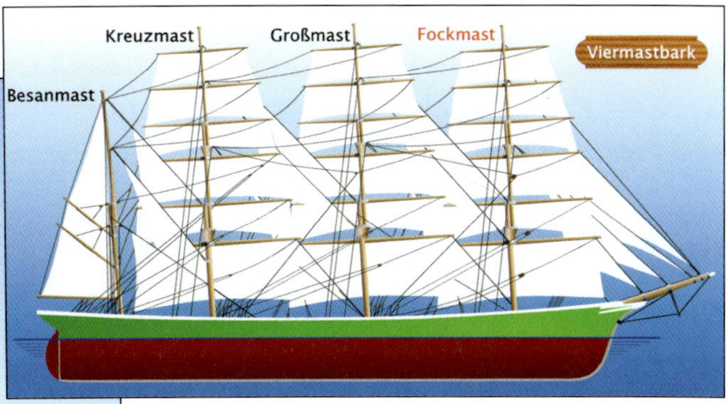

Fockschot – Leine zum Trimmen des Vorsegels. Die Leinen werden mit zwei Palsteks am Schothorn befestigt und können vom Cockpit aus bedient werden.

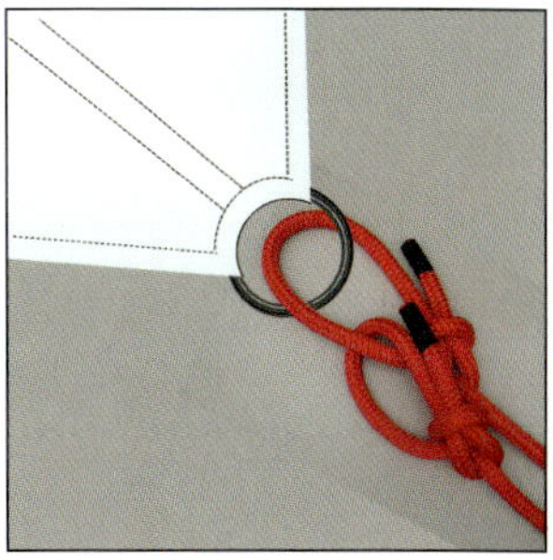

Fockschotholepunkt – Meistens auf einer Leitschiene: Lochband mit Federstift zum Verstellen. Dient zum Trimmen unterschiedlich großer Vorsegel (s. Holepunkt).

Folkeboot – Kleiner Kreuzer mit Kiel, Buchstabe F im Großsegel. Segelfläche 24 qm, Länge 7,64 m, Breite 2,20 m.

Formstabilität – (s. Abb. u.) Die Fähigkeit des Rumpfes, mit dem Auftrieb aufgrund der Form der Krängung entgegenzuwirken. Jollen sind formstabil. Durch zusätzliches Ausreiten werden Jollen vorm Kentern bewahrt.

Fregatte – Die Fregatte war ein Kriegsschiff mit drei vollgetakelten Masten und einer gedeckten Batterie mit bis zu 50 Kanonen. Im 18. und 19. Jahrhundert wurden auch Handelsschiffe mit dieser Takelung (Vollschiff) so bezeichnet.

Freibord – Die Höhe von der Wasseroberfläche zum tiefsten Punkt des Decks.

Freibordmarke – In der Berufsschifffahrt am Rumpf angebrachte Marke, die die größtmögliche Eintauchtiefe anzeigt und damit die maximale Beladung.

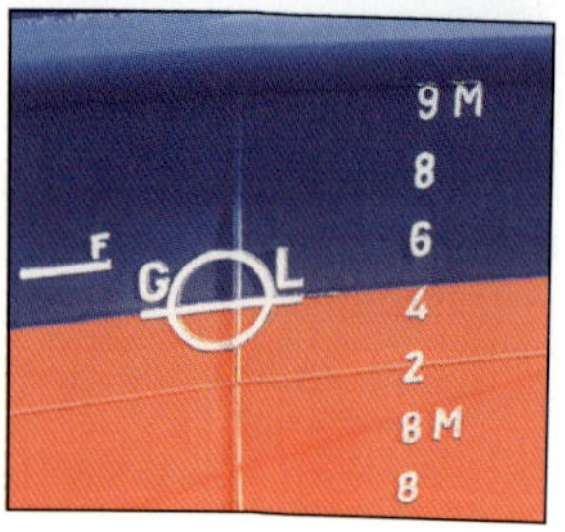

Freifahrer – Fahrzeuge, die von der Verpflichtung zur Annahme eines Lotsendienstes befreit sind.

Freifallrettungsboot – Von einer Schräge ins Wasser rutschendes, geschlossenes Rettungsboot.

Freihafen – Abgeschlossener Bereich eines Hafens. Dort können Waren von See unverzollt eingeführt, gelagert oder bearbeitet werden. Werden sie über die Freihafengrenze eingeführt, entsteht Zollpflicht.

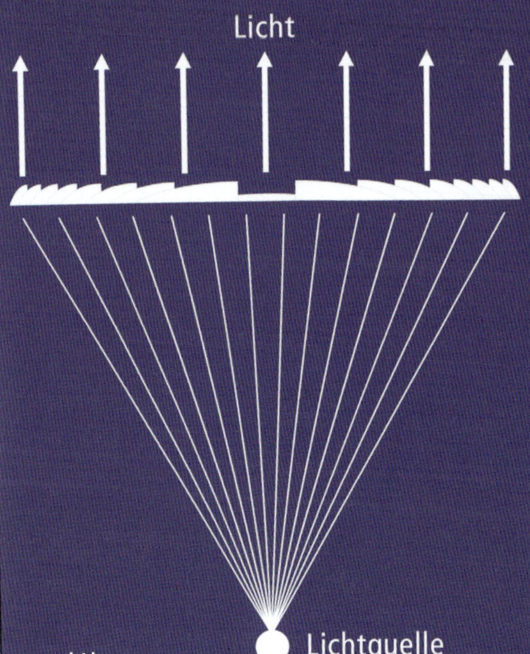

Fresnel-Linse.

Deutsches Schifffahrtsmuseum Bremerhaven.

Freikommen – Durch verschiedene Manöver das Schiff von einer Untiefe befreien. Gegenteil: festkommen.

Freisegeln, freikreuzen – Ein Segelschiff bei drohender Strandung auf eine Küste durch Segeln (Aufkreuzen) vor Schäden bewahren.

Fresnel-Linse – (s. Abb. o.) Benannt nach dem französischen Physiker und Ingenieur Augustin Jean Fresnel (1788–1827). Fresnel erfand eine Linse mit mehreren gekrümmten Bereichen (Fresnel-Zonen). Der wesentliche Vorteil liegt darin: Es ist eine große Linse mit kurzer Brennweite ohne großes Gewicht. Die Linse ist verhältnismäßig dünn und findet Verwendung in Tageslichtprojektoren, Schiffslaternen und in Leuchttürmen.

Frische Brise – Windstärke 5 der Beaufortskala. Mäßige Wellen, es bilden sich weiße Schaumkämme.

Front – Grenzfläche von Luftmassen verschiedener Temperatur und Dichte: Kaltfront, Warmfront, Okklusionsfront.

Frühstart – Wird die Startlinie bei einer Regatta zu früh passiert, muss das Regattaschiff die Startlinie noch einmal queren.

FüG – Fahrt über Grund.

Funkärztlicher Beratungsdienst – Vor den meisten Küsten der seefahrenden Nationen (und natürlich auch weltweit) kann ärztlicher Beratungsdienst über UKW-Sprechfunk eingeholt werden. Auskunft erteilen die nationalen Küstenwachen oder die Küstenfunkstellen. Seit 1931 wurde vom Stadtkrankenhaus Cuxhaven für alle unter der deutschen Flagge fahrenden Besatzungen ein funkärztlicher Beratungsdienst ehrenamtlich durchgeführt. Auf Initiative der IMO wurden 1997 funkärztliche Beratungsdienste weltweit eingeführt und das Stadtkrankenhaus Cuxhaven ist dann auch 1997 als offizielle nationale seefunkärztliche Beratungsstelle Deutschlands fixiert worden. Die medizinischen Auskünfte können vom Schiff über vielfältige Kommunikationsmöglichkeiten eingeholt werden: UKW-Küstenfunk, küstennahes GSM-Handynetz, Grenz- und Kurzwelle, Iridium-Satellitentelefon, Schiffsinternetanschluss (E-Mail oder Fax). Die weltweiten MRCCs vermitteln ebenfalls medizinischen Rat von kompetenten Ärzte. Diese Dienste sind in erster Linie für die Berufschifffahrt eingerichtet. Aber auch die Wassersportler können diese Dienste in Anspruch nehmen, und es wird sicher keine Rechnung folgen.

Funkelfeuer, schnelles Funkelfeuer – Schnell aufeinander folgende Lichterscheinungen. Funkelfeuer: 50 bis 60 Lichterscheinungen pro Minute; schnelles Funkelfeuer: 100 bis 120 Lichterscheinungen pro Minute.

Funkstille – Während des Funkverkehrs auf der Notruffrequenz haben alle unbeteiligten, aber mithörenden Funkstellen Funkstille zu wahren, bis die koordinierende Rettungsleitstelle mit »SILENCE FINI« die Funkstille aufhebt. Auf der Not- und Anruffrequenz 2182 kHz sind stündlich zwei Funkstillen einzuhalten: XX.00 bis XX.03 und XX.30 bis XX.33. Während dieser Zeiten hat bis auf den Notverkehr aller übriger Funkverkehr zu unterbleiben.

Funkstille (grün, früher galt die Funkstille auch zu den rot markierten Zeiten).

Funkzeugnis – Zum Betreiben einer Funkstelle, die genehmigungspflichtig ist, benötigt man ein entsprechendes Funkzeugnis. Nur im Notfall, um einen Notruf abzusetzen, darf jeder die Funkstelle benutzen.

Fuß – Altes Längenmaß, in einzelnen Ländern unterschiedlich: Englischer Fuß = 30,48 cm, Bremer Fuß = 28,94 cm.

Fußpferd – Unter der Rah laufendes, starkes Tauwerk, auf dem die Matrosen in der Takelage zum Arbeiten an den Segeln stehen. Der Wortteil »-pferd« kommt vom Plattdeutschen »petten«, was so viel heißt wie »treten«.

Fußreling – Erhöhte Kante am Schiffsrumpf, schützt vorm Überbordfallen.

Gabelterminal – Verbindung zwischen Want (Drahttauwerk) und Pütting.

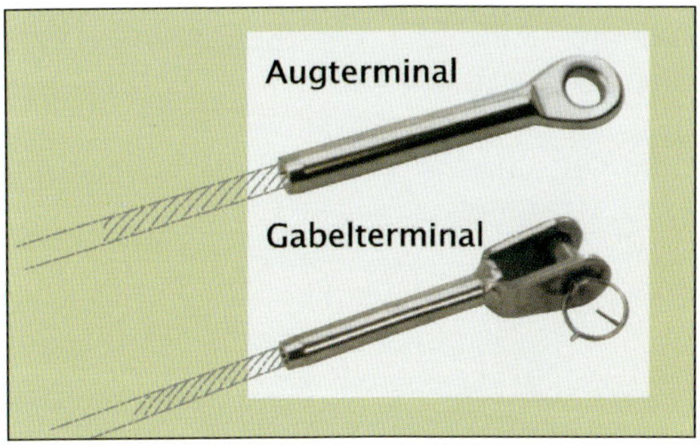

Gaffel – Rundholz, das mit seinem vorderen Teil am Mast befestigt ist, hält das Gaffelsegel mit dem Oberliek.

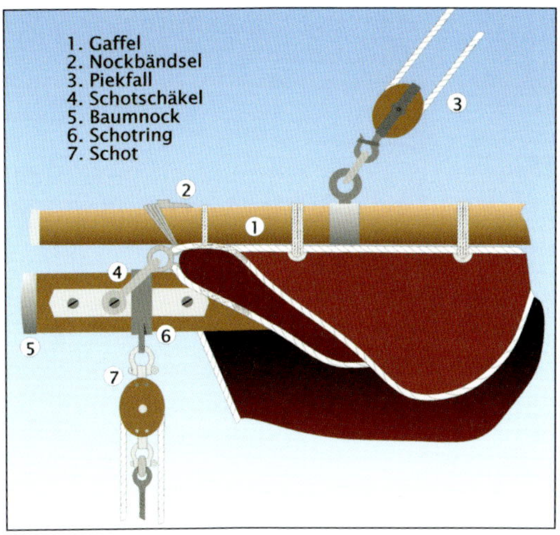

Gaffelschäkel – Verbindung als Hahnepotläufer zwischen Piekfall und der Gaffel.

Gaffelsegel – An einer Gaffel mit dem Oberliek und mit dem Unterliek am Baum angeschlagenes trapezförmiges Segel.

Gaffeltoppsegel – Leichtes Schratsegel über dem Gaffelsegel.

Galileo-System – Im Aufbau befindliches europäisches Gegenstück zum amerikanischen GPS. Globales Satellitennavigationssystem, voraussichtlich ab 2010 in Betrieb. 30 Satelliten werden für eine genaue Positionsbestimmung sorgen. Die Möglichkeiten dieses Systems sind heute noch gar nicht abzusehen, da es kommerziell betrieben wird und nicht wie das amerikanische GPS für die Militärs gedacht war.

Galion – Kunstvoll gestalteter Ausbau des Vorderstevens unterhalb des Bugspriets.

Galion des Vollschiffs *SÖRLANDET* aus Norwegen.

Galionsfigur – Am Vordersteven angebrachte, kunstvoll geschnitzte Figur. Bevorzugt wurden Frauenfiguren, Heilige, Krieger, Seevögel (z. B. Albatrosse), Fabelwesen. Die Seeleute wollten mit den Figuren freundlich gesonnene Geister einladen.

Galionsfigur der Bark *SEUTE DEERN*. (Deutsches Schiffahrtsmuseum Bremerhaven)

Galiot, die – Anderthalbmaster von ca. 23 m Länge um 1800, Großmast: drei Rahen und ein Gaffelsegel, Besan: Gaffelsegel. Galiot kommt aus dem französischen und bedeutet Ketsch.

Galiot *ELISE VON BREMEN*.

Gallone – Hohlmaß. 1 englische Gallone = 4,5459 Liter, 1 amerikanische Gallone = 3,7853 Liter.

Gammel – a) Beifang beim Fischen. b) Unordentliches, Schlechtes.

Gangspill – Von Hand betriebene senkrechte Winde (s. Spill). Mehrere Matrosen drehen durch Einsetzen der Handspaken das Gangspill. Es dient zum Aufholen der Ankerkette und zum Verholen des Schiffes.

Gangway – Ein Laufsteg, der das Schiff mit einem Schiff oder dem Land (Landgangssteg) verbindet.

Gangway der *MS DOULOS*, des ältesten noch in Fahrt befindlichen Passagierschiffs, Indienststellung 1914.

Gastlandflagge – Innerhalb der Hoheitsgewässer eines fremden Landes wird die Gastlandflagge auf der Steuerbordseite unterhalb der Saling gesetzt.

Gasungsspannung – Bei einer 12-Volt-Batterie liegt beim Aufladen die Gasungsspannung bei 14,4 V. Bei Erreichen oder gar Überschreiten der Gasungsspannung besteht akute Explosionsgefahr. Ladevorgang abbrechen!

Gaswarngerät – Ein amtlich zugelassenes Gaswarngerät schützt bei einer Leckage der Flüssiggasanlage vor einer Explosion und kann damit Leben retten.

Gatt – a) Kleiner Raum in einem Schiff, z.B. Kabelgatt. b) Abflussloch im Schanzkleid oder in der Bordwand (Speigatt). c) Mit Garn eingefasste Kausch in Segel oder Persenning (Gattchen).

Gattchen – Mit einer Metallkausch eingefasstes Loch im Segel zur Aufnahme von Reffbändseln.

Gefahrenstellentonne – Die Tonnen warnen vor ausgedehnten Gefahren. Sie liegen im Norden, Osten, Süden oder Westen der Gefahr. Dadurch kann die geografische Passierbarkeit der Tonnen und damit die Gefahrenstelle erkannt werden.

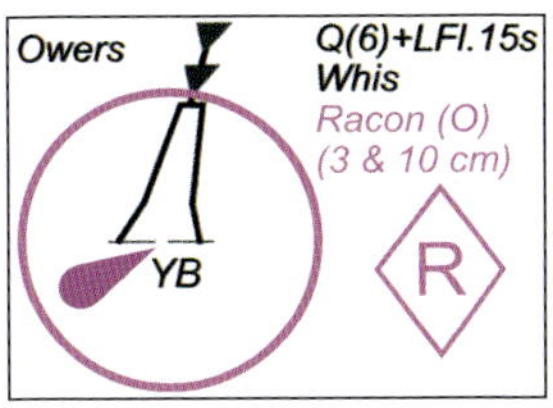

Gefahrenstellentonne, wie sie in der Seekarte eingezeichnet ist.

Gegenruder – Wirkt der Drehtendenz des Schiffes bei einer augenblicklichen Ruderlage entgegen.

Geigen – Bewegung des Schiffes um die Hochachse bei achterlicher Welle.

Geitau – Tau zum Setzen oder Bergen eines Rahsegels.

Gel-Batterie – Geschlossene, wartungsfreie Batterie. Die Säure ist in Gel gebunden. Auslaufsicher. Minimale Selbstentladung, nach 2 Jahren noch 60 % Kapazität.

Gelcoat – Äußere, harte Kunststoff-Schutzschicht des GfK-Schiffsrumpfes.

Geigen.

Genaker, der – Ein leichtes Segel für das Segeln mit raumem Wind. Steht auf derselben Seite wie das Großsegel. Er wird von Lee aus hinter den Wanten gesetzt.

Genua, die – Größeres Vorsegel; überlappt den Mast und das Großsegel. Regattayachten haben bis zu vier Genuas unterschiedlicher Schnitte, Größe und Tuchstärke. Sie werden, angefangen von der kleinsten, mit Genua I, II, III und IV bezeichnet.

Genuaschiene – Auf Deck auf beiden Seiten montierte Schiene mit einer Leitöse. Dient zur optimalen Einstellung der Holepunkte der Vorsegel.

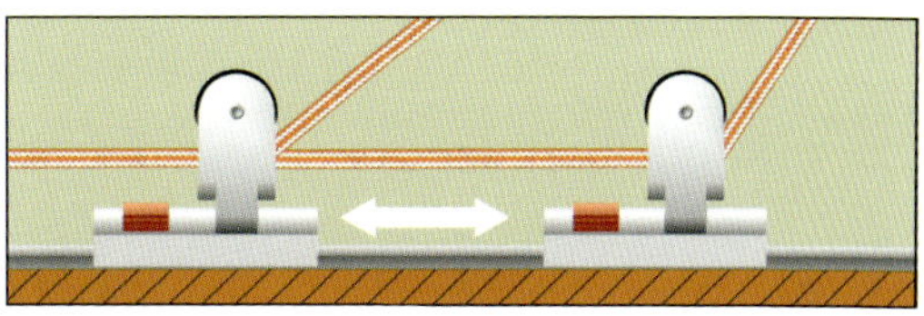

Geodätisches Datum, Kartendatum – In den Seekarten ist in der Legende das geodätische Datum vermerkt. Das GPS-System benutzt das WGS 84. Seekarten mit einem anderen Kartendatum weisen die Korrektur zum GPS-System aus.

Geografische Breite – Die geografische Breite eines Ortes ist der Winkel am Mittelpunkt der Erdkugel zwischen der Äquatorebene und dem Erdradius des Ortes, polwärts gezählt von 0° bis 90° (s. Breite).

Geografische Länge – Die geografische Länge ist der sphärische Winkel an den Polen zwischen dem Nullmeridian und dem Ortsmeridian, vom Nullmeridian (0°) östlich oder westlich bis 180° (s. Länge).

GEO-Satellit – (s. Abb. u.) Geostationary earth orbit, auf einer 36 000 km hohen Bahn fliegende Satelliten. Haben dieselbe Umfangsgeschwindigkeit wie die Erde und stehen deshalb in Bezug auf die Erdoberfläche »still«. Sie bewegen sich auf einer äquatorialen Bahn.

Geostrophischer Wind – In der nördlichen Hemisphäre verläuft die Strömung um ein Tiefdruckgebiet gegen den Uhrzeigersinn; um ein Hochdrucksystem im Uhrzeigersinn. Wenn die Isobaren dabei parallel verlaufen, wird die Strömung als geostrophischer Wind bezeichnet.

Germanischer Lloyd – 1867 in Hamburg gegründet. Ist einer von insgesamt 10 Schiffs-TÜVs auf der Welt. Er ist für 120 Flaggenstaaten tätig und nimmt die Seeschiffe bautechnisch ab. Ist ein Abnahme-Zertifikat erteilt, kann das Seeschiff versichert werden. Ohne Zertifikat keine Versicherung.

Geschirr – Ausrüstung für wichtige Bereiche des Schiffes: Ankergeschirr, Rudergeschirr, Ladegeschirr, Fanggeschirr (Fischfangschiffe).

Geschlagenes Tauwerk – Wird vorwiegend für Festmacher genommen. Durch Zusammendrehen der einzelnen Garne zu Kardeelen und durch erneutes Zusammendrehen dieser Kardeele entsteht letztlich das Ende.

Gesetzliche Ausrüstungspflicht – Je nach Fahrtgebiet, Bauart und Verwendungszweck muss die Ausrüstung eines Schiffes gesetzlich festgelegten Mindeststandards genügen.

Gewichtsstabilität – Ist die Eigenschaft eines Schiffes, durch seinen tief liegenden Ballast der Krängung entgegenzuwirken. Kielyachten sind gewichtsstabil.

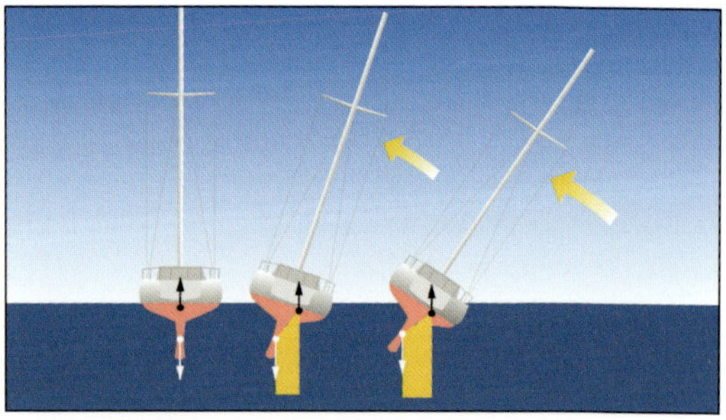

GEO-Satellit.

Ein Gewitter kündigt sich auf See an. Es kann optisch wahrgenommen werden durch aufkommende turmartige, mächtige Cumulonimbus-Wolken.
Vorhandener Wind schläft ein und frischt wieder auf und kommt aus einer anderen Richtung.
Auf Mittelwelle eines Rundfunkempfängers sind starke Störgeräusche zu hören.

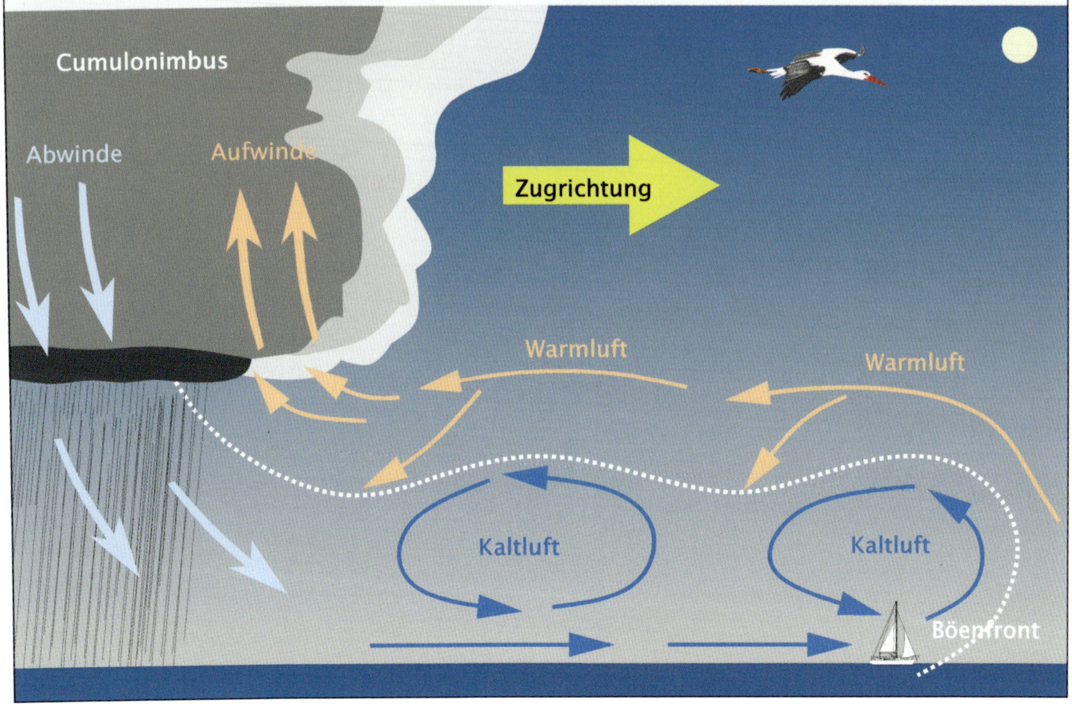

Gewitter – Erfurcht gebietendes Schauspiel mit Gewittersturm, Blitz und Donner. Gewitter sind auf See gut zu erkennen, sodass rechtzeitig Sicherheitsmaßnahmen getroffen werden können.

Gezeiten – Wasserstandsänderungen, die bei den Bahnbewegungen von Erde, Mond und Sonne durch das Zusammenwirken von Massenanziehung und Fliehkraft in der Verbindung mit der Erdrotation entstehen. Alle 25 Stunden erfolgt viermal Steigen und Fallen. Auch die Landmassen heben und senken sich geringfügig durch den Gezeitenwechsel. Dieses wurde erst durch genaue Satellitenvermessungen bekannt.

Gezeitenkalender – Vom BSH jährlich herausgegebener Kalender der Gezeiten für die deutsche Bucht und angrenzende Flussgebiete.

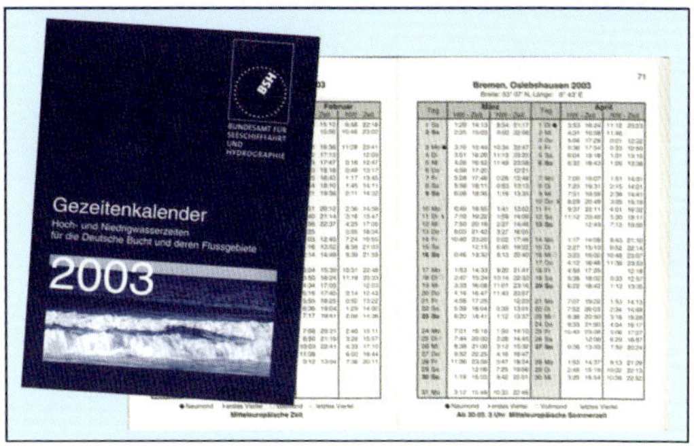

Gezeitenkalender.

Gezeitenstrom – Stärke und Zeit der Flut- und Ebbströme. Auf der Hohen See sind die Gezeitenströme regelmäßiger als in Flussmündungsgebieten.

Gezeitenstromatlas – Genaue Angaben der Gezeitenströme nach Stärke, Richtung und Zeit vor und nach Hochwasser, sind dem »Atlas der Gezeitenströme« zu entnehmen.

Gezeitenunterschiede – Der Unterschied zwischen den Gezeiten an den Bezugsorten und den Anschlussorten.

GfK – Glasfaserverstärkter Kunststoff, Baumaterial für Kunststoffschiffe. Polyesterharze und Kunststoffmatten in mehreren Lagen.

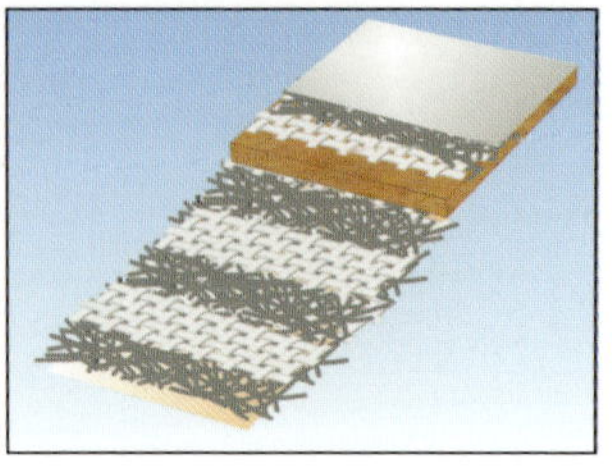

GfK mit eingelegtem Balsaholz für den Decksaufbau.

Gieren – Seitliches Ausscheren des Schiffes durch Seegang.

Gischt – Ab Windstärke 7 der Beaufortskala entsteht Sprühwasser auf den Wellen.

Gissen – Der gegisste Schiffsort wird durch Kopplung gefunden.

Glasen – Läuten der Schiffsglocke von 1 bis 8 Glas zur Angabe der seit Beginn der Wache verstrichenen Zeit. Eine Wache dauert 4 Stunden. 1 Glas = 1/2 Stunde.

Glasfasermatten – Aus Glasfaser hergestellte Matten zum Laminieren eines Rumpfes.

Glattdecker – Eine Yacht ohne Aufbauten bzw. mit nur einem flachen Aufbau zum Niedergang und einer Vertiefung des Cockpits.

Gleichtaktfeuer – Lichterscheinungen und Verdunklungsphasen eines solchen Feuers sind von gleicher Dauer.

Gleistein-Tauwerk – (s. Abb. folgende Seite) Traditionsreiches Unternehmen in Bremen, das Tauwerk herstellt.

Gleitfahrt – Der Rumpf eines Motorbootes hat sich auf das Wasser geschoben, das Boot erreicht hohe Geschwindigkeiten. Aber auch Jollen und Rennziegen (Rennsegelyachten) können ins Gleiten kommen.

Schnelle Gleitfahrt: der Rumpf hat sich auf die Welle geschoben.

Globus – Darstellung der Kontinente auf einem Globus. Der Erdapfel des Nürnbergers »Martin Behaim« von 1492 ist der älteste noch erhaltene Globus, Amerika ist auf ihm noch nicht wiedergegeben.

Globus. (Deutsches Schifffahrtsmuseum Bremerhaven)

Tauwerkherstellung bei Fa. Gleistein in Bremen

Gleistein-Tauwerk.

GMDSS – Global Maritim Distress and Safety System, weltweites Seenot- und Sicherheitsfunksystem für die Schifffahrt. Ab 1992 eingeführtes Notalarmsystem. Über die Distress-Taste wird ein automatischer Notalarm ausgelöst.

GMT – Greewich Mean Time. Mittlere Ortszeit des Meridians von Greenwich bzw. der 0-Grad-Länge.

Golfstrom – Warmer Strom aus dem Golf von Mexiko, hat die Energie von 1 Million Kernkraftwerken. Zieht an Florida (Straße von Florida) vorbei in den Atlantik und trifft auf die Azoren. Dort teilt er sich; ein Teil zieht zurück und der andere Teil zieht nach Europa. Bis hoch nach Nordnorwegen reicht seine Kraft. Aber damit ist sein Weg noch nicht zu Ende. Das abgekühlte Meerwasser zieht auf Grund seiner hohen Dichte auf den Meeresgrund und umrundet fast die gesamte Erde. Nach ca. 1000 Jahren kehrt der Golfstrom in den Golf von Mexiko zurück. Ohne den Golfstrom wäre Nordeuropa eine kalte und kahle Landschaft. Landwirtschaft wäre nicht möglich, denn er mildert die Winter durch sein warmes Wasser, ohne ihn könnten die Pflanzen nicht überwintern. Nord- und Mitteleuropa wären so kalt wie Labrador, denn sie liegen auf denselben Breitengraden.

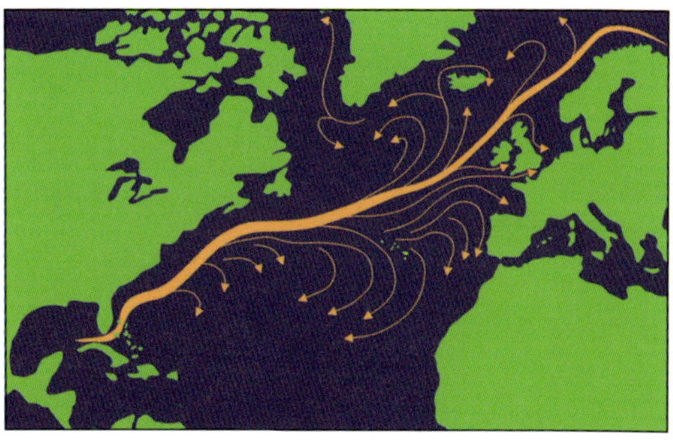

Gording – Leine zum Aufholen des Segels an die Rah.

Gösch – Als Gösch wird eine Bugflagge bezeichnet, kann ein Stadtwappen sein. Die Gösch wird bei der Ankunft im Hafen gesetzt.

GPS – Global Positioning System = weltweites satellitengestütztes Navigationssystem.

LAT	Latitude	Breite
LON	Longitude	Länge
COG	Course over ground	Kurs über Grund
SOG	Speed over ground	Fahrt über Grund
WPT	Waypoint	Wegpunkt
BRG	Bearing	Peilung
XTE	Cross track error	Seitliche Ablage
DIST	Distance	Entfernung bis zum nächsten Wegpunkt
TTG	Time to go	Zeitdauer bis zur Ankunft am nächsten Wegpunkt
ETA	Estimated time of arrival	berechnete Ankunftszeit am Fahrtziel
HDOP	Horizontal dilution of precision	Unschärfegrad der Positionsangabe
NM	Nautical miles	Seemeilen
MOB	MOB	Person über Bord

Wichtige Begriffe für die Arbeit mit GPS.

Gräting – Gitter aus Holz oder Metall zum Abdecken von Cockpitböden, -bänken und Luken.

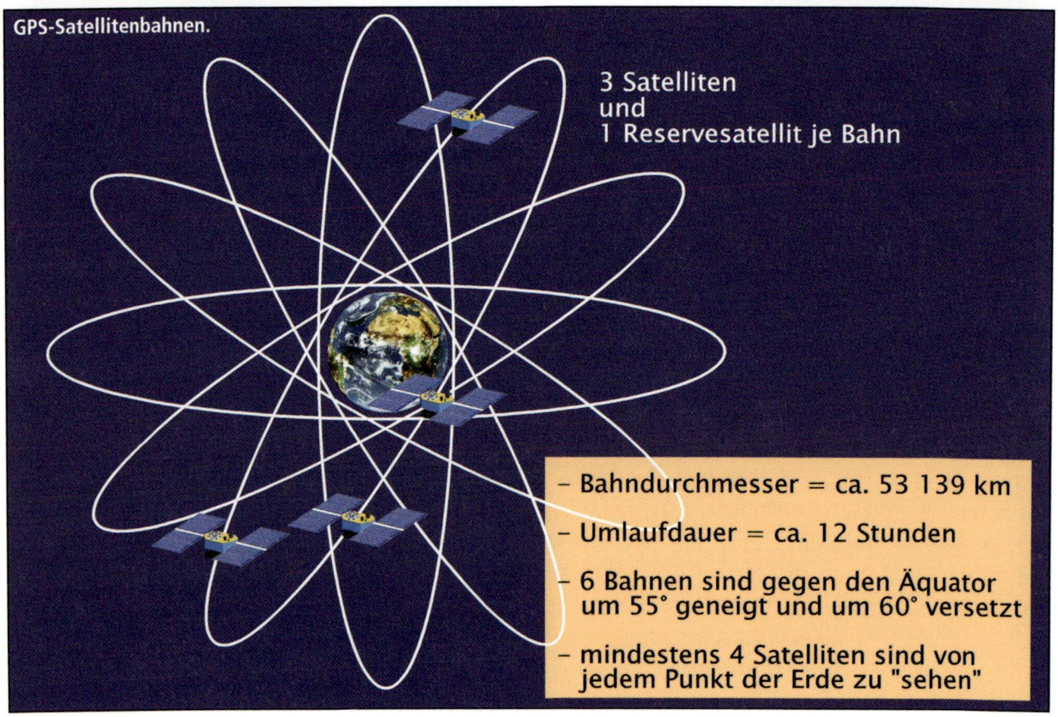

GPS-Satellitenbahnen.

Graue Katz – Schnell heranziehender Küstennebel, der Wattwanderern zum Verhängnis werden kann.

Greenwich – Der Nullmeridian ist der Längenhalbkreis, auf dem die Sternwarte »Old Royal Oberservatory« Greenwich (England) liegt. Von dort werden alle Meridiane jeweils nach West und Ost gezählt, von 0° bis 180°. Bei 180° ist die Datumsgrenze.

Der Nullmeridian in Greenwich.

Grenzkursberechnung – Aus der Lichterführung kann eine Skizze für die Berechnung von Grenzkursen erstellt werden. Daraus kann die Segelstellung eines Kollisionsgegners in der Nacht ermittelt werden und damit die Ausweichsituation.

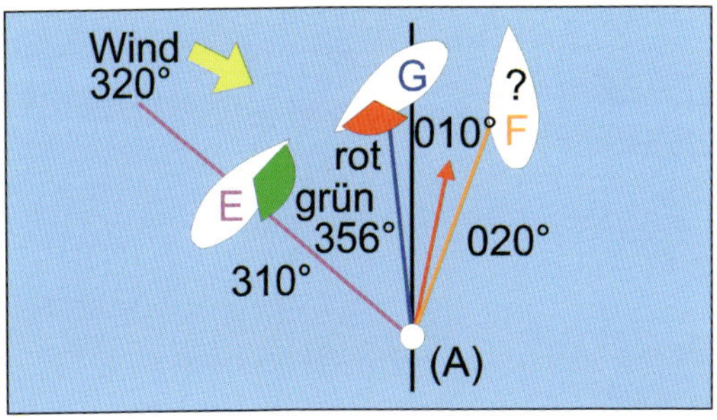

Grenzübergangsstelle – Zuständige Stelle/Hafen für Einreise- und Ausreiseformalitäten.

Grenzwelle – Radiowelle von ca. 250 sm Reichweite.

Grog – Starkes Getränk für kalte Tage. »Rum mut, Zucker kann, Water bruukt nich«, wird in Norddeutschland gesagt. Das Mischungsverhältnis bleibt jedem selbst überlassen.

Großbaum – Nimmt das Unterliek des Großsegels auf.

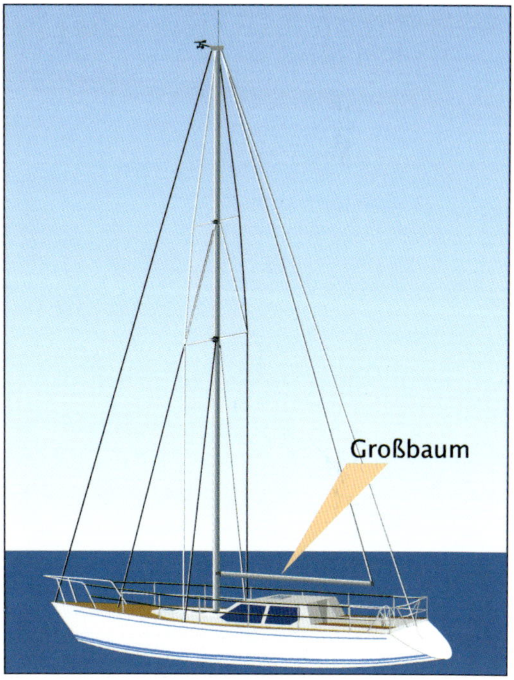

Große Fahrt – Fahrt weltweit auf allen Meeren.

Großmast – (s. Abb. folgende Seite) Auf dreimastigen Schiffen der Mittelmast, d.h. der Mast hinter dem Fockmast. Auf Briggs und Schonern der hintere Mast.

Großschot – (s. Abb. folgende Seite) Talje zwischen Großbaum und Deck. Damit wird der Trimm und die Stellung des Großsegels eingestellt.

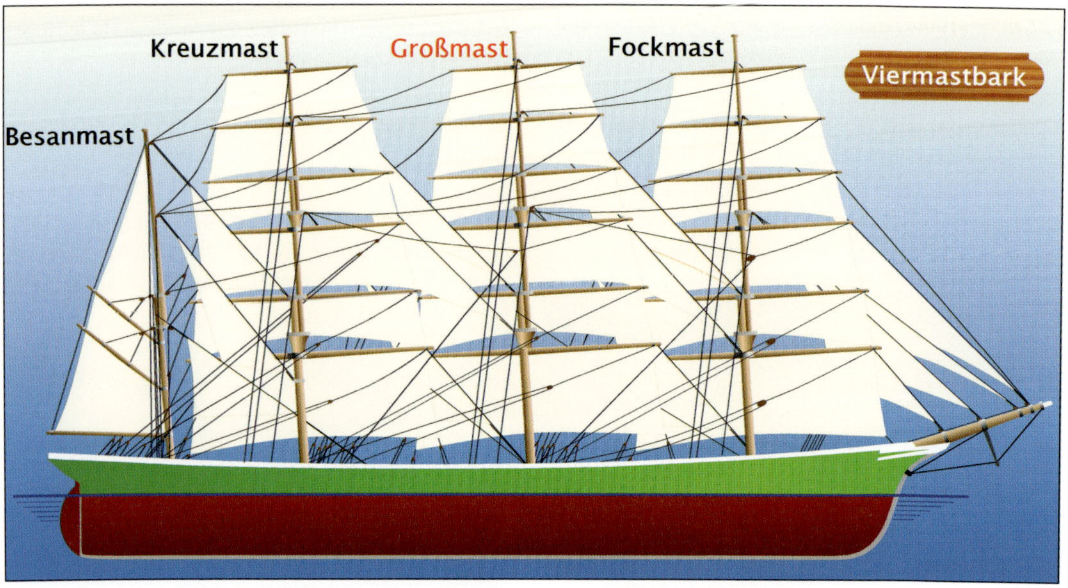

Großsegel – Bei Rahseglern das Untersegel des Großmastes. Das Großsegel kann als Hochsegel, als Gaffelsegel (auch mit einer Spreizgaffel) oder als Rollgroßsegel gefahren werden.

Großsegler – Allgemeine Bezeichnung für ein größeres Segelschiff. Ab welcher Länge von einem Großsegler zu sprechen ist, ist nicht festgelegt.

Großtopp – Oberes Ende eines Großmastes, auch Bezeichnung für Großmast.

Großmast vom Weserkahn *FRANZIUS*.

DGzRS-Rettungskreuzer in schwerer Grundsee.

Grundsee – Zwischen Inseln und im flacheren Wasser (Sandbänke) hohe Wellen, die sich auftürmen und brechen. Werden der Seefahrt sehr gefährlich.

Grüne See – Überkommende hohe Brecher auf See.

Gut – Gesamtes Tauwerk eines Schiffes, bestehend aus stehendem Gut wie Wanten, Salingen und Stagen, die im täglichen Schiffsbetrieb nicht bewegt werden, und aus laufendem Gut wie Schoten und Fallen, die zur Bedienung der Segel bewegt werden.

»Handbreit Wasser unter dem Kiel« – Wunsch, das Schiff möge nicht aufbrummen (auf Grund laufen).

Habitat – Lebensraum einer Tierart, gekennzeichnet durch die biologischen Umweltbedingungen zum Überleben.

Hafen – Geschützter Anlege- und Umschlagplatz; Seehafen, Flusshafen, Binnenhafen.

Hafenhandbuch – Beschreibt die navigatorische Einfahrt, Wassertiefen, Liegemöglichkeiten, Einklarierungsvorschriften usw. von Häfen.

Hafenhandbücher.

Hafenmanöver – Geeignete Manöver und Tätigkeiten, um ein Segel- oder Motorschiff sicher an einer Kaimauer, an Pfählen oder an Bojen/Murings festzumachen.

Hafenmeister – Oberste Instanz in einem Hafen, teilt die Liegeplätze zu und kümmert sich um die Hafenordnung. Hafengeld ist Bringegeld!

Hahnepot – Ein gespreiztes Ende, das die in seinem Scheitel angreifende Kraft in zwei Richtungen verteilt.

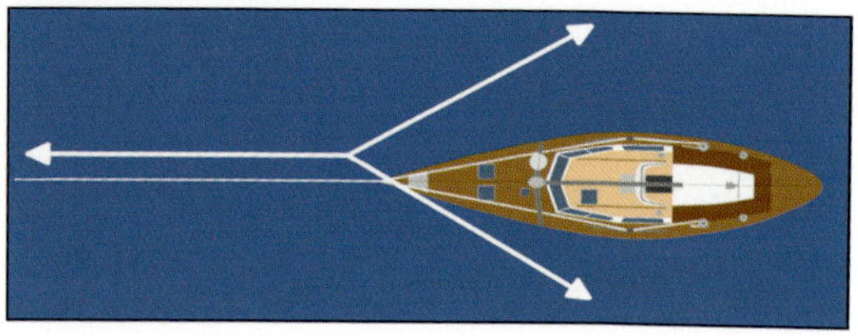

Halber Schlag – Einfacher Knoten zum behelfsmäßigen Festmachen eines Endes.

Halbgleiter – (s. Abb. u.) Schnelles Motorschiff mit viel PS; der Rumpf schiebt sich auf die Welle.

Halbmodell – Nach dem Linienriss hergestelltes Halbmodell des Rumpfes; meistens nach rechts zeigend.

Halbgleiter.

Halbwindkurs – Der scheinbare Wind kommt von der Seite. Es ist der Bereich von am Wind bis zum raumen Wind.

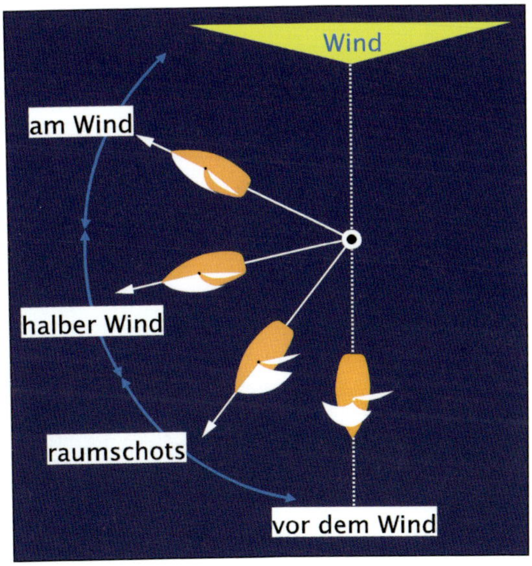

Hall-Anker – Traditioneller Gewichtsanker für die Ankerklüse. Er wird vorwiegend in der Berufsschifffahrt eingesetzt.

Hallig, die – Kleine Inseln vor der schleswig-holsteinischen Wattenküste. Sie haben eine Schutzfunktion vorm anrollenden Blanken Hans.

Halo – Das Sonnenlicht bricht sich in den Eiskristalle von hohen, dünnen Wolken (Zirrostratus translucidus). Der häufigste Halo hat einen Bogen von 22° Winkelabstand zur Sonne. Der Halo warnt vor einer anrückenden Front.

Halo.

Hals – Untere, vordere Ecke eines Segels.

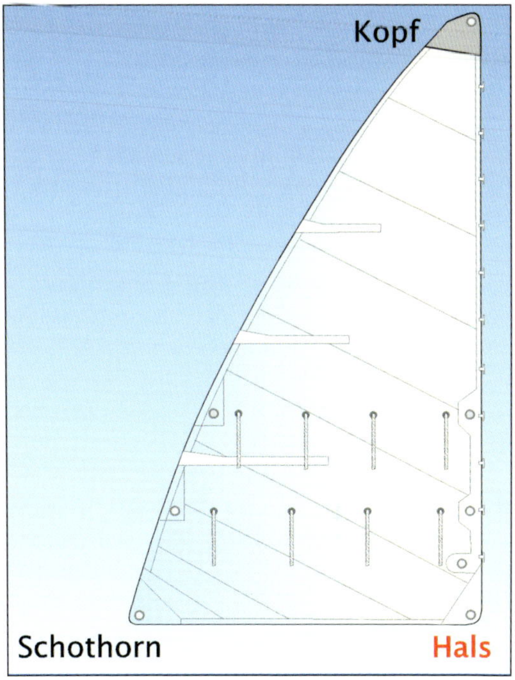

Halse – Die Halse reicht vom raumen Kurs auf dem einen Bug zum raumen Kurs auf dem anderen Bug. Das Schiff geht mit dem Heck durch den Wind.

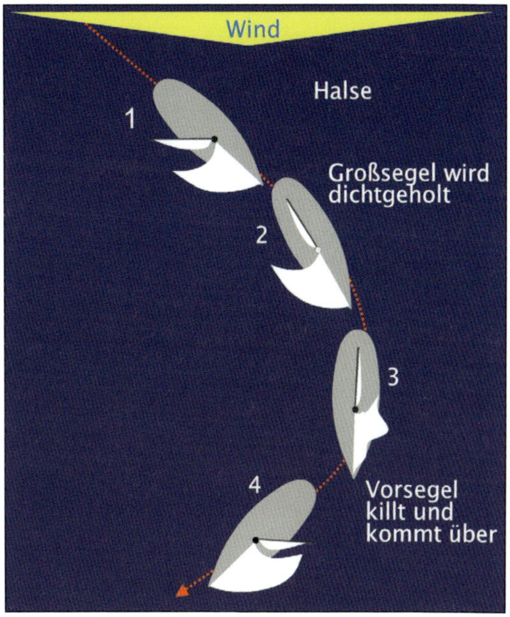

Handauflegeverfahren – Herstellung eines GfK-Rumpfes durch Laminieren in einer Negativform. Zunächst wird in die Form ein Trennmittel eingebracht und dann eine eingefärbte Harzschicht, das Gelcoat. Abwechselnd werden nun Harze und Glasfasermatten Lage für Lage per Hand eingebracht. Der Rumpf entsteht von außen nach innen. Bei diesem Verfahren muss mit Schutzkleidung und Atemschutz gearbeitet werden.

Handbuch für Brücke und Kartenhaus – Beschreibt Schifffahrtsbehörden und -organisationen, Seekarten und Seebücher, nautische Anlagen, Hinweise zur Schiffsführung, Schiffssicherheit, die Küstenmeere, Umweltschutz der Meere, Zoll- und Quarantänebestimmungen usw.

Handbuch für Suche und Rettung – Übersetzung der IMO-Veröffentlichung »Merchant Ship and Rescue Manual«. Es ist für die Kleinschifffahrt und die Sportschifffahrt gedacht und enthält Anleitungen für Notfälle auf See.

Handfunksprechgerät – Mobiles Sprechfunkgerät, meist UKW, für die Verständigung auf Deck von Schiff zu Schiff oder zu einem Luftfahrzeug.

Hand-GPS – Mobiles GPS-Gerät.

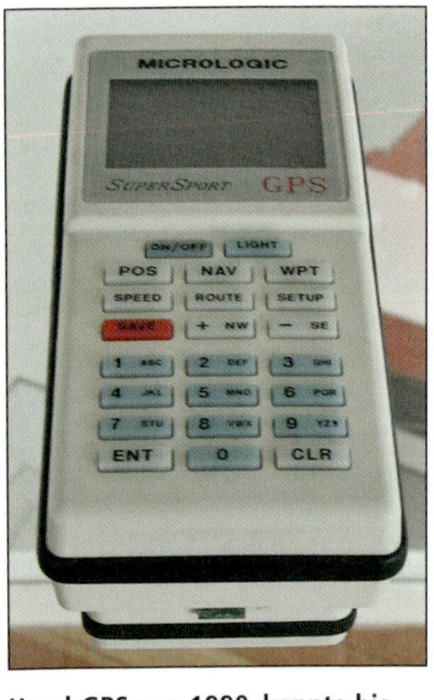

Hand-GPS von 1990, konnte bis zu 4 Satelliten empfangen. (Deutsches Schifffahrtsmuseum Bremerhaven)

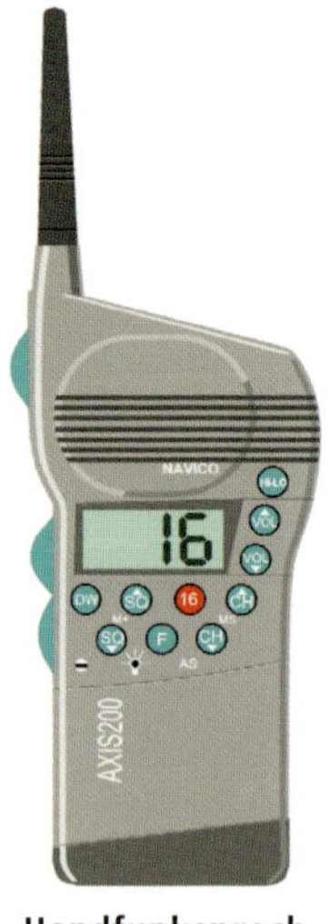

Handfunksprechgerät.

Handhabung Signalpistole – (s. Abb. folgende Seite) Gefahrloser Ablauf zum Laden und Abfeuern einer Signalpistole.

Handlog – Eine einfache Form der Fahrtmessung (Geschwindigkeit). An einer Logleine auf der Logtrommel ist ein kleines Brett (in Form eines Kreisausschnittes, mit eingelegtem Blei beschwert) angebracht, das Logscheit. Dieses Brett »steht« im Wasser und spult die Logleine ab. An der Logleine sind Knoten im Abstand von jeweils 6,84 m angebracht. Nach 14 Sekunden (wurden am Logglas abgelesen) konnte die Geschwindigkeit anhand der durchgegangenen Knoten errechnet werden. So wurde die Geschwindigkeit (Fahrt) in Knoten gemessen.

Handlog. (Deutsches Schifffahrtsmuseum Bremerhaven)

Handlot – Leine mit einem Gewicht und farbigen Tuchstreifen zum Feststellen der Wassertiefe. Die Leine war ca. 40 m lang. Es gab aber auch längere Ausführungen, Leinen, die bis zu 300 m lang waren und ein entsprechendes Gewicht (= 25 kg) aufwiesen. Der Boden des Senkbleis war ausgehöhlt und es befand sich Talg darin. Dadurch konnte eine Bodenprobe durch Anhaftung gemacht werden.

Senkblei auf dem Schulschiff *DEUTSCHLAND* in Bremen-Vegesack.

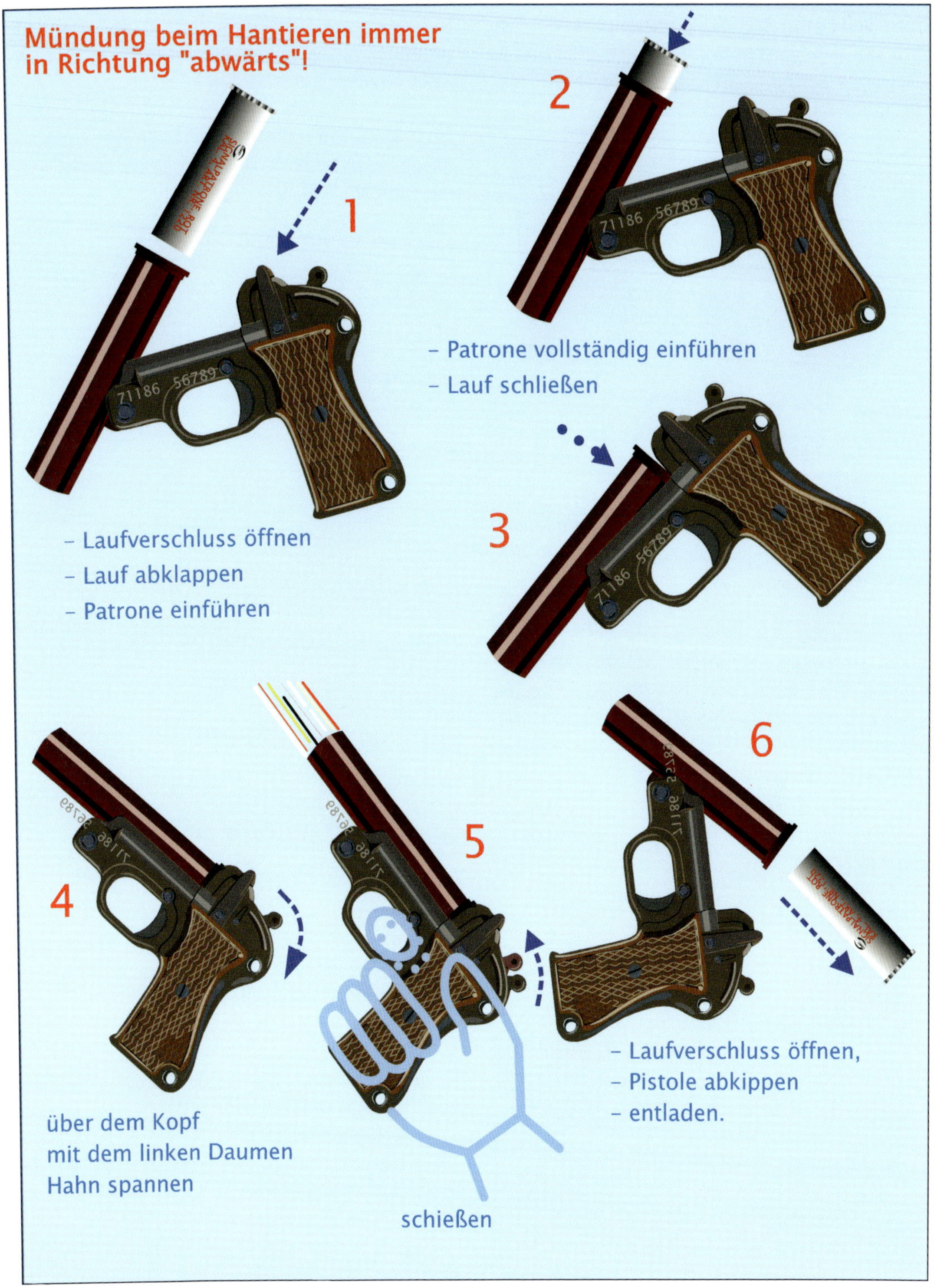

Korrekte Handhabung einer Signalpistole.

Handpeilkompass – Magnetkompass zum Einsatz an Deck. Wird in der Hand gehalten und es wird damit gepeilt.

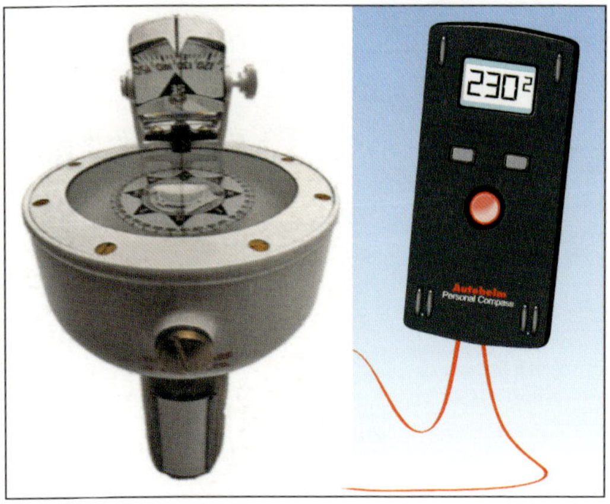

Handspake – a) Hölzerner Hebelarm zum Kippen von schweren Gegenständen. b) Spake zum Drehen des Spills.

Hängematte – Schlafstätte der Matrosen auf einem Großsegler. Netzartiges Geflecht oder Segeltuch (ca. 45 x 180 cm, heutige Hängematten sind 80 x 200 cm). Wird an zwei gegenüberliegenden Haltern aufgehängt. Es wird das Kommando »Ruhe in Schiff!« ausgegeben, bzw. »Alle Hängematten auf!« am nächsten Morgen.

***ROLAND VON BREMEN*, Nachbau einer Hansekogge.**

Hansekogge – Handelsschiff in der Hansezeit (Mittelalter). Die Hanse war ein früherer Handelsverbund ähnlich der heutigen EU.

Hart am Wind – Höchste Höhe, die ein Segelschiff gegen den Wind laufen kann. Es ist ein Kompromiss aus Höhe und Fahrt.

Hart am Wind.

Hartruderlage – Das Ruder bis zum Anschlag nach Steuer- oder Backbord ausschlagen.

Hauptschalter – Dient zum Abschalten des gesamten elektrischen Bordnetzes. Meist zwei getrennte Schalter für Verbraucher und Maschine.

Hauptspant – Spant mit der größten eingetauchten Wasserfläche.

Havarie – Unfall eines Schiffes durch Kollision, Grundberührung oder andere, das Schiff schädigende Ereignisse (Brand, Explosion etc.).

H-Boot – (s. Abb. r.) Regatta-Kielboot mit Dreier-Crew.

HDOP – GPS-Begriff: Horizontal dilution of precision = Unschärfegrad der Positionsangabe (s. GPS).

Hebelarmkurve – Grafische Darstellung des Aufrichtvermögens bzw. der Krängung einer Kielyacht.

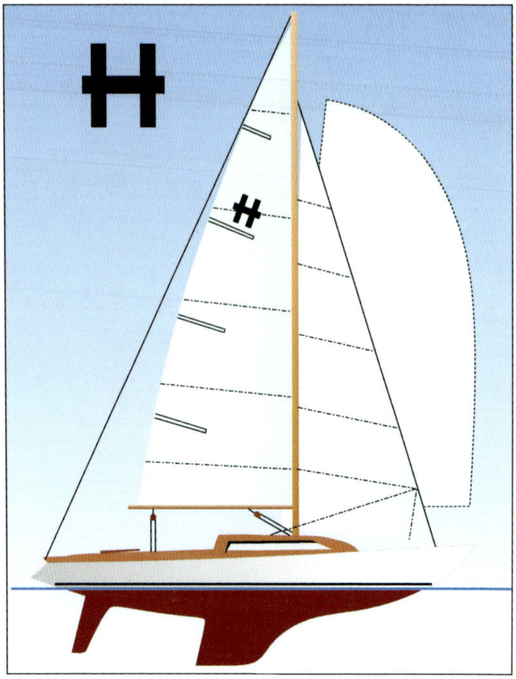

H-Boot.

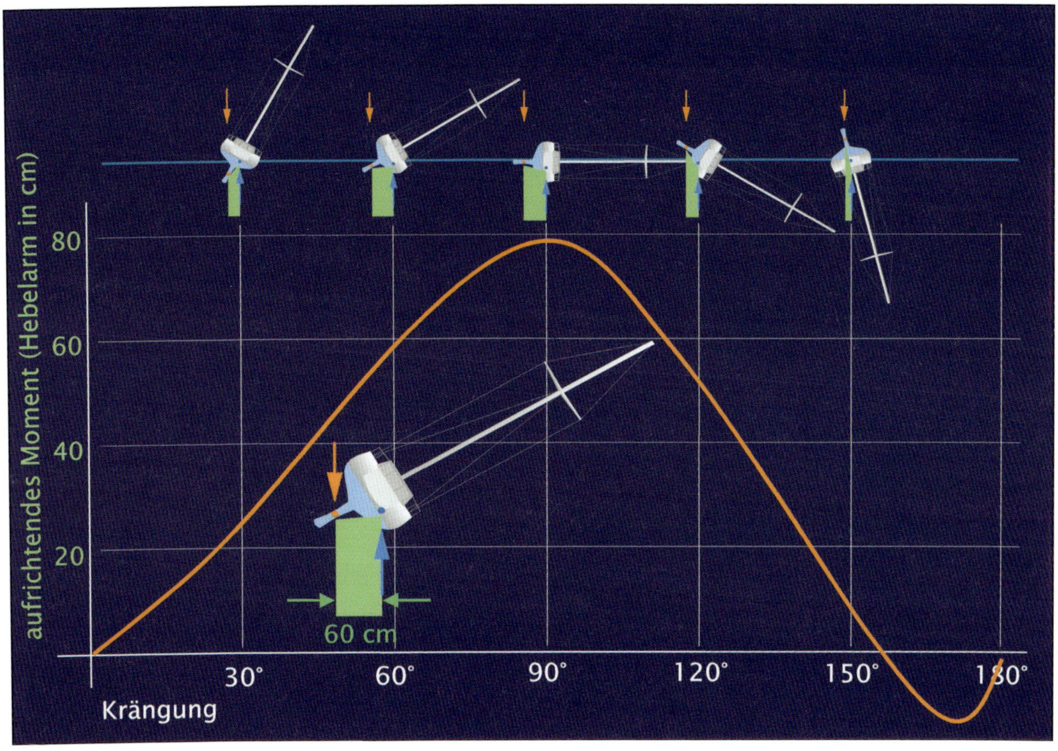

Hebelarmkurve.

Verschiedene Heckformen.

Heck – Hinterer Abschluss einer Yacht. Yachtheck, Kanuheck, Plattgatt- oder Spiegelheck.

Heckanker – Zweiter Anker, der über das Heck ausgebracht wird, z. B. im Tidenrevier, um ein Schwojen zu verhindern oder wenn das Schiff nur mit einer Vorleine an Land festgemacht werden kann.

Heckkorb – Fest angebrachtes Schutzgeländer im Heckbereich zum Schutz vor Überbordfallen.

Hecklaterne – Weißes Hecklicht mit einem Sektor von 135°.

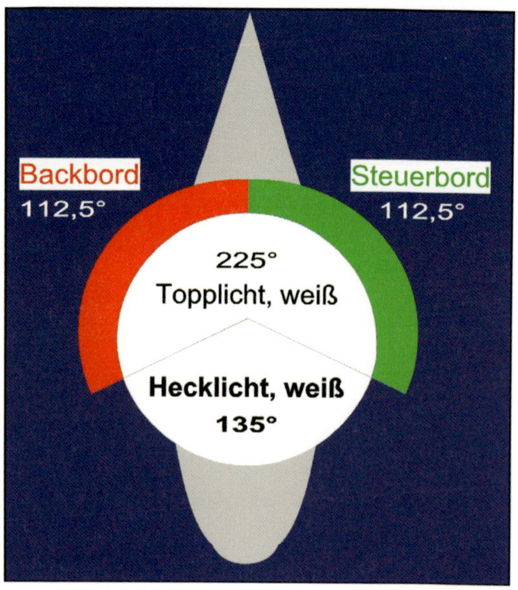

Heckwelle – Am Heck eines Schiffes auftretende Welle. Größere Berufsschiffe können für kleinere Schiffe gefährliche Wellen entwickeln. Die Welle muss im rechten Winke durchfahren werden.

Heißen – Gegenstände wie Segel, Schiffsteile und Schiffsgüter mithilfe einer Leine oder einer Talje nach oben ziehen.

Heißschneider – Elektrisches Gerät, eine Art Lötkolben zum Durchtrennen von Kunstfaserleinen. Das Ende wird dabei verschweißt und kann nicht ausfasern.

Hektopascal (hPa) – Maßeinheit für den Luftdruck. Der Luftdruck auf Meereshöhe beträgt ca. 1013,2 hPa.

Helgen, der – Grundgerüst, auf dem der Schiffsneubau ruht.

Helling, die – Zum Wasser hin geneigter Schiffsbauplatz.

Helsinki-Übereinkommen – Meeresschutzübereinkommen von 1979 für die Ostsee, gilt auch für die Sportschifffahrt. Bestimmungen zur Entsorgung von Altöl, Schiffsmüll und Schiffsabwasser. Die Verordnung über Schiffsabwasser ist seit 2005 in Kraft.

Heuer, die – Entlohnung des Seemanns.

Heuervertrag – Arbeitsvertrag des Seemanns.

Heultonne – An besonderen Stellen, z.B. in Gebieten mit häufigem Nebel verankerte Tonne mit einem Heulgeräusch. Durch die Wellenbewegung wird über eine Mechanik ein Heulton erzeugt. Ist weithin hörbar.

Hilfsdiesel – Alle nicht zur Hauptmaschine gehörenden Motoren, auch Jockel genannt.

Hilfsstander – Werden bei den internationalen Signalflaggen eingesetzt, um einen Buchstaben zu wiederholen.

Hissen – Hochziehen einer Flagge.

Hoch am Wind – Möglicher Kurs, den ein Segelschiff am Wind laufen kann. Der Winkel zwischen Kurs und einfallendem scheinbaren Wind ist der kleinstmögliche.

Hoch und Trocken – a) Trockenfallen in Tidenrevieren. b) Schiff an Land.

Hochdruckbrücke – Verbindet zwei Hochs miteinander. Entsteht nur bei einer stabilen Hochdrucklage, z.B. zwischen einem Azorenhoch und einem Russlandhoch. Dann bringt es Deutschland gutes Wetter.

Hochdruckgebiet – Auch Antizyklone genannt, Gebiet mit relativ hohem Luftdruck. Entsteht aus absinkender Kaltluft, die sich aufwärmt, dabei trocknet und so jegliche Wolkenbildung verhindert. Hochdruckgebiete bringen wenig Wind.

Hochtakelung, Bermudatakelung – Dreieckiges Segel mit dem spitzen Bereich nach oben. Moderne Segelyachten haben fast ausschließlich eine Hochtakelung. Diese Takelung hat sich aufgrund der guten Bedienbarkeit im Wassersport durchgesetzt.

Hochwasserhöhe (HWH) – (s. Abb. folgende Seite) Höhe der Gezeit bei Hochwasser.

Hochwasserzeit (HWZ) – Zeit (Tag und Uhrzeit), zu der das Hochwasser eintritt.

Höhe der Gezeit (H) – Auf das örtliche Seekartennull bezogener Wasserstand.

Hohe See – Der Bereich der See, der von keinem Staat hoheitsrechtlich beansprucht werden kann. Dort gelten die KVR und von den UN aufgestellte Seerechtsübereinkommen. Auf Schiffen, die sich auf Hoher See befinden, gilt das Recht des Flaggenstaates.

Hoheitsgewässer – Zu einem Küstenstaat gehörende Territorialgewässer.

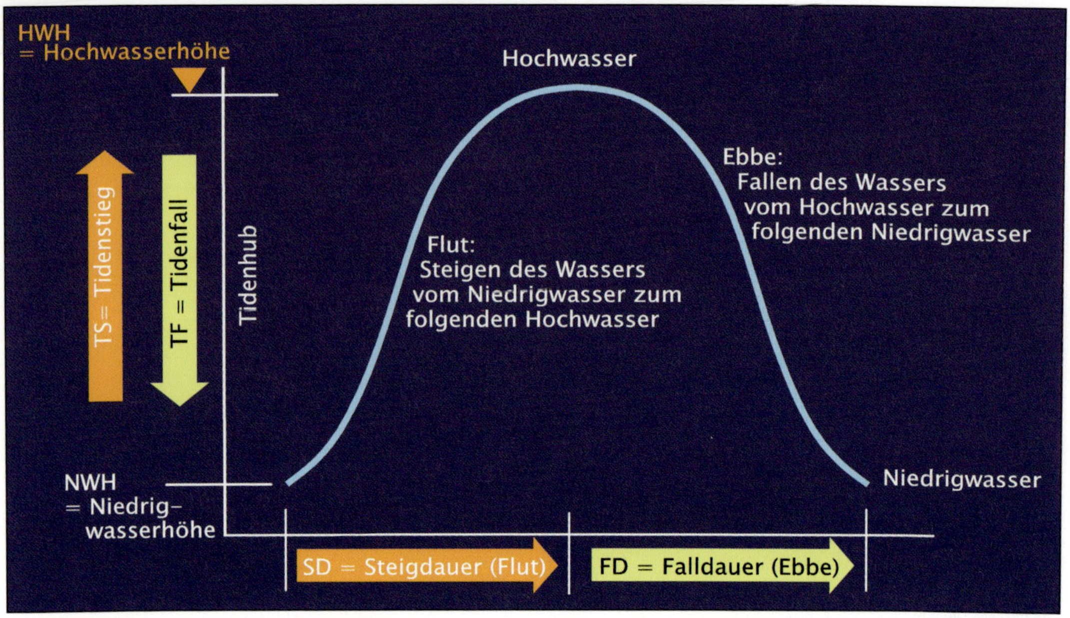

Hochwasserhöhe.

Höhenunterschied der Gezeiten (HUG) – Unterschied zwischen der Hochwasser- bzw. Niedrigwasserhöhe am Anschlussort und der Hochwasser- bzw. Niedrigwasserhöhe am Bezugsort.

Höhenwinkel – Der Höhenwinkel (s. Elevationswinkel) wird mit dem Sextanten bestimmt. Aus dieser Winkelfunktion kann der Abstand zum in der Seekarte eingezeichneten Objekt errechnet werden. Daraus ergibt sich eine Standlinie.

Holebug – Beim Kreuzen auf dem Bug segeln, der dem Ziel nicht näher kommt, aber Höhe herausholt. Der andere Bug ist der Streckbug. Der Holebug ist in der Regel länger.

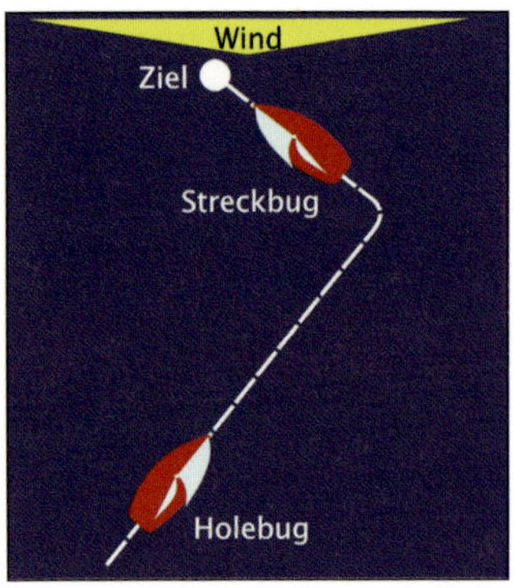

Holen – An einem Tau oder einer Kette ziehen, bis die Arbeit getan ist. Es gibt den Ausspruch »Hol durch die Lose!«

Holepunkt – Optimale Einstellung der Schot an der Leitschiene. Beim richtigen Holepunkt greift die Schot kräftemäßig im richtigen Winkel in das Vorsegel ein. Es entstehen keine Falten.

Holepunkt.

Holzpfropfen – Pfropfen zum Abdichten eines Lecks im Schiffsrumpf, sollten in verschiedenen Größen mitgeführt werden.

Horizont – Begrenzungslinie zwischen dem Himmel und dem Meer (s. Kimm).

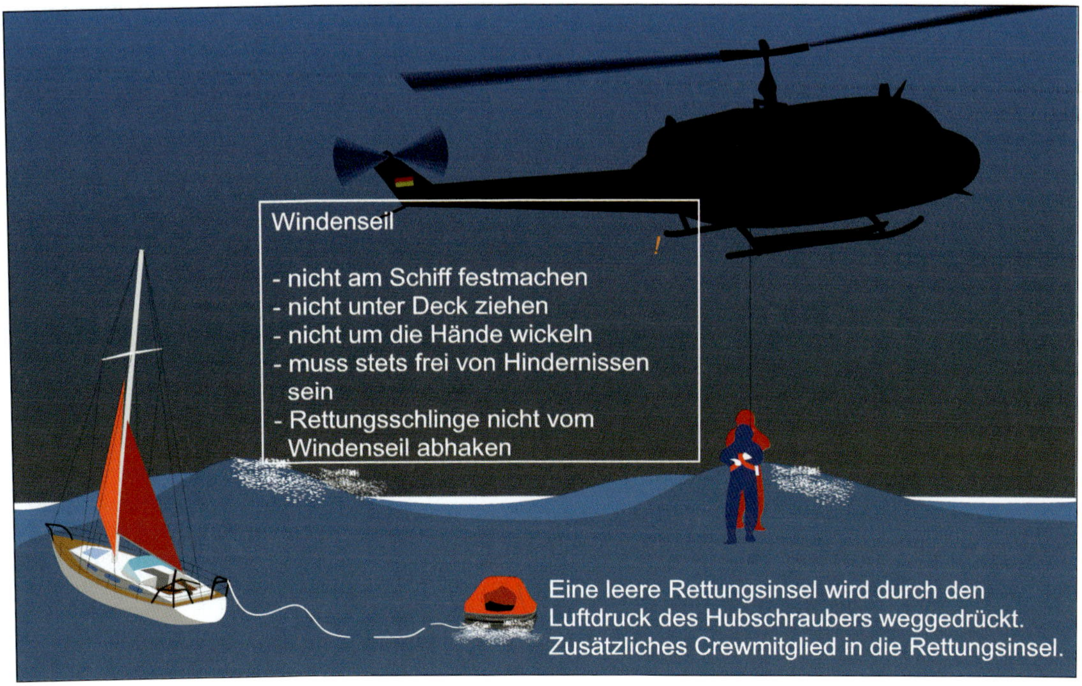

Hubschrauberbergung.

Horn – a) Ein spitze Landzunge. Berühmt ist das Kap Hoorn, das nach dem Holländer Schouten so benannt wurde. b) Gerät, um einen Signalton zu erzeugen.

Hörwache – Abhören des Funkverkehrs auf UKW-Kanal 16, wurde von der IMO bis zum 1. Februar 2005 gefordert. Deutschland ist bei der Hörwache geblieben = Pflicht!

hPa – Abkürzung für Hektopascal, Maßeinheit für den Luftdruck, ersetzte das Millibar (mb). 1 hPa = 1mb. Ein Pascal entspricht dem hundertsten Teil eines Millibars.

Hubkiel – Per Hand mit einer Talje, hydraulisch oder elektrisch aufholbarer Kiel.

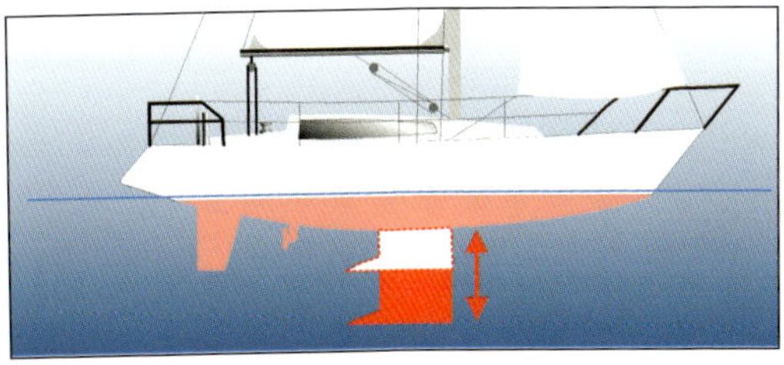

Hubschrauberbergung – (s. Abb. o.) Bergung von Schiffbrüchigen mit einem Hubschrauber.

Hufeisenrettungsring – Offener Rettungsring. Ohnmächtig werdende Personen gleiten aus dem Ring heraus, deshalb nur bedingt sicher. Besser ist ein geschlossener Rettungsring, der den Kopf umschließt.

Hufeisenrettungsring.

Huk an der Küste von Gran Canaria.

HUG – Höhenunterschied der Gezeiten, Unterschied zwischen Hochwasser- bzw. Niedrigwasserhöhe am Anschlussort und Hochwasser- bzw. Niedrigwasserhöhe am Bezugsort.

Huk, die – (s. Abb. o.) Vorsprung oder Ecke an einer Küste.

Hulk, der – a) Abgetakeltes Schiff, das als Lager oder zum Wohnen dient. b) Schiffstyp, wurde neben den Koggen gebaut und konnte mehr Lasten tragen.

Hundekoje – Auf Segelyachten liegt sie neben der Plicht und dem Niedergang zum Salon.

Hundekurve – (s. Abb. r.) Wenn der Kurs nach GPS gesteuert wird, ergibt sich durch Wind- und Stromversatz ein bogenförmiger Kurs = Hundekurve zum nächsten Wegpunkt.

Hundewache – Wenig beliebte Wache in der Zeit von Mitternacht bis vier Uhr. Die Bezeichnung kommt wahrscheinlich daher, dass um diese Zeit nur noch der Hund Haus und Hof hütet.

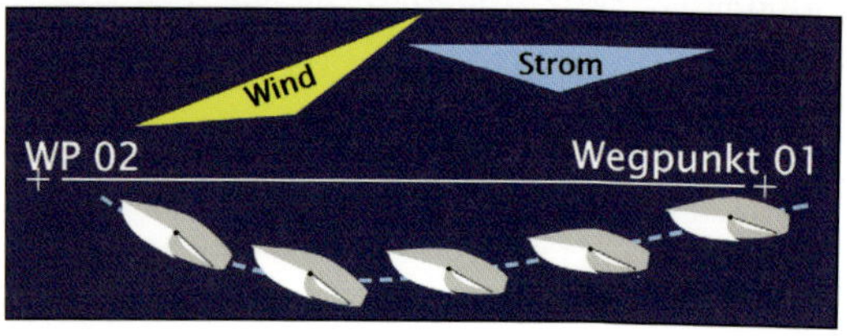

Hundekurve.

Hundsfott – (s. Abb. folgende Seite) Bügel oder Auge am Block, an dem die feste Part der Talje eingeschäkelt wird.

Hurrikan – Mit Frauen- oder Männervornamen bezeichneter schwerer Sturm. Entsteht meist als Tropengewitter über Westafrika und beginnt sein richtiges Leben über dem Südatlantik. Er erreicht mit maximaler Kraft die Karibik und kann anschließend auf dem Festland der USA (z.B. Florida) eintreffen. Weiterziehend über dem amerikanischen Festland verliert er jedoch durch Unterbrechung des

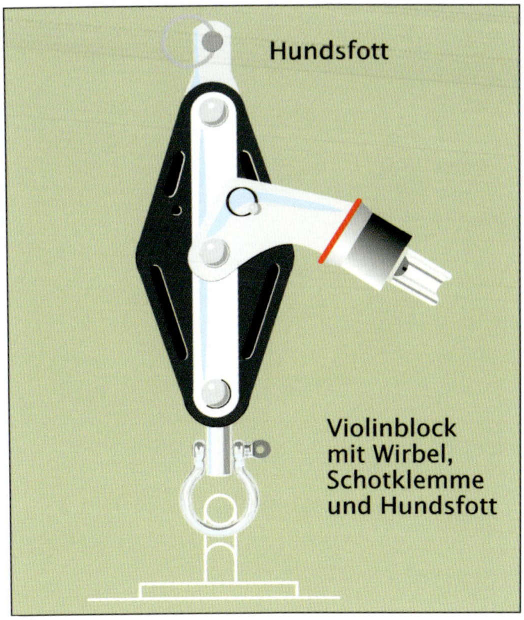

Hundsfott.

Feuchtigkeitsnachschubs an Kraft und löst sich auf. Zieht er weiter zum Nordatlantik, wird aus ihm ein normales Tiefdruckgebiet, das dann nach Europa ziehen kann.

Hutze – Schacht zur Belüftung des Schiffsinneren.

HW – Abkürzung für Hochwasser.

HWH – Abkürzung für Hochwasserhöhe, Höhe der Gezeit bei Hochwasser.

HWZ – Abkürzung für Hochwasserzeit, das ist die Zeit (Datum und Uhrzeit), zu der das Hochwasser eintritt.

Hydrofon – Unterwasser-Mikrofon.

Hydrographie – Wissenschaft von den Gewässern.

Hydromotor – Wasserstrahlantrieb.

Hygrometer – Anzeigeinstrument für die relative Luftfeuchtigkeit.

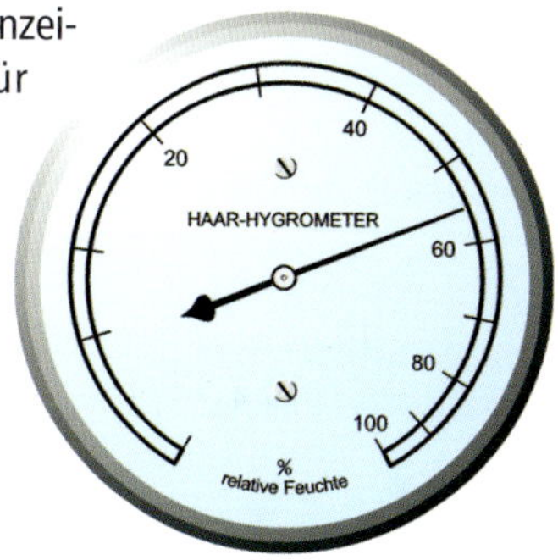

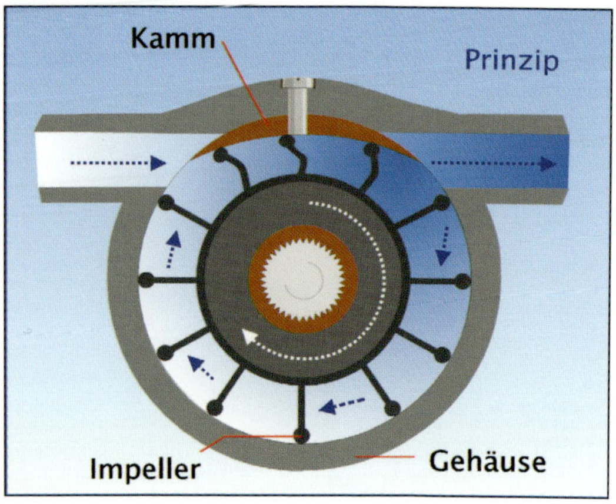

Impeller.

IALA-System – Schwimmende Schifffahrtszeichen sind nach dem IALA-System (International Association of Lighthouse Authorities) ausgelegt: Kardinale Zeichen, Einzelgefahrenzeichen, Laterale Zeichen, Mitteschifffahrtsweg, Sonderzeichen.

IMO – International Maritime Organization, Zusammenschluss aller seefahrenden Nationen. Legte 1972 die internationalen Kollisionsverhütungsregeln (KVR) in London fest.

Impeller – (s. Abb. o. r.) Der Impeller ist als Förderpumpe im Kühlsystem eines Schiffsmotors eingebaut. Durch den drehenden Impeller und den Kamm wird die Kühlflüssigkeit gefördert.

Indexrahmen – Vergrößerung eines Seekartenausschnittes, meistens Hafenpläne.

INMARSAT, die – Die Inmarsat (International Maritime Satellite Organization) wurde 1979 in London gegründet. Ist ein weltweiter, satellitengestützter Verbindungsdienst der Handelschifffahrt. Übertragung von Telefonaten, Telex, Bildern und Seenotrufen. Mit Ausnahme der Polkappen wird die ganze Erde versorgt. Besteht aus in GEO-Bahnen stationierten vier Satelliten plus Ersatzsatelliten.

Innenballast – Im Schiffsrumpf liegender Ballast im Gegensatz zum außen liegenden Ballastkiel einer Segelyacht.

Innere Gewässer – (s. Abb. u.) Landwärts der Basislinie liegende Gewässer.

INT 1-Karte – Verzeichnis der Abkürzungen, Zeichen und Erklärungen für Seekarten in deutsch und englisch (s. Karte 1).

Internationale Klasse – Rennyachten, die von der IYRU (International Yacht Racing Union) anerkannt sind.

Innere Gewässer.

Internationale Signalflaggen – (s.auch Abb. folgende Seite) Stellen zahlreiche Mitteilungen, die zwischen Schiff-Schiff oder Schiff-Land gegeben werden, als Flaggensignal dar. Werden dann eingesetzt, wenn keine Funkkommunikation mehr möglich ist.

Internationaler Bootsschein – Ausweis des Schiffes, Dokument für die Reise ins Ausland. Enthält alle wichtigen Identitätsmerkmale. Gilt als Kennzeichenausweis, solange die Daten zutreffen; als Grenzdokument gilt er zwei Jahre.

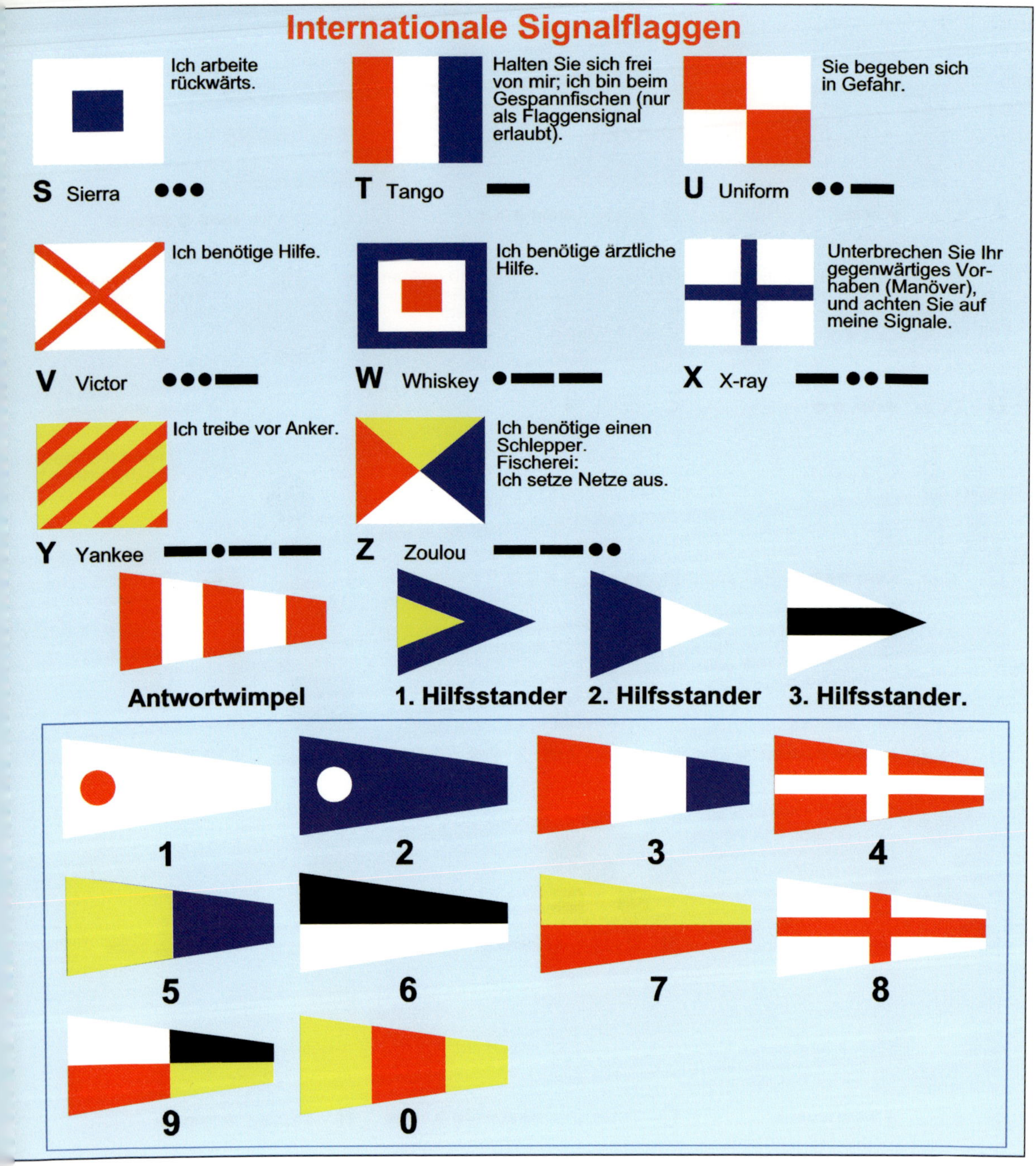
Internationale Signalflaggen
Ich arbeite rückwärts.
S Sierra
Halten Sie sich frei von mir; ich bin beim Gespannfischen (nur als Flaggensignal erlaubt).
T Tango
Sie begeben sich in Gefahr.
U Uniform
Ich benötige Hilfe.
V Victor
Ich benötige ärztliche Hilfe.
W Whiskey
Unterbrechen Sie Ihr gegenwärtiges Vorhaben (Manöver), und achten Sie auf meine Signale.
X X-ray
Ich treibe vor Anker.
Y Yankee
Ich benötige einen Schlepper. Fischerei: Ich setze Netze aus.
Z Zoulou
Antwortwimpel
1. Hilfsstander
2. Hilfsstander
3. Hilfsstander.
1
2
3
4
5
6
7
8
9
0

Inversion – Eine Schicht wärmerer Luft steht über einer erkalteten Luftschicht. Durch Luftverschmutzung angereicherte Partikel, die nicht in die Höhe entweichen können, bilden eine Dunstglocke. Inversionswetterlagen können im Winter bei Hochdruck mehrere Tage anhalten.

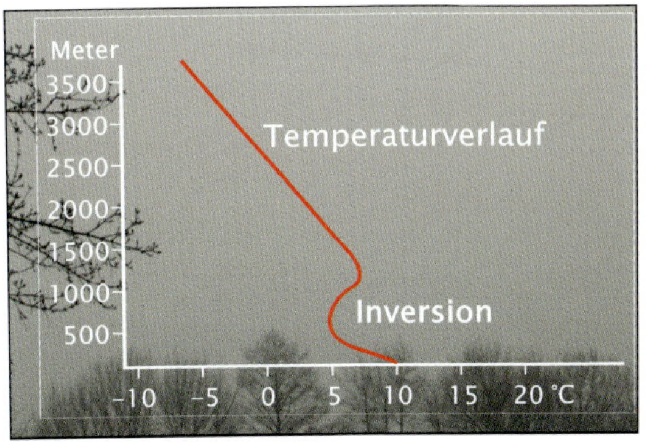

ISAF, die – Segelregatten werden nach den Regeln der ISAF (International Sailing Federation, 1907 in London gegründet) durchgeführt.

Isobaren – In der Wetterkarte eingezeichnete Linien gleichen Luftdrucks.

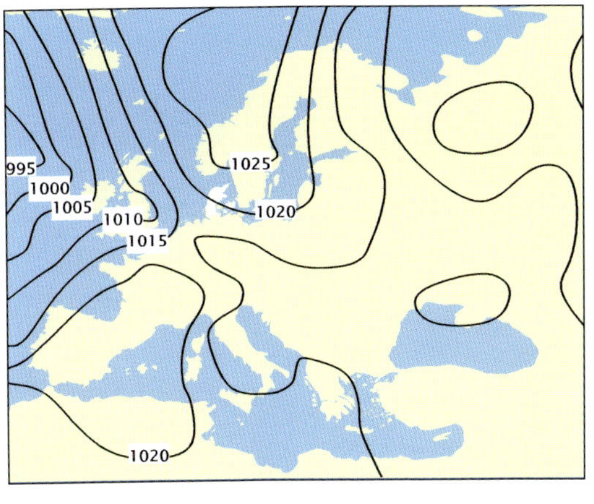

Isogonen – Zeichnerische Verbindung von Orten gleicher Missweisung, dargestellt in Isogonenkarten.

ITF – Internationale Transportarbeiter Förderation, eine weltweite Organisation von Gewerkschaften der Beschäftigten der Verkehrswirtschaft. In der ITF sind 500 Gewerkschaften aus mehr als 125 Ländern aus aller Welt zusammengeschlossen, mit mehr als 5 Millionen Mitgliedern aus allen Bereichen der Verkehrswirtschaft. Gegründet wurde die ITF 1896 in London von führenden Persönlichkeiten der europäischen Seeleute- und Hafenarbeitergewerkschaften. Im Seebereich tritt die Gewerkschaft heute primär für Mindestnormen für Heuern und Beschäftigungsbedingungen an Bord von ausgeflaggten Schiffen ein.

IUoU-Ladekennlinie – Kennlinie eines Batterieladegerätes; ist optimal zum Laden. Berücksichtigt die Dauer und Stärke der Ladung und sorgt damit für volle Akkus.

IWC – Internationale Walfangkommission.

Halten Sie sich gut frei von mir. Ich habe Feuer im Schiff und gefährliche Ladung an Bord.

J Juliett ● ▬ ▬ ▬

Jacht, Yacht – Ein Wasserfahrzeug, das nur für sportliche Zwecke gebaut worden ist und betrieben wird. Das »Y« wurde aus England übernommen, wie so vieles im Yachtsport in Deutschland. Heute kann es wieder mit einem »J« geschrieben werden, denn ursprünglich kommt es aus dem Niederländischen für Jagd (schnelle Schiffe, auf der Jagd nach Schmugglern).

Jachtfunkdienst – Für Wassersportler jährlich erscheinender Band über Nordsee, Ostsee und Mittelmeer. Enthält wichtige Angaben zum Nautischen Funkdienst.

Jacobsleiter – Strickleiter mit Holzsprossen für die Bordwand.

Jacobsleiter am Weserkahn *FRANZIUS* im Wattenmeer, Nordsee.

Jacobsstab – Einfaches, altes Winkelmessinstrument zur Bestimmung von Gestirnshöhen. Diente der geografisch-astronomischen Navigation. War der Vorläufer des Quadranten (1530), des Oktanten (1732) und des Sextanten (19. Jahrhundert). Der Nautiker musste beim Messen in die Sonne schauen; war sicher sehr nachteilig.

Jacobsstab. (Deutsches Schifffahrtsmuseum Bremerhaven)

Jager – a) Bezeichnung für schnelle Schiffe, die den Fischfang von den Fangbooten abholen. b) Erstes Segel auf dem Klüverbaum, auch Außenklüver genannt.

Jan Maat, Janmaat – Bezeichnung für den Seemann. »Jan« = häufiger Name und »Maat« steht für Matrose.

Jetski – Wassermotorrad oder Wasserbob.

Jetski vor Cuxhaven.

Jetstream – S-förmiger Wind in großer Höhe. Weht in westlicher Richtung um die Erde und beeinflusst maßgeblich das Wettergeschehen.

J-Klasse – Internationale Rennklasse mit großen Rennyachten. In den Jahren 1930, 1934 und 1937

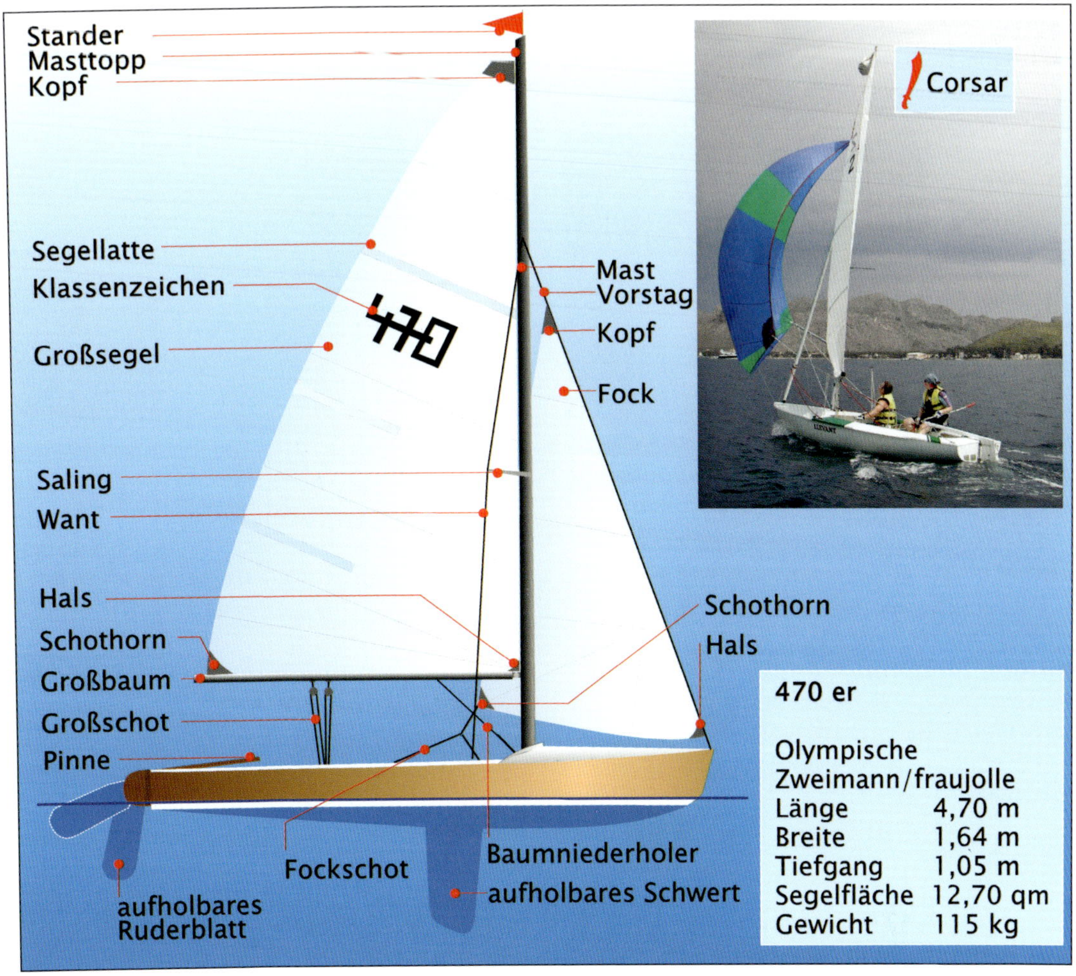

Jolle.

wurde mit diesen Seglern der America's Cup bestritten. Bekannte Yachten sind z.B. die restaurierten Yachten Endeavour, Velsheda und Shamrock V.

Jockel – Seglersprache für einen Hilfsmotor: »Mach den Jockel aus«.

Jolle – (s. Abb. o.) Offenes Sport- und Regattaboot wie z.B. die 420er- und die 470er-Jolle. Das Wort »Jolle« wurde aus dem norwegischen abgeleitet: »jöll« = ausgehölter Trog.

Jollenkreuzer – Kenterbares Schwertboot mit Kajüte.

Jollenkreuzer.

Jolltau – Am Masttopp mit einem Block angebrachtes Tau zum Hochziehen von Takelgegenständen und zum Hochziehen einer Person in den Mast.

Journal, Logbuch – Schiffstagebuch. Alle wichtigen Ereignisse, das Wettergeschehen und die Navigation werden täglich eingetragen. Das Logbuch muss sorgfältig geführt werden, denn es ist ein Dokument und muss drei Jahre nach Außerdienststellung aufbewahrt werden.

Journal/Logbuch aus dem Pietsch-Verlag.

Juffern, Jungfern – Scheibe mit einer umlaufenden Keep und Löchern zum Steifsetzen des stehenden Guts.

Jumpstag, das – Nimmt den Zug des Vorstags über eine waagerechte Stütze auf, indem es die Kräfte auf Topp und Mastfuß verteilt. Die Jumpstagen sollten so stark gespannt sein, dass sich der Mast eben nicht nach vorn biegt. Bei starkem Wind darf der Mast trotz der Jumpstagen etwas nach Lee weggehen. Das öffnet das Achterliek und vermindert den Druck im Segel.

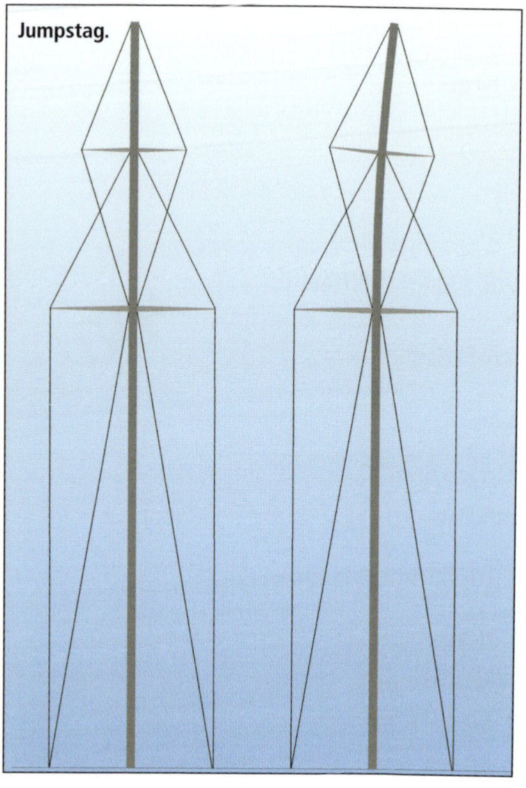
Jumpstag.

Jungfernreise – Erste Fahrt eines frisch in Dienst gestellten Schiffes.

Jütbaum – Baum aus Holz oder Metall. Wird am Mast befestigt, und mit Taljen wird der Mast dann abgelegt bzw. aufgerichtet.

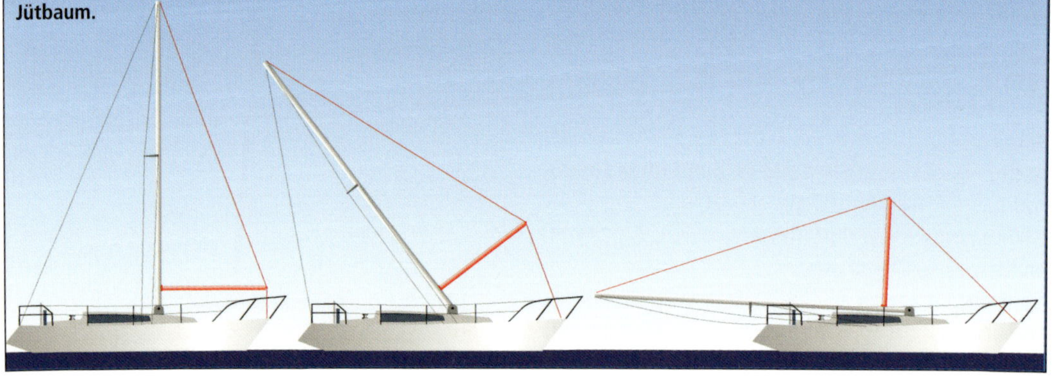
Jütbaum.

Kabbelig – Seemännischer Ausdruck für unruhiges Wasser. Kabbelung entsteht bei See, die von unterschiedlichen Wasserströmungen erzeugt wird.

Kabelgatt – Raum an Bord eines Schiffes, in dem Reservetauwerk und zusätzliche Blöcke gelagert werden. Wurde in der Segelschifffahrt auch als Arrestraum benutzt.

Kabellänge – 1/10 einer Seemeile = 185,2 m.

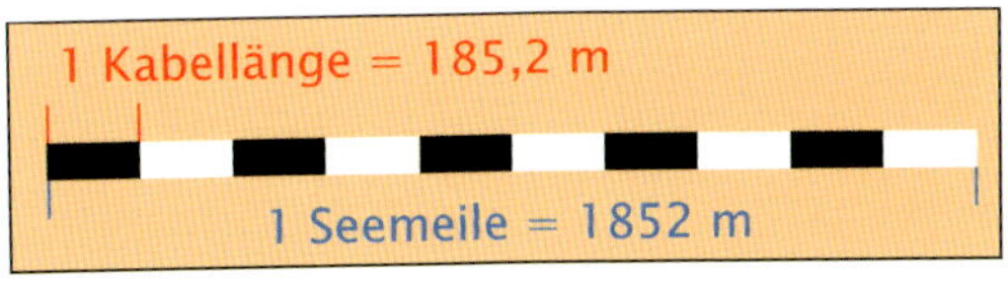

Kabelschlag – Rechts- oder linksgeschlagenes Tauwerk.

Kabotage – Schifffahrt entlang der Küste zwischen Häfen desselben Landes.

Kahn – a) flachgehendes Binnenwasserfahrzeug. b) abfällige Bemerkung für ein Schiff.

Kai, Kaimauer – Anlegestelle im Hafen zum Be- oder Entladen (Löschen). Die Einfassung zum Wasser hin wird als Kaimauer bezeichnet. Auf dem Kai können Lagerschuppen und Gleisanlagen sein.

Kajak – Ursprünglich kommt der Kajak von den Eskimos. Wurde mit Tierhaut bespannt, in der Außenhaut befand sich nur eine Öffnung für die Aufnahme des Mannes. Heute sind die Kajaks aus GfK oder sogar aufblasbar. Sie werden mit Doppelpaddel gefahren und sind für eine oder mehrere Personen ausgelegt. Es gibt sie als Touren-, Wildwasser- und als Seekajaks. Eine Spritzdecke um den Körper schützt das Innenleben des Kajaks vor Wasser.

Kajüte – Jetzt Wohnbereich für die Besatzung, früher nur der Schiffswohnraum eines Offiziers.

Kajüthaken – Haken mit Gegenplatte, um die Tür ein wenig zu öffnen und gleichzeitig festzusetzen.

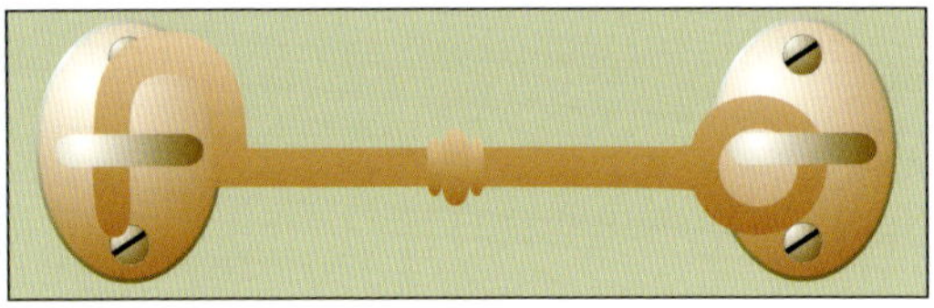

KaK – Abkürzung für Kartenkurs.

Kalfateisen – Mit Kalfateisen und Kalfathammer wird das Werg in die Fugen der Schiffsbeplankung eingetrieben, um den Holzschiffsrumpf oder das Schiffsdeck abzudichten.

Kalfatern – Abdichten eines Schiffsrumpfes aus Holz. James Cook hatte bei seinen Weltumsegelungen viele Zimmerleute an Bord, die ständig den Schiffsrumpf kalfatern mussten. Segelte z.B. die Endeavour auf Backbordbug, so konnte auf dem Steuerbordbug, der zum Teil aus dem Wasser kam, kalfatert werden (s. Abdichten).

Kalmen, die – Windarme Zone nördlich und südlich des Äquators. Für jeden Segler ein gefürchtetes Gebiet.

Kaltfront – In einem Frontensystem zieht zunächst die Warmfront mit Regen durch. Danach folgt die Kaltfront. Der Regen lässt nach und es wird merklich kühler.

Kaltwassernebel – Warme Luft über kaltem Wasser führt zur Kondensation und damit zur Nebelbildung.

Kaltwassernebel in der Bucht von Alcudia, Mallorca (05.04.2004, 09:00 Uhr).

Kamm, Wellenkamm – Oberster Teil einer Welle.

Kanal 16 – Internationaler Notkanal; Hörwache wird ab 1. 2. 2005 von der internationalen IMO nur noch empfohlen, aber nicht mehr vorgeschrieben. Für Deutschland besteht weiterhin Hörpflicht.

Kanal 69 und 72 – UKW-Kanäle für Sportboote (nur in Deutschland).

Kanal 70 – Kanal für DSC-Signale, für Sprechfunk gesperrt.

Kanu – Oberbegriff für Kajak und Canadier. Kanus sind Boote, die mithilfe von Paddeln vorangetrieben werden. Canadier werden meist kniend unter Verwendung eines Einblatt-Stechpaddels gefahren. In Kajaks wird gesessen und es werden Doppelpaddel verwendet. Die Boote können mit mehreren Personen besetzt sein.

Kanuheck – Heckform von Segelyachten, die der eines Kanus ähnelt. Das Heck läuft spitz zu und das Ruder ist unter dem Heck angebracht.

Kap der Guten Hoffnung – Felsvorsprung, steiles Kliff in Kapstadt, Südafrika. Wurde erstmals von Bartolomeu Dias im Jahr 1488 umfahren. Der Seeweg nach Indien war offen.

Kapeffekt – Verstärkung des Windes an einem Kap. Es können sich lokale Tiefdruckgebiete bilden, die zu einer erheblichen Windzunahme führen.

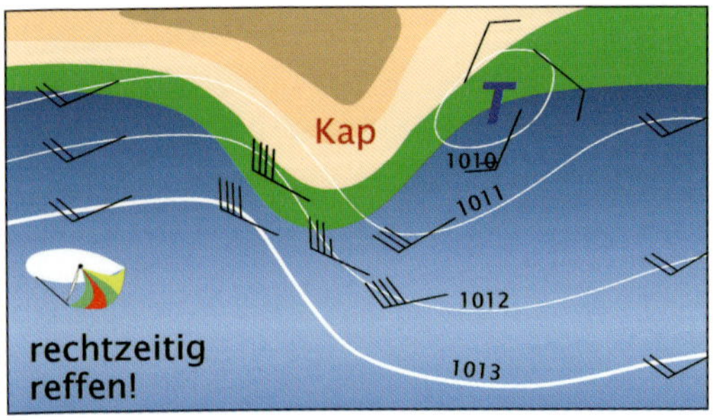

Kapeffekt.

Kaperschiff – Freibeuterschiff auf eigene Rechnung mit staatlicher Legitimation, wurde im Jahr 1856 international abgeschafft.

Kapitän – Höchste Instanz an Bord eines Schiffes. Zeichen seiner Autorität sind die vier Kolbenringe an beiden Ärmeln seiner Uniform.

Karabinerhaken – Karabinerhaken werden vielfältig auf einem Schiff eingesetzt; z.B. bei der Sicherungsleine (Lifebelt).

Karavelle – Segelschiffe des 14.–16. Jahrhunderts, ursprünglich für die Küstenschifffahrt mit geringem Tiefgang, zwei bis drei Masten mit Lateinersegel und hohem hinteren Decksaufbau. Die Karavellen wurden von den Spaniern und Portugiesen für ihre Entdeckungsfahrten eingesetzt.

Kardanische Aufhängung – Der Kompass, die Herdstelle und früher der Chronometer sind kardanisch aufgehängt. Die Gegenstände hängen stets senkrecht.

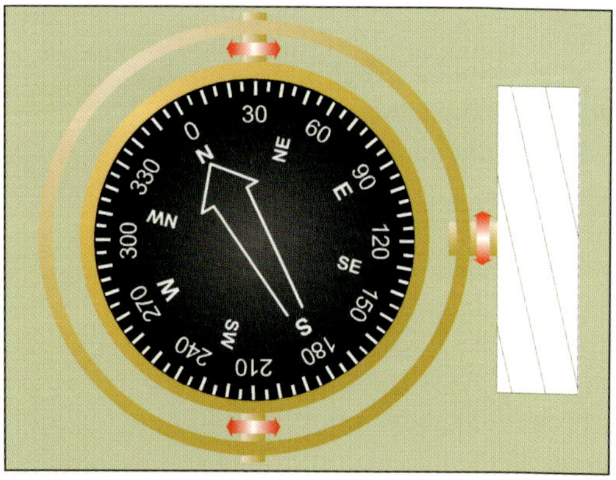

Kardanische Aufhängung.

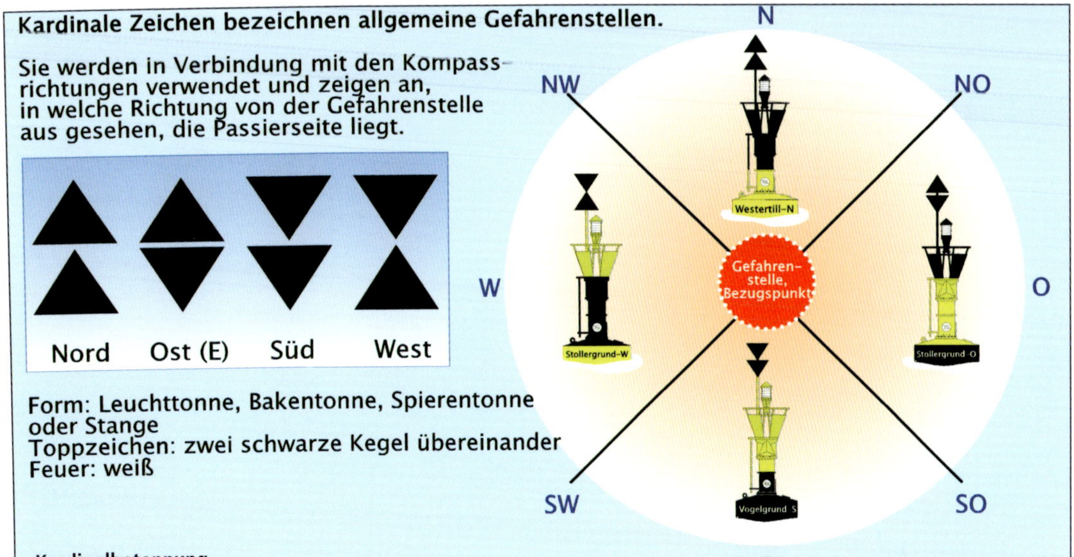

Kardinalbetonnung.

Kardeel – Aus drei Kardeelen besteht ein Tau. Kardeele sind ihrerseits aus Fasern zusammengedreht. Das Tau kann rechts- oder linksherum geschlagen sein. Vier Kardeele bilden eine Trosse.

Kardinalbetonnung – (s. Abb. o.) Seezeichen, die angeben, an welcher Seite die Gefahrenstellen gefahrlos passiert werden können.

Karte 1 / INT 1 – In der Karte 1 (das ist ein Heft) sind die Abkürzungen, Erklärungen und Symbole der Seekarten dargestellt und erklärt. Das Heft erscheint in Deutsch und Englisch.

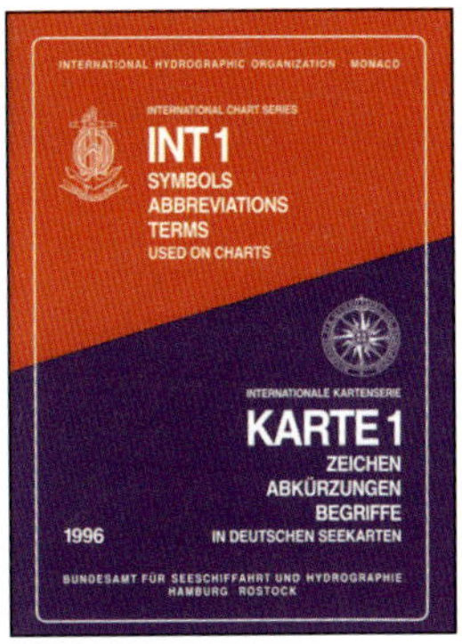

INT 1 / Karte 1
(Beispielseite s. S. 110)

Kartenberichtigung – Sportbootkarten werden nach dem Druck nicht mehr berichtigt. Der Benutzer muss sie auf den neuesten Stand bringen. Kartenberichtigungen können dem Internet oder den regelmäßig vom BSH herausgegebenen Broschüren entnommen werden, den Nachrichten für Seefahrer (NfS).

Kartenhaus – Raum im Brückenbereich, in dem die erforderlichen Seekarten lagern und in dem die Navigationsberechnungen durchgeführt werden. Auf neuen Schiffen gibt es diesen Raum nicht mehr. Wurde durch die elektronische Seekarte und Satellitennavigation (GPS) verdrängt.

Kartenkurs (KaK) – Winkel zwischen rechtweisend Nord und aus der Seekarte entnehmbarem beabsichtigten Kurs über Grund.

Kartennull (KN) – Bezugsfläche für die Tiefenangabe einer Seekarte. Wurde ab 2005 geändert. Liegt jetzt ca. 50 cm unter dem alten SKN (s. auch SKN, Seekartennull).

Kartenplotter – Instrument zum Anzeigen der elektronischen Seekarte.

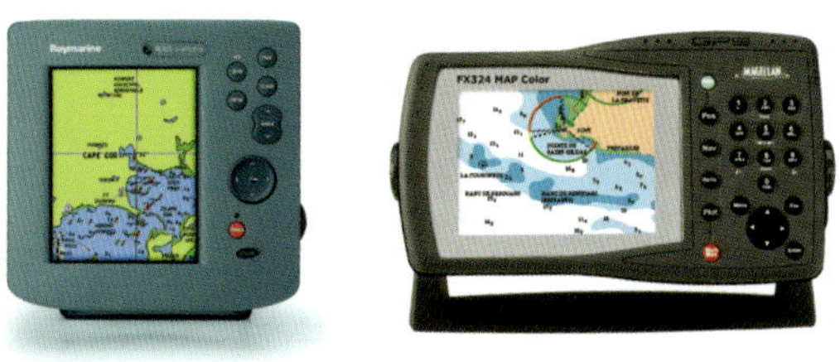

Kartenplotter. (www.busse-yachtshop.de)

INT 1 Karte 1

IP Leuchtfeuer *Lights*

Sektorenfeuer				*Sector Lights*
40	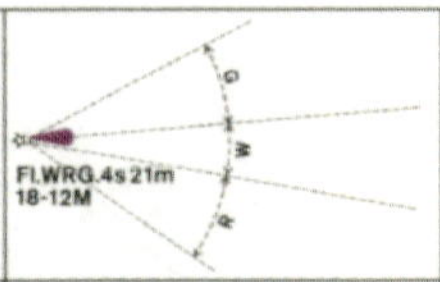	Sektorenfeuer in Karten mit einfarbigem Feuerkolorit *Sector light on standard charts*	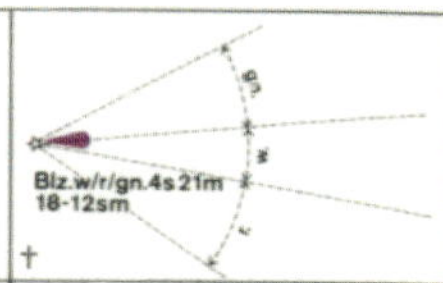	475 475.1 475.2 475.5
41.1	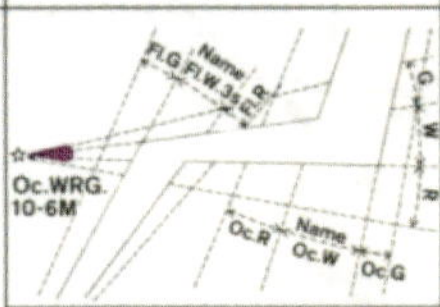	Sektorenfeuer, deren weiße Sektorenbegrenzungen die Fahrwasserseiten markieren (In Karten mit einfarbigem Feuerkolorit) *Sector lights on standard charts, the white sector limits marking the sides of the fairway*	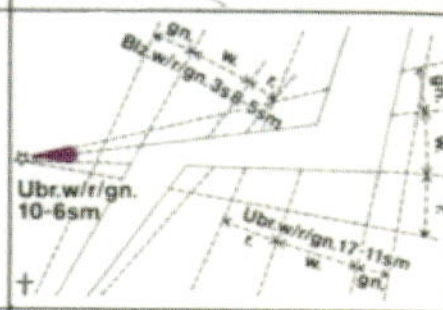	475 475.1 475.5
41.2	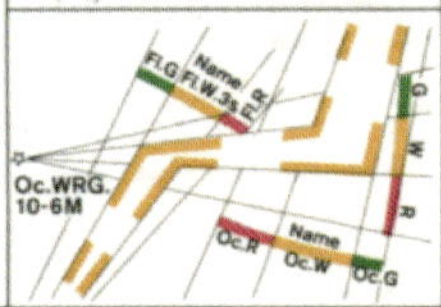	Sektorenfeuer, deren weiße Sektorenbegrenzungen die Fahrwasserseiten markieren (Darstellung in Karten mit mehrfarbigem Feuerkolorit) *Sector lights on multicoloured charts, the white sector limits marking the sides of the fairway*	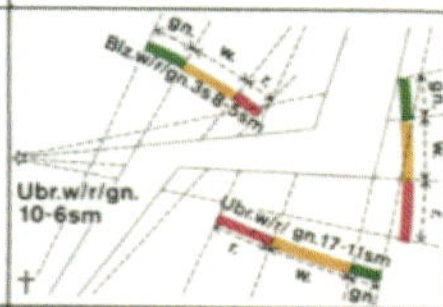	470.4 475 475.1 475.5
42	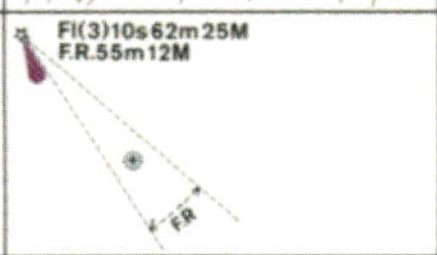	Hauptfeuer rundumscheinend, Nebenfeuer mit rotem Gefahrensektor *Main light visible all-round with red subsidiary light seen over danger*	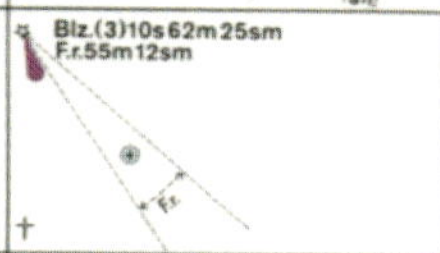	471.8 475.4
43	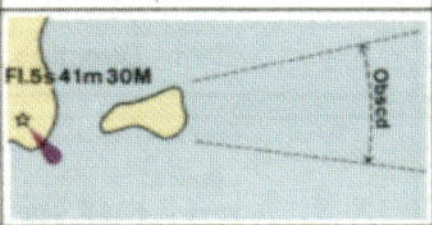	Rundumscheinendes Feuer in einem Bereich verdeckt *All-round light with obscured sector*	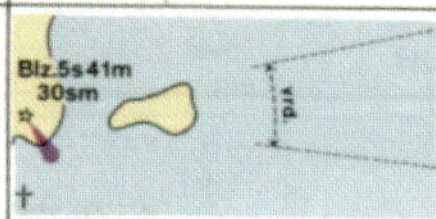	475.3 K(83)
44	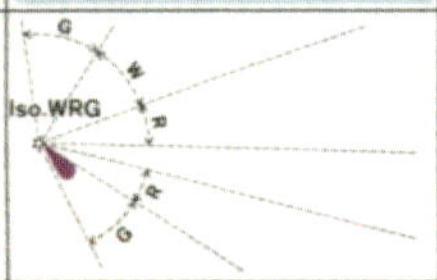	Feuer mit verdunkeltem Sektor *Light with arc of visibility deliberately restricted*	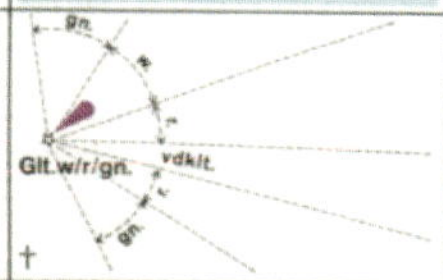	475.3 K68
45	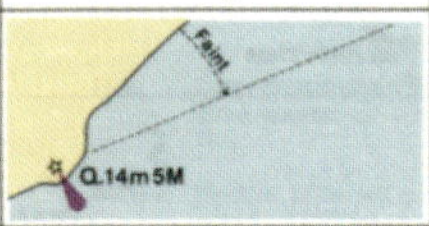	Feuer mit schwachem Sektor *Light with faint sector*	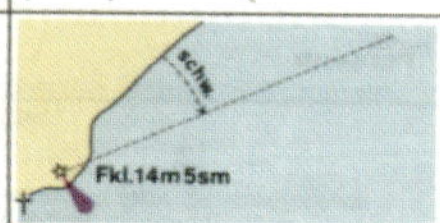	475.3 K75
46	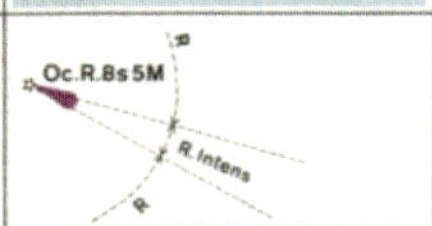 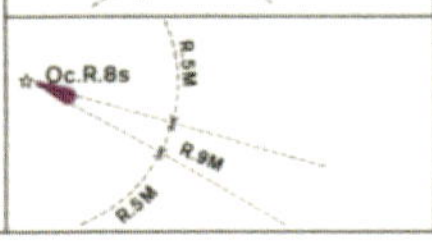	Feuer mit verstärktem Sektor *Light with intensified sector*	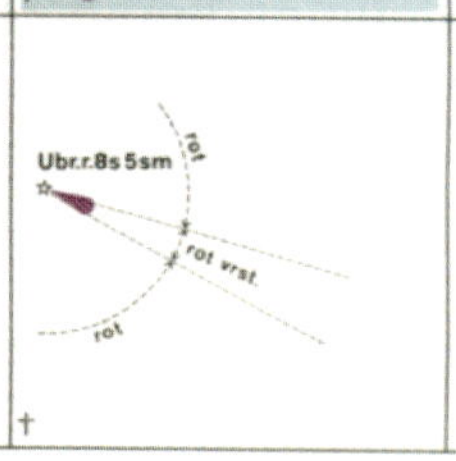	475.5 K(82)

60

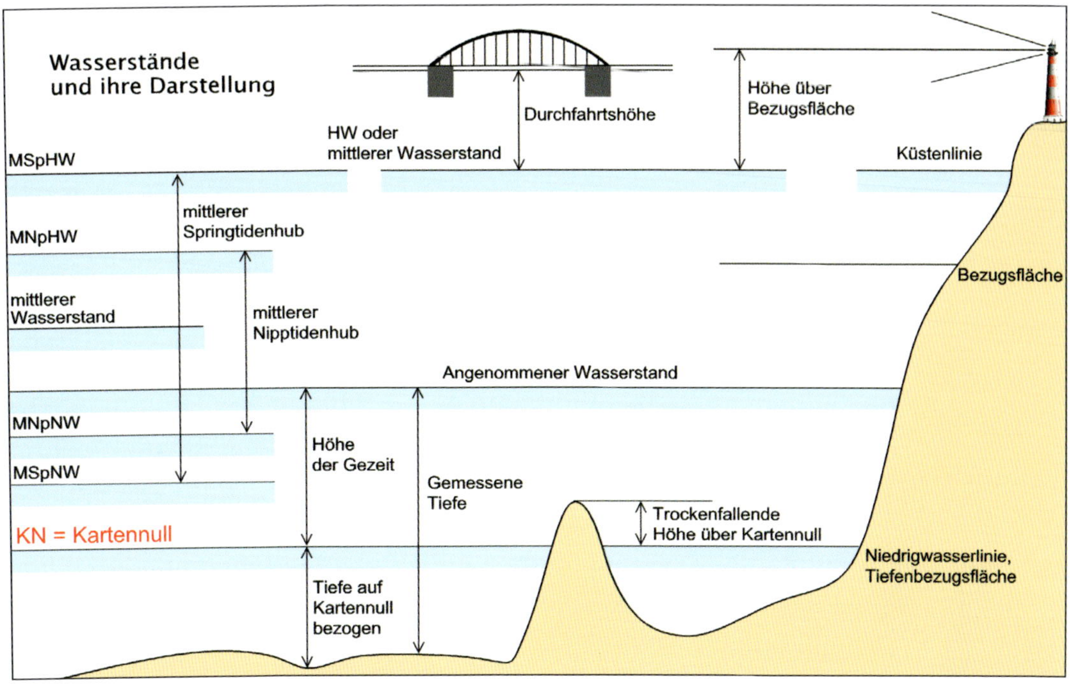

Kartentiefe.

Kartentiefe (KT) – Auf Kartennull bezogene Wassertiefe abzüglich Höhe der Gezeit.

Kartenzirkel – Instrument zum Messen von Distanzen in der Seekarte.

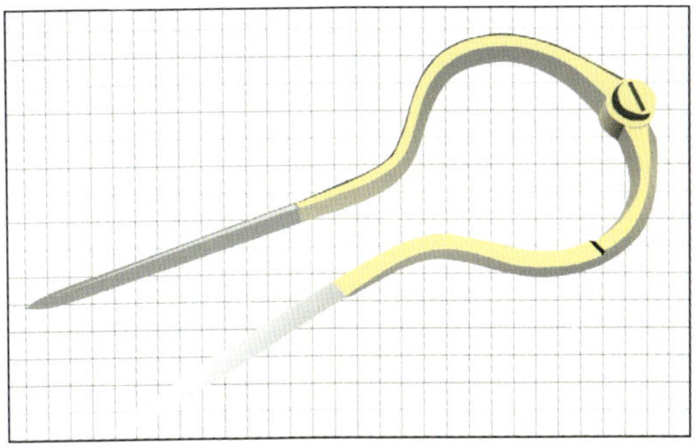

Karton – Scherzhafte Bezeichnung der Segler für einen Autotransporter.

Karweelbauweise – Die Beplankung/Gänge werden stumpf aneinander gestoßen und anschließend kalfatert.

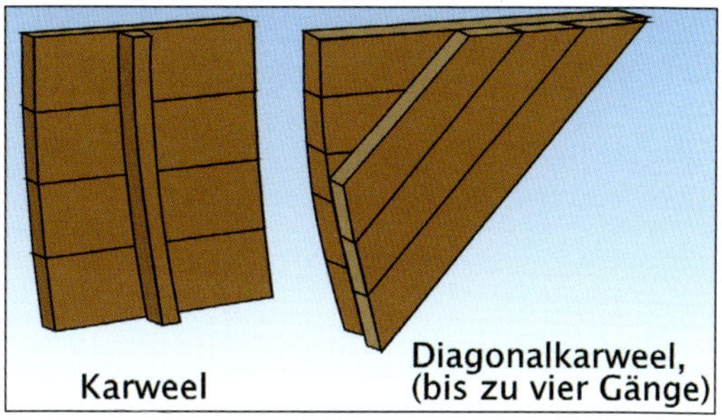

Kasko, der – Der noch nicht fertige, aber schwimmende Schiffsrumpf.

Katamaran – Schiff mit zwei Rümpfen. Aufgrund der niedrigeren Wasser-Benetzungsfläche sind sie schneller als Einrumpfschiffe.

Katamaran.

Katboot – Segelboot mit nur einem Mast und einem Segel.

Kattanker – Ausbringen von zwei in Linie liegenden Ankern, = verkatten.

Katzenhaare – Bezeichnung für Federwolken in großer Höhe, = Zirren.

Kausch – Eine ring- oder herzförmige Verstärkung aus Kunststoff oder Metall zum Bilden eines Auges aus Tauwerk.

Kausch.

Kaventsmann – Sehr große Welle. Bislang gab es für die Versicherer keine Wellen über ca. 15 m. Durch Messungen mit Satelliten und auf Bohrinseln sowie durch Berichte von überlebenden glaubhaften Seeleuten hat sich herausgestellt, dass es diese sehr großen Wellen doch gibt. Sicher lag es auch an der Tatsache, dass Seeleute, die einen Kaventsmann gesehen haben, dieses Ereignis in der Regel nicht überlebt haben und deshalb auch nicht davon berichten konnten. Nach heutigen Erkenntnissen können einzelne Wellen von über 30 Metern Höhe auftreten.

Kavitation – Entsteht, wenn sich beim Drehen des Propellers Wasserdampfblasen bilden. Diese zerstören den Rand der Propellerflügel und senken die Schubkraft.

KdW – Kurs durch das Wasser.

Keep – a) Rille zwischen den Kardeelen des Tauwerks. b) Rille in einer Kausch zum Einlegen des Tauwerks. c) Rille in einer Blockschiebe. d) Nut, Rille, Kerbe oder Hohlkerbe an Mast oder Baum zum Anschlagen des Segels.

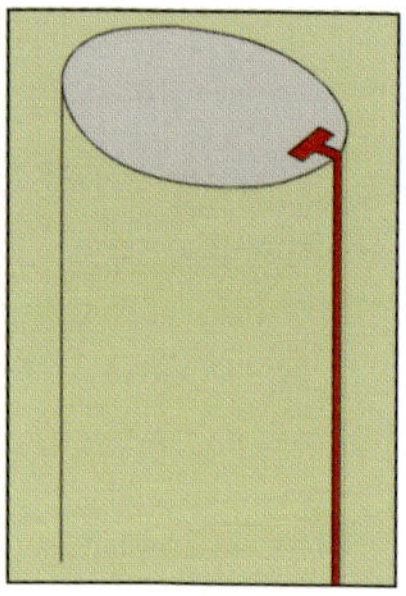

Keilriemen – Treibt über die Kurbelwelle die Nockenwelle, die Lichtmaschine, den Impeller usw. an. Muss regelmäßig gewartet werden.

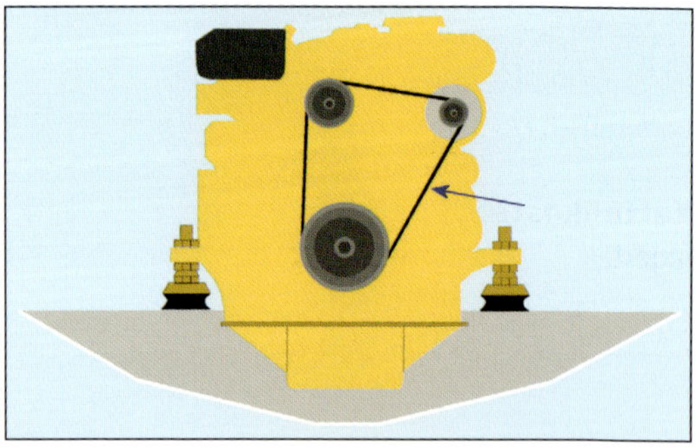

Kennung – Kennung ist die Farbe, Dauer der Lichterscheinung und Wiederkehr eines Feuers.

Kennzeichen – Im Großsegel auf Jollen und Segelyachten: grafisches Symbol der Segelklasse, Buchstaben (Landesbuchstaben, GER = Deutschland) und Zahlenkombination des Eigners.

Kentern – Umkippen eines Bootes, Durchkentern einer Segelyacht.

Ketsch – Segelschiff mit einem Großmast und Besan. Der Besan liegt innerhalb der Wasserlinie.

Gaffelketsch *FRANZIUS* der Bremer Bootsbau Vegesack.

Kettenkasten – Raum, in dem die Ankerkette lagert.

Kettennuss – Scheibe mit Nuten zum Fassen der Ankerkette an der Ankerwinsch.

Kettenstopper – Fanghaken oder Stropp mit Schäkel zum Stoppen/Festsetzen der Ankerkette an Deck. Damit wird der Zug der Ankerkette auf die Ankerwinsch bzw. Ankerspill gestoppt (s. Ankerkralle).

Kettenvorläufer – Kette, die vor der Ankerleine läuft, damit die Zugkraft möglichst waagerecht auf den Anker wirkt. Verhindert ein Ausbrechen des Ankers.

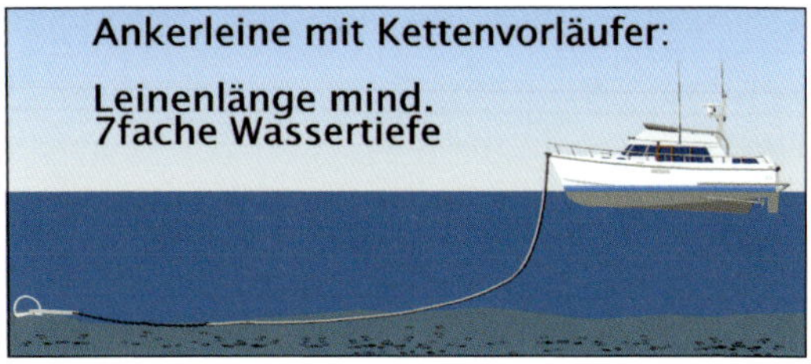

Kevlar – Kunstfaser zum Anfertigen von Segeln oder Yachtrümpfen.

Kieker – Bezeichnung für ein Marinefernglas.

Kiekut – Ausguck auf der Back des Schiffes.

Kiel – Bildet die Grundlage des Schiffes: Bei Holzschiffen evtl. mehrere verbundene Holzbalken, bei Stahlschiffen ein durchgehender, verschweißter Längsverband.

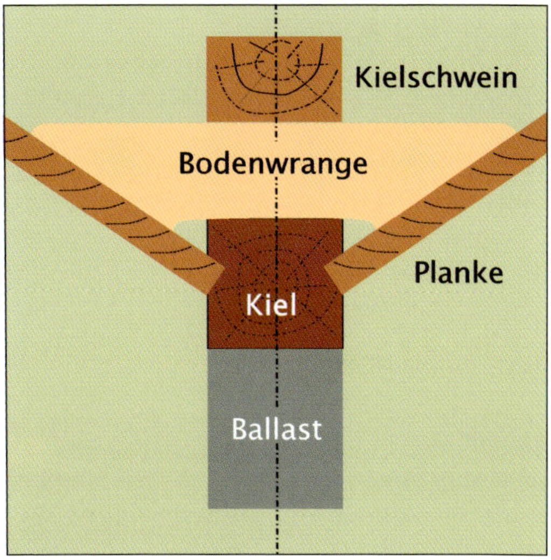

Kielbolzen – Halten den Kiel am Rumpf.

Kielholen – a) Brutale Art der Bestrafung auf Schiffen vom 16. bis 19. Jahrhundert. b) Ein Schiff mit Taljen und Spills krängen, um Reparaturarbeiten auf einer Rumpfseite durchführen zu können.

Kiellegung – Baubeginn eines Schiffes.

Kieloben – Lage des Rumpfes nach einer Kenterung.

Kielschwein, Binnenkiel – Eine innen auf dem Kiel liegende Verstärkung. Nimmt auch den punktförmigen Druck der Masten auf und verteilt ihn auf eine größere Fläche (s. Kiel).

Kielschwerter, der – Segelyacht mit einem kurzen Kiel und einem aufholbaren Schwert.

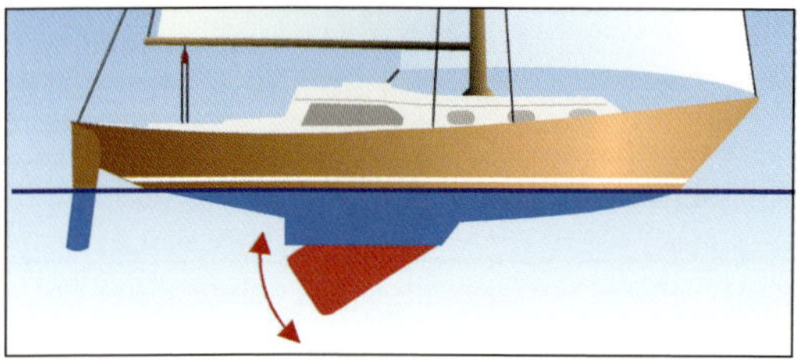

Kielwasser – Eine Spur im Wasser, die ein Schiff bei Fahrt hinterlässt. Gute Segler können danach in etwa die Fahrt bestimmen.

Kielyacht – Yacht mit einem Kiel als Ballast und als Lateralfläche.

Killen der Segel – Schlagen der Segel in wellenförmigen Bewegungen, wenn der Wind längsseits der Segel strömt.

Kimm – a) Horizont auf dem Meer. b) Kante an einem Schiffsrumpf.

Kimmkieler – Segelyacht mit zwei kurzen, an der Kimm des Rumpfes befestigten Kielen. Die Yacht kann ohne Stützen trockenfallen.

Kink, der – a) Vertörnung von Tauwerk, sodass es nicht durch einen Block laufen kann. b) Beschädigung von Drahttauwerk.

Kitesurfen – Surfen mit einem von einem Drachen gezogenen Surfbrett. Ein absolut akrobatischer Sport mit teilweise sehr hohen und weiten Sprüngen, der volle Körperbeherrschung fordert.

Klabautermann – Auf jedem Schiff wohnt ein Klabautermann. Er ist der gute Geist, und kein Seemann legt sich mit ihm an. Verlässt er das Schiff, so droht Schlimmes. Für den Klabautermann wurde früher sogar beim Essen in der Messe mit eingedeckt. Besonders auf Holzschiffen fühlt er sich wohl.

Klabautermann. (Phantomzeichnung)

Klampe – Aus Holz oder Metall zum Festmachen der Taue.

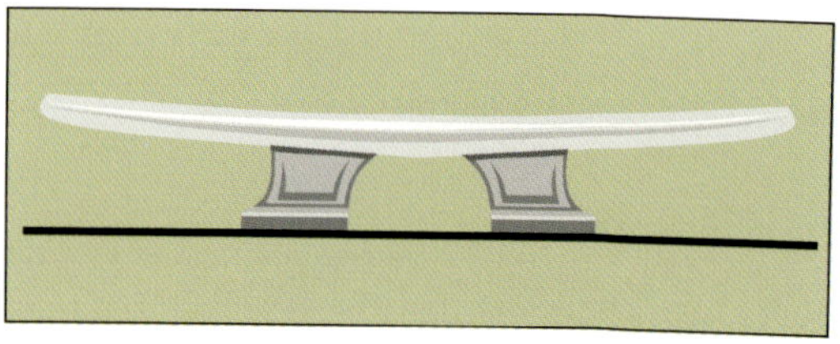

Klappdraggen, Faltanker – Anker für leichte Boote. Kann eingeklappt und dann gut verstaut werden und ist schnell wieder einsatzfähig.

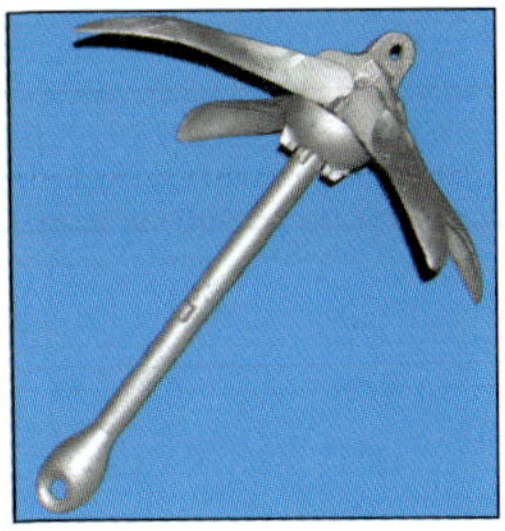

Klappdraggen.

Klarhalten – a) Sich von einem Hindernis fernhalten. b) Richtige Maßnahmen bei einem Notfall treffen.

Klarschiff machen – a) Früher: das Schiff gefechtsbereit machen. b) Das Schiff reinigen, aufräumen.

Klau – Gabelförmiger, klauartiger Beschlag zwischen Mast und Gaffel, als Anlage- und Drehpunkt.

Klaufall – Mit dem Klaufall wird die Gaffel hochgezogen. Dieses muss gleichzeitig mit dem Hochziehen des Piekfalls geschehen.

Klavierband – Langes Scharnier. Wird im Möbelbau bei Schranktüren verwendet.

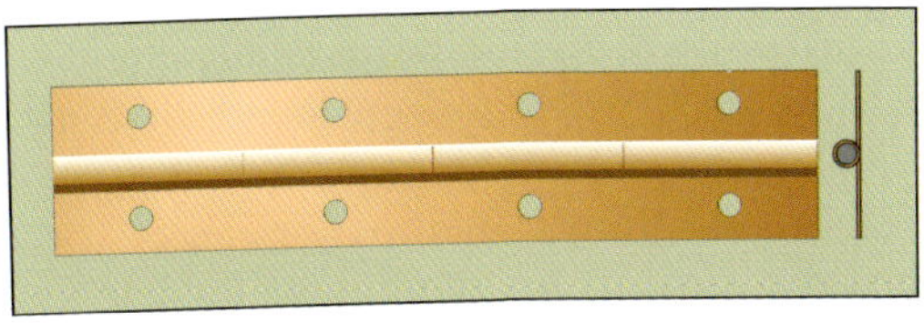

Kleedkeule – Holzhammer zum Arbeiten an Tauwerk.

Kliff – Steiles und hohes Ufer.

Klinkerbauweise – Die Schiffsplanken liegen versetzt aufeinander.

Klippersteven – Formschöner Steven von traditionellen Segelyachten.

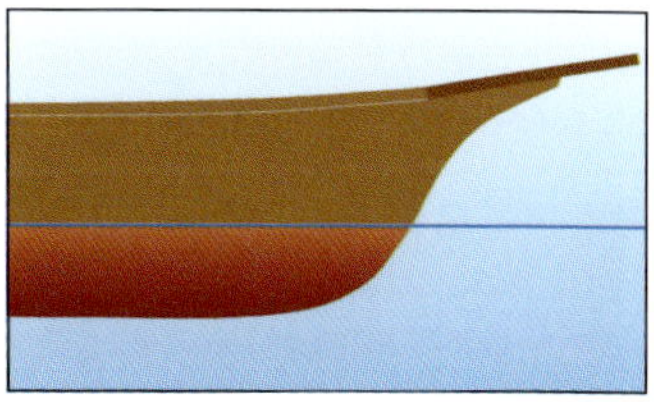

Klönen – Über Gott und die Welt miteinander reden.

Klüse – Öffnung zum Führen von Leinen, Trossen oder Ketten, mit einer Wulst versehen, um das Tauwerk oder die Trossen vorm Schamfilen zu schützen.

Klüver – Vorsegel bei einer Takelung von Kutter, Schoner und Yawl, Innen- und Außenklüver, Flieger (siehe Schratsegel) auf dem Klüverbaum eines Großseglers.

Klüverbaum – Evtl. aufholbare Spiere zur Aufnahme der Vorsegel wie Flieger, Innenklüver und Außenklüver.

Klüverbaum des Weserkahns *FRANZIUS*.

Klüvernetz – Am Klüverbaum angebrachtes Netz zum Arbeiten an den Vorsegeln.

Knickspanter – Abknickende, geradflächige Bereiche im Rumpf. Knickspanter werden meist aus Schiffbaustahl oder Aluminium gebaut.

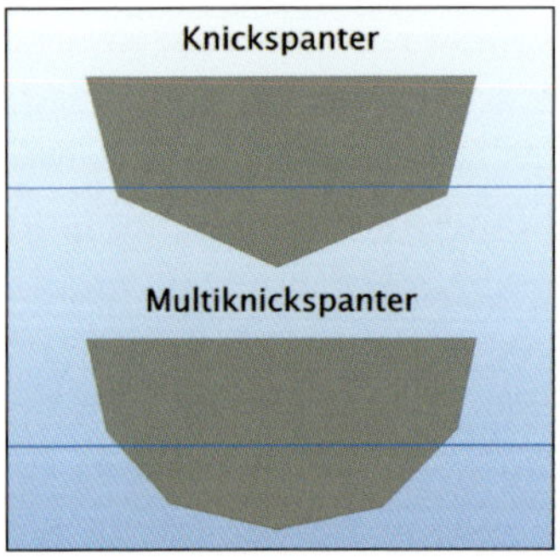

Knoten – (s. Abb. folgende S.) a) Maß für die Geschwindigkeit eines Schiffes, 1 Knoten (kn) = 1 Seemeile/Stunde (sm/h). b) Verbindungen von Tauwerk. Knoten müssen sich leicht stecken und leicht öffnen lassen, dabei sollen sie gut halten.

Knüppeln – Sehr hartes Segeln mit voller Beanspruchung von Mensch und Material.

Koffeynagel, auch Coffeynagel – Herausnehmbarer Dorn aus Holz oder Metall zum Belegen von Leinen auf einer Nagelbank (s. Belegnagel).

Koje – Schlafstelle des Seemanns.

Koje mit Leesegel an Bord des Weserkahns *FRANZIUS* der Bremer Bootsbau Vegesack.

Koker – Ruderkoker, abgedichtetes Rohr (zwischen Rumpf und umgebendem Wasser), in dem der Ruderschaft läuft.

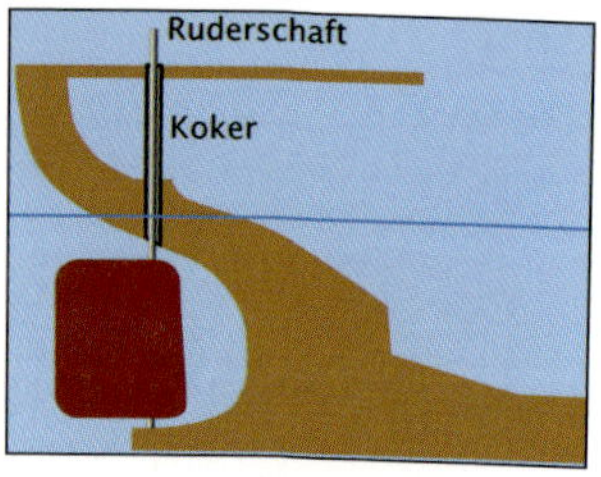

Kollision – Zusammenstoß von Wasserfahrzeugen untereinander oder mit Landanlagen. Das Meer ist so groß, und dennoch stoßen Schiffe zusammen.

Kollisionsschott – Wasserdichtes Schott im vorderen Bereich des Schiffes. Bei einer Kollision mit anschließendem Wassereinbruch laufen der mittlere und der hintere Bereich des Schiffes nicht voll Wasser. Das Schiff schwimmt weiter.

Kollisionsverhütungsregeln (KVR) – Von der IMO im Jahre 1972 festgelegte Regeln zur Verhütung von Zusammenstößen auf See. Enthalten 38 Regeln und 4 Anlagen. Wurden zuletzt im Jahr 1998 geändert.

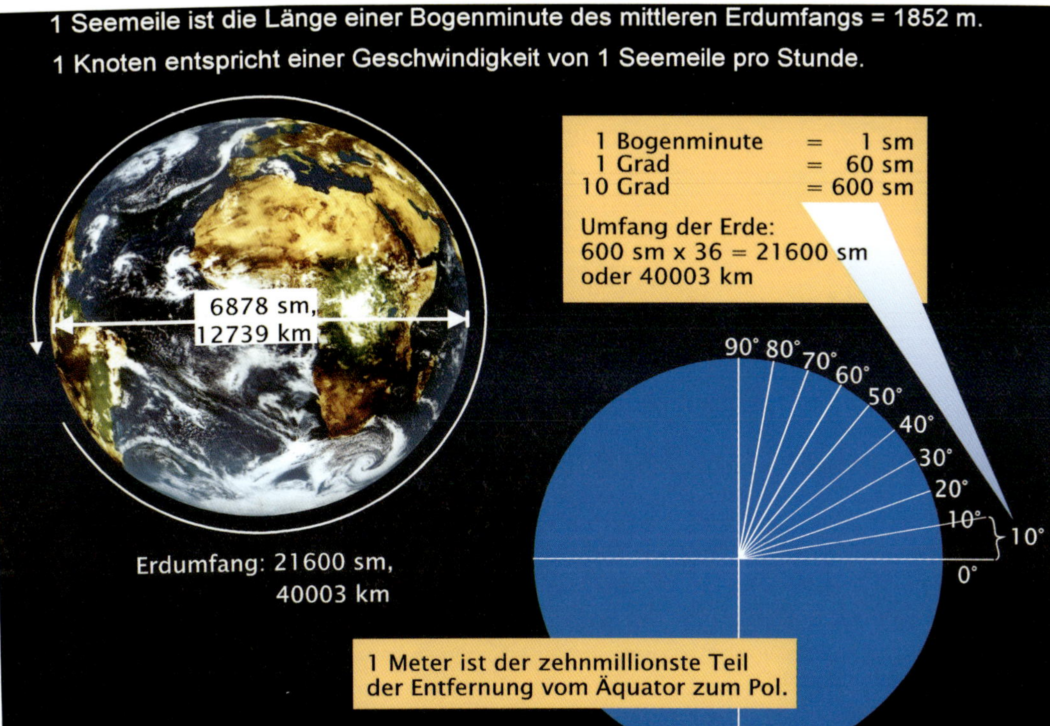

Knoten

Kombüse – Küche eines Schiffes. Auch Pantry genannt, und der Koch heißt Smut.

Pantry des Weserkahns *FRANZIUS* der Bremer Bootsbau Vegesack.

Kommandos – Anordnungen an Bord. Müssen klar, präzise und akustisch verständlich sein, sollten nicht in einem militärischen, aber auch nicht in bittendem Ton gegeben werden.

Kompass – Wichtigstes navigatorisches Gerät an Bord. Nach ihm wird ein Kurs gesteuert (s. auch Kugelkompass).

Kompassablenkung – Durch magnetische Schiffseinwirkungen und das Erdmagnetfeld entstehende Abweichungen am Kompass. Diese Einflüsse müssen bei der Ermittlung des rechtweisenden Kurses (rwK) berücksichtigt werden.

Kompassrose – Runde Scheibe im Kompass. Auf ihr ist eine Gradeinteilung von 0 bis 360° zu sehen, und am Steuerstrich kann die Gradzahl abgelesen werden.

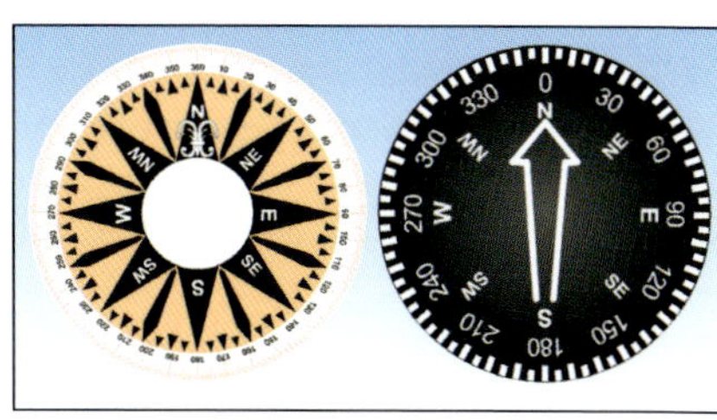

Yacht am Kompensierdalben anlegen und mit Vorspring und horizontal ausgebrachten Fendern vom Dalben abhalten. Mit Gegenruder und langsam laufender Schraube Yacht auf Kurs halten und zu jedem Kurs langsam drehen. Als Peilobjekt wird ein dominierendes Objekt ausgesucht, außerdem benötigen wir eine Peilscheibe.

Yacht langsam drehen, während wir an der Peilscheibe den als nächsten aufkommenden Zehngradwert einstellen. Wandert das Peilobjekt in den Diopter ein, wird „Achtung Null" gerufen und der Rudergänger liest den anliegenden MgK ab und notiert ihn in der Tabelle. Verfahren in beiden Richtungen in Zehngradschritten fortführen.

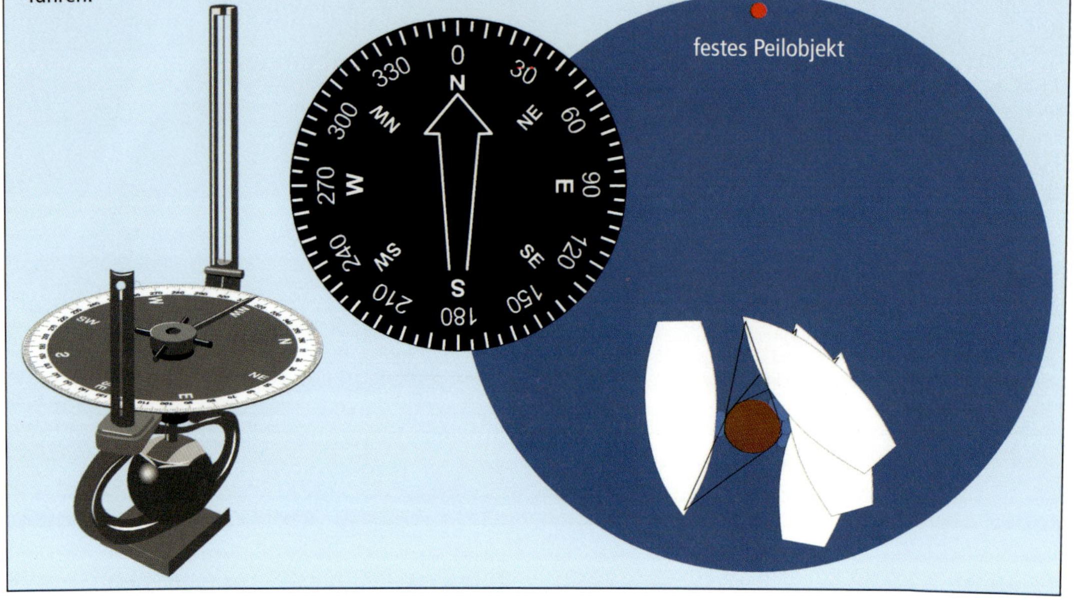

Kompensieren.

Kompensierdalben – Rundhölzerverbund im Hafen zum Kompensieren.

Kompensieren – Am Kompensierdalben die Ablenkung des Schiffsmagnetismus auf den Magnetkompass feststellen. Aus diesen Messungen entsteht die Ablenkungstafel.

Kompositbauweise – Aus Stahl und Holz hergestellter Schiffsrumpf: Holzbeplankung auf Metallspanten.

Kondemnation – Erklärung eines Sachverständigen, dass die Reparatur eines Schiffes sich nicht mehr lohnt.

Kondensationskern – Ist erforderlich, damit sich ein Wassertröpfchen (Regen) bilden kann. Dieser Vorgang wird als Kondensation bezeichnet.

Konstruktionswasserlinie – Die errechnete Wasserlinie. Sie kann von der wirklichen Wasserlinie abweichen. Dann hat sich der Konstrukteur verrechnet bzw. das Schiff ist zu stark beladen.

Kontinentalsockel, Schelf – Teil des Festlandes, der sich bis zu 70 km weit ins Meer erstreckt und sanft bis zu einer Tiefe von 200 m abfällt.

Konvektion – Ungleichmäßige Oberflächenerwärmung und Wärmeabstrahlung. Ein Felsen strahlt mehr Wärme ab als Wasser.

Konvergenz – Setzt ein, wenn ein Luftpaket sich nach oben bewegt und einen Druckabfall am Boden hervorruft. Die konvergierende Luft kühlt ab, und wenn sie genügend Feuchtigkeit besitzt, wird diese zu Wolken kondensieren.

Koordinatensystem – Der Begriff »Navigation« bezeichnet das Verfahren der Kurs- und Standortbestimmung. Um die Lage eines jeden Ortes auf der Welt verbindlich angeben zu können, ist die Erde mit einem System von Kreisen überzogen, dem Koordinatensystem.

Kopf – Obere Ecke des Segels, dort wird das Fall angeschlagen.

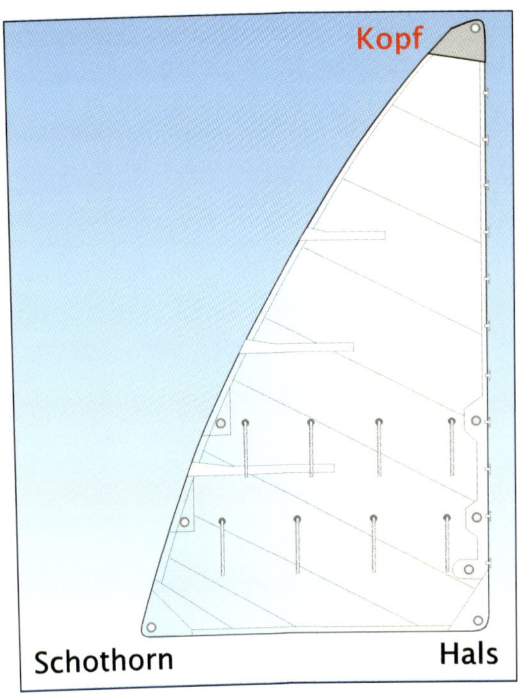

Kopflastig – Ein Schiff taucht vorn zu tief ein; falsch berechnet bzw. falsch beladen.

Kopfschlag – Der letzte Schlag auf einer Klampe bekneift sich selbst.

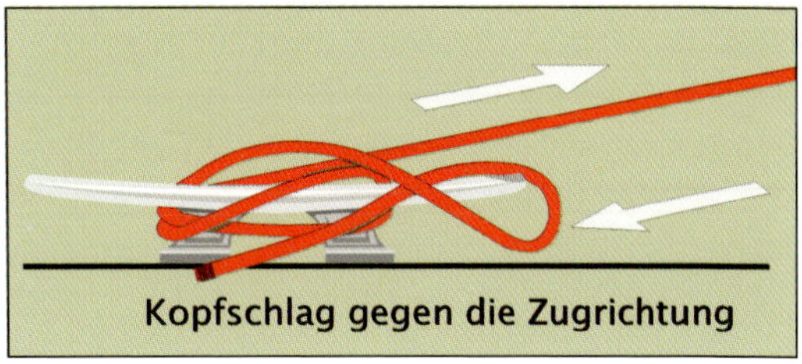

Koppeln – Aufgrund der bekannten Daten von Fahrt (in Knoten), Dauer (in Minuten) und Kurs (in Grad) kann der Standort in die Seekarte eingetragen werden. Das ergibt jeweils den Koppelort.

Koppelort – Durch Koppeln in der Seekarter ermittelter Schiffsort.

Koralle – Holzkugeln, die das Gaffelsegel am Vorliek mit dem Mast verbinden. Die Holzkugeln können beim Bergen oder Setzen der Segel am Mast leicht rutschen und erleichtern die Arbeit.

Krabbenkutter – Fängt an der Nordseeküste die Nordseekrabbe (Crangon crangon). Sind eigentlich 5 bis 7 cm lange, zehnfüßige Krebse (Decapoda). Es sind die kleinsten Speisegarnelen. Sie leben im ca. 20 Kilometer breiten Küstenmeer, aber auch im Tiefwasser vom Weißen Meer, dem Ostatlantik, der Nord- und Ostsee und dem Schwarzen Meer. Werden sofort nach dem Fang an Bord in großen Behältern gekocht und bekommen erst dadurch ihre rötliche Färbung. Ursprünglich sind sie grau.

Krabbenkutter aus Fedderwardersiel beim Fang in der Außenweser.

Kraftsack – Segeltuchbeutel für das Handwerkszeug auf einem Segler.

Krähennest – Am Mast angebrachter Behälter zum Aufnehmen des Mannes im Ausguck. Wichtiger Ausguck bei Eisfahrern.

Krähennest auf der Hansekogge *UBENA VON BREMEN*.

Krängung – Schieflage eines Schiffes.

Krängungsmesser, Klinometer – Zeigt die Krängung eines Schiffes an.

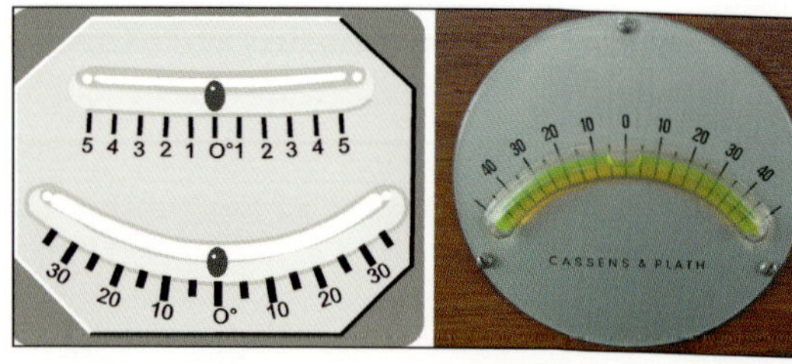

Kreiselkompass – Ein Kurskompass mit sich drehenden Kreiseln (rotieren mit ca. 20 000 U/min). Bei einer Richtungsänderung versucht der Kreisel, sich parallel zur Erdachse zu stellen (Kreiselgesetz). Er nutzt die Erdrotation zur Bestimmung der Nord-Süd-Richtung.

Kreuzen, Aufkreuzen – Auf wechselndem Bug im Zickzack gegen den Wind segeln.

Kreuzer-Renn-Formel (KR-Formel) – Formel zur Berechnung eines »Rennwerts« für eine Nichtklassenyacht.

Kreuzfahrt – Organisierte Fahrten auf See. Das Kreuzfahrtschiff (Musikdampfer) steuert mehrere Häfen an. Ist zurzeit sehr beliebt. Eine erste Kreuzfahrt offerierte der Norddeutsche Lloyd bereits 1890. Ab dem 24. Juni legte die Kaiser Wilhelm II ab Bremerhaven zu einer dreiwöchigen Fahrt nach Norwegen bis zum Nordkap ab.

Kreuzknoten – Verbindet zwei gleich starke Enden.

Kreuzmast – (s. Abb. folgende Seite) Hinterer rahgetakelter Mast auf einem Großsegler.

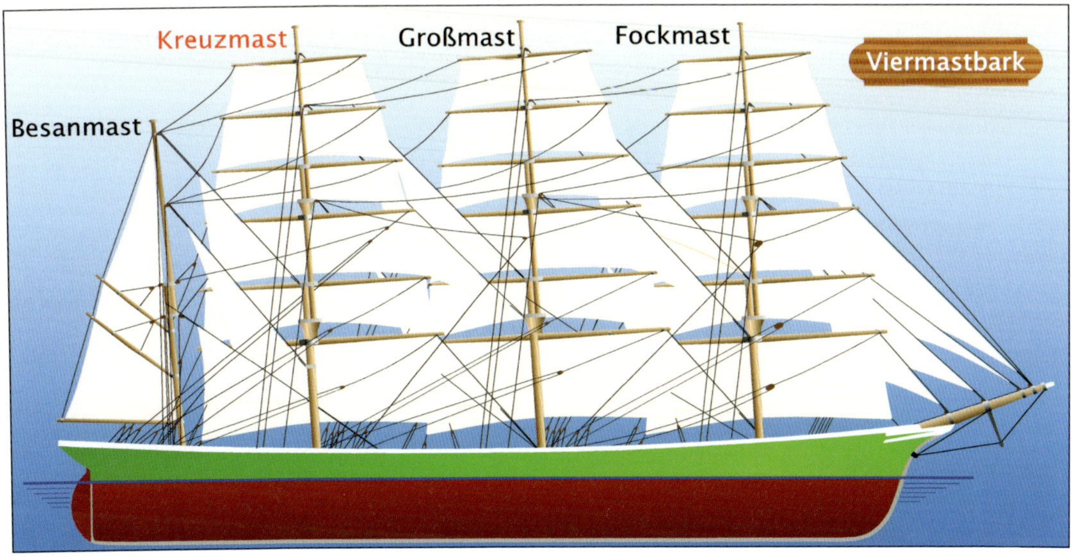

Kreuzpeilung – Peilungsverfahren zur Bestimmung des Standortes.

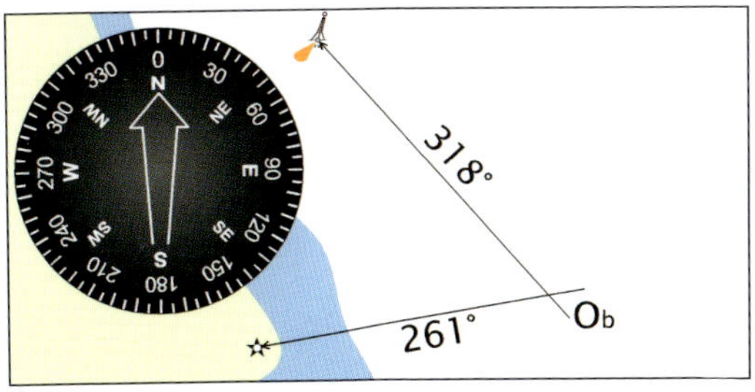

Kreuzschlag –, der
Mit Kreuzschlägen, abwechselnd auf Backbord- und Steuerbordbug gegen den Wind segelnd, seinem Ziel näher kommen. Zwischen den Schlägen wird gewendet. (s. Holebug)

Kreuzsee – Kommen Dünung und Windsee aus unterschiedlichen Richtungen, entstehen sehr unangenehme Wellen.

Krimpen – Langsames Linksdrehen des Windes. Bringt im Allgemeinen auf der nördlichen Halbkugel Wetterverschlechterung.

Kuff – Ostfriesischer Küstensegler mit Anderthalbmasten. Ähnelt der holländischen Tjalk.

KüG – Kurs über Grund, vergleichbar mit dem Kartenkurs (KaK).

Kugelfender – Runder Fender; nimmt großen Druck auf.

Kugelkompass – Unter einer Glaskugel kann sich die Kompassrose bei starkem Seegang frei bewegen und der Kurs gut abgelesen werden. Auf Yachten mit Radsteuerung ist der Kugelkompass in der Steuersäule eingebaut, wird als Pultkompass bezeichnet.

(Kompass: Cassens & Plath, Bremerhaven)

Kuhfuß – Stahlstange mit einem gespaltenen, abgebogenen flachen Ende. Dient zum Aufbrechen von Schapps oder zum Anheben von Gegenständen. Kann sehr hilfreich bei einer Lecksuche sein.

Kühlwasserfilter – Im Seewasserkreislauf eingebauter Filter. Schützt den Kühlkreislauf vor Verschmutzung durch Verunreinigungen im Meerwasser.

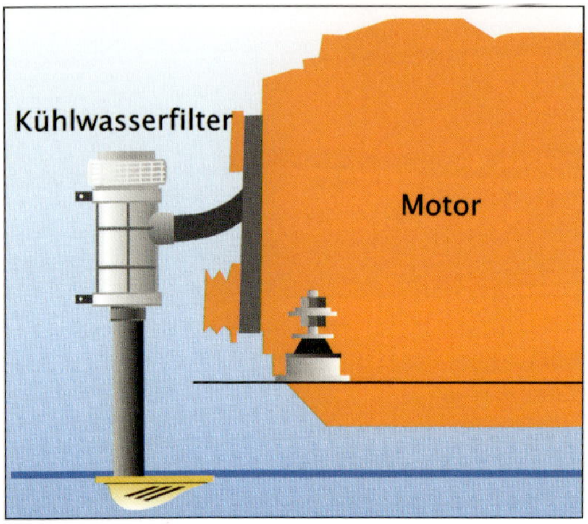

Kuhschwanz – Ausgefranstes Tauende; gibt es nicht auf einem ordentlichen Schiff.

Kummertage – Fleischloses Mittagessen am Montag, Mittwoch und Freitag.

Kümo – Küstenmotorschiff, kleines Frachtschiff im Küstenbereich.

Kumulonimbus – Hoch aufragende Gewitterwolke.

Bildung eines Kumulonimbus, Mallorca.

Kumulus – Haufenwolken, sie machen sichtbar, dass Warmluft aufsteigt.

Kurs – Die Richtung, in der ein Schiff fährt. Bestimmt wird sie vom Steuermann bzw. Rudergänger und manchmal auch vom Autopiloten.

Kursdreieck – Mit dem Kursdreieck werden Kurse in die Seekarte eingetragen und es können Kurse gemessen werden.

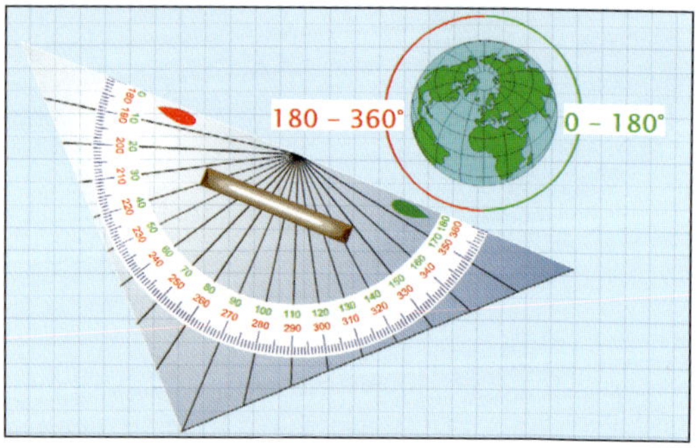

Kurshalter – Der Kurshalter muss Geschwindigkeit und Kurs beibehalten. Darf nur zur Vermeidung eines Zusammenstoßes selbst manövrieren (Manöver des vorletzten Augenblicks). Muss so steuern, wie es zur Vermeidung eines Zusammenstoßes am dienlichsten ist (Manöver des letzten Augenblicks).

Kursumwandlung – Umrechnung vom missweisenden Kurs (mwK) zum rechtweisenden Kurs (rwK) und vom Kartenkurs (KaK) zum Magnetkompasskurs (MgN).

Kurzer Ton – Dauer eines kurzen Tons = 1 Sekunde.

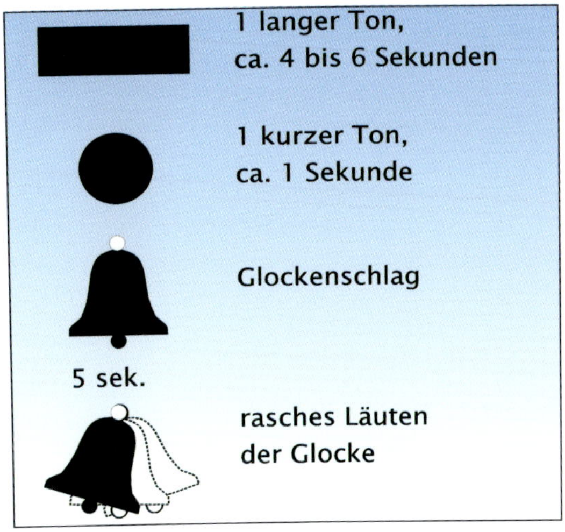

Schallsignale.

Kurzstag – Stecken der Ankerkette auf nur zweifache Wassertiefe.

Küstenbasislinie – Begrenzt die Basislinie bei Buchten.

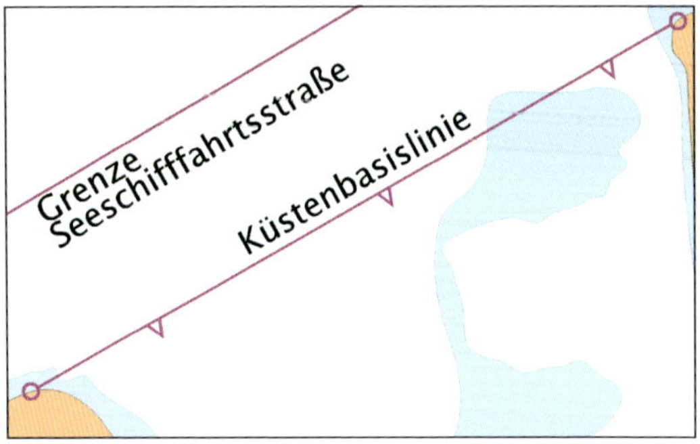

Küstenfunk – Im Bereich der Küste erreichbare Funkstationen, neueste Wettermeldungen und Warnnachrichten können per Seefunk empfangen werden.

Küstennebel – Häufig im Küstenbereich auftretender Nebel. Bildet sich über Land und wird dann auf die See geweht. Kann aber auch ein norddeutsches alkoholisches Getränk sein.

Küstenschnack – Maritime Neuigkeiten an der Küste.

Küstenstrom – Ein Strom, der außerhalb der Brandungszone parallel zur Küste setzt.

Die *NEUWERK*, ein Multifunktionsschiff der Küstenwache, das unter anderem als Bergungsschlepper oder zur Bekämpfung von Ölverschmutzungen eingesetzt werden kann.

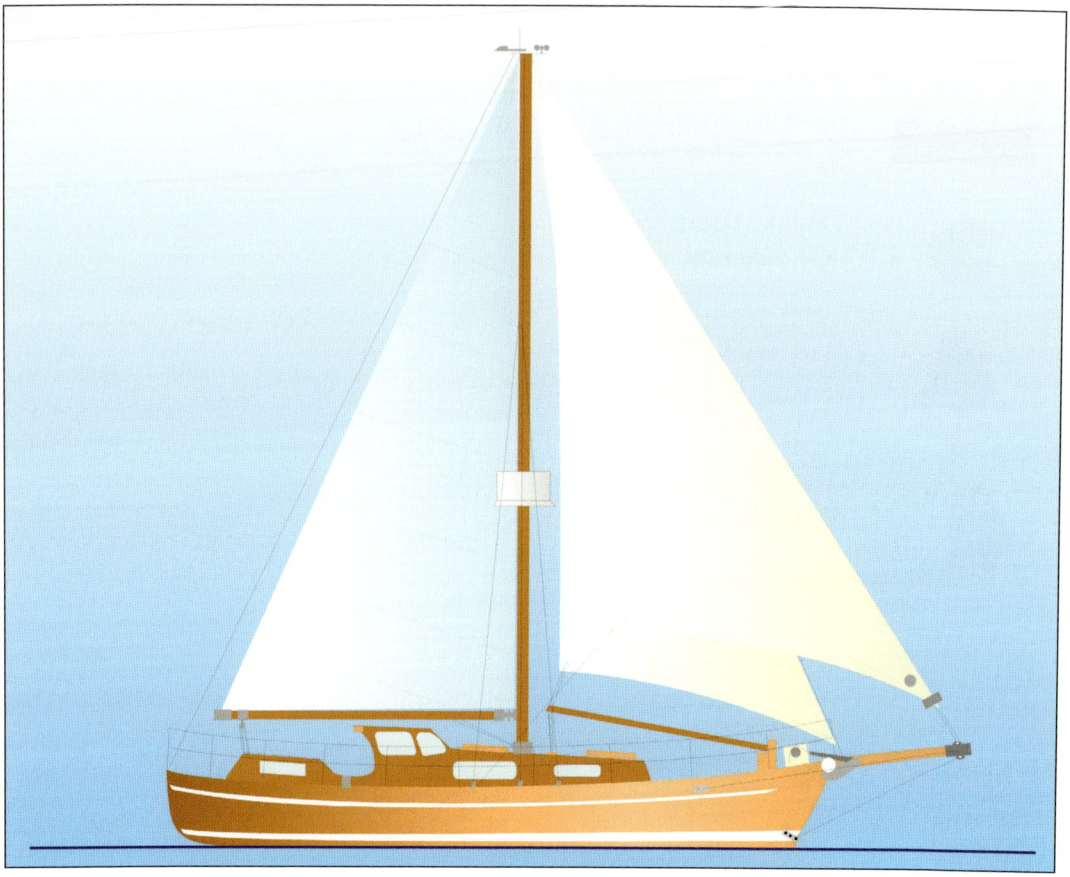

Kutter, Kuttertakelung

Küstenverkehrszone – Gebiet zwischen der Küste und der landseitigen Begrenzung eines Verkehrstrennungsgebietes (VTG). Soll außer zum Einlaufen in einen Hafen nur von Fahrzeugen unter 20 m Länge benutzt werden.

Küstenwache – (s. Abb. vorherige Seite) Zusammenschluss von überwachenden deutschen Behörden zur Küstenwache. Dazu zählen Bundespolizei (Bu Pol), Fischereischutz (BLE), Wasser- und Schifffahrtsverwaltung (WSV), Zoll. Die Schiffe sind durch die Aufschrift »Küstenwache« und dem schwarz-rot-goldenen Streifen gekennzeichnet. Die Wasserschutzpolizei gehört nicht zur Küstenwache.

Kutter, Kuttertakelung – Segelyacht mit zwei Vorsegeln. Nicht zu verwechseln mit einem Fischkutter.

Kutterstag – Zweites Vorstag auf einer Segelyacht, s. Kuttertakelung.

KVR – Kollisionsverhütungsregeln. Von der IMO im Jahre 1972 festgelegte Regeln zur Verhütung von Zusammenstößen auf See. Beinhalten 38 Regeln und 4 Anlagen. Wurden zuletzt im Jahr 1998 geändert.

IMO (International Maritim Organization)

Zusammenschluss aller seefahrenden Nationen.
Die IMO legte die internationalen Kollisionsverhütungsregeln in London fest.

Internationale Regeln von 1972 zur Verhütung von Zusammenstößen auf See

(Kollisionsverhütungsregeln - KVR)

Labsalben – Das stehende Gut mit Labsalbe (Teer) schmieren, um es vor Verrottung zu schützen.

Labskaus – Kommt aus dem englischen, bedeutet ursprünglich »Speise für derbe Männer«. Zutaten: Corned Beef oder gepökeltes Rindfleisch, Zwiebeln, Schweineschmalz oder Margarine, gekochte Kartoffeln, heiß durchgepresst, Salz, Flüssigkeit von roter Beete. Beilagen: Spiegelei, Rollmops, Gewürzgurken, Rote Beete. Guten Appetit!

Labskaus.

Ladekontrolle – Leuchtet die Ladekontrolle während des Motorbetriebes auf, werden die Batterien nicht mehr geladen. Evtl. Defekt an der Lichtmaschine.

Ladekontrollleuchte.

Ladestrom – Der Ladestrom der Batterien wird durch ein Amperemeter angezeigt. Steht der Zeiger auf »+«, werden die Batterien geladen. Steht die Anzeige auf »-«, wird Strom aus den Batterien entnommen.

Lage, Krängung – Schieflage eines Schiffes.

Laminate – Schichtstoffe, im Bootsbau Verbund aus abwechselnd Harzen und Glasfasermatten. Daraus werden Bootsrümpfe gemacht.

Einsatz von Laminaten im Bootsbau.

Landanschluss – Anschluss des Bordnetzes an den Landstrom. Der Landanschluss sollte mit einem Fehlerschutzschalter versehen sein; er kann das Leben schützen.

Landanschluss.

Landfall – Erstes Insichtkommen von Land nach Überqueren eines größeren Gewässers.

Landratte – Bezeichnung der Seeleute für einen Nichtseemann.

Landwind – Entsteht durch starke Abkühlung des Landes nach Sonnenuntergang. Das Land kühlt an einem klaren, wolkenlosen Abend schneller ab als das Meerwasser. Über Land entsteht ein Kältehoch und von Land weht ein örtlich begrenzter Wind.

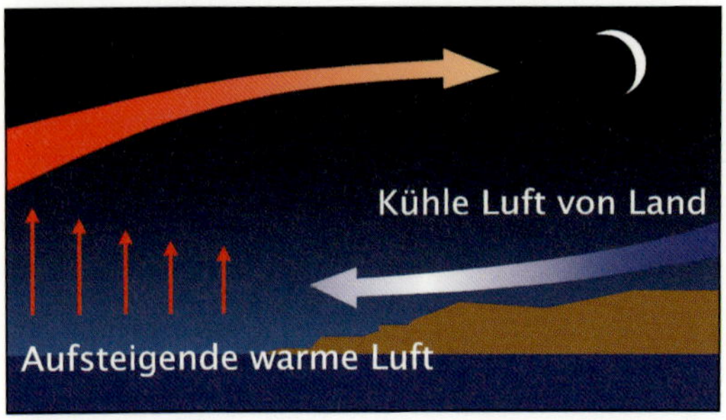

Landwind.

Länge, geografische – Die geografische Länge eines Ortes ist der sphärische Winkel an den Polen zwischen dem Nullmeridian und dem Ortsmeridian.

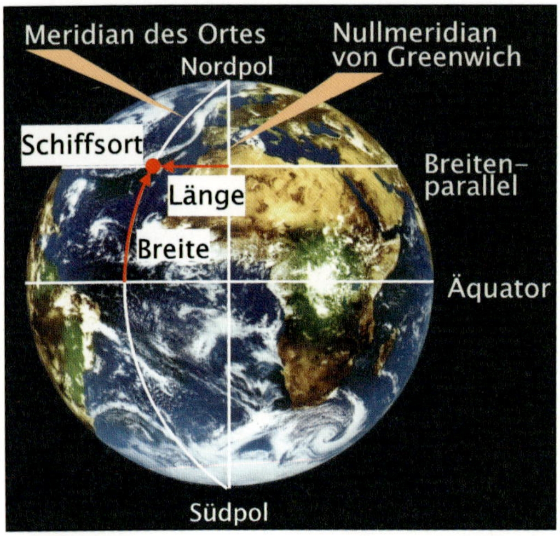

Geografische Länge.

Lange Reise – Der Tod eines Seemanns, er »geht auf Langreise«.

Länge über alles (Lüa) – Gesamte Länge eines Schiffes, einschließlich Klüverbaum und am Heck mit Davits angebrachtem Beiboot. Im Hafen sind die Yachten immer etwas kürzer – wegen der Liegegebühren. Es soll aber Hafenmeister geben, die kommen mit einem Maßband und messen nach.

Langer Ton – Ein langer Ton dauert ca. 4 Sekunden.

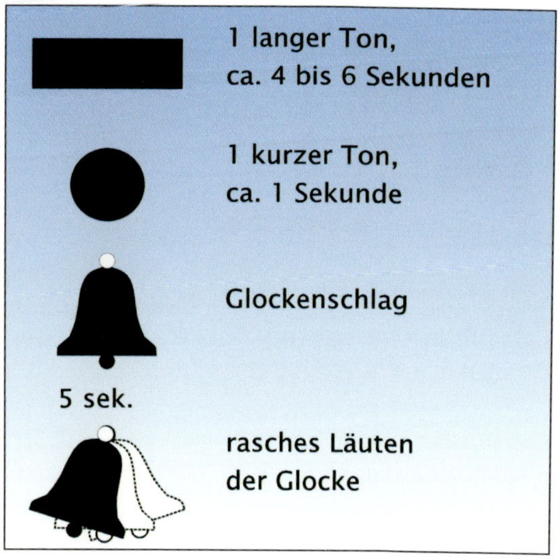

Schallsignale.

Langfender – Bananenartiger Fender.

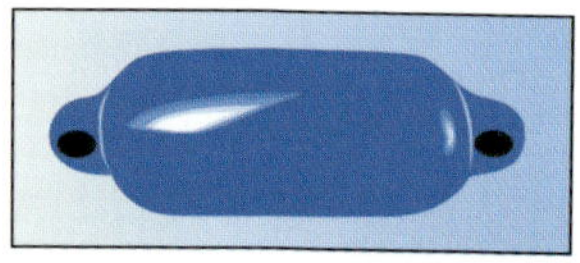

Langkieler – Segelschiff mit einem langen Kiel, sehr kursstabil, aber nicht ganz so schnell.

Längsseits – An Außenbord in Längsrichtung des Schiffes.

LAT – Lowest Astronimical Tide, Kartennull. Ab Januar 2005 neu eingeführtes Seekartennull für Deutschland. Liegt ca. 50 cm unter dem bisherigen Seekartennull, dem mittleren Springniedrigwasser (MSpNW).

Lateinersegel – Dreieckiges Segel mit einer nach oben stehenden Rah.

Lateraldruckpunkt – Den Segeln entgegenwirkende Kraft im Unterwasserschiff. Aus Vortrieb der Segel mit dem Segeldruckpunkt und dem Lateraldruckpunkt ergibt sich ein Segeln gegen den Wind. Sind beide Kräfte ausgewogen, segelt die Yacht neutral.

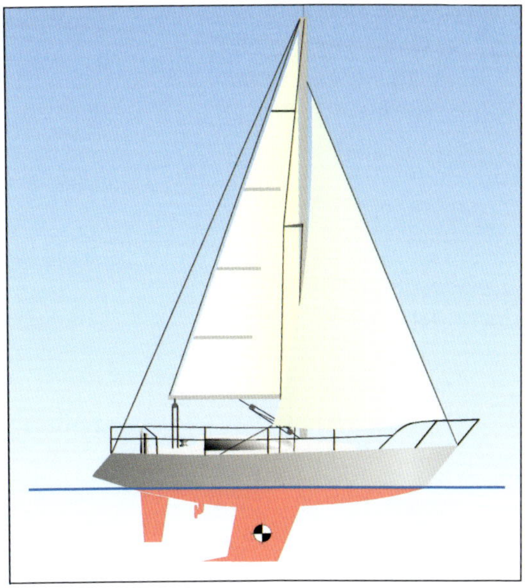

Lateralplan – Das Unterwasserschiff; die vom Wasser benetzte Fläche des Rumpfes.

Lateralzeichen – Laterale Zeichen bezeichnen Fahrwasser. Zu ihnen gehören Ansteuerungs- und Mittefahrwassertonnen, Tonnen auf Steuerbord- und Backbordseite, Tonnen zur Bezeichnung eines abzweigenden oder einmündenden Fahrwassers, Sonderzeichen wie Bade-, Warn- und Sperrgebietstonnen.

Lattentasche – Tasche im Segel, in die eine Segellatte aus Holz oder Kunststoff eingeschoben wird. Segellatten dienen der Formgebung der Segel und verhindern ein Flattern des Achterlieks.

Laufendes Gut – (s. Abb. folgende Seite) Das laufende Gut wie Fallen oder Schoten wird zur Bedienung der Segel benötigt.

Lazy-Jack-System, Faulenzer – System von Leinen zwischen Mast und Großbaum, in die das Großsegel faltenförmig bzw. als ganzes geborgen werden kann.

L-Band-EPIRB – Auf dem L-Band = 1,6 GHz sendet eine Inmarsat-EPIRB die Notfalldaten. Verbindet die Positionsgenauigkeit des GPS mit der Zuverlässigkeit und ständigen Verfügbarkeit der Inmarsat-

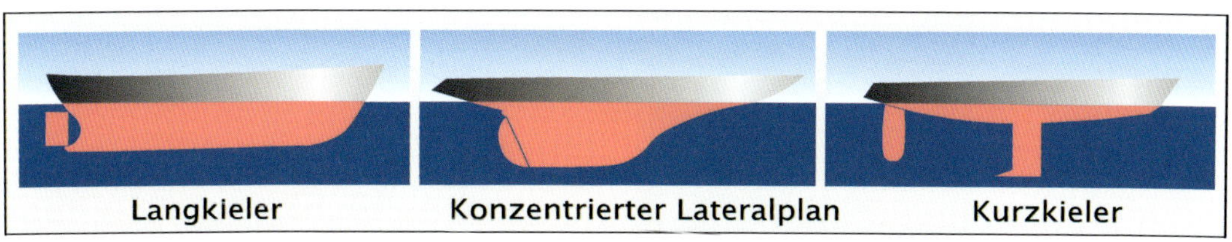

Lateralpläne.

Laufendes Gut.

Satelliten. Für Yachten gibt es kleinere EPIRBs von ca. 20 cm Bauhöhe. (s. EPIRB)

Leck – Loch in der Außenhaut des Rumpfes, durch das Wasser ins Schiff strömt. Durch ein ca. 50 mm großes Loch im Unterwasserbereich dringen bei einer Tiefe von 20 cm ca. 250 Liter Wasser pro Minute ein.

Lecksegel – Mit einem Segel kann ein Leck abgedichtet werden. Wird von außen über die Leckstelle gezogen.

Lecksegel.

Lee – Die windabgewandte Seite. Gegenteil: Luv.

Leegierig – (s. Abb. folgende Seite) Tendenz eines Segelschiffes, sich mit dem Bug vom Wind wegzudrehen. Abhilfe: Reffen des Vorsegels.

Leesegel – (s. Abb. folgende Seite) a) Sicherung gegen das Rausfallen aus einer Koje bei Lage. b) Zusätzliche Rahsegel auf Steuerbord und Backbord bei Teeclippern.

Legerwallsituation 1996 in der Bucht von Arguineguin, Gran Canaria, Windstärke 9 Bft.

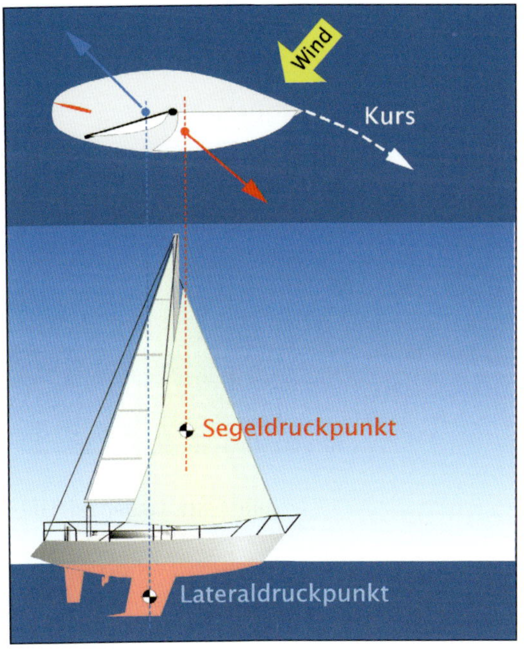

Leegierig.

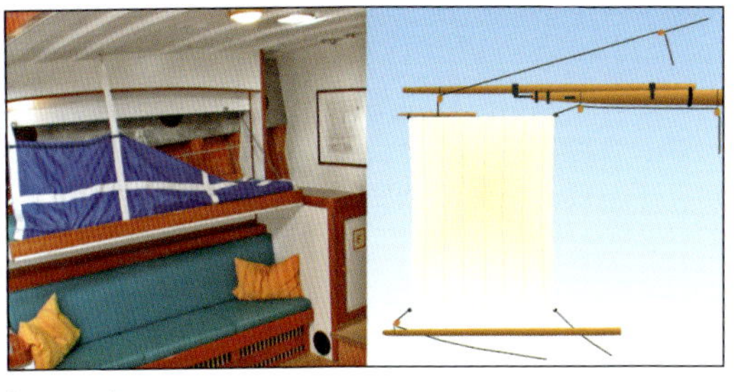

Leesegel.

Leestag – Dasjenige Stag, das keinen Druck hat; auf der Leeseite.

Leeweg – Abdrift eines Schiffes.

Legerwall, Leeküste – Der Legerwall ist die Küste, auf die ein Schiff durch den Wind getrieben wird, wenn der Anker nicht hält, der Motor nicht anspringt oder eine Segelyacht sich nicht freisegeln kann.

Leichenfänger – Für schwere See angebrachtes Netz an der Schanz. Schutz vorm Überbordfallen.

Leichtern – Einen Teil der Schiffsladung löschen (entladen).

Leine – Festes Tauwerk in verschiedenen Durchmessern und Festigkeiten.

Leitfeuer – (s. Abb. folgende Seite) Feuer für die Ansteuerung von Hafeneinfahrten oder von freiem Seeraum im Untiefengebiet.

Leitöse – Umlenköse von Leinen wie Schoten oder Fallen.

Leitsektor – Meist weißer Bereich in einem Leitfeuer, der von einem grünen und roten Sektor eingerahmt ist. Weicht ein Schiff vom Leitfeuerkurs ab, so wird es durch den grünen oder roten Sektor auf die Abweichung aufmerksam gemacht. Rot bedeutet Kurskorrektur nach Steuerbord und grün Kurskorrektur nach Backbord.

Lenzen – Eindringendes Wasser aus dem Rumpf abpumpen.

Lenzen vor Topp und Takel – Ohne Segel beim Sturm nach Lee ablaufen.

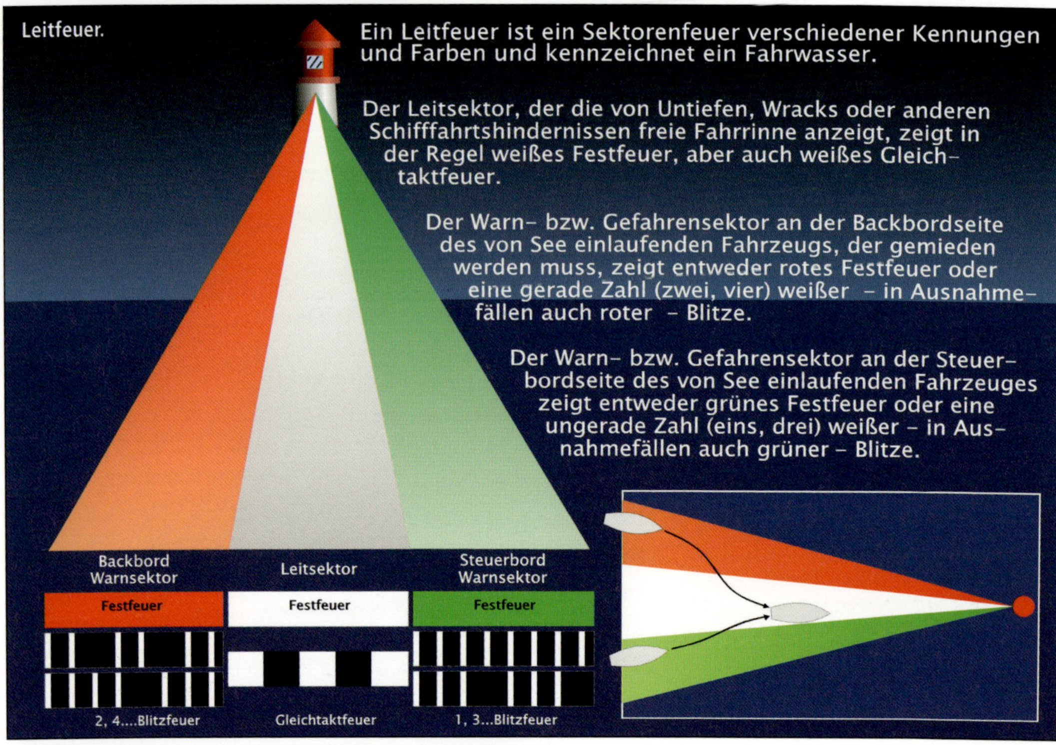

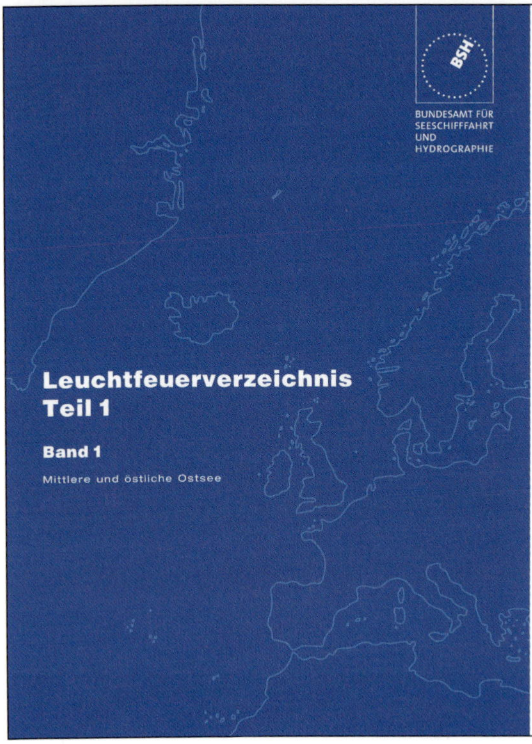

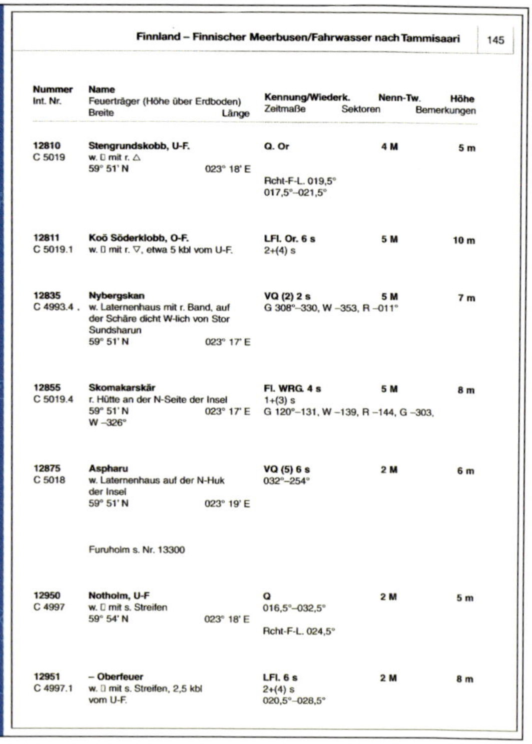
Finnland – Finnischer Meerbusen/Fahrwasser nach Tammisaari 145

Nummer Int. Nr.	Name Feuerträger (Höhe über Erdboden) Breite Länge	Kennung/Wiederk. Zeitmaße Sektoren	Nenn-Tw.	Höhe Bemerkungen
12810 C 5019	**Stengrundskobb, U-F.** w. ▯ mit r. △ 59° 51' N 023° 18' E	**Q. Or** Rcht-F-L. 019,5° 017,5°–021,5°	**4 M**	**5 m**
12811 C 5019.1	**Koö Söderklobb, O-F.** w. ▯ mit r. ▽, etwa 5 kbl vom U-F.	**LFl. Or. 6 s** 2+(4) s	**5 M**	**10 m**
12835 C 4993.4 .	**Nybergskan** w. Laternenhaus mit r. Band, auf der Schäre dicht W-lich von Stor Sundsharun 59° 51' N 023° 17' E	**VQ (2) 2 s** G 308°–330, W –353, R –011°	**5 M**	**7 m**
12855 C 5019.4	**Skomakarskär** r. Hütte an der N-Seite der Insel 59° 51' N 023° 17' E W –326°	**Fl. WRG. 4 s** 1+(3) s G 120°–131, W –139, R –144, G –303,	**5 M**	**8 m**
12875 C 5018	**Aspharu** w. Laternenhaus auf der N-Huk der Insel 59° 51' N 023° 19' E	**VQ (5) 6 s** 032°–254°	**2 M**	**6 m**
	Furuholm s. Nr. 13300			
12950 C 4997	**Notholm, U-F** w. ▯ mit s. Streifen 59° 54' N 023° 18' E	**Q** 016,5°–032,5° Rcht-F-L. 024,5°	**2 M**	**5 m**
12951 C 4997.1	**– Oberfeuer** w. ▯ mit s. Streifen, 2,5 kbl vom U-F.	**LFl. 6 s** 2+(4) s 020,5°–028,5°	**2 M**	**8 m**

LEO-Satellit – Low earth orbit, Satellit auf einer niedrigen Umlaufbahn.

Leuchtfeuerverzeichnis – (s. Abb. vorherige Seite) Vom BSH (Bundesamt für Seeschifffahrt und Hydrographie) herausgegebenes Verzeichnis der Leuchtfeuer.

Leuchtfeuerwiederkehr – Der Zeitraum vom Einsetzen einer Taktkennung bis zum Einsetzen der nächsten (gleichen) Taktkennung.

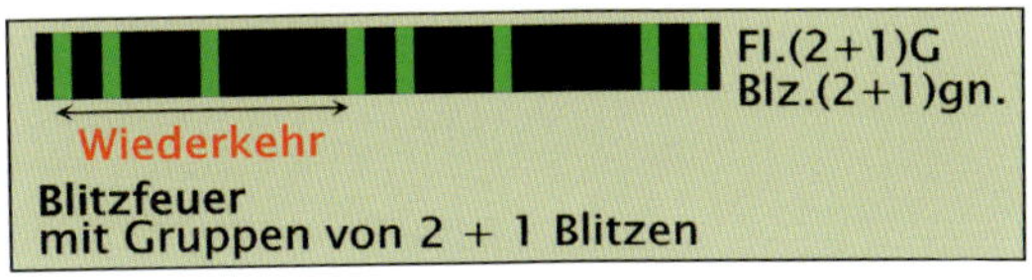

Leuchtturm – Von Leuchttürmen geht eine Faszination aus. Für Seeleute ist der Leuchtturm gleichzeitig Abschied oder Ankommen. Der schönste Leuchtturm ist »Roter Sand«. Er war für viele deutsche Auswanderer das letzte Stück Heimat. Roter Sand steht auf der Position 53°51´18 N und 008°04´54 E, ist 52,5 m hoch und wurde durch den Leuchtturm »Alte Weser« im Jahr 1964 ersetzt. Leuchttürme in aller Welt haben verschiedene Farbmarkierungen. Kein Leuchtturm gleicht in seiner Farbe und der Anordnung der Farbflächen einem anderen. Um Kosten zu sparen (ca. 600 000,- € im Jahr), plant das Verkehrsministerium, das Licht der Leuchttürme zu löschen. Ein Stück Kultur geht damit unwiederbringlich verloren.

Leuchtturm »Roter Sand«, im Hintergrund »Alte Weser«.

Lichterführung – Zur Kennzeichnung von Schiffen vorgeschriebene Lichter und Laternen nach nationalen Vorschriften wie SeeSchStrO und internationalen Vorschriften wie KVR.

Lichtmaschine – Der Stromerzeuger, der die Batterien wieder auflädt bzw. beim Motoren für elektrische Energie sorgt.

Liegen – Ein Schiff schwimmt nicht, sondern es liegt, z.B. vor Anker.

Liegeverbot – Liegeverbot auf der Uferseite, auf der das Zeichen steht.

Zeichen für Liegeverbot.

Lieken – Die Kanten des Segels: Vorliek, Achterliek, Unterliek.

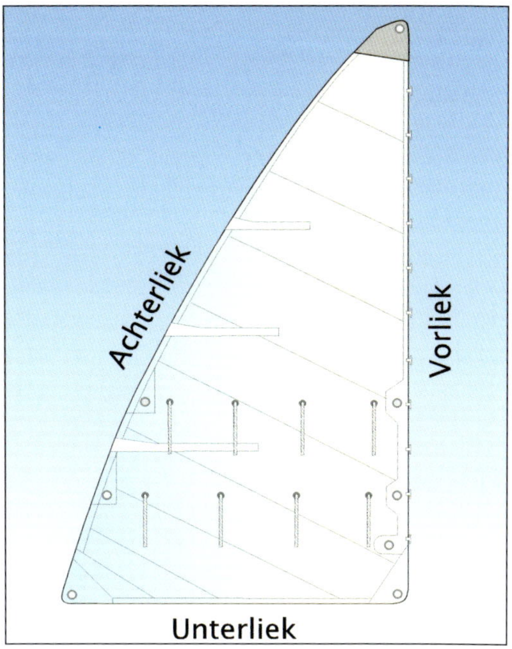

Lifebelt – Sicherheitsgurt, möglichst mit drei Karabinerhaken zum Einpicken an Deck. Das Einpicken muss Hand über Hand erfolgen: erst am neuen Punkt festmachen und dann den ersten Punkt lösen. So besteht immer eine feste Verbindung zwischen Person und mindestens einem Einpickpunkt.

Linie-Aquavit – Norwegischer Kümmelschnaps, der den Äquator überquert hat und dabei gereift ist.

Linienriss – Konstruktionszeichnung, die die Schnittlinien eines Schiffes zeigt und damit die Form des zu bauenden Rumpfes zeigt.

Lippe – Auf Deck befestigt. Dient zur Umlenkung und zum Schutz vorm Schamfilen der Festmacher.

List of lights – Englisches Leuchtfeuerverzeichnis.

Lloyd's Register of Yachts – Jährlich erscheinendes Verzeichnis der weltweit registrierten Yachten.

Lloyd's Schiffsregister – Seit 1760 das weltweite Verzeichnis aller registrierten Schiffe, Reedereien und Werften.

Log – Gerät zum Messen der Schiffsgeschwindigkeit (Fahrt).

Paddelrad-Loggeber mit selbstschließendem Seebodengehäuse

Logbuch – Schiffstagebuch. Alle wichtigen Ereignisse, Navigation und Wetter müssen in regelmäßigen Abständen im Logbuch vermerkt werden. Das Logbuch muss gewissenhaft geführt werden, die Seiten sind durchgehend zu nummerieren. Auch nach Außerdienststellung muss es noch drei Jahre lang aufbewahrt werden. Bei einem Unfall dient es als Beweis vor einem Seeamt.

Logbuch aus dem Pietsch-Verlag.

Loggeort – Feststellung des Ortes ohne Berücksichtigung des Stromes (ohne Beschickung durch Strom).

LORAN-C – Long Range Navigation, ein im zweiten Weltkrieg entwickeltes terrestrisches Navigationssystem. Die Positionsberechnung erfolgt über Laufzeitmessungen von Funksignalen. Die Genauigkeit liegt bei ca. 100 Metern.

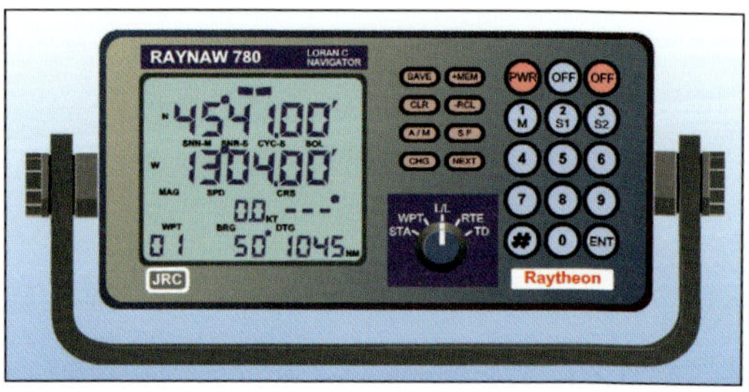

Loran-C-Navigationsgerät.

Lorbass – Taugenichts, verdorbener Kerl.

Löschen – a) Ein Feuer löschen. b) Die Schiffsladung löschen (= das Schiff entladen). c) Den Durst löschen.

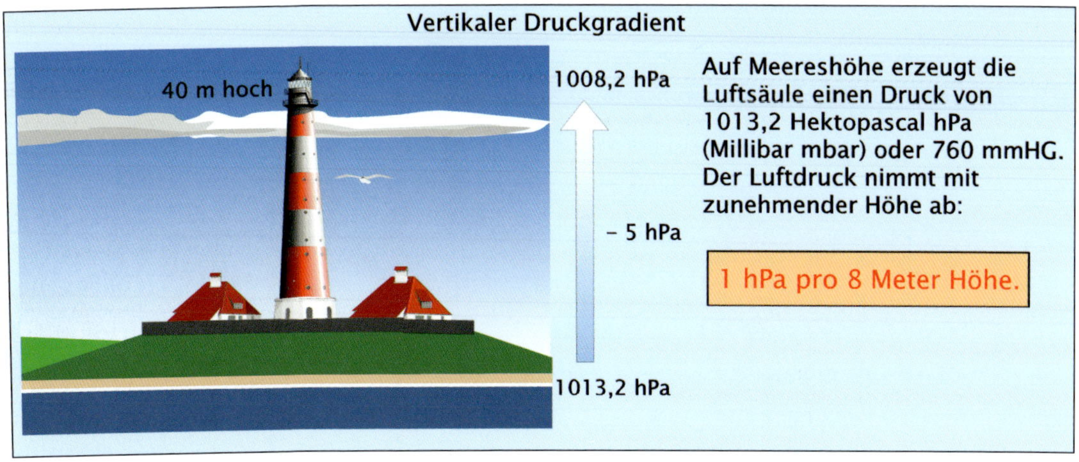

Luftdruck.

Lose – Adjektiv, seemännischer Ausdruck für eine lockere, nicht unter Last stehende Leine. Eine solche Leine ist »lose«.

Loskiel – Längsholz, das unter dem Kiel befestigt ist, um den Kiel vorm Schamfilen zu bewahren. Der Loskiel kann ausgewechselt werden.

Lot – Gerät zum Messen der Wassertiefe. (s. Echolot)

Loten – Feststellen der Wassertiefe.

Lotleine – Dient zum Feststellen der Wassertiefe. Die Lotleine hat farbige Markierungen, an denen die Wassertiefe abgelesen werden kann.

Lotse, Pilot – Patentierter Schiffsführer, der dem Kapitän in schwierigen Gewässern zur Seite steht: Seelotse, Flusslotse, Hafenlotse. Lotsen tragen wesentlich zur Sicherheit bei.

Lotsendienst im Nord-Ostsee-Kanal.

Lotsenleiter – Strickleiter an der Schiffsbordwand. Der Lotse muss von einem Lotsenversetzboot über diese Leiter auf das zu lotsende Schiff gelangen. Diese Aktion verläuft unter Fahrt beider Schiffe.

Lotspeise – Handlot mit Fett am Lotgewicht. Damit kann der Untergrund geprüft werden.

Luftdruck – (s. Abb. o.) Wie das Wasser, so üben auch die Luftmassen einen Druck aus. Auf Meereshöhe hat der Luftdruck 1013,2 hPa.

Luk(e) – Öffnung an Deck oder auf einem Decksaufbau für das Be- und Entladen. Auch für den Verkehr zwischen den Decks.

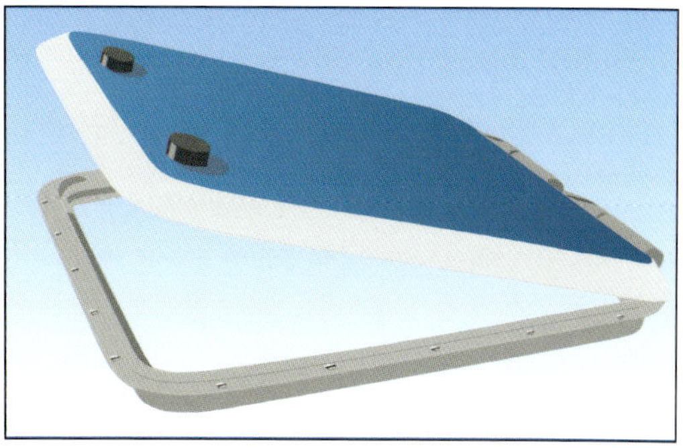

Lümmelbeschlag.

Lümmelbeschlag – Beschlag zwischen Mast und Baum, ist in vertikaler und horizontaler Richtung beweglich.

Luv – Die dem Wind zugewandte Seite. Gegenteil: Lee.

Luvgierig – (s. Abb. rechts) Tendenz eines Segelschiffes, von allein mit dem Bug in den Wind zu drehen.

Luvküste – Küste, die vom Schiff aus in Richtung des Windes liegt.

Luvstag – Dasjenige Stag, das bei gesetztem Segel den Druck aushalten muss, auf der Luvseite.

Luvgierig.

»Mast- und Schotbruch« – Spruch zum guten Gelingen auf einem Schiff. Der Spruch bedeutet, dass nur die Masten und Schoten bei einem schweren Sturm brechen sollen, nicht aber der Rumpf.

Macker – Der beste Freund des Seemanns.

Magnetkompass – Kursanzeigeinstrument für ein Schiff. Die Kompassnadel richtet sich nach dem magnetischen Nordpol aus.

Magnetkompass-Ablenkung – Winkel zwischen missweisend Nord und Magnetkompass-Nord.

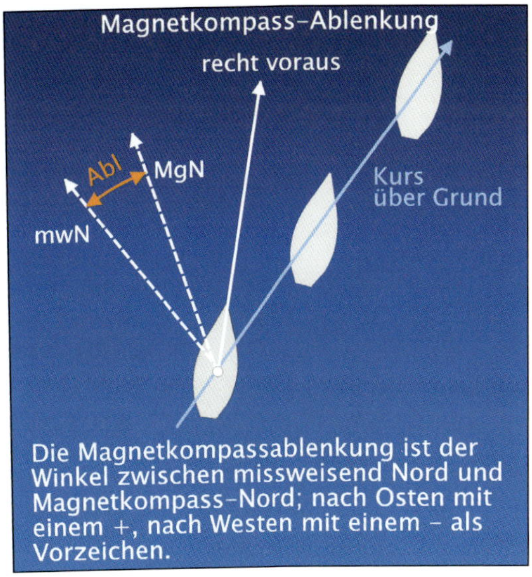

Die Magnetkompassablenkung ist der Winkel zwischen missweisend Nord und Magnetkompass-Nord; nach Osten mit einem +, nach Westen mit einem – als Vorzeichen.

Magnetkompass-Fehlweisung – Summe der Missweisung und der Ablenkung als Winkel.

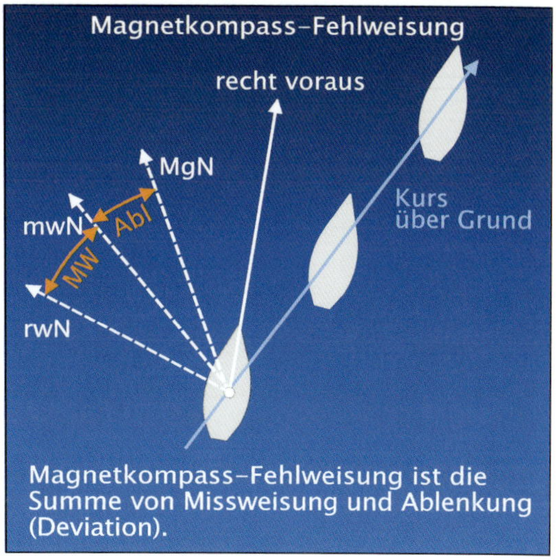

Magnetkompass-Fehlweisung ist die Summe von Missweisung und Ablenkung (Deviation).

Magnetkompasskurs – Vom Magnetkompass angezeigter Kurs.

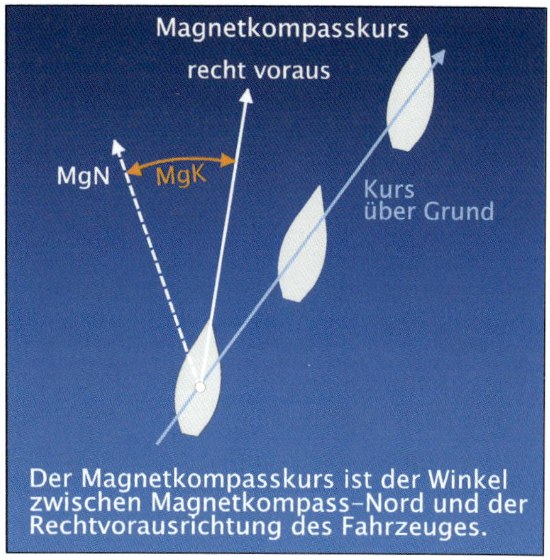

Der Magnetkompasskurs ist der Winkel zwischen Magnetkompass-Nord und der Rechtvorausrichtung des Fahrzeuges.

Magnetkompass-Missweisung – (s. Abb. folgende Seite) Winkel zwischen rechtweisend Nord und missweisend Nord.

Magnetkompass-Nord (MgN) – Die vom Magnetkompass angezeigte Nordrichtung. Kann durch schiffsmagnetische Einflüsse abgelenkt werden.

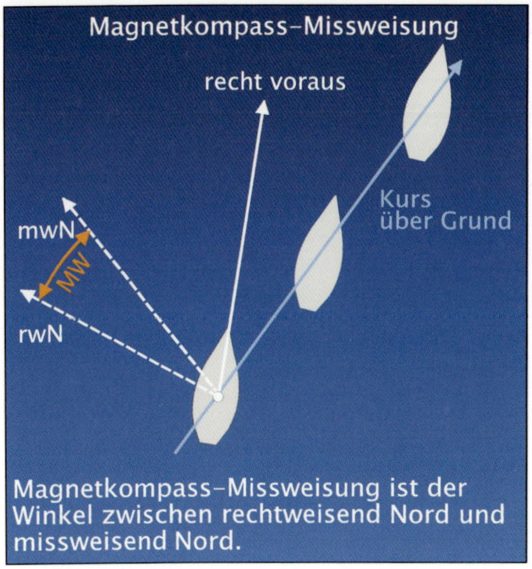

Magnetkompasspeilung – Peilung eines Objektes mit einem Aufsatz über den Magnetkompass. Muss auf rwP (rechtweisende Peilung) umgerechnet werden.

Magnetpol – Weicht vom geografischen Nordpol ab. Lag im Jahr 2003 bei 82° N und 112° 4′ West. Der magnetische Nordpol wandert zurzeit ca. 20 sm nordwärts pro Jahr.

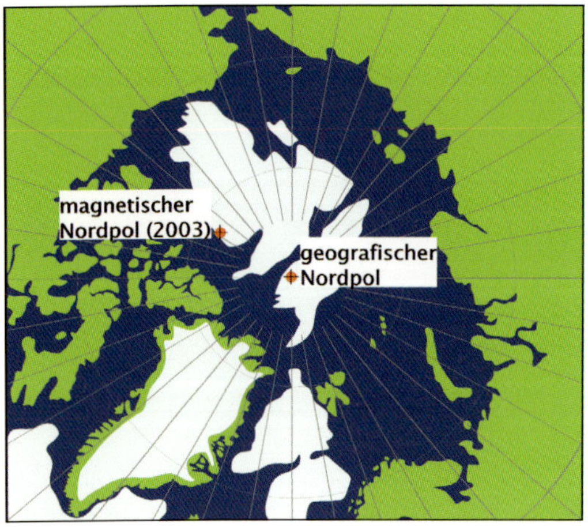

Magnetischer Nordpol.

Mallen – Schablonen für die Herstellung von Spanten und Wrangen eines Schiffes. Die Mallen werden auf dem Schnürboden einer Werft gefertigt.

Manilatauwerk – Aus der Blattschneide der Faserbanane hergestelltes Tauwerk. Nässe war aber nicht gut für das Tauwerk, sie führte zu einem Festigkeitsverlust von bis zu 50 %.

Mannloch – Wasserdicht verschließbares Loch zum Einsteigen in Decks, Tanks, usw.

Manöver des letzten Augenblicks – Ein vom Kurshalter durchzuführendes Manöver, um eine Kollision zu verhindern.

Manöver des vorletzten Augenblicks – Ist klar, dass der Ausweichpflichtige nicht angemessen nach den Ausweichregeln handelt, so kann der Kurshalter ein Manöver des vorletzten Augenblicks durchführen, um seinerseits auszuweichen.

Manövrierbehindert – Ein Schiff ist manövrierbehindert, wenn es durch die Art seines Einsatzes nicht wie vorgeschrieben manövrieren kann. Dies kann z.B. zutreffen auf Bagger, Schleppverbände, Kabelleger, Minenräumer, Flugzeugträger und Fahrzeuge, die Versorgungsmanöver ausführen.

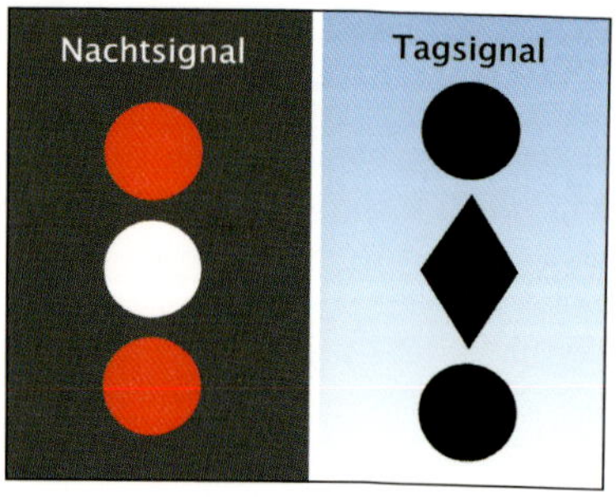

Kennzeichnung eines manövrierbehinderten Schiffes.

Manövrierunfähig – Ein Schiff ist manövrierunfähig, wenn es aufgrund besonderer Umstände nicht wie vorgeschrieben manövrieren kann, z.B. bei Maschinen- oder Ruderschaden.

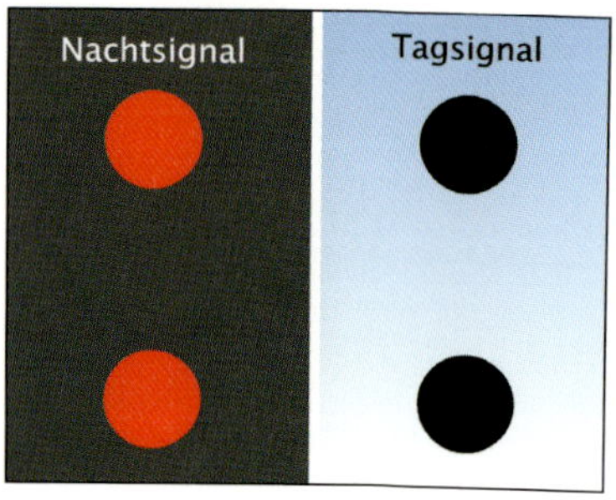

Kennzeichnung eines manövrierunfähigen Schiffes.

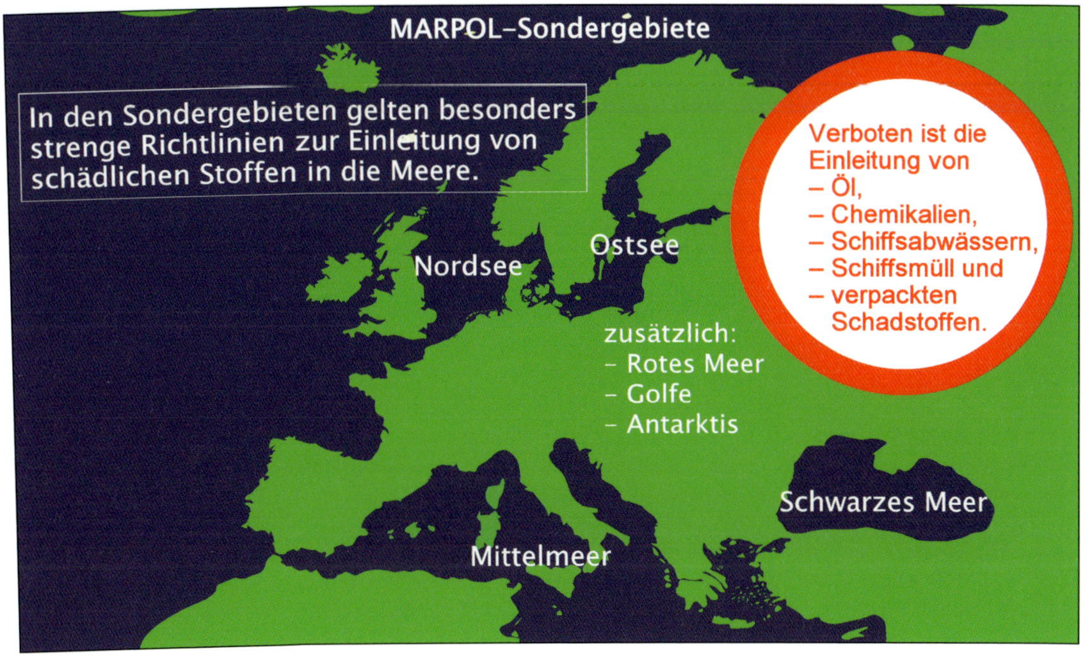

Marina – Yachthafen mit Strom- und Wasseranschlüssen, zum Bunkern und für Reparaturen.

Marine – Seewesen eines Staates; Flottenwesen.

Mariner – Scherzhaft für Marinesoldat, Matrose.

Marinero – Spanische Bezeichnung für den Angestellten einer Marina.

Marinismus – Das Bestreben eines Staates, eine starke Seemacht zu werden.

Marlschläge am Besan der Gaffelketsch *FRANZIUS*.

Maritim – Das Seewesen betreffend.

Marlschlag – Halber Schlag, dient zum Anreihen der Segellieken an die Gaffel oder den Baum.

Marlspieker – Konisch zulaufender Dorn aus Stahl oder Holz zum Arbeiten mit Tauwerk.

Marlspieker.

MARPOL – (s. Abb. o.) Marine Pollution, internationales Übereinkommen von 1973 und 1978 zum Schutz der Meere. Die Anlage VI »Regeln zur Verhütung der Luftverunreinigung durch Seeschiffe« ist als letzte Anlage seit dem 19. Mai 2005 gültig. Diese Regelung gilt für alle Schiffe, also auch für Sportboote mit einer Maschinenanlage oder einer Hilfsmotorenanlage von mehr als 130 kW.

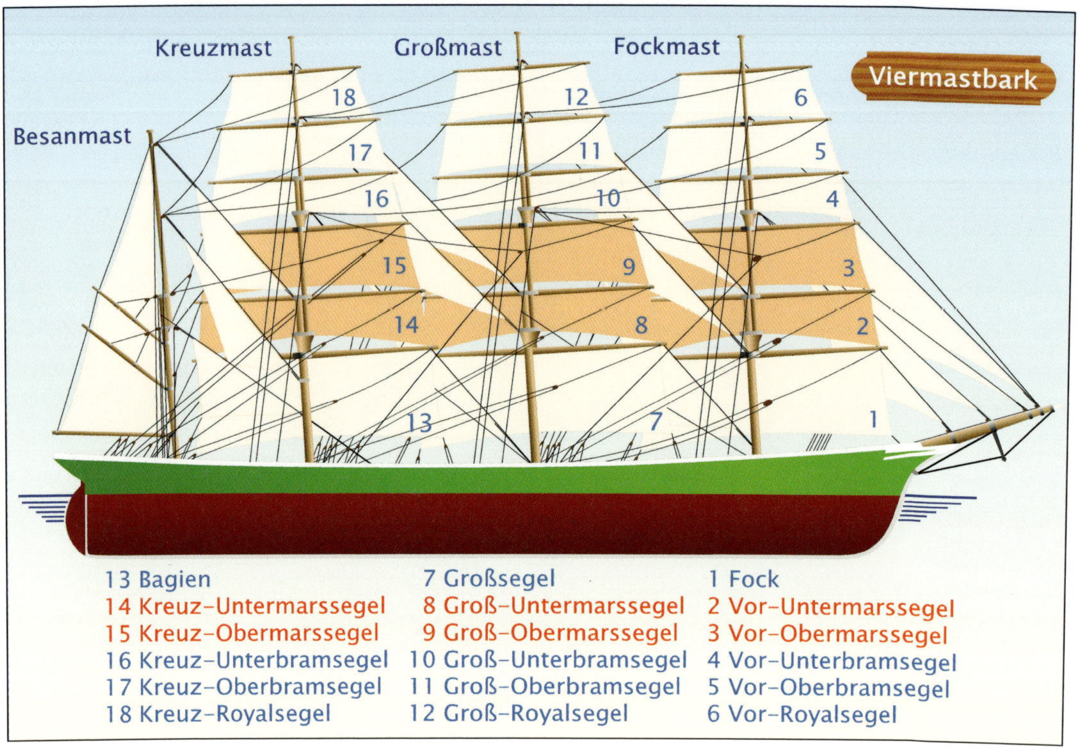

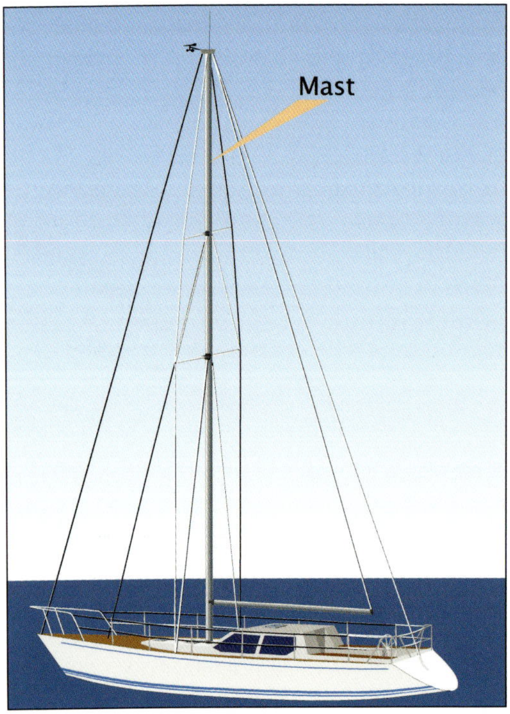

Mast

Marssegel – Rahsegel in der »zweiten Etage« eines Großseglers.

Marsstenge – Nach dem Mast die erste Verlängerung. Darüber kommt die Bramstenge.

Mast – (s. Abb. l.) Masten nehmen die Segel auf und spielen damit für den Vortrieb des Schiffes eine entscheidende Rolle. Unterschieden wird zwischen Pfahlmasten und gebauten Masten. Pfahlmasten werden aus einem Baum hergestellt, heute jedoch kaum noch verwendet. Moderne Masten werden aus Holz gebaut oder sie bestehen aus Aluminium und neuerdings schon aus Carbon.

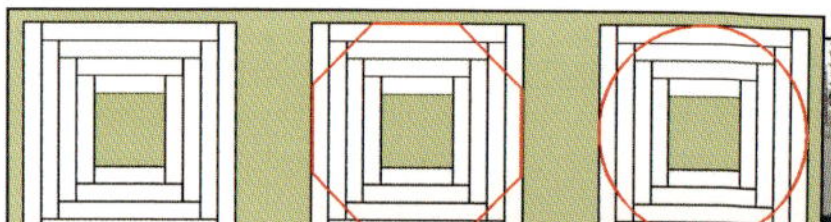

Mastbau – Herstellen eines (hölzernen) Mastes.

Weserkahn *FRANZIUS* mit abgelegten Masten auf der Weser an der Bremer Schlachte.

Masten legen – Mithilfe eines Jütbaums die Masten auf Deck ablegen.

Mastenkran – Kran in Yachthäfen, um die Masten zu ziehen bzw. zu stellen.

Mastfall – Neigung des Mastes nach vorn oder achtern.

Mastgarten – Um den Mast angeordnete Nagelbank.

Mastkrümmung – Biegung des Mastes in einem kleinen Bogen nach achtern.

Mastmanschette – Abdichtung des durchgesteckten Mastes gegen Feuchtigkeit.

Mastmanschette auf dem Schulschiff *DEUTSCHLAND* in Bremen-Vegesack.

Mastrutscher – Verbindung zwischen dem Vorliek eines Segels und dem Mast.

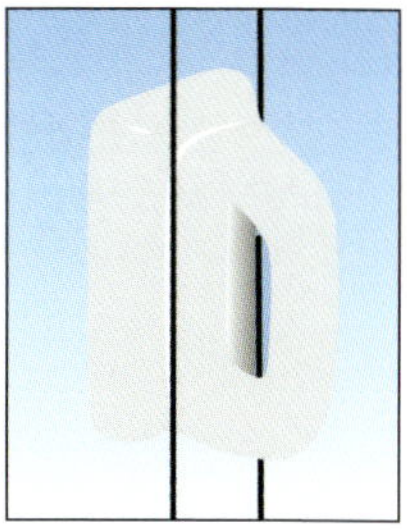

Mastrutscher.

Mastschiene – Eine Schiene, die an der hinteren Seite des Mastes angeschraubt ist und die Mastrutscher mit dem Segel aufnimmt.

Mastspur – Fundament des Mastes, das den Druck auf den gesamten Rumpf verteilt. Bei Jollen kann der Mast auf der Mastspur nach vorn oder achtern verstellt werden.

Maststufen – Am Mast fest angebrachte oder abklappbare Stufen zum Erklimmen des Mastes.

Masttopp – Mastspitze, oberstes Ende eines Mastes.

Mastzentrum – Die Platzierung des bzw. der Masten ist für Kursstabilität, die Segelausnutzung und die Fahrt eines Schiffes von äußerster Wichtigkeit. In der Vergangenheit war die Erfahrung des Konstrukteurs von großer Bedeutung. Im heutigen Computerzeitalter gibt es entsprechende Konstruktionsprogramme, mit denen sich die optimale Platzierung der Masten berechnen lässt.

Matrose – Die Ausbildung zum Matrosen wurde eingestellt. Jetzt heißt er »Schiffsmechaniker« und wird an Deck und an der Maschinenanlage ausgebildet.

MAYDAY – Im internationalen Sprechfunk wird das Wort »Mayday« für einen Seenotfall benutzt. Kommt aus dem französischen und bedeutet: »Aidez-moi!« = »Helft mir!«.

Meerenge – Schmaler Meeresstreifen zwischen zwei Festlandteilen oder Inseln.

Meeresleuchten – Nachts durch Leuchtbakterien verursachtes Leuchten des Meeres. Tritt auch in seewasserbetriebenen Bord-WCs auf.

Meerjungfrau, Seejungfrau, Nixe – Fabelwesen, halb Jungfrau, halb Fisch mit Fischschwanz.

Meltemi – türkischer Name für in der nördlichen Ägäis auftretende nordöstliche Winde (griechisch: Etesien). Bei guter Sicht und wolkenlosem Himmel treten morgens Windgeschwindigkeiten von 3 bis 4 Bft auf, abends können es bis zu 10 Bft werden. Wehen von Mai bis September und im Juli und August sind am stärksten.

Melville, Hermann – Amerikanischer Romanautor (1819–1891). Schrieb unter anderem das Meisterwerk »Moby Dick«. Konnte seinen Unterhalt trotz der vielen Bücher nicht allein mit der Schriftstellerei bestreiten und arbeitete als Zollbeamter in New York.

Mercator-Projektion – Unsere Seekarten sind nach der Mercator-Projektion erstellt. Die Kontinente werden auf einem Zylinder abgewickelt. Es entsteht eine Winkeltreue der Verbindungslinien. Damit kann der Kurs zwischen zwei Orten direkt abgelesen werden. Nachteil ist die nicht exakte Abbildung der Flächen.

Meridian – Längengrade, laufen von Pol zu Pol. Der Null-Meridian liegt seit 1884 bei Greenwich, England. Von 1634 bis 1884 lag er auf El Hierro, der westlichsten der Kanarischen Inseln.

Messbrief – Amtlicher Brief, mit dem die Ergebnisse der Vermessung eines Schiffes bescheinigt werden.

Messe – Seemännischer Ausdruck für Speiseraum eines Schiffes; Offiziersmesse und Mannschaftsmesse. Auf Yachten ist es der Hauptwohnraum, der in der Regel mittschiffs liegt.

Meuterei – Aufstand von Matrosen gegen Vorgesetzte. Ist nach dem Seemannsgesetz ein Straftatbestand.

MgK – Magnetkompasskurs, Winkel zwischen Magnetkompass-Nord und der Rechtvorausrichtung des Schiffes.

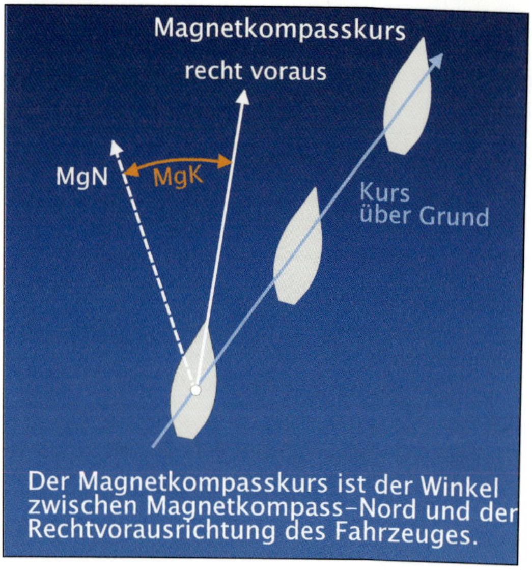

Der Magnetkompasskurs ist der Winkel zwischen Magnetkompass-Nord und der Rechtvorausrichtung des Fahrzeuges.

MgN – Magnetkompass-Nord, vom Magnetkompass angezeigte Nordrichtung. Kann durch magnetische Einflüsse des Schiffsmagnetfeldes vom missweisenden Nord abgelenkt werden.

MgP – Magnetkompass-Peilung, kann durch einen Kompasspeilaufsatz, Handpeilkompass oder mit Radar durchgeführt werden.

Millibar – Alte Maßeinheit für den Luftdruck; wurde durch Hektopascal (hPa) ersetzt. 1 Millibar (mb) = 1 Hektopascal (hPa).

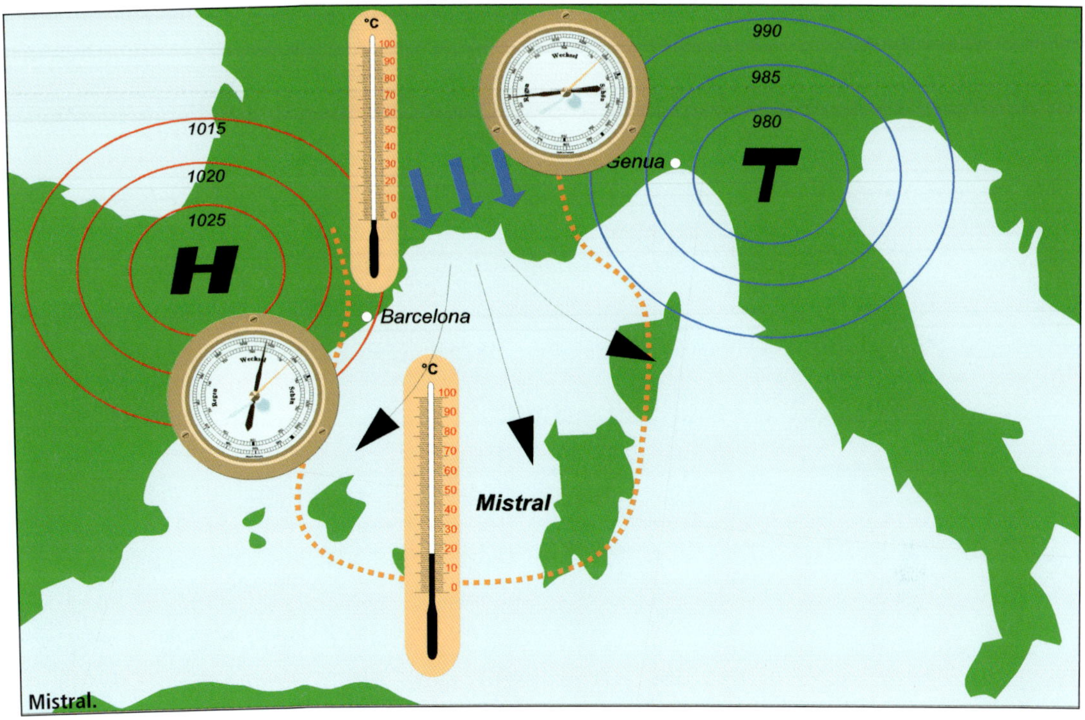

Mistral.

Missweisend Nord – Richtung zum magnetischen Nordpol. Lag im Jahr 2003 bei 82° N und 112°4'West. Der magnetische Nordpol wandert zurzeit ca. 20 sm nordwärts pro Jahr.

Missweisende Peilung (mwP) – Bevor eine Peilung in die Seekarte eingetragen werden kann, muss sie zur rechtweisenden Peilung (rwP) umgewandelt werden.

Missweisung (Mw) – Winkel zwischen Rechtweisend-Nord (der geografische Nordpol, auf den die Seekarten bezogen sind) und Missweisend-Nord (magnetischer Nordpol, s. Magnetpol). Die Missweisung ändert sich jährlich, die Änderung kann den Seekarten entnommen werden.

Mistral – (s. Abb. o.) Der Mistral tritt verstärkt im Winter auf und dauert im Mittel bis zu 4 Tage. Aber auch im Sommer kann er Orkanstärke erreichen. Das Hauptwindgebiet umfasst Mallorca, Sardinien, Korsika, den Golf von Lion und den Golf von Genua; berüchtigt ist der Mistral in der Straße von Bonifacio.

Mistwetter – Bezeichnung für nebeliges Wetter.

Mitsegler – Ein Segelschiff, dass auf dem gleichen Kurs segelt.

Mittefahrwassertonne – Rot-weiß gestreifte Tonne. Kennzeichen zur Ansteuerung von Schifffahrtswegen und der Mitte von Fahrwassern (s. Ansteuerungstonne).

Mittelgrund – Eine Untiefe, die das Fahrwasser in zwei Teile teilt.

Mittschiffs – Mitte des Schiffes (in Längsrichtung).

Mittzeit – (s. Abb. folgende Seite) Zwischen Spring- und Nippzeit liegende Zeitspanne; beginnt zwei Tage nach Springzeit und dauert drei Tage.

MMSI – Mobile Maritime Service Identity, internationale 9-stellige Rufnummer für digitale Selektivrufe und zur Identifikation von EPIRBs.

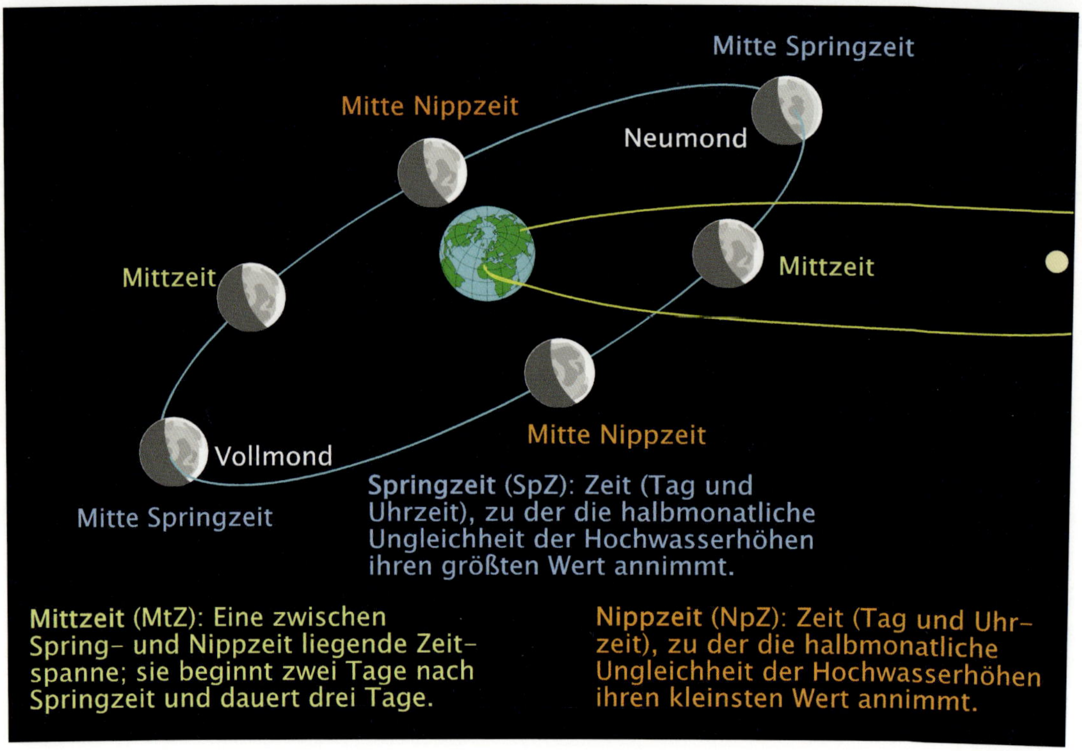

Mittzeit.

MOB – Man over Bord; dieser Ruf ertönt, wenn eine Person über Bord gefallen ist. Es sind schnellstens die Rettungsmanöver einzuleiten. In der früheren Segelschifffahrt war das Überbordfallen wie der Sprung ohne Fallschirm aus einem Flugzeug – es endete fast immer tödlich. Aber auch heute ist die Wahrscheinlichkeit zu überleben recht gering. Deshalb muss das MOB-Manöver immer wieder geübt werden.

Modder – Bezeichnung für besonders klebrigen und schweren Schlamm.

Mole – Schützt einen Hafen vor schwerer See, Versandung und Treibeis.

Monsun – Regenreicher Wind über der indischen Region.

Morsen – Mithilfe des Morsealphabets Signale, Befehle oder Mitteilungen übermitteln.

Moses – Seemannslehrling auf einem Schiff, er ist der Jüngste.

MRCC Bremen – Maritime Rescue Control Center, Rettungsleitstelle. Koordiniert von Land aus Rettungseinsätze auf See. In Deutschland ist es die DGzRS (s. dort) in Bremen.

Rettungskreuzer *HANNES GLOGNER* der DGzRS im Einsatz.

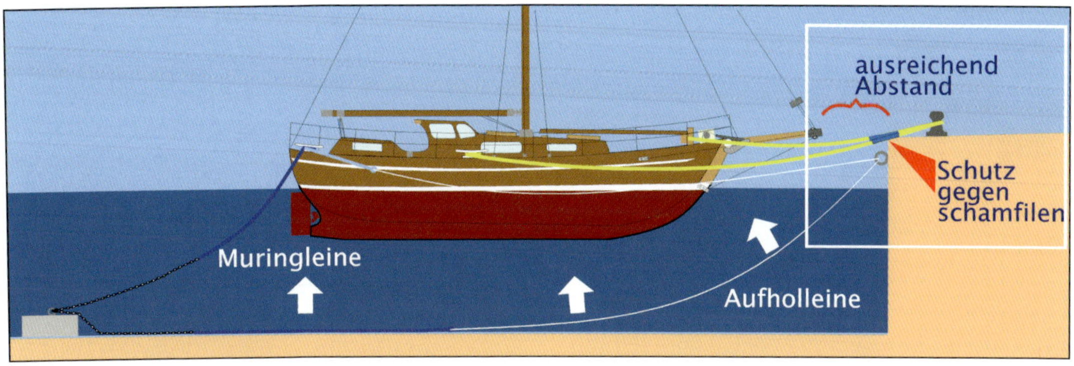

Festmachen an einer Muring.

MSI – Maritime Safety Informations (maritime Sicherheitsinformationen). Internationales Netz von Sendestationen. Die Informationen können an Bord mit einem Empfänger wie z.B. NAVTEX automatisch empfangen werden. Gesendet werden nautische Warnnachrichten, meteorologische Warnnachrichten, Eisberichte, Informationen zur Suche und Rettung in Seenotfällen, Wettervorhersagen, Informationen über Lotsendienste und Informationen über elektronische Navigationssysteme.

Mugge – Trinkbecher auf einer Yacht. Nur 2/3 füllen, sonst schwappt bei Lage der Inhalt über.

Multifunktionsanzeige – Display elektronischer Geräte, die z.B. die Wassertiefe, Fahrt, den Kurs oder die Windstärken anzeigen.

Multihull – Mehrrumpfschiff wie z.B. Katamaran oder Trimaran. Multihulls sind in der Regel schneller als Einrümpfer.

Beispiel für einen Multihull: Katamaran auf der Fahrt von den Ostfriesischen Inseln nach Helgoland.

Muring – (s. Abb. o.) Dient zum Festmachen eines Schiffes vor oder in einem Hafen. Nicht zu verwechseln mit vermuren = Ausbringen von zwei Ankern. Mit einer dünnen Aufholleine wird der Festmacher, die Muringleine, vom Hafengrund hochgeholt und an Bord belegt.

Musikdampfer – Kreuzfahrtschiff.

Mützensegler – Etwas abfällige Bezeichnung der Seeleute für Sportsegler.

mwN – Missweisend-Nord, Richtung zum magnetischen Nordpol. Weicht vom geografischen Nordpol, auf den sich die Kartendaten beziehen, ab.

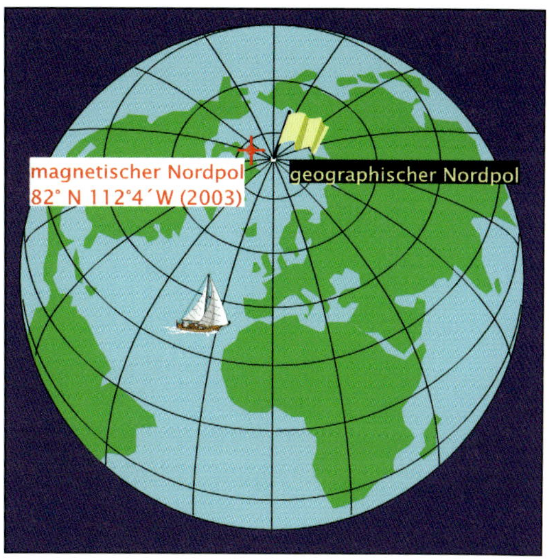

Nordpol(e).

Nachlaufende See – Der Wellengang in Fahrtrichtung des Schiffes, der mitläuft.

Nachrichten für Seefahrer (NfS) – Werden wöchentlich vom BSH für die Bundesrepublik Deutschland herausgegeben. Es gibt sie in Heftform und im Internet unter www.bsh.de. Sie enthalten wichtige Informationen über Seekartenberichtigungen und andere, für die Schifffahrt wichtige Ereignisse.

Nachtsichtgerät – Optisches Gerät zum Erkennen von Objekten in der Nacht. Verstärkt das vorhandene Restlicht bis zu einem guten Bild.

Nagelbank – Auf Rahseglern starke Holz- oder Metallbänke zur Befestigung (= zum Belegen) des laufenden Guts. Die Leinen werden auf Belegnägeln belegt, die in der Nagelbank stecken.

Nahezuaufschießer, auch Aufschießer – Kontrolliertes Anlegen eines Segelbootes an einer Boje oder einem Steg unter Segel.

Nationale – Nationalflagge. Jedes Schiff muss sich durch seine Nationalflagge kenntlich machen. Sie wird in der Regel am Heck des Schiffes geführt. In ausländischem Hoheitsgebiet führt das Schiff zusätzlich zu seiner eigenen auch die Nationalflagge des Gaststaates.

Nationale Klassen – Nur von einem Landessegelverband anerkannte Segelklassen.

Nationalparks – Im Seebereich eingerichtete Nationalparks zum Schutz der Flora und Fauna. Es gelten dort eingeschränkte Wassersportbedingungen.

Nautik – Die Wissenschaft von der nautische Führung eines Schiffes und den damit verbundenen Wind-, Wasser- und Wetterverhältnissen.

Nautischer Funkdienst – Handbuch für ausrüstungspflichtige Schiffe. Enthält wichtige Informationen über den Seefunk.

Nautisches Jahrbuch – Jährlich erscheinendes Buch (seit 1852 vom DHI, jetzt BSH) für die astronomische Standortbestimmung.

Navigation – Schiffskunde, von lat. »navigare« = segeln. Gesamtheit der Maßnahmen zur Bestimmung des Standortes und zur Einhaltung des gewählten Kurses.

Navigationsbesteck – Das Handwerkszeug des Navigators, es besteht aus dem astronomischen Besteck wie Sextant und Chronometer und dem terrestrischen Besteck wie Navigationsdreieck und Kartenzirkel. Damit können Standort und Kurs in der Seekarte bestimmt werden. Die elektronische Seekarte wird diese Tätigkeiten in der Zukunft verdrängen.

NAVTEX – Navigational Informations over Telex, Empfangsgerät für nautische Warnnachrichten und Wetter.

Nebel – Beträgt die Sichtweite nicht mehr als 1000 Meter, so sprechen wir vom Nebel.

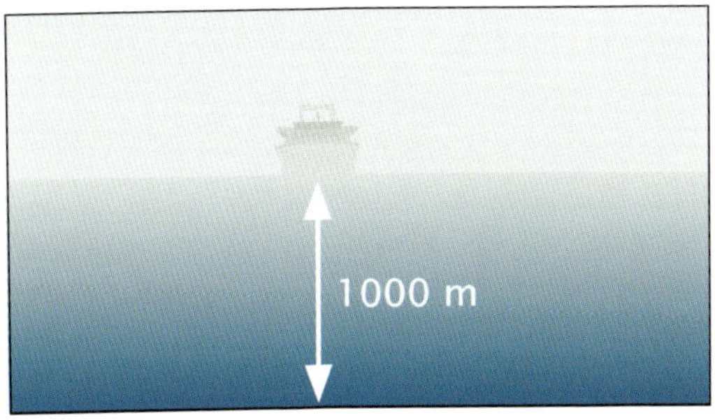

Nebelhorn – Jedes Schiff muss mit einem Nebelhorn ausgerüstet sein. Dient zum Aussenden von Schallsignalen, vornehmlich bei Nebel.

Nebelsignale – Erforderliche Schallsignale nach der SeeSchStrO im Nebel. Im deutschen Hoheitsbereich wird bei Nebel allerdings kein Signal mehr gegeben, höchstens noch bei kritischer Annäherung zweier Schiffe. Durch Radarüberwachung wurden die Schallsignale fast überflüssig.

Nebensonne – Wettererscheinung, bei einem bestimmten Sonnenstand bricht sich das Sonnenlicht an Eiskristallen und es kommt zu einer Nebensonne in Form von Spektralfarben.

Neerstrom – Ist ein Strom gegen die Hauptstromrichtung. Kommt in Buchten, hinter Buhnenfeldern oder in Hafeneinfahrten vor.

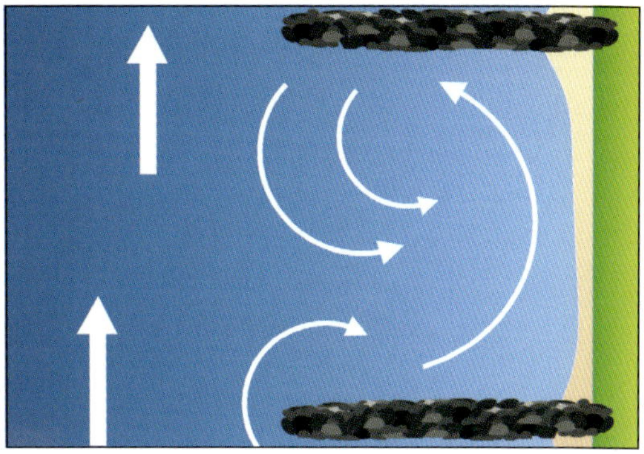

Nenntragweite – (s. Abb. folgende Seite) Meteorologische Sichtweite von 10 sm am Tag = internationaler Sichtwert 0,75. Für diese Sichtweite beziehungsweise für diesen Sichtwert ist die Tragweite von Leuchtfeuern angegeben.

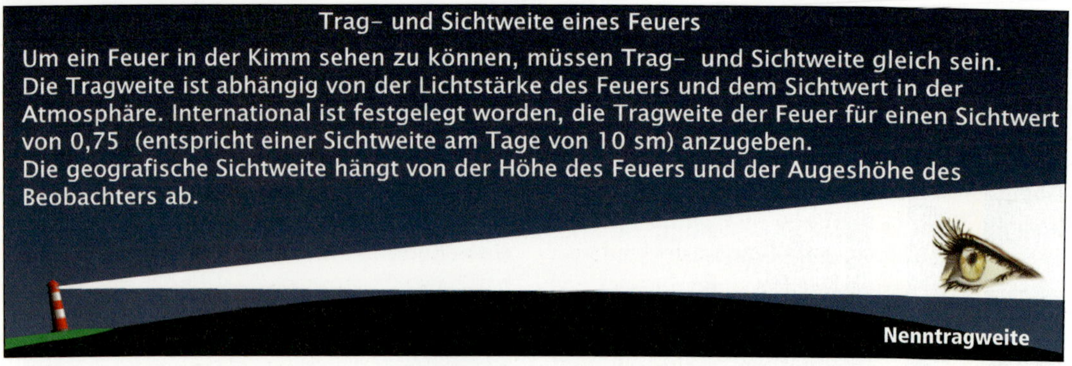

Nenntragweite

Neptun – Planet in unserem Sonnensystem und römischer Meeresgott. Seine Gemahlin war Salacia = die Salzsee.

Neumond – Sonne, Mond und Erde und stehen in einer Reihe. Der Erde zugewandt ist demzufolge die Schattenseite des Mondes.

NfS – Abk. für »Nachrichten für Seefahrer«. Werden für die Bundesrepublik Deutschland wöchentlich vom BSH herausgegeben. Es gibt sie in Heftform und im Internet unter www.bsh.de. Sie enthalten wichtige Informationen über Seekartenberichtigungen und andere, für die Schifffahrt wichtige Ereignisse.

Niedergang – Treppe vom Deck eines Schiffes in den tiefer liegenden Salon oder die tiefer liegende Koje. Bei Segelyachten vom Cockpit zum Salon.

Neumond

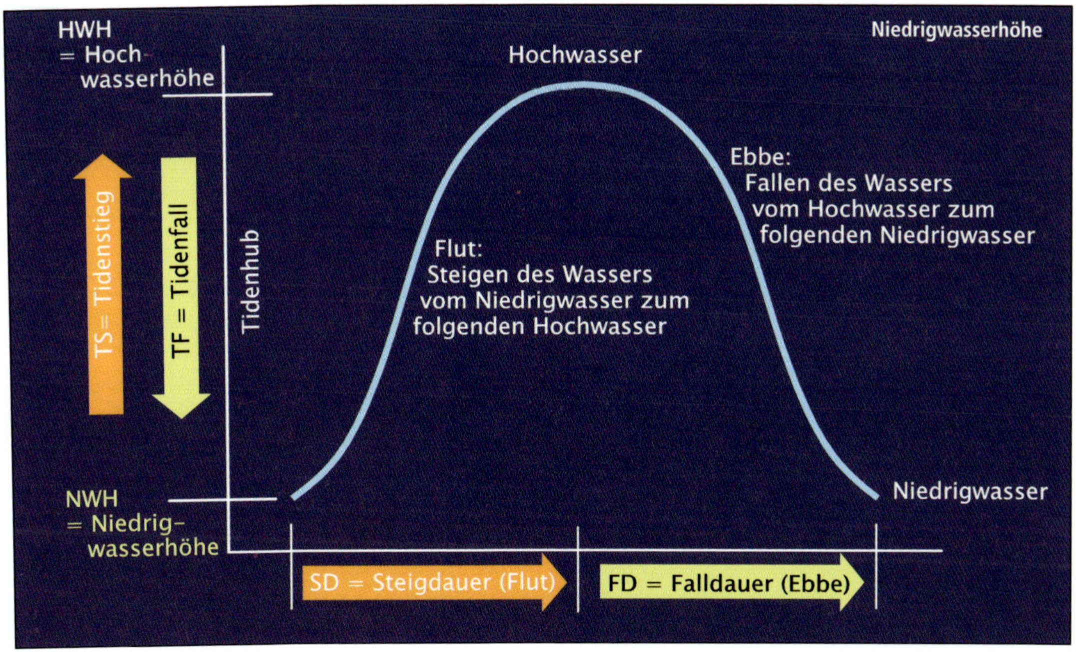

Niederholer – Am Mast und Baum angreifende Vorrichtung, um das Ansteigen des Baumes auf einem Vormwindkurs zu verhindern (s. Baumniederholer).

Niedrigwasser (NW) – Eintritt des niedrigsten Wasserstandes beim Übergang vom Fallen zum Steigen.

Niedrigwasserhöhe (NWH) – Höhe der Gezeit bei Niedrigwasser.

Niedrigwasserzeit (NWZ) – Zeit (Tag und Uhrzeit), zu der das Niedrigwasser eintrifft.

Nimbostratus – Regenwolken, die weit herunterreichen und milchig-konturlos sind.

Nimbus – (s. Abb. r.) Bezeichnung für Regenwolken.

Nippzeit (NpZ) – Zeit (Tag und Uhrzeit), zu der die halbmonatliche Ungleichheit der Hochwasserhöhen ihren kleinsten Wert annimmt.

Nimbuswolken.

Nirosta – Nicht rostender Stahl, Edelstahl, bekannt auch unter den Firmennamen von Krupp: V2A und V4A.

Nixe – Weiblicher Wassergeist, Meerjungfrau.

Nock – (s. Abb. folgende Seite) a) Ende eines Baums. b) Auf beiden Enden der Brücke ein Bereich zum Steuern des Schiffes bei Hafenmanövern bzw. zum Ausguckgehen. Es befinden sich dort zusätzliche Navigationsinstrumente wie der Peilkompass sowie Bedienungselemente für die Maschine und das Bugstrahlruder.

Nok.

NOK – (s. Abb. u.) Abkürzung für den Nord-Ostsee-Kanal. Verbindung von der Nord- zur Ostsee. Der NOK wurde am 21. Juni 1895 eingeweiht. Schiffe bis zu 235 m Länge, 32,5 m Breite und max. 9,5 m Tiefgang können ihn befahren. Der Kanal hat eine Mindestbreite von 160 m und eine Sohlentiefe von 11 m und ist 98,7 km (53,3 sm) lang. Er verkürzt die Fahrt von der Nord- zur Ostsee und umgekehrt um ca. 250 sm. International wird er »Kiel-Canal« genannt.

Normal Null (N.N.) – Das NN ist der Ausgangspunkt für alle Höhenmessungen.

Notices to Mariners – Die englischen Nachrichten für Seefahrer.

Notmeldung – Wird bei Gefahr für Schiff und Leben der Crew per Funk abgesetzt. Kann von den MRCCs empfangen werden.

Notrolle – Schriftlich festgelegte Rollen- und Aufgabenverteilung der Crew bei Brand, Wassereinbruch, lebensbedrohlichen Ereignissen usw.

Notruder – Kommt es zu einer Beschädigung der Rudersteuerung, wird ein Notruder in Form einer Pinne auf den Ruderschaft gesetzt. Bei Abbruch des Ruderblattes muss ein Notruder aus einer Tür oder anderen zur Verfügung stehenden Mitteln gebaut werden.

Nullmeridian – Der Nullmeridian ist der Längenhalbkreis, auf dem die Sternwarte von Greenwich, England, liegt. Von ihm werden jeweils alle Längen nach Ost und West bis 180° gezählt. Bei 180° ist die Datumsgrenze.

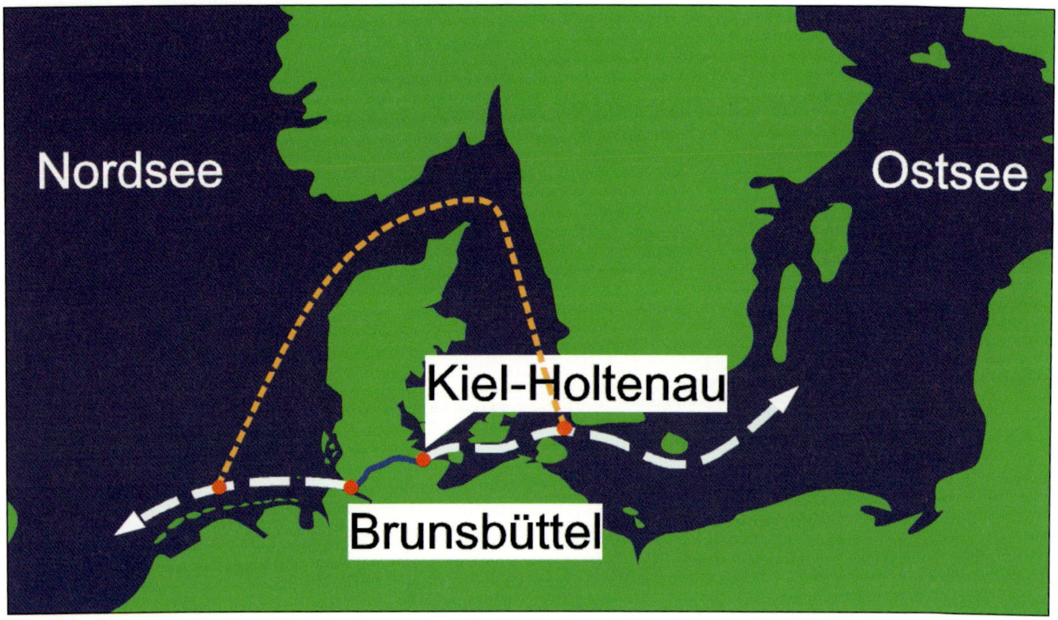

NOK (Nord-Ostsee-Kanal).

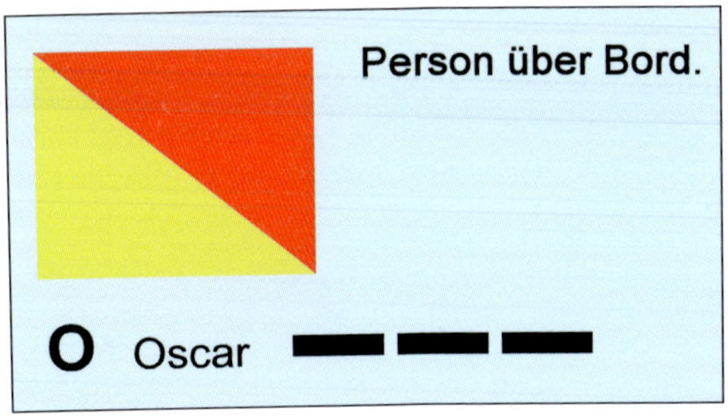

Oberfeuer – Das obere, hintere Feuer eines Richtfeuers. Richtfeuer bestehen aus einem Ober- und einem Unterfeuer, sie weisen den Weg in einem engen Fahrwasser. Sind beide Feuer in Deckung, befindet sich ein Schiff in der Richtfeuerlinie und damit auf Kurs. Als Sportbootfahrer halten wir uns etwas rechts von der Richtfeuerlinie.

Oberlicht – (engl.: skylight), Decksfenster für Tageslicht und zur Belüftung.

Obersaling – Obere Querverstrebung am Mast (s. Saling).

Oberwant – Verstrebung vom Deck zum Masttopp (s. Want).

Offshore-Technik – Begriff für die Gesamtheit aller Geräte und Fahrzeuge, die für die Erkundung und Förderung von Bodenschätzen vor der Küste und in der Tiefsee erforderlich sind.

Okklusion – Die Kaltfront bewegt sich schneller als die voranziehende Warmfront. Treffen beide aufeinander, kommt es zur Okklusion.

Ökosystem – Gemeinschafts- und Beziehungsgeflecht von Organismen untereinander und zu ihrem Lebensraum.

Ökotourismus – »Sanfte« Form des Tourismus, hat das Ziel, der Natur wenig Schaden zuzufügen, ja sogar zu ihrer Erhaltung beizutragen.

Oktant – Altes Winkelmessgerät, Vorläufer vom Sextanten. Gerät zur Bestimmung des Winkels von Sonne, Mond und Sterne. Mit dem Oktanten, der Zeit und entsprechenden Tafeln wurde der Ort des Schiffes astronomisch berechnet.

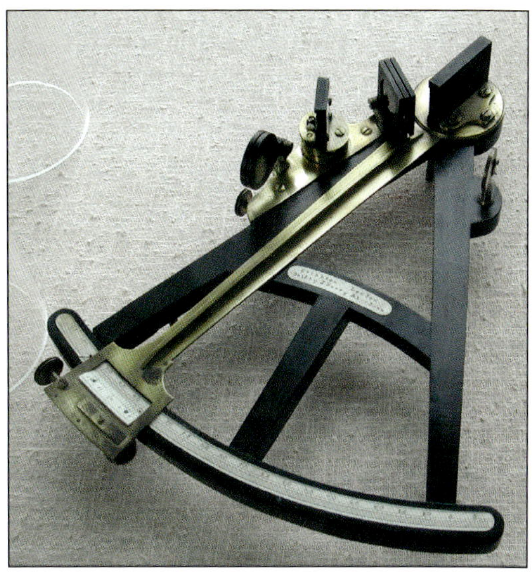

Oktant im Deutschen Schifffahrtsmuseum Bremerhaven.

Öldruckanzeige – Diese Anzeige muss regelmäßig überwacht werden. Bei Abfall des Öldrucks Motor sofort abstellen, sonst wird der Motor in kurzer Zeit zerstört.

Ölfilter – Filtert im laufenden Betrieb Verunreinigungen aus dem Motoröl. Regelmäßig wechseln (siehe Wartungshandbuch Motor), um den Motor vor Schaden zu schützen.

Olympische Bootsklassen – (s. Abb. u.) Bootsklassen, die an den Olympischen Sommerspielen teilnehmen. Ändern sich alle vier Jahre, deshalb ist die Grafik nicht verbindlich.

Olympisches Dreieck – Vom Wind her gibt es drei mögliche Kurse: Am Wind, vorm Wind und raumschots. (Der Halbwindkurs ist nicht dabei, deshalb gibt es eine erweiterte Variante für nationale Regatten mit Halbwindkurs.) Beim olympischen Dreieck finden vier Runden statt: 1. Runde = aufkreuzen und raumschots, 2. Runde = aufkreuzen und vorm Wind, 3. Runde = aufkreuzen und raumschots, 4. Runde = Kreuzkurs ins Ziel.

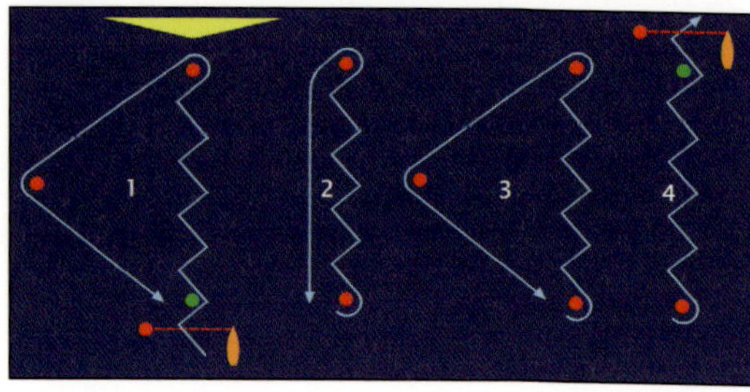

Ölzeug – Für schweres Wetter geeignete Kleidung.

Open form – Abmachung beim Bergen eines Schiffes: Ein Bergelohn wird nicht pauschal vereinbart, sondern nur bei Erfolg gezahlt. Wassersportler untereinander ersetzen sich den Aufwand.

Olympische Bootsklassen.

Opferanode – Die Opferanoden sind außen am Unterwasserschiff oder an der Antriebswelle angebracht. Sie dienen der Opferung beim elektrochemischen Zersetzungsprozess. Opferanoden müssen regelmäßig ersetzt werden (s. Anode).

Optimist – Jüngstenjolle zum Einstieg in die Segelkarriere. Manchmal segeln auch Erwachsene damit.

Orbitalströmung – Die Wasserteilchen auf dem Wellenkamm schieben das Boot voran, während die Wasserteilchen im Wellental entgegenlaufen. Bei zu viel Fahrt besteht die Gefahr, dass das Boot querschlägt oder der Bug abtaucht. Es muss eine ausgewogene Fahrt erreicht werden, die bei einer Fahrtenyacht bei ca. 5 kn liegen sollte.

Orkan – Windstärke 12 der Beaufortskala, Windgeschwindigkeit über 63 Knoten. An Land führt er zu schweren Verwüstungen, auf See stellt er höchste Anforderungen an Crew und Schiff.

Ösfass – Schöpfgefäß für kleinere Boote, damit wird geöst.

Osmose – Osmose ist eine chemische Reaktion. Nicht ausreagierte Substanzen im GfK (glasfaserverstärkten Kunststoff) des Rumpfes reagieren mit Wasser, das durch das Gelcoat eindringt. Es entstehen Säuren, im Laminat baut sich ein Druck auf, der zur Blasenbildung führt. Das Gelcoat wird zerstört und Seewasser dringt in das Laminat ein. Die Bootsbauindustrie bietet inzwischen Osmosegarantien an.

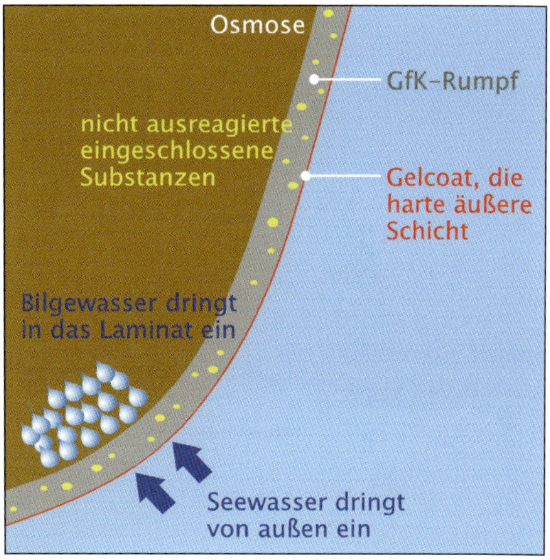

Ozean – Die zusammenhängenden Wassermassen der Erde, das Weltmeer.

Ozeanographie – Die Wissenschaft von den Weltmeeren.

Päckchen – (s. Abb. u.) Liegeweise, wenn am Steg oder Pier nicht genügend Platz ist: Die Schiffe liegen dann im Päckchen. Die Segler müssen versetzt anlegen, damit bei Schwell oder starkem Wind die Salinge sich nicht berühren. Jede dritte Yacht muss eine Landleine legen.

Paddel – Werden aus Holz oder Kunststoff gefertigt und gehören auf einem Beiboot zur Sicherheitsausrüstung, auch wenn das Beiboot üblicherweise mit einem Motor angetrieben wird.

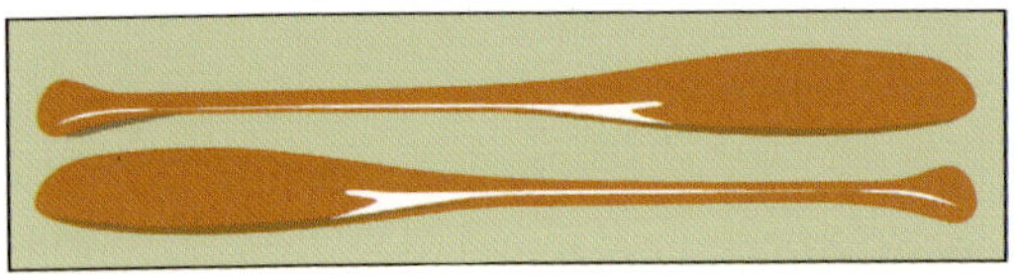

Pall – Mehrzahl »Pallen«. Hölzer zum Abstützen eines Schiffes an Land. Der Vorgang des Abstützens wird Aufpallen genannt.

Pallen, Aufpallen – Schiff an Land abstützen.

Mit Pallen abgestützt: Die *ARIANE*, das Schiff des Autors.

Palstek – Ein Seemannsknoten. Der Palstek ermöglicht das Festmachen an einem Pfahl oder Poller. Bei diesem Knoten zieht sich das Auge nicht zu. b) Ein sehr gutes, alle zwei Monate erscheinendes Wassersportmagazin.

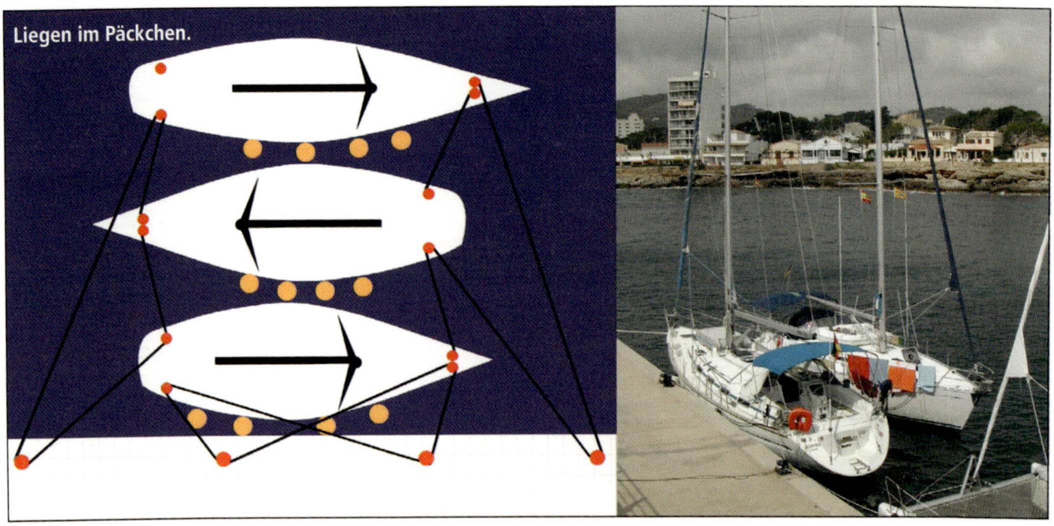

Liegen im Päckchen.

Panamakanal – Am 15. August 1914 als US-amerikanischer Kanal eröffnet. Seit dem 31. Dezember 1999, 12:00 Uhr, im Besitz von Panama. Verbindet als Wasserstraße in Mittelamerika den Pazifischen mit dem Atlantischen Ozean. Die eigentliche Fahrrinne ist 81 km lang und 14,5 m tief, die Mindestbreite beträgt 152 m. Er verkürzt den Seeweg von der West- zur Nordküste Nordamerikas um 8100 sm. Ist neben dem NOK und dem Suezkanal eine der meistbefahrensten Kanäle der Welt.

Pantry – Die Küche auf einem Schiff (s. Kombüse), der Koch heißt Smut.

Parasailing – Fallschirmfliegen, ein Boot zieht mit einer Leine eine oder zwei Personen.

Part, die – Teile des Läufers einer Talje. Stehende Part: trägt die Last; laufende Part: Stück zwischen stehender und laufender Part; holende Part: dort greift die Kraft an.

Partenreederei – Mehrer Personen beteiligen sich an einem Schiff mit Gewinn und Verlust. Der Geschäftsführer ist der Korrespondentreeder mit beschränkter Vertretungsmacht.

Passage – a) Reise übers Meer. b) Enge Durchfahrt, z.B. durch einen Sund.

Passatsegel – Segel für mittlere Windstärken, z.B. zum Vormwindsegeln in den Passatwinden.

Passatwind – Konstanter Wind zwischen den Rossbreiten und den Kalmen. Auf der nördlichen Halbkugel als Nordost-, auf der südlichen als Südostpassat.

Passierabstand – Mit Radar ermittelter Abstand zwischen zwei Schiffen.

Patent – Befähigungszeugnis für nautische und technische Schiffsoffiziere und Kapitäne.

Patentanker – Anker, die sich durch ihre Form eingraben.

Patenthalse – Ungewolltes Umschlagen des Baumes auf einem Vormwindkurs; kann zu schweren Material- und Personenschäden führen. Das Setzen einer Bullentalje ist deshalb Pflicht, gerade auch bei sehr wenig Wind.

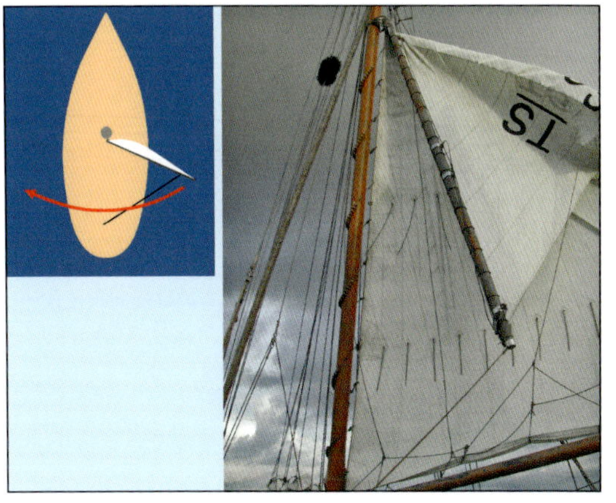

Bruch eines Schäkels des Piekfalls (Gaffelrigg) bei einer Patenthalse.

Patentlog – Nachgeschlepptes Log. Wie ein Tacho wird eine Schraube gedreht, auf einer Messuhr wird die zurückgelegte Strecke und die Geschwindigkeit angezeigt.

Patentreff – Verkleinern des Segels durch Einrollen in den Mast oder auf den Baum.

Patentschäkel – Fallen- oder Schotschäkel mit einem festen Auge für die Leine und einem zu öffnenden Auge. Der Verriegelungsbolzen kann nicht verloren gehen.

Pegel – Der Schifffahrtspegel zeigt die Wassertiefe im Tidenrevier an. Die Anzeige ist in Meter und Dezimeter. Neben dem Pegel für Wassertiefen gibt es auch solche für Brückendurchfahrtshöhen.

Pelikanhaken – Gesicherter Haken zum Befestigen von Tauwerk.

Persenning – Abdeckplane für das Schiff oder Teile des Schiffs.

Pfahlmuschel – An Pfählen lebende Muschel.

Pflugscharanker – Ein Allroundanker, der für viele Ankergründe eingesetzt werden kann, sehr hohe Haltekraft.

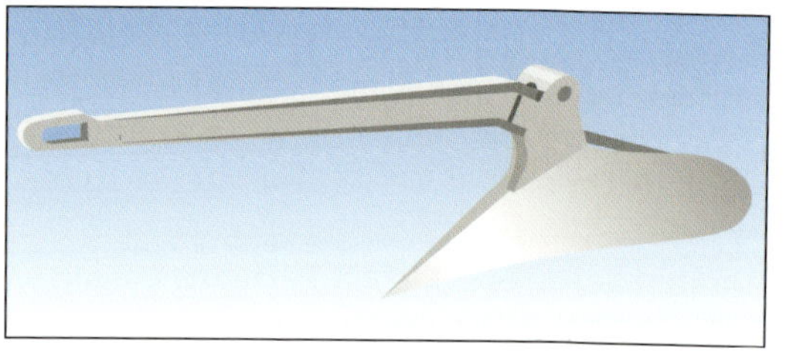

Peilaufsatz – Aufsatz auf dem Steuerkompass zur Peilung.

Peilkompass – Magnetischer Kompass zur Durchführung einer Peilung.

Peilscheibe – Peileinrichtung, wird auf Deck in Längsrichtung des Schiffes befestigt. Damit wird eine Seitenpeilung durchgeführt.

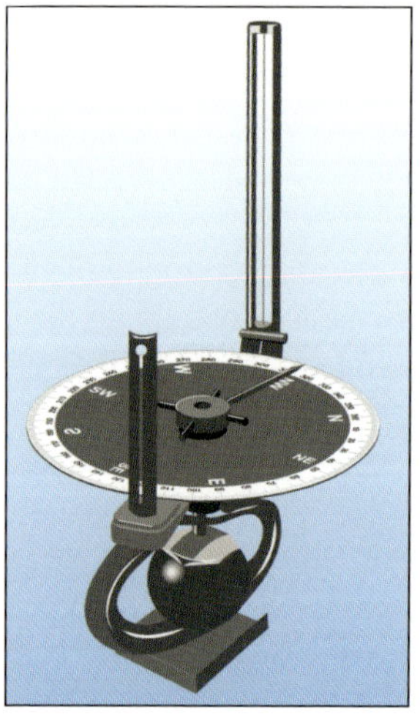

Peilung – (s. auch Kreuzpeilung). a) Erstellung einer Standlinie zu einem Objekt. b) Ortsbestimmungsverfahren, aus zwei oder drei Peilungen von in der Seekarte eingetragenen Objekten ergibt sich der beobachtete Schiffsort (Ob).

Phytoplankton – Pflanzliches Plankton, es führt die Fotosynthese durch und bildet die Nahrungsgrundlage für das Leben im Meer.

Piek – Unterster Teil des Schiffsraumes.

Piekfall – Fall zum Setzen eines Gaffelsegels. Piek- und Klaufall müssen in guter Abstimmung gezogen werden.

Pier – Anlage aus Holz, Stahl, Stein oder Beton zum beiderseitigen Anlegen von Schiffen; Landungsbrücke.

Pilzanker – Anstelle der Flunken hat dieser Anker einen Pilz. Zum Ankern über einen langen Zeitraum, z.B. bei Feuerschiffen.

Pilzlüfter – Deckslüfter, der aufgrund seiner Konstruktion das Eindringen von Schwellwasser verhindert.

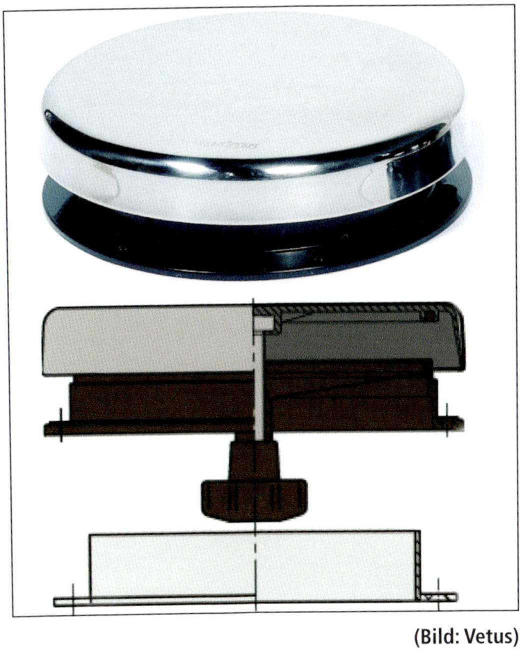

(Bild: Vetus)

Pinne – Hebelarm am Ruder.

Pinnenverlängerung – Auf die Pinne aufsteckbare Verlängerung, um mit einer Jolle im Trapez steuern zu können.

Piraten – a) Noch heute gibt es Piraten, und ihre Zahl ist wahrscheinlich größer als im 16. und 17. Jahrhundert. Sie sind stark bewaffnet und ebenso brutal wie früher. Nach offiziellen Angaben sind im Jahr 2004 300 Seeleute von Piraten getötet worden. Die modernen Piraten erbeuten kein Gold und keine Edelsteine mehr, sondern mit teurer Fracht beladene Containerschiffe. Sie sind weltweit organisiert und kapern ganze Schiffe. Auch Segelyachten werden von ihnen auf allen Weltmeeren überfallen. b) Jollen mit 10 qm Segelfäche, 5 m Länge und 1,60 m Breite; Kennzeichen im Segel ist das Enterbeil.

Planke – a) Starkes Bretter für das Deck und die Außenhaut. b) Über die Planke gehen: Mit verbundenen Augen auf einer Planke nach außenbord gehen, sicheres Todesurteil bei Piraten.

Plankton – Im oberflächennahen Bereich des offenen Meeres schwimmende Kleinstorganismen. Es besteht aus Phytoplankton (pflanzliche Organismen) und Zooplankton (tierische Organismen).

Plate – Größere Sandbank im Wattenmeer; z.B. die Tegeler Plate in der Weser.

Platt vor dem Wind – Der Wind kommt genau von achtern.

Plattbodenschiff – Flachgehendes Segelschiff mit Seitenschwertern, kommt bei den Seglern wieder in Mode.

Plattenanker – Leichtgewichtsanker, der sich mit seinen spitzen Flunken gut in den Boden eingräbt.

Plattgattheck – Schiff mit geradem Heck.

Plicht – Auch Cockpit genannt. Dort wird das Schiff gesteuert.

Plicht oder Cockpit des Schoners *ESPRIT*.

Plünnen – Seglerbezeichnung für seine Segel und seine Bekleidung.

P-Nachrichten – Nachrichten, die eine bevorstehende maritime Maßnahme ankündigen (P = Preliminary). Werden über die Nachrichten für Seefahrer verbreitet.

Polarkreis – Bei 66° 30′ nördlicher und südlicher Breite beginnende arktische und antarktische Polarzone.

Polarlicht – Nord- und Südlicht im Polarbereich. Die Sonne bringt mit ihrer Korpuskularstrahlung die Ionospäre der Erde (in ca. 100 km Höhe) zum farbenprächtigen Leuchten.

Polarstern – a) Steht in der Verlängerung der Erdachse über dem Nordpol. Diente zur Berechnung der geografischen Breite. b) Deutsches Forschungsschiff für Polarexpeditionen.

Polder – Dem Meer abgerungenes Land.

Pole – a) Endpunkte der Erdachse. b) Aus- und Eintrittspunkt des elektrischen Stromes.

Poller – Auf Deck oder an Land befestigte kräftige Vorrichtung (Kreuz- und Rundpoller) zum Belegen von Festmacheleinen.

Deckspoller des Rettungskreuzers *HERMANN MARWEDE* der DGzRS.

Polyester – Aus Säuren und Alkoholen gebildete Verbindung mit hoher Molekülmasse, die als wichtiger Rohstoff zur Herstellung von synthetischen Fasern und Harzen dient.

Pönen – Seemännischer Ausdruck für Anstreichen, Malen.

Poop – Von Bordwand zu Bordwand gehender Aufbau auf dem Achterdeck, meist Kajüten für Passagiere.

Portenband. Russische Viermastbark *KRUSENSTERN* (ehemals deutsche *PADUA*).

Portenband – (s. Abb. o.) Umlaufendes weißes Band am Schiffsrumpf mit schwarzen aufgepönten Stückpforten, Porten (Öffnungsklappen für Kanonen). Teils Schmuckelement, teils zur Abschreckung von Piraten.

Poseidon – Griechischer Gott des Meeres mit einem Dreizack. Sohn des Gottes Kronos, Bruder von Zeus. Seine Gemahlin war Amphitrite.

Position – Der Ort, an dem sich ein Schiff befindet. Kann durch Koppeln, terrestrische, astronomische oder satellitengestützte Navigation festgestellt werden.

Positionslaterne – Lichter dienen dem Gesehenwerden. Die Lichterführung von Schiffen richtet sich nach BinSchStrO, SeeSchStrO und KVR.

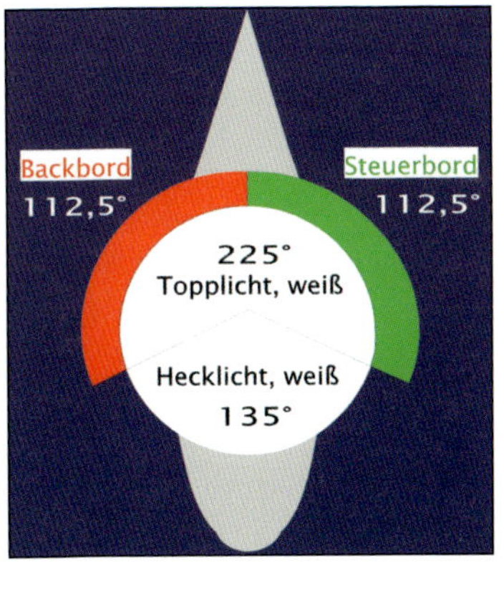

Pott – Umgangsprachlich für: großes Schiff.

Prahm – Plattbodiges, kastenförmiges Arbeits- und Transportfahrzeug.

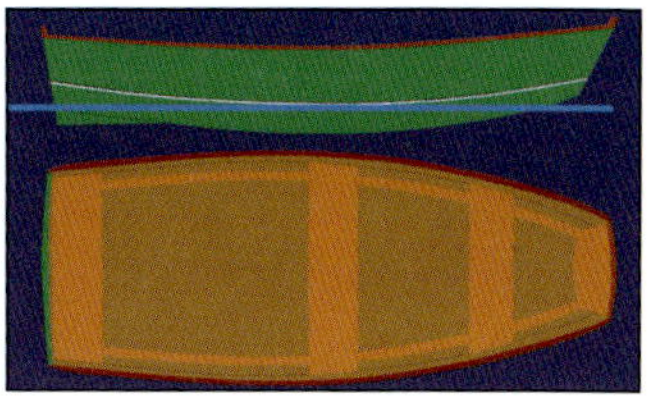

Preventer – auch: Backstag. Hält den Mast nach achtern.

Dichtholen des Luvpreventers nach der Wende an Bord des Weserkahns *FRANZIUS*.

Pricke – Fahrwasserzeichen im Wattenmeer, sind junge Birken. Sie werden im Frühjahr durch die Wasser- und Schifffahrtsbehörden im Wattenmeer mit dem Baumstamm eingespült. Eisgang im Winter vertreibt viele Pricken.

Gaffelketsch *FRANZIUS* beim Passieren einer Pricke im Niedersächsischen Wattenmeer.

Priel – Bei Niedrigwasser eine schmale, noch vorhandene Rinne im Wattenmeer.

Priel bei Neuwerk, Nordsee.

Propeller – auch: Schiffsschraube. Dient zum Vortrieb des Schiffes. Wurde vom österreichischen Forstmeister Josef Ressel 1829 erstmals erprobt und 1836 vom schwedischen Ingenieur J. Ericsson weiterentwickelt.

Propeller.

Propellerbrunnen – Ausschnitt im Kiel, Skeg, oder Ruderblatt, in dem der Propeller dreht.

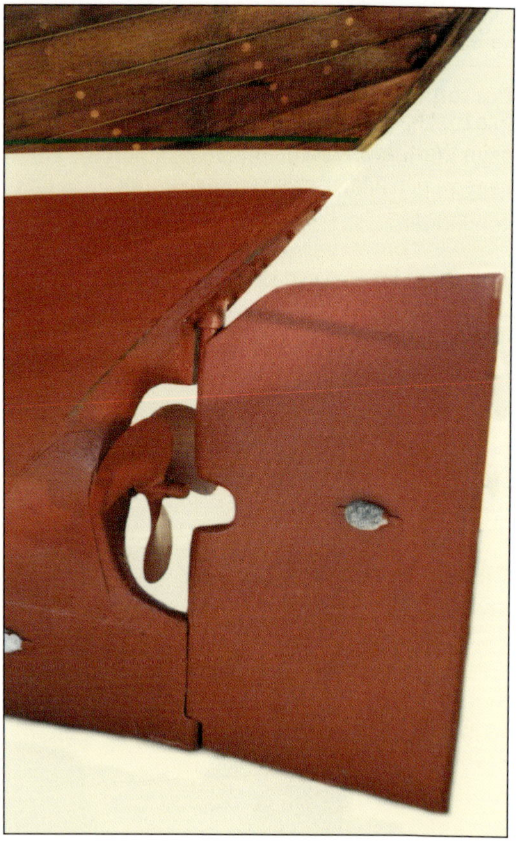

Propellerwelle – (s. Abb. folgende Seite) Treibt den Propeller an, läuft im Stevenrohr.

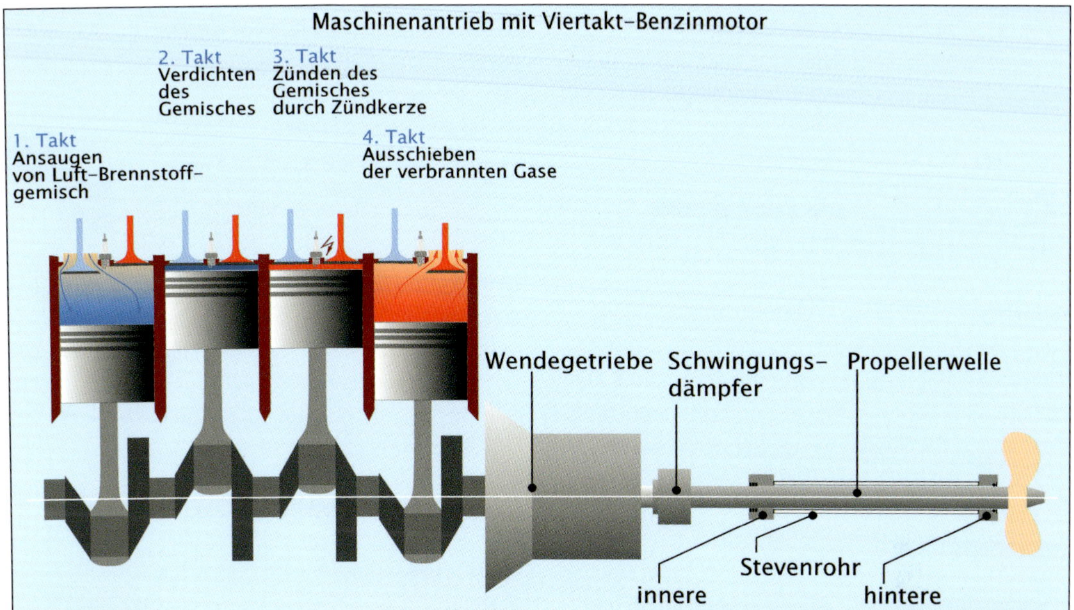

Propellerwelle.

Protestflagge – Protest beim Wettbewerbssegeln gegen einen anderen Segler. Wird mit der Protestflagge B = Bravo des internationalen Signalbuches angezeigt.

Protestflagge (Bravo).

Proviant – Wasser- und Speisenvorrat auf einem Schiff.

PS – Pferdestärke. Hält sich im Sprachgebrauch hartnäckig, trotz der Einführung der offiziellen Einheit kW für die Leistung eines Verbrennungsmotors. 1 PS = 0,735 kW, 1 kW = 1,36 PS.

Pullen – Seemännischer Begriff für Rudern. (Aus Moby Dick: »Pullt Jungs, pullt!«)

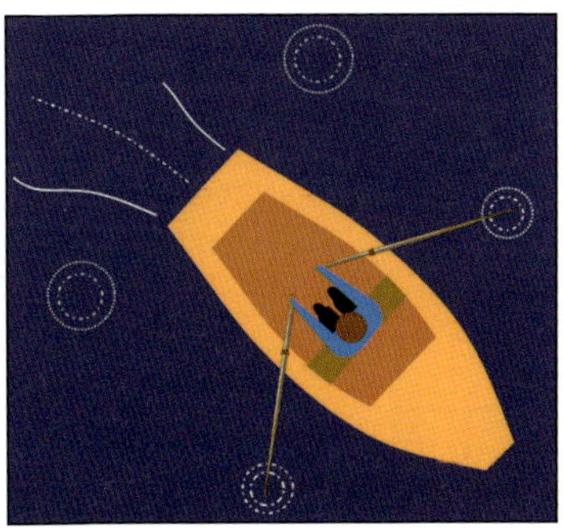

Pütting, der – auch: Rüsteisen. Beschlag, mit dem die Wanten am Schiffsrumpf befestigt werden.

Pütz – Ein Eimer, der auf Schiffen benutzt wird.

Pyrotechnische Signalmittel – Fallschirmsignale werden verwendet, um entfernte Fahrzeuge auf eine Notlage aufmerksam zu machen und grob in die Richtung einzuweisen. Handfackeln, Rauchsignale und Signalpatronen werden für eine genauere Positionsangabe bei Annäherung verwendet.

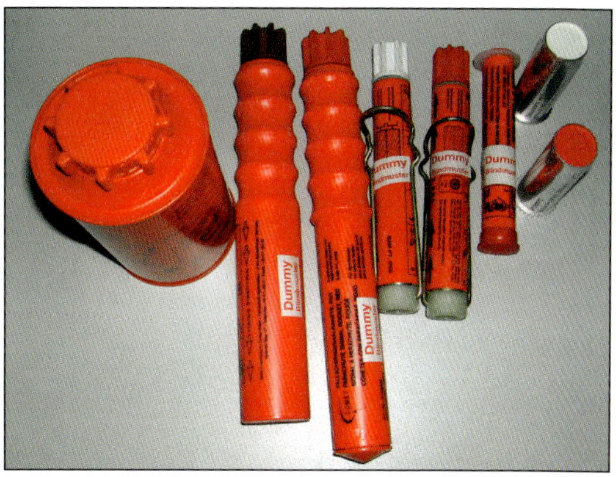

Seenotsignale (Dummys) für Sportboote der Firma Comet, Bremerhaven.

Quadrant – a) Astronomisches Gerät zur Bestimmung der Höhe und der Position von Gestirnen. Die Messung erfolgte durch den Navigator mit dem Rücken zum Gestirn. Dadurch erfolgte keine Blendung durch die Sonne, wie es bei der Verwendung des Jacobsstabs beim Mittagsbesteck der Fall war. b) Viertelkreis bei der Radsteuerung zur Übertragung der Kräfte auf das Ruderblatt.

Quarantäneflagge – Ist eine ansteckende Krankheit an Bord eines Schiffes ausgebrochen und will es einen Hafen anlaufen, so muss es vor einem Hafen auf Reede liegen (ursprünglich 40 Tage) und die Quarantäneflagge (Q über L) setzen. Kommt in neuerer Zeit relativ selten vor, vielleicht noch bei Kreuzfahrtschiffen.

Quarantäneflagge (Q über L).

Quecksilberbarometer – Besteht aus einem langen, dünnen Glasrohr, das aus einem Quecksilbergefäß nach oben ragt. Ein sehr kleines Loch in der Quecksilberkugel lässt den Luftdruck auf das Quecksilber einwirken. Auf einer geeichten Skala kann der Luftdruck abgelesen werden.

Querab – Rechtwinklig zur Schiffslinienmitte.

Querleine – Vorderliche und achterliche Festmacheleine.

Quermarkenfeuer – In Krümmungen von Fahrwassern stehendes Feuer, das erforderliche Kursänderungen anzeigt.

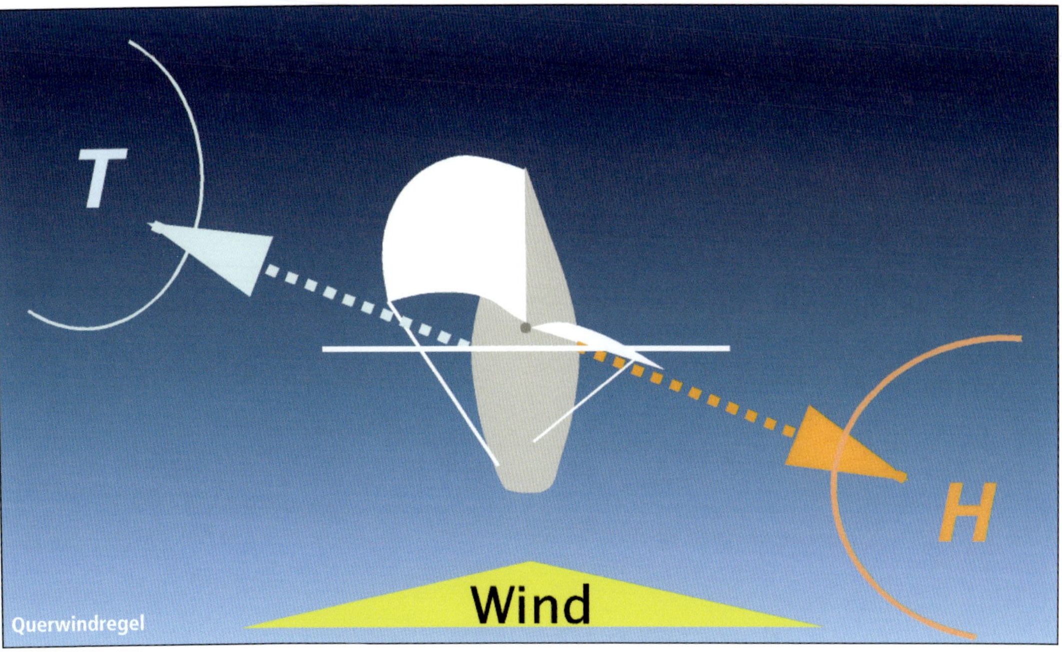

Querwindregel – Kommt der Wind von achtern, so liegt das Tief auf Backbord (2 Strich vorlicher als querab) und das Hoch auf Steuerbord (2 Strich achterlicher als querab).

Quick-Stopp-Manöver – Schnelles Manöver in einem Person-über-Bord-Fall.

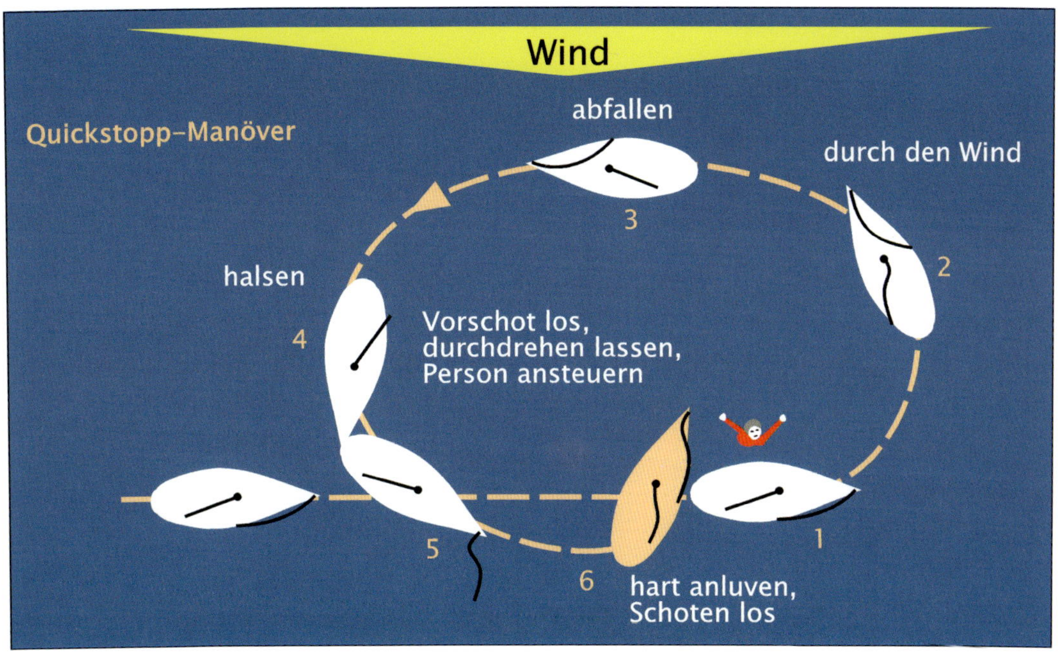

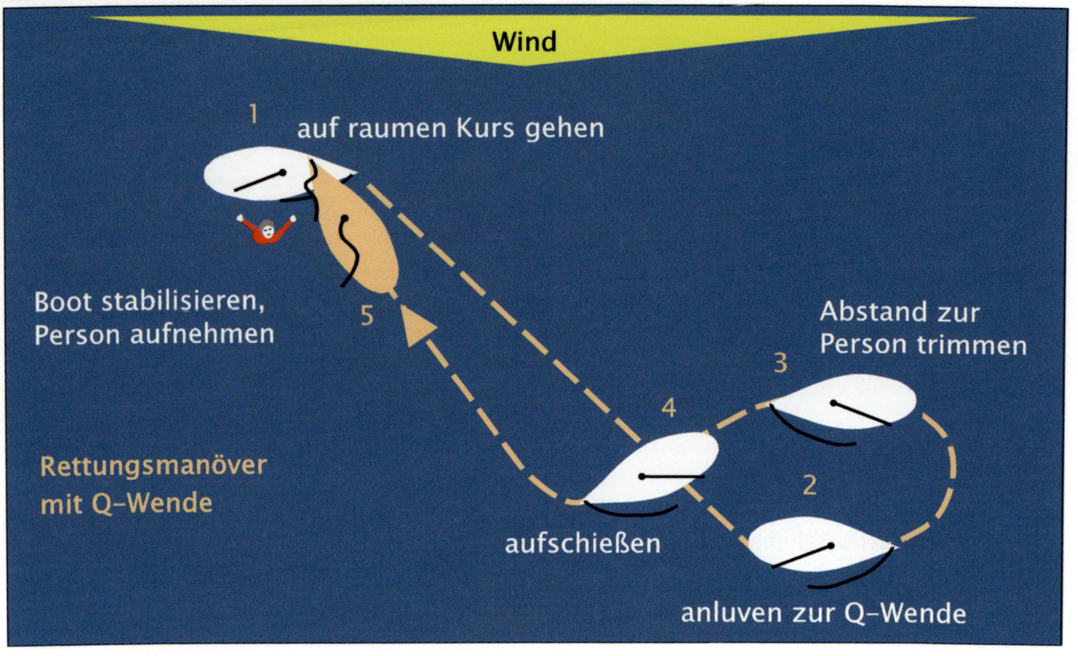

Quiddje – Scherzhaft für Landratte, Binnenländer, versteht kein Plattdeutsch und nichts von der Seefahrt.

Q-Wende – Ist der Halse bei zu viel Wind vorzuziehen. Das Kielwasser ähnelt dem Buchstaben Q.

»Recht so!« – Anweisung an den Rudergänger, den anliegenden Kurs so weiter zu steuern.

»Ree!« – Kommando beim Wenden, Ruder wird nach Luv gelegt. Wird dieses Kommando ausgeführt, kommt der Baum über, weshalb es für die Crew auch bedeutet: »Wahrschau (= Pass auf!), der Baum kommt über!«

»Rein Schiff!« – Kommando zur gründlichen Reinigung des Schiffes.

»Reise, Reise!« – Weckruf auf einem Schiff.

»Rund achtern!« – Ausdruck/Kommando bei der Halse. Wird beim Umlegen des Ruders gegeben.

RACON – Einige Seezeichen und Leuchtfeuer sind zur besseren Erkennung (besonders bei Nebel) mit RACON (Radarantwortbake) ausgestattet. Der Empfänger durchläuft die Frequenzen des X- und S-Bandes des Radars. Trifft es die Radarfrequenz eines Schiffsradars, wird ein Erkennungsbalken oder ein Morsezeichen gesendet. In der Seekarte sind die RACON-Seezeichen verzeichnet.

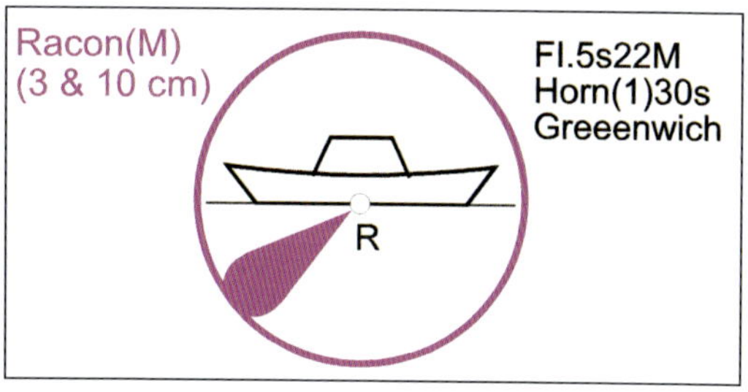

Racon-Seezeichen, wie es in der Seekarte eingezeichnet ist.

Radar – (s. Abb. u.) Radio Detection and Ranging (Funkmessverfahren). Präzise Darstellung der Umgebung auf einem Bildschirm oder Display. Das Radar wurde im Zweiten Weltkrieg entwickelt und ist heute auf Berufsschiffen und hochseetüchtigen Yachten Standard.

Radarhorizont – Der Radarhorizont liegt etwas hinter dem sichtbaren Horizont. Beträgt die Höhe der Radarantenne 5 m, so kann das Radar ca. 5 sm weit »gucken«.

Radarkette – Überwachende Radargeräte in der Deutschen Bucht, in Elbe, Weser, Jade und Ems. Das System ist für die Berufsschifffahrt ausgelegt. Über

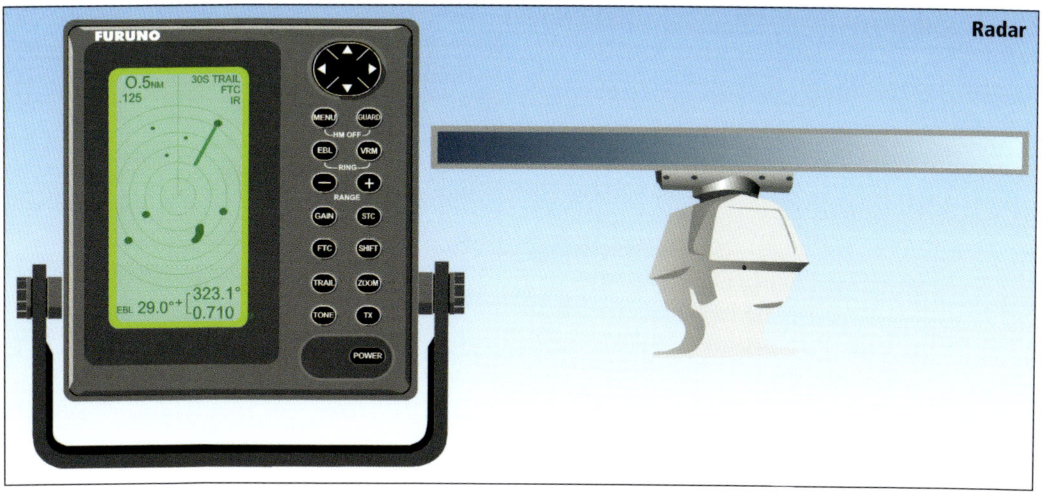

Radar

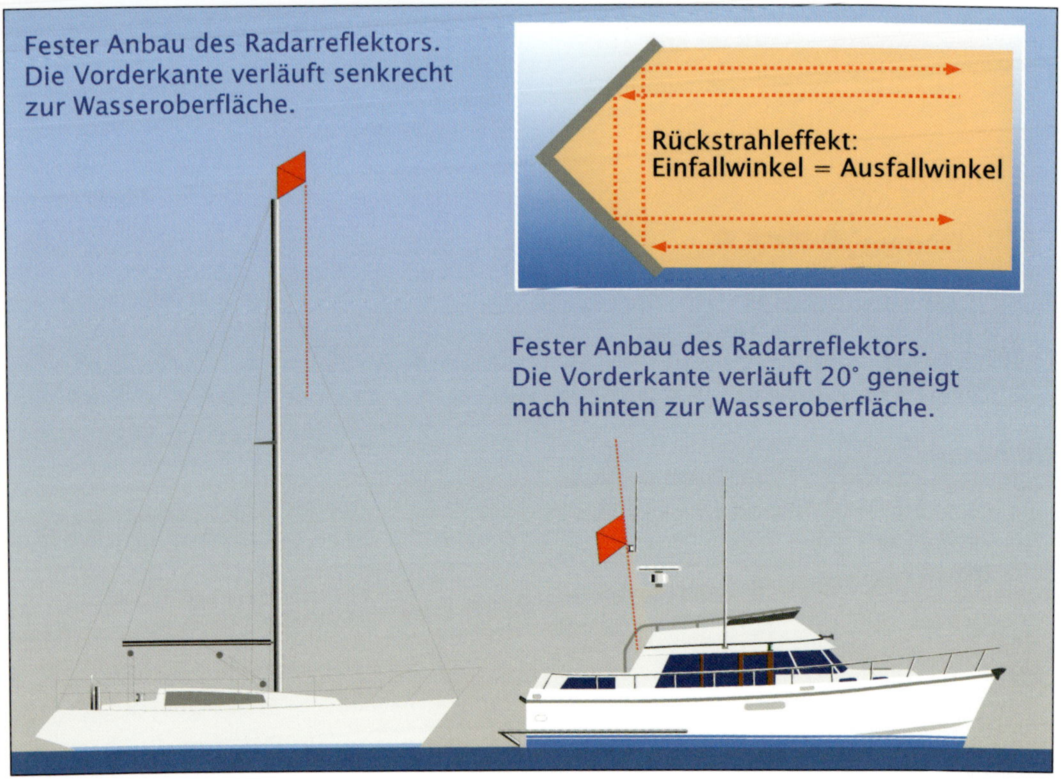

Radarreflektor.

die Revierzentralen können aber auch Yachten um Radarberatung über UKW-Funk bitten.

Radarreflektor – Verbessert die Darstellung auf einem Radargerät. Jede seegehende Yacht sollte zusätzlich mit einem aktiven Radarreflektor ausgerüstet sein.

Radarseitenpeilung – Addiert mit dem rechtweisenden Kurs ergibt sich eine rechtweisende Peilung.

Radartransponder – Boje, die im Seenotfall aktiviert wird und Radarimpulse von Schiffen erfasst. Tritt ein Radarstahl von 9 GHz auf, so antwortet sie mit 20 eigenen Impulsen auf derselben Radarfrequenz. Transponder = »Transmitter« (Sender) und »Responder« (Beantworter).

Radeffekt – Durch den Propellerdrall entsteht eine geringe Versetzung des Hecks. Wird bei Vorwärtsfahrt durch das Steuern ausgeglichen. Beim Anlegen kann dieser Effekt zum Vorteil genutzt werden. Bei linksdrehender Schraube ist die »gute« Anlegeseite die Steuerbordseite. Bei rechtsdrehenden Propeller ist die »gute« Seite zum Anlegen die Backbordseite.

Radeffekt.

Radsteuerung.

Radsteuerung – Das Ruder wird mithilfe eines Steuerrades betätigt.

Rah – Waagerechte Spiere am Mast, nimmt das Oberliek des Rahsegels auf.

Rah in der Takelage der Hansekogge *UBENA VON BREMEN.*

Rahnock – Das Ende der Rah.

Rahsegel – (s. Abb. folgende Seite) Mit dem Oberliek an der Rah befestigtes Segel.

Rahtakelung – Takelung eines mit Rahsegeln ausgerüsteten Schiffes.

Rank – Ein rankes Schiff holt sehr schnell über, muss aber dennoch nicht gleich kentern.

Rasmus, Erasmus, der – Norddeutscher Name für das Meer. Erasmus ist der Schutzpatron der Seeleute. Die Segler stimmen ihn durch »Opfergaben« gutmütig.

Rating, das – Wird einer Segelyacht als einzelne Ziffer in linearer Abmessung als Einstufung der möglichen Geschwindigkeit zugewiesen; Rennwert einer Yacht.

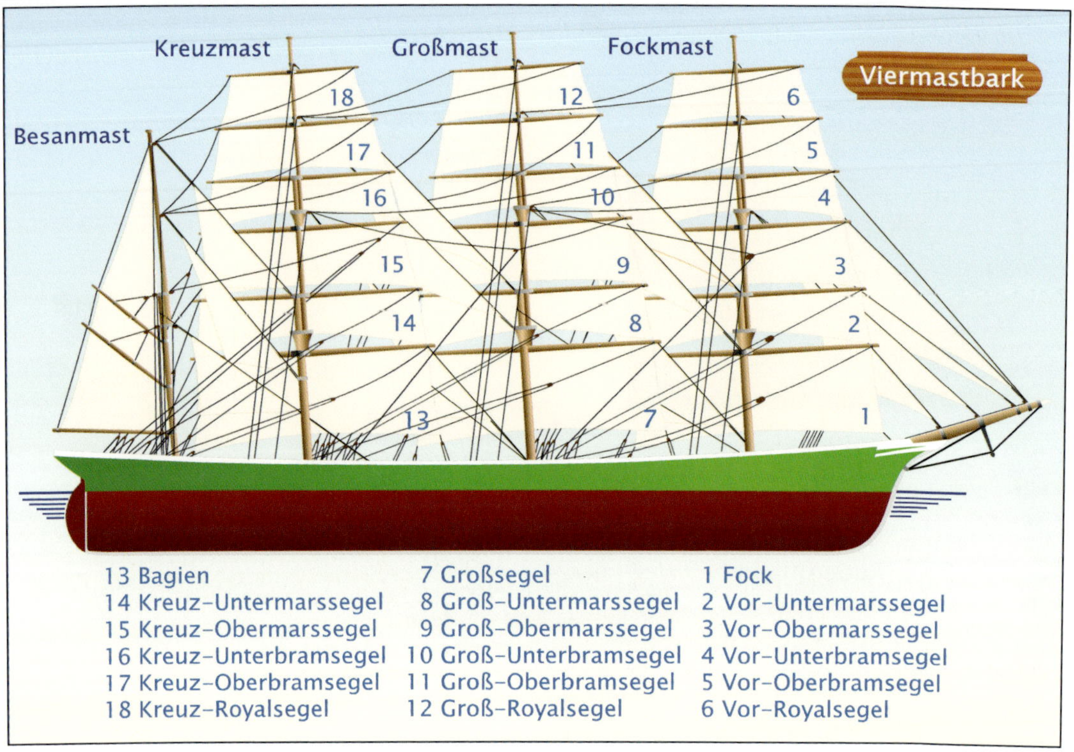

Rahsegel.

Rattenbleche – Auf Festmachern angebrachte Bleche. Sollten verhindern, dass Ratten von Land über die Festmacher an Bord kommen.

Raumen – Der Wind fällt achterlicher ein; ist gut, um Höhe zu gewinnen.

Raumschots – Der Wind kommt nicht ganz von achtern.

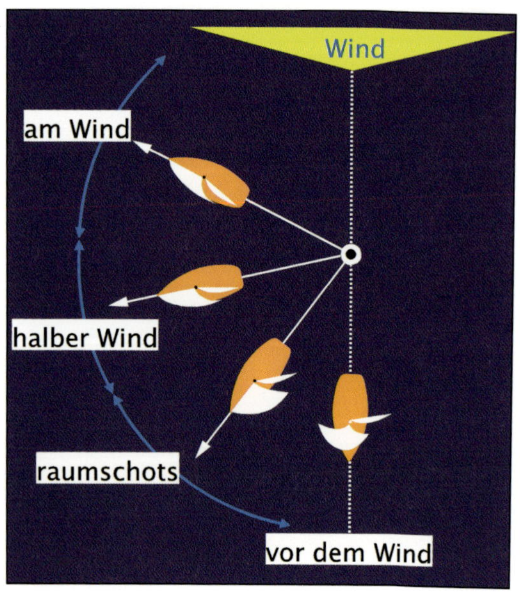

Raumschots.

Raumwindkurs – Der Wind kommt nicht ganz von achtern (= schräg von achtern).

Recht voraus – In Schiffslängsrichtung vorn. Gegenteil: recht achteraus.

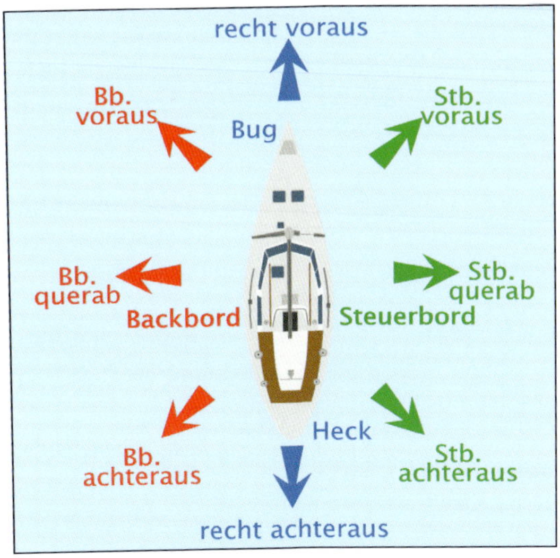

Rechtdrehen des Windes – Windrichtungsänderung im Uhrzeigersinn. Gegenteil: Rückdrehen.

Rechtweisend Nord (rwN) – Die Richtung (90° N), die zum geografischen Nordpol führt.

Rechtweisende Peilung (rwP) – Wird über den Steuerkompass gepeilt, muss die missweisende Peilung in eine rechtweisende umgewandelt werden.

Rechtweisender Kurs (rwK) – Der über Grund führende Kurs, auch Kartenkurs.

Reck – Die Längsausdehnung von Tauwerk oder Segeln nach der ersten größeren Belastung.

Reede – In Seekarten verzeichnetes Seegebiet, um an Reedetonnen anzulegen. Dort kann ein Schiff warten, wenn es im vorgesehenen Hafen seine Ladung noch nicht löschen kann, oder es werden Reparaturen auf der Reede durchgeführt.

Reeder – Eigentümer eines Schiffes.

Reederei – Schifffahrtsunternehmen.

Reep – Norddeutsch für Seil, Tau.

Reepschläger – Die Reepschläger (Seiler) arbeiteten auf der Reeperbahn. Dort wurden Seile »geschlagen« (angefertigt).

Reffbändsel – Im Segel befestigte Leine zum Einbinden des Segels.

Reffen – Die Segelfläche verkleinern, damit die Yacht aufrechter segelt.

Das Gaffelsegel ist auf den Großbaum gerefft.

Reffhaken – Am Baum befestigter Haken zum Einhaken der Reffkausch.

Reffkausch – Öse im Segel zum Durchziehen des Smeerreeps.

Reffpunkt – Richtiger Zeitpunkt, um die Segelfläche zu verkleinern (zu reffen) oder zu vergrößern (auszureffen).

Regatta – Sportliche Wettfahrt auf dem Wasser. Es gibt Segelregatten, Motorbootregatten und Ruderregatten.

Regen – Der Regen besteht aus kleinsten Wasserteilchen, die umherdriften und zusammenstoßen. Dadurch entstehen größere Tropfen, die schließlich so schwer werden, dass sie vom schwebenden Zustand in den Fallzustand übergehen – es beginnt zu regnen.

Regenbogen – Ein Regenbogen entsteht durch Brechung und Reflexion des Lichts an den Innenflächen eines Regentropfens. Tritt immer dann auf, wenn die Sonne die Regentropfen eines entschwindenden Regenschauers erhellt.

Regenenttrübung – Begriff der Radartechnik: Regentropfen bzw. schwere Niederschläge können im Radarbild zu starken Reflexionen führen, die die wichtigen Ziele unterdrücken. Dann wird die Regenenttrübung hochgeregelt, sodass nur solche Echos dargestellt werden, die sich von Nachbarechos deutlich abheben.

Regulierungsbehörde für Telekommunikation (RegTP) – Überwacht die Einhaltung der funktechnischen Vorschriften in Deutschland.

Reitbalken – Übers Cockpit laufende Strebe zur Aufnahme des Travellers. Dort können die Füße beim Ausreiten eingehakt werden.

Reitgewicht – Soll das Ausbrechen eines Ankers verhindern (s. Ankerreitgewicht).

Relativ voraus – Begriff der Radartechnik, im englischen head up. Die Vorausrichtung auf dem Radarbild ist nach oben dargestellt und alle Bewegungen sind relativ zueinander. Das Radarbild ist auf die Schiffslängsachse ausgerichtet.

Relative Luftfeuchtigkeit – (s. Abb. u.) Die Luft kann je nach Temperatur unterschiedliche Mengen von Feuchtigkeit aufnehmen. Kalte Luft kann weniger Feuchtigkeit aufnehmen als warme Luft. Wenn der Gehalt an Wasserdampf in der Luft die Hälfte der maximalen Wasserdampfmenge ausmacht, die die Luft bei der jeweiligen Temperatur aufnehmen kann, beträgt die relative Luftfeuchtigkeit 50 %. Die relative Luftfeuchtigkeit U berechnet sich aus der

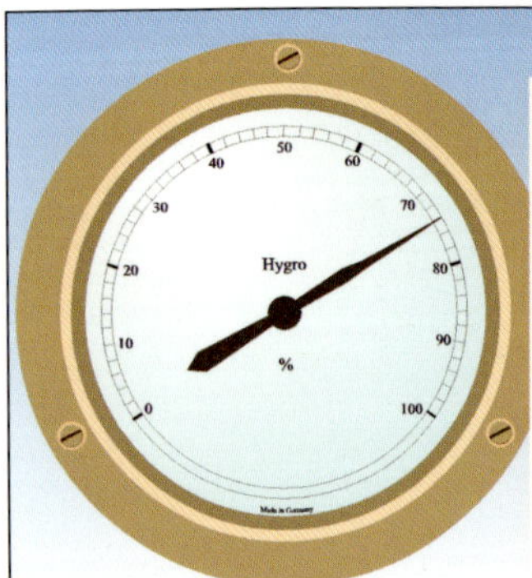

Gesättigte Luft

Temperatur T in °C	Sättigungsfeuchte A in g/m³
30	30,3
25	23
20	17,3
15	12,8
10	9,4
5	6,8
0	4,8
– 10	2,1

Relative Luftfeuchte

U in %: $U = \frac{a}{A} \times 100 = \%$

Beispiel:

$U = \frac{15{,}2 \text{ (gemessen)}}{20{,}5 \text{ (bei 23°C)}} \times 100 = 74\ \%$

Relative Luftfeuchtigkeit.

absoluten Luftfeuchtigkeit a bei einer (von der Temperatur abhängigen) Sättigungsfeuchte A nach der Formel U (in %) = 100 x a/A.

Reling – »Schutzzaun« auf der Außenkante des Decks.

Relingsdraht – Waagerecht verlaufender Draht zum Schutz vor dem Überbordfallen.

Relingsnetz – Anbringung eines Netzes in der Reling als zusätzliche Sicherheitsmaßnahme, z.B. wenn kleine Kinder an Bord sind.

Relingsstütze – Senkrechte Stütze aus Metall auf Deck, um den Relingsdraht aufzunehmen.

Rennziege – Als Rennziege wird im Wasserport eine Regattarennyacht bezeichnet. Die Ziege ähnelt vielleicht mit ihrer weißen Farbe und der Körperform einem Dickschiff.

Rennziege

Repeater – Große Digitalanzeige von Rennyachten am Mast. Informiert die Crew über den Wind und die Fahrt des Bootes.

Rettungsblitz – a) Batteriebetriebener Blitz, mit einer Leine am Rettungskragen verbunden; bei aufrechter Schwimmlage schaltet sich der Blitz ein. b) Batteriebetriebener Blitz zum Anlegen am Körper. Sollte nachts bei der Wache getragen werden.

Rettungsinsel – (s. Abb. folgende Seite) Eine hochseegehende Yacht muss je nach Anzahl der Personen an Bord eine oder mehrere Rettungsinseln mit sich führen. Rettungsinseln müssen regelmäßig gewartet werden.

Rettungskragen – Rettungskragen in Hufeisenform oder runde Rettungsringe sind nicht gut geeignet. Eine ohnmächtige Person rutscht aus ihnen heraus und ertrinkt. Besser sind eng anliegende, ohnmachtssichere Rettungskragen.

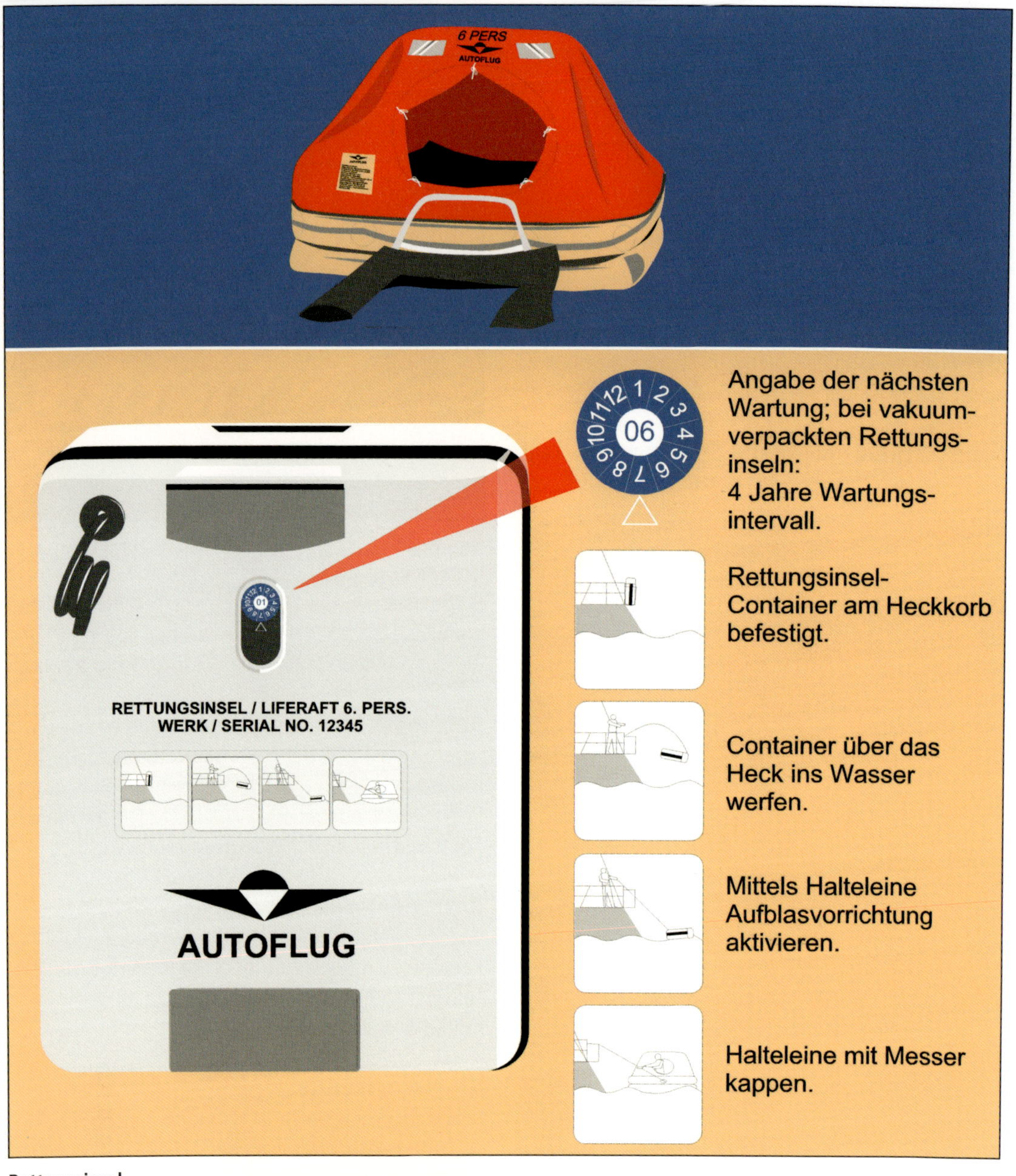

Rettungsinsel.

Rettungsring – Rettungsringe gehören zur Sicherheitsausrüstung auf Schiffe. Sie müssen in genügender Anzahl vorhanden und gut sichtbar sein und schnell über Bord geworfen werden können.

Rettungsweste – Für jede Person muss auch eine Rettungsweste an Bord sein. Für Kinder müssen, entsprechend ihrem Gewicht, ebenfalls geeignete Rettungswesten vorhanden sein.

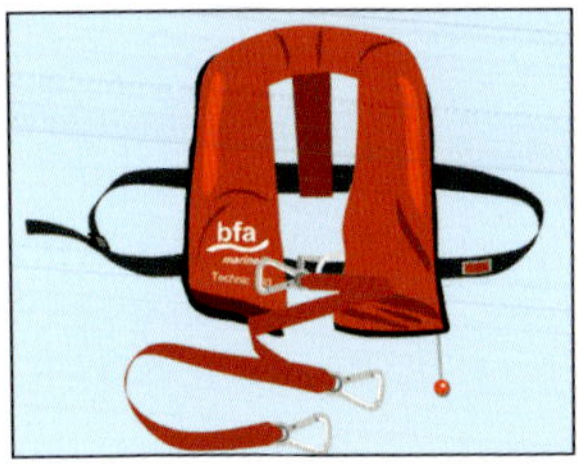

Das richtige Anlegen ist vor jedem Törn zu üben.

Revier – Gebiet, in dem sich Wassersportler aufhalten.

Richtfeuer – Besteht aus Unter- und Oberfeuer und bezeichnet den Kurs in einem Fahrwasser. Liegen beide Feuer in Deckung, befindet sich das Schiff auf der Richtfeuerlinie.

Richtfeuerlinie – Unter- und Oberfeuer eines Richtfeuers liegen in Deckung. In der Seekarte meist als rwK angegeben.

Riemen, Bootsriemen – Seemännischer Ausdruck für Ruder, mit denen dann auch nicht »gerudert«, sondern »gepullt« wird.

Riff – Lang gestreckte, schmale Stein- oder Sandbank vor der Küste. Sie ist auch bei glattem Wasser an den sich brechenden Wellen zu erkennen.

Rigg – Die gesamte Takelage eines Segelschiffes.

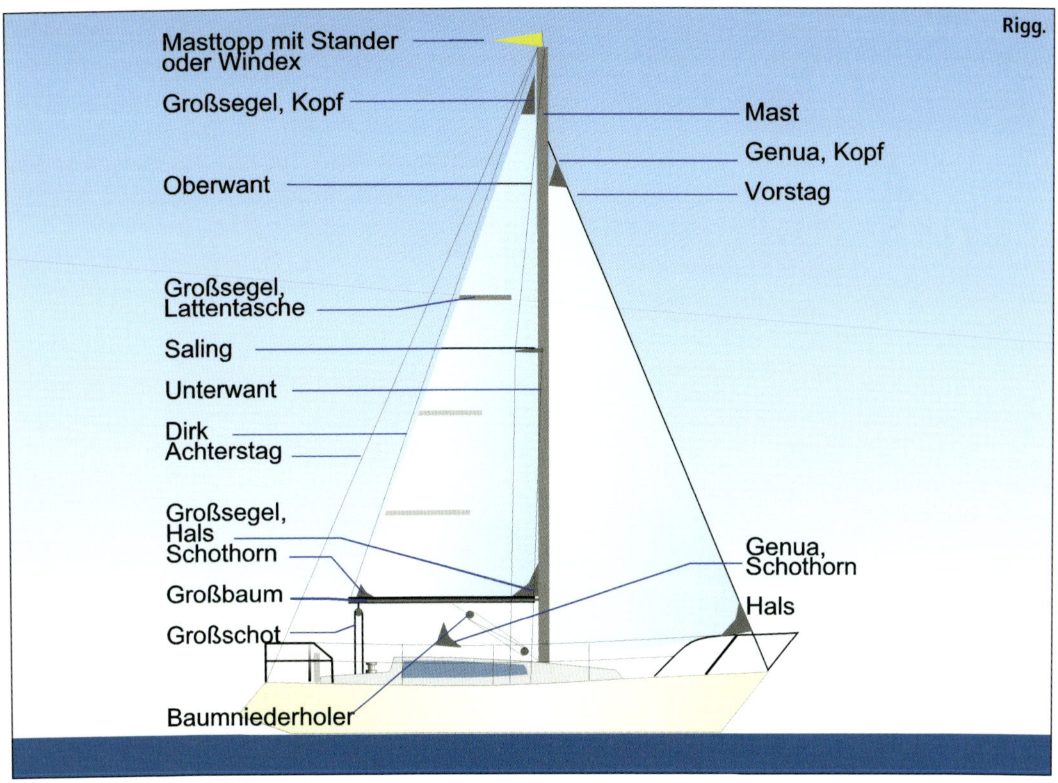

Rigg.

Ringwardenfischerei – Fischfangmethode. Es wird ein bis zu 2 km langes und 100 Meter breites Netz verwendet. Ein Fischschwarm wird eingekreist und der Boden des Netzes wird hochgezogen. Es entsteht ein Sack, in dem die Fische gefangen sind.

Rodkicker – Hält den Baum in seiner waagerechten Lage, wenn kein Segel gesetzt ist.

Rollfock – Vorsegel, das eingerollt werden kann.

Rollgroß – Großsegel, das in den Mast oder den Baum eingerollt werden kann.

Rollreffanlage – Vorrichtung zum Einrollen oder Reffen der Segel. Vom Cockpit aus kann eine Rollreffanlage bedient werden. Niemand braucht zum Segelsetzen, Einreffen, Ausreffen oder zum Segelbergen auf das Deck.

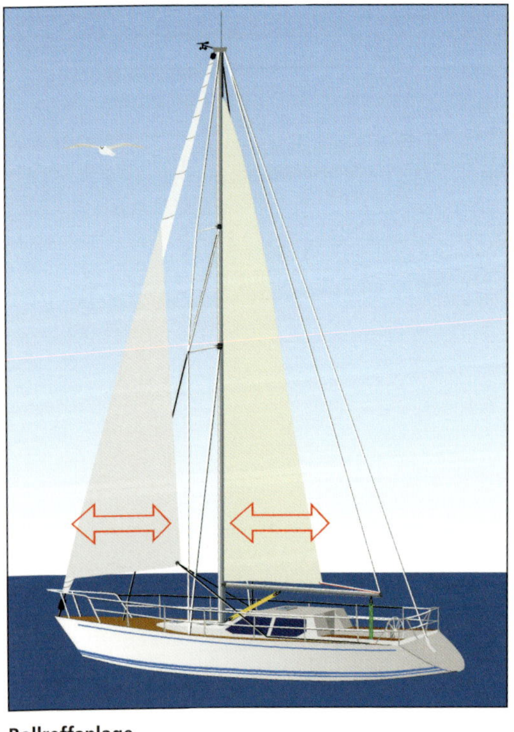

Rollreffanlage.

Roringstek – Knoten, mit dem die Ankertrosse an den Anker gesteckt wird.

Rossbreiten – Die Rossbreiten liegen jeweils zwischen 25° und 35° nördlicher und südlicher Breite. Es sind gefürchtete Flautenbereiche. Zu Zeiten der Segelschifffahrt wurden mitgenommene Rösser über Bord geworfen, um Trinkwasser zu sparen; daher der Name Rossbreiten.

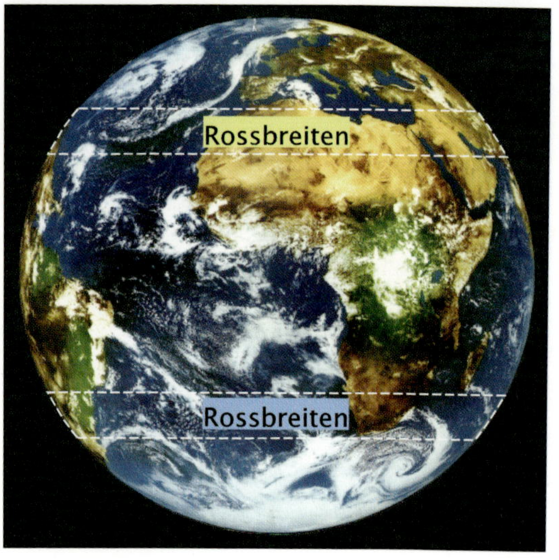

Rott – Seemännischer Begriff für Fäulnis oder Gammeln (verrotten).

Rovinggewebe – Gewebe aus Kunstfaser zum Herstellen von GfK.

Royal, die – (s. Abb. folgende Seite) Die höchsten Segel bei einem Rahsegler: Vorroyalsegel, Großroyalsegel, Großroyalstagsegel.

Ruckdämpfer – Aus Gummi oder als Nirosta. Hat die Aufgabe, die ruckartigen Bewegungen einer festgemachten Yacht zu mildern.

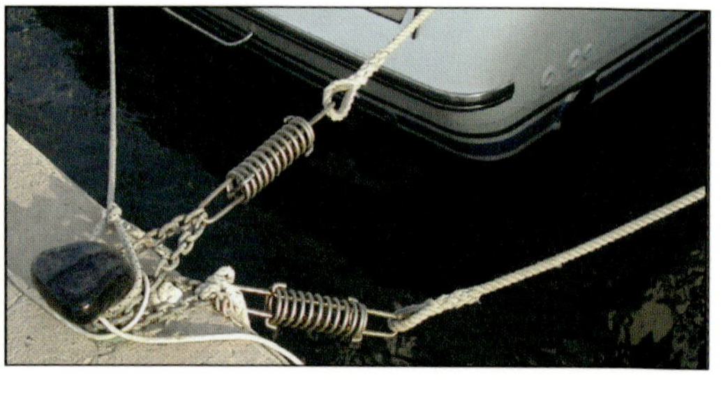

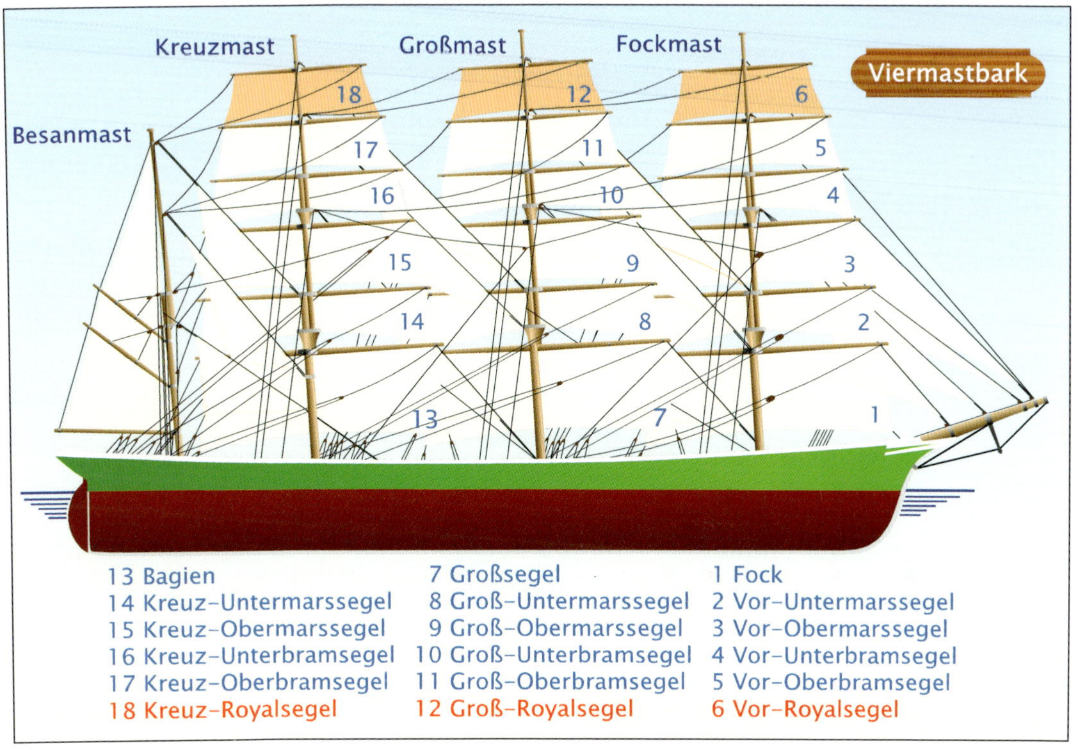

Die Royal.

Rückdrehen des Windes – Windrichtungsänderung gegen den Uhrzeigersinn.

Rückseitenwetter – Wettergeschehen an der Rückseite eines Tiefdruckgebietes. Der Himmel klart auf und es kommt zu starken Böen.

Ruder – (s. Abb. folgende Seite) Seemännischer Begriff für das »Steuer«, manchmal auch »Rohr« genannt. Das Ruder befindet sich am Heck eines Schiffes.

Ruderdollen, Dollen – U-förmiges Lager für die Riemen.

Rudergänger – Der Mann oder die Frau, der/die am Ruder steht. Jollen haben Steuermänner, Yachten haben Rudergänger.

Ruderhacke – Trägt und schützt das Ruder.

Ruderhacke.

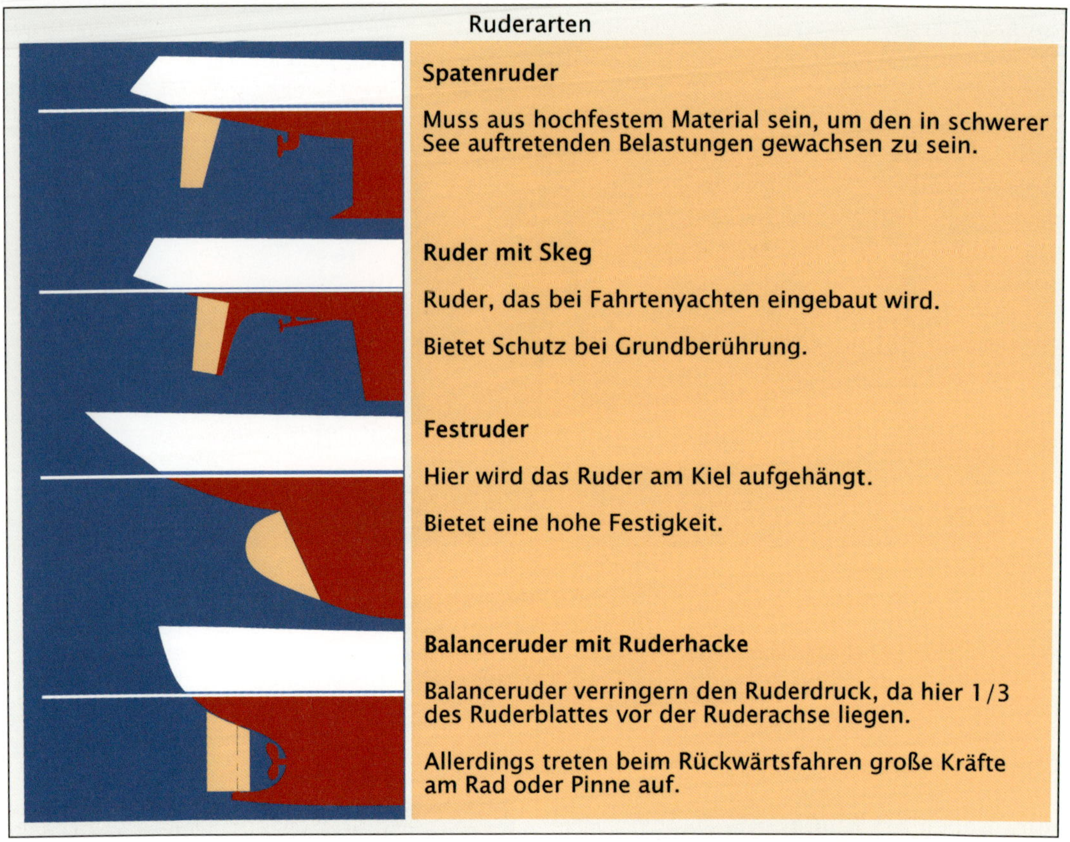

Ruder.

Ruderkoker – Mit dem Rumpf fest und wasserdicht verbundenes Rohr zur Aufnahme des Ruderschaftes.

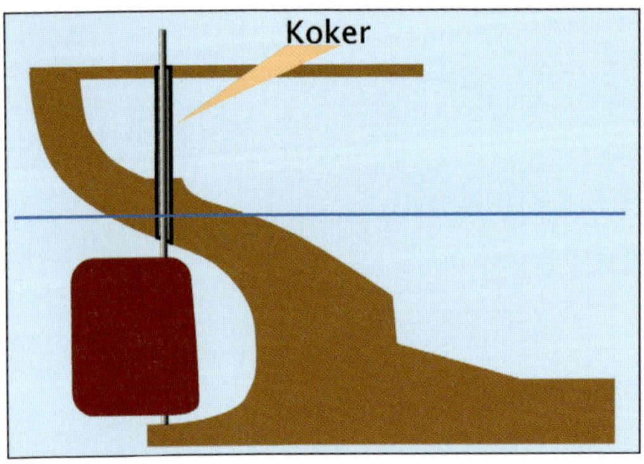

Ruderlagenanzeige – Anzeigeinstrument für den Ausschlag/Stand des Ruders. Ist erforderlich, da der Rudergänger das Ruder nicht sehen kann.

Ruderlagenanzeige.

Ruder legen – Das Ruder so einstellen, dass das Schiff den erforderlichen Kurs läuft.

Ruderquadrant – Überträgt die Bewegung vom Steuerrad auf den Ruderschaft und damit auf das Ruderblatt (s. Radsteuerung).

Rufzeichen, Unterscheidungssignal – Internationaler Funkname eines im Schiffsregister eingetragenen Schiffes. Besteht aus vier Buchstaben, wobei der erste die Länderkennung ist. Beispiel: Delta Foxtrot Whiskey Sierra.

Rumpfgeschwindigkeit – Höchstmögliche Geschwindigkeit eines Verdrängers. Sie wird nach der Formel Wurzel aus Wasserlinienlänge x 2,43 berechnet. Beispiel: Länge des Schiffes = 10 m, daraus die Wurzel ergibt 3,16, multipliziert mit 2,43 = 7,7 kn.

Rundspanter – Schiff mit einem gerundeten Rumpf.

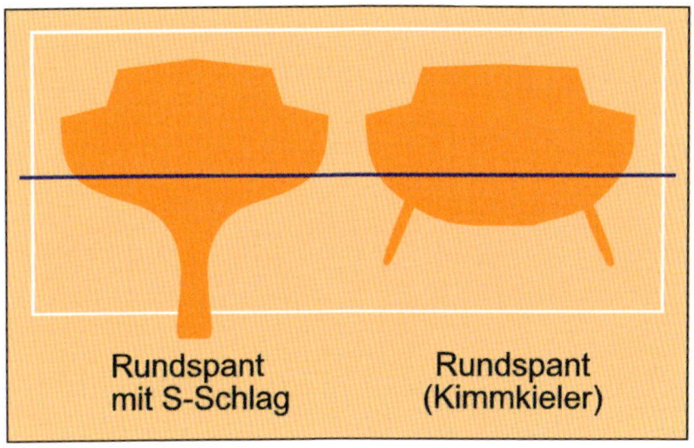

Rundtörn mit zwei halben Schlägen – Eineinhalb Rundtörn mit zwei halben Schlägen. Eine Leinverbindung am Poller oder am Ring.

Rüsteisen – Beschlag am Rumpf, an dem die Wanten befestigt sind (s. Pütting).

Rutscher – Verbindung zwischen Mast und Segel. Gleitschuhe, die am Vorliek des Segels befestigt sind und in der Gleitschiene oder der Mastnut (Keep) an der Rückseite des Mastes laufen.

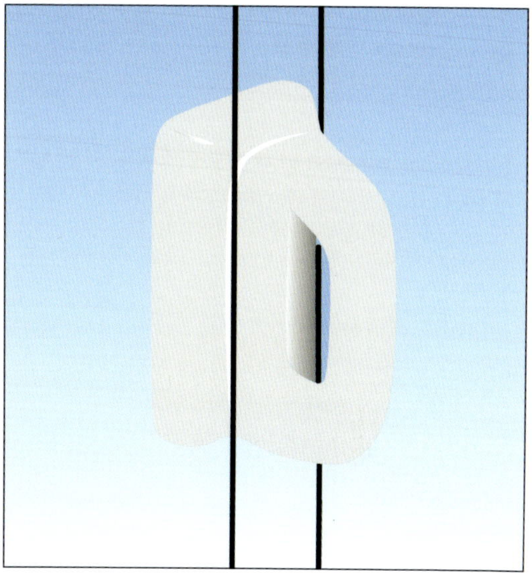

Mastrutscher.

rwK – Rechtweisender Kurs, Winkel zwischen rechtweisend Nord und der Rechtvorausrichtung des Fahrzeuges.

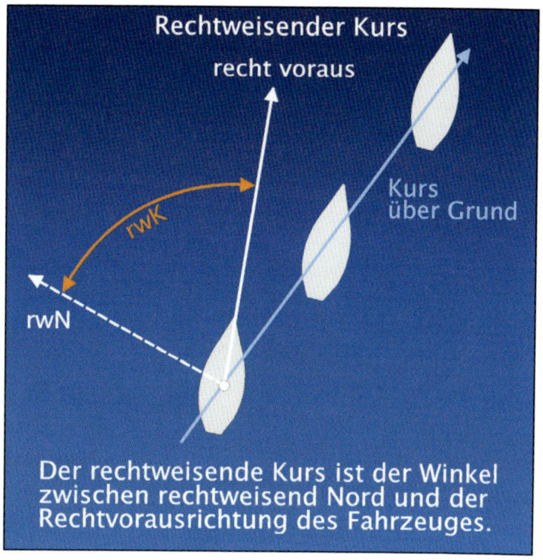

rwN – Rechtweisend Nord. Die geografische Nordrichtung 90° N – der geografische Nordpol.

»Seebeine müssen einem wachsen« – Spruch, mit dem alte Seebären einräumen, dass es seine Zeit braucht, bis man seefest ist und bei Sturm auf einem Schiff fest stehen kann.

Sailbord – Ein Segelbrett, dass nur mit dem Segel gesteuert wird.

Saling – Querstrebe zum Verspannen des Mastes. Je nach Höhe des Mastes können es bis zu fünf Salinge sein, sieht dann wie ein Tannenbaum aus.

Sandwichbauweise – Laminat mit eingelegtem Balsaholz- oder Kunststoff-Kern. Verstärkung für die Decksbereiche bei GfK-Schiffen.

SAR – (s. Abb. u.) Search and rescue, Suche und Rettung. Einsatz von Luft- und Wasserfahrzeugen zur Rettung von Menschenleben.

SART – Search and Rescue Radar Transponder. Der Radartransponder ist ein wichtiges Hilfsmittel bei der Suche nach Schiffbrüchigen und soll auch nur dafür eingesetzt werden. Ein tragbarer Radartransponder kann manuell oder automatisch beim Eintauchen ins Wasser aktiviert werden.

Saugkorb – Sieb, dass die Ansaugseite bei der Bilgenpumpe vor Fremdkörpern schützt.

S-Band – Radargerät, das im 10-cm-Bereich arbeitet, bei einer Frequenz von 2920 bis 3110 MHz. Liefert nicht so deutliche Abbildungen wie ein X-Band-Gerät. Dafür wird das Gerät nicht so sehr von Regen und Wellengang gestört.

Schaffermahl – Kommt aus der Hansezeit. Es ging um Spenden für im Alter verarmte Seeleute und die Hinterbliebenen von auf See gebliebenen Kapitänen. In Bremen wird diese Tradition seit 1545 gepflegt. Es ist das älteste Brudermahl der Welt. An jedem 2. Freitag im Februar wird zum Schaffermahl für die in See stechenden Kapitäne gebeten. Die dabei gesammelten Spenden kommen dem »Haus Seefahrt« zugute.

Schäkel – Bügel mit einem Patent- oder Schraubbolzen zum Verbinden mit stark beanspruchten Leinen und Ketten.

Schäkelöffner, Marlspieker – Sollte jeder Wassersportler bei sich tragen.

Schamfilen – Scheuern von Leinen, das zur Beschädigung führen kann.

Schandeckel – Waagerechte Planke zwischen der Beplankung der Bordwand und der Reling, deckt bei Holzschiffen die Reling ab.

Schanzkleid – Verkleidung der Relingsstützen als Fortsetzung der Außenhaut nach oben. Dient zum Schutz vor dem Überbordfallen von Personen. Im Schanzkleid sind Speigatten zum Abfließen der überkommenden See.

Schapp – Schrankfach, kleiner Raum unter Deck.

Schärenkreuzer – Im Jahr 1908 in Schweden geschaffene Segelklasse. Wurde in Deutschland übernommen und hatte ihren Höhepunkt in den 30er Jahren. Schlankes, bewohnbares Segelschiff, das noch heute durch seine sehr schönen Linien auffällt.

Scharnier – Drehgelenk für Schapptüren.

Schäkel.

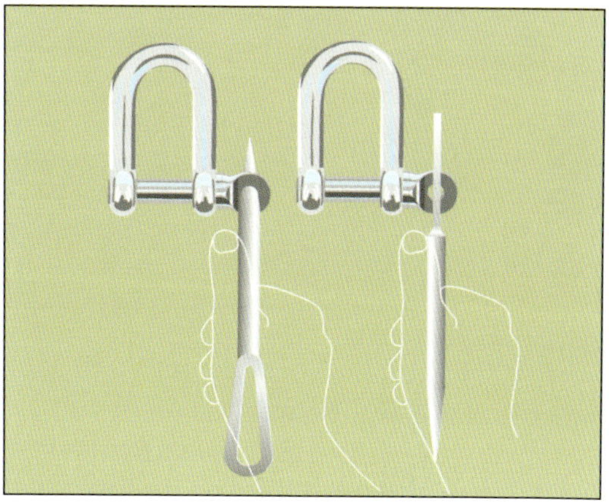

Schäkelöffner.

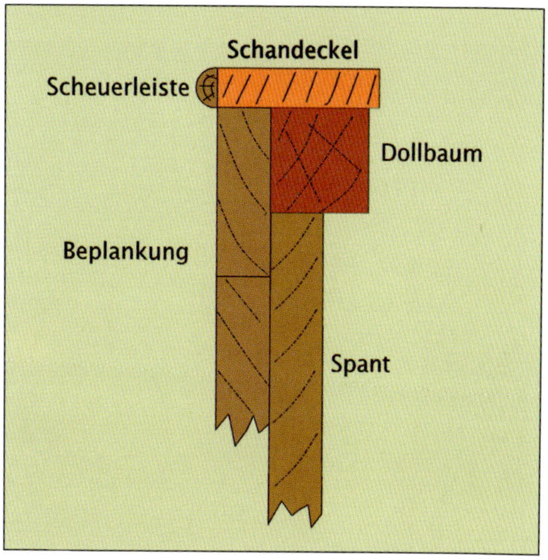

Scheiben – Rollen, die in einem Block eingebaut sind. Die Scheiben haben eine Keep zur Aufnahme von durchlaufendem Tauwerk.

Scheiben in einem Block.

Scheinbarer Wind – Resultierende Kraft aus Fahrt und wahrem Wind. Bei Stillstand des Bootes wird der wahre Wind angezeigt. Nimmt das Boot Fahrt auf, ist auf dem Boot der scheinbare Wind zu spüren.

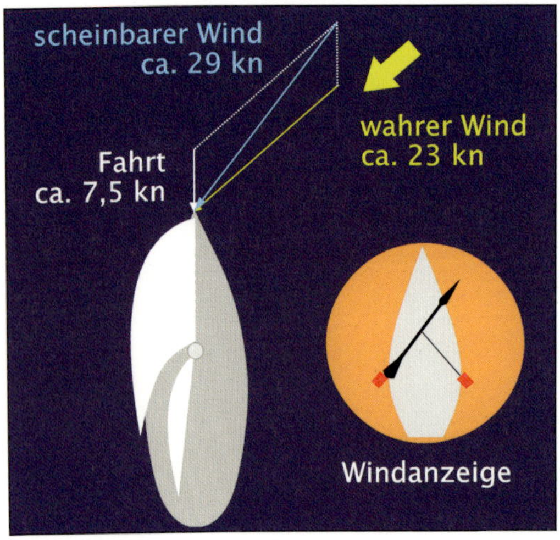

Scheuerleiste – Umlaufende, vorstehende Halbrundschiene aus Metall, Holz mit eingelegtem Metall oder Gummi. Schützt den Rumpf vor Beschädigungen.

Schiebeluk – Luk, das den Niedergang abschließt.

Schießgebiet – In der Seekarte eingetragene Gebiete in der Ostsee, die zeitweise wegen Schießübungen der Bundeswehr gesperrt sind.

Schiet – a) Norddeutscher allgemeiner Begriff für eine schlechte Sache. b) Auf Schiet sitzen = festsitzen. c) Schlechtes Wetter.

Schiff – (Lat. navigum). Größeres Wasserfahrzeug mit unendlicher Typenvielfalt. Die Einteilung erfolgt nach dem Antrieb, der Bauweise, der Bestimmung. Segelschiffe werden nach der Takelung bezeichnet.

Schiffbruch – Untergang eines Schiffes durch Havarie, Kollision usw.

Schiffbrüchiger – Mensch, der sich nach einem Schiffbruch in einer Notlage befindet.

Schifferklavier – Akkordeon.

Schifffahrtspegel – Anzeige des Wasserstandes in Meter und Dezimeter.

Schiffsbohrwurm – Eigentlich eine Muschel (lat. teredo navalis). Greift ungeschützte Rümpfe aus Holz im Wasser an. Durch aufgebrachte Kupferplatten oder Schutzanstriche wird ihre Zerstörung durch den Schiffsbohrwurm verhindert.

Schiffsbrief – Bescheinigt die Eintragung eines Binnenschiffes in das Binnenschiffsregister.

Schiffsführer – Verantwortlicher Kapitän, Schiffer, Schipper oder Skipper auf einem Schiff.

Schiffsglocke – Jedes seegehende Schiff (gilt auch für Yachten) muss eine Schiffsglocke besitzen. Mit ihr werden Not- und Nebelsignale gegeben.

Schiffsglocke des Schulschiffes *DEUTSCHLAND* in Bremen-Vegesack

Schiffshebewerk – (s. Abb. u.) Ermöglicht Schiffen das Überwinden großer Höhenunterschiede von einem Wasserweg in einem wassergefüllten Trog, in den das Schiff einfährt. Das Schiffshebewerk Lüneburg in Scharnebeck wurde 1974 als das Größte der Welt erbaut. Es ist ein Doppelsenkrechtschiffshebewerk. Der Höhenunterschied von 38 m wird in drei Minu-

Schiffshebewerk Lüneburg in Scharnebeck.

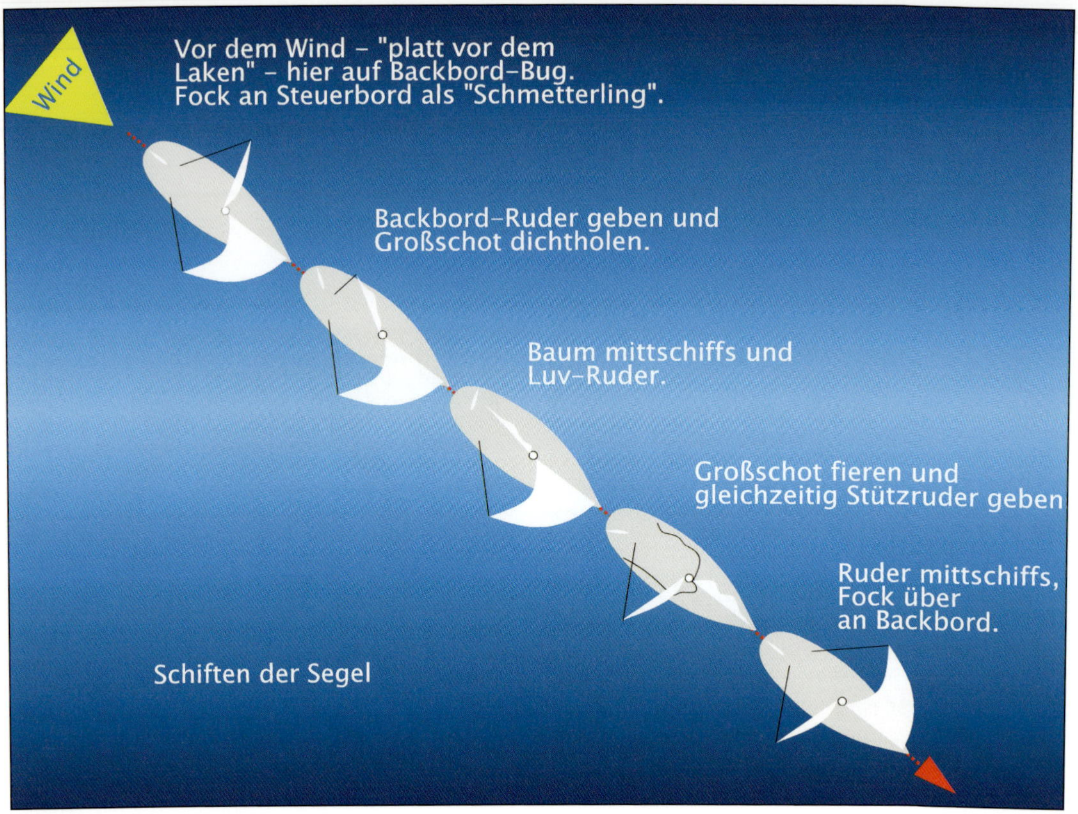

Schiften

ten überwunden. Die Dauer eines Hubs einschließlich Ein- und Ausfahrt beträgt rund 20 Minuten. Die nutzbare Länge eines Trogs beträgt 100 m und die Breite 12 m, das Gesamtgewicht eines Trogs 5800 t.

Schiffsname – Muss bei einem Seeschiff, für das ein Schiffszertifikat ausgestellt ist, an beiden Seiten am Bug des Schiffes angebracht sein. Außerdem am Heck der Schiffsname und der Heimat- oder Registerhafen in gut sichtbaren Schriftzeichen.

Schiffsort – Durch Navigationsberechnungen ermittelte Position eines Schiffes. Schnittpunkt des Breiten- und des Längenkreises, auf denen sich das Schiff befindet.

Schiffsregister – In Amtsgerichten geführtes Register zum Eintrag von Schiffen.

Schiffstagebuch, Journal – Wichtige Tageseintragungen werden darin vorgenommen. Das Schiffstagebuch ist ein Dokument und muss sorgfältig geführt werden.

Schiffstaufe – Feierliche Namensgebung eines Schiffes vor dem Stapelhub, Stapellauf oder dem Ausdocken.

Schiffswerg – Langfaseriges, mit Holzteer getränktes Kalfatwerg aus reinem Hanf. Dient zur Abdichtung (Kalfatern) von hölzernen Schiffsrümpfen.

Schiffszertifikat – Schiffe, die in einem Schiffsregister eingetragen sind, erhalten ein Schiffszertifikat mit Unterscheidungssignal. Das Zertifikat ist ein Eigentumsnachweis. Auch Eintragungen von Schiffshypotheken sind möglich. Es ähnelt dem Eintrag von Grundbesitz im Grundbuchamt.

Schiften – (s. Abb. vorherige Seite) Segelmanöver auf einem Vormwindkurs. Bei diesem Manöver erfolgt keine Kursänderung. Nur die Segel werden auf die andere Seite genommen. Bei einer Regatta wird das Großsegel gern auf die Backbordseite genommen, um nicht ausweichen zu müssen.

Schinder – Kleiner Ziehhobel für den Holzbootsbau.

Schirokko – Aus Nordafrika kommender, warmer und stürmischer Wind im Mittelmeer; bringt feinen Wüstensand mit sich, manchmal bis Nordeuropa.

Schlag – a) Bei Tauwerk das Links- oder Rechtsdrehen der Kardeelen. b) Beim Kreuzen ein einzelner Zickzack-Abschnitt. c) Beim Pullen das Durchziehen der Riemen. d) Beim Motoren eine kurze Schraubenumdrehung. e) Bei Knoten ein Rundtörn, der sich überkreuzt (= ein halber Schlag).

Schlagpütz – Schlagfester Eimer auf einem Schiff, um Seewasser aufzunehmen. Der Umgang muss erlernt werden.

Schlagseite – Krängung eines Schiffes.

Schlauchboot – Aufblasbares Beiboot mit hoher Traglast.

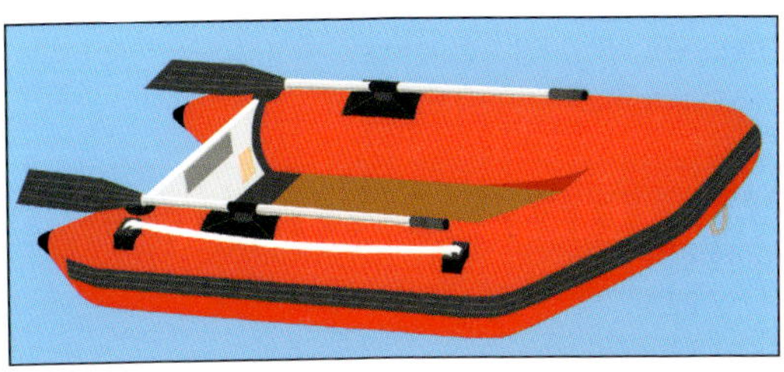

Schlauchschelle – Zum Befestigen von Schläuchen auf einem Rohr.

Schleppleine – Stärkere Leine oder Trosse, gehört zur Sicherheitsausrüstung auf einer Yacht. Ihre Länge sollte mindestens 60 Meter bzw. das 6-fache der Bootslänge betragen.

Schlepplog – Besteht aus einem Propeller und einer Drehwelle mit Anzeige. Durch die Drehbewegung des Propellers wird auf der Anzeige die Fahrt eines Schiffes durch das Wasser angezeigt. Ist nicht mehr im Gebrauch; wurde durch GPS ersetzt, das die Fahrt über Grund sehr genau anzeigt.

Schleuse – Macht einen Fluss mit unterschiedlichen Wasserhöhen schiffbar.

Hochbetrieb in einer Schleuse.

Schlick – Abgestorbene und abgesackte organische Stoffe im Wasser.

Schlingerkiel – An der Kimm eines Rumpfes angebrachte Kiele zur Verminderung der Schlingerbewegungen. Auf Kreuzfahrtschiffen sind es ausfahrbare Tragflächen.

Schlingerkoje – Kardanisch aufgehängte Krankenbetten auf einem Lazarettschiff.

Schmarting, der – Umwicklung von Tauwerk mit Tuchstreifen zum Schutz vorm Schamfilen.

Schmetterlingssegeln – Segeln auf Vormwindkurs, bei dem das Großsegel auf einer und das Vorsegel auf der anderen Seite stehen. Das Vorsegel wird evtl. mit einem Baum ausgebaumt.

Schmutzwassertank – Sollte in jede Yacht eingebaut sein, um die Gewässer vor Umweltschäden zu schützen. Unterschieden wird zwischen Grauwassertank (für Abwasser aus Waschbecken und Pantryspülen) und Schwarzwassertank (für Abwasser aus Bord-Toiletten).

Schnecke – Leinen zu einer Schnecke einrollen. Sieht zwar gut aus; ist aber nicht gut für das Tauwerk, da es dabei vertörnt wird.

Schnelles Funkelfeuer – Schnell aufeinander folgende Lichterscheinungen: 100 bzw. 120 Lichterscheinungen pro Minute.

Schnösel – Abfällige Bezeichnung für einen Bord- oder Hafenbesucher, der mit seinen Fragen auf den Wecker fällt.

Schoner.

Schnürboden – Raum auf einer Werft, in dem der Linienriss eines Schiffes in 1:1 aufgetragen wird. Dort werden die Mallen, die Strak und die wahren Längen und Flächen aufgezeichnet und ermittelt. Im Computerzeitalter kaum noch erforderlich.

Schoner, Gaffelschoner – (s. Abb. o.) Zwei- und dreimastiger, scharf geschnittener Segler mit Gaffel- und Schratsegel. Um 1800 in den USA nach dem Vorbild der europäischen Logger entwickelt.

Schonerbark, Barkentine – Segler mit drei Masten; Rahtakelung am vorderen sowie Gaffelsegel an den beiden hinteren Masten.

Schonerbrigg, Brigantine – Zweimaster mit Rahsegel im vorderen sowie Gaffelsegel im hinteren Mast.

Schot, die – Mit den Schoten (Großschot, Fockschot, Spischot) werden die Segel getrimmt.

Schothorn – Hintere untere Ecke eines Segels.

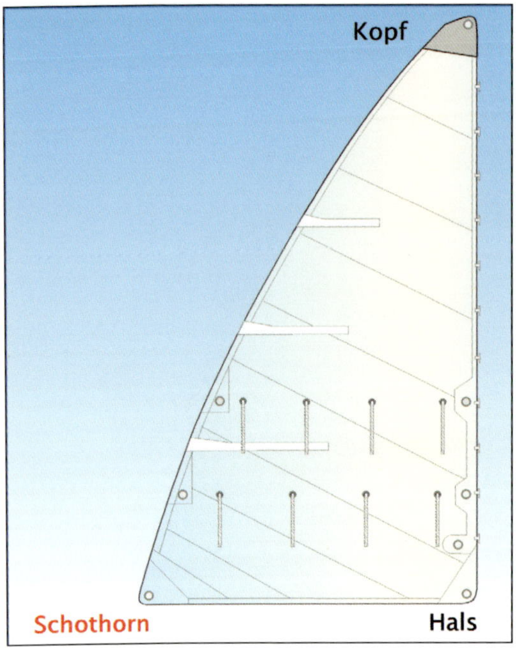

Schotklemme, Curryklemme – Nach hinten gezahnte Klemme zum Festsetzen von Schoten und Streckern.

Schotring – Wird über den Großbaum geführt, der obere Block der Großschot wird daran befestigt. Der Schotring wird gebraucht, um bei einer Mittelschotführung (Reffen) das Segel auf den Baum zu rollen.

Schotstek – Der einfache oder doppelte Schotstek verbindet zwei gleich oder unterschiedlich starke Enden.

Einfacher (links) und doppelter Schotstek.

Schott – Feste Wand aus Kunststoff, Holz, Stahl oder Leichtmetall, die ein Schiff in Abteilungen unterteilt. Zu den Querschotten zählt auch das Kollisionsschott.

Schotwinsch – Achtern auf Deck montierte Winsch zum Dichtholen und Fieren von Schoten.

Schralen, das – Drehen des Windes, der dann vorlicher einfällt. Man muss abfallen, um die Höhe zu halten.

Der Wind schralt (hier etwa von 2 auf 1 Uhr).

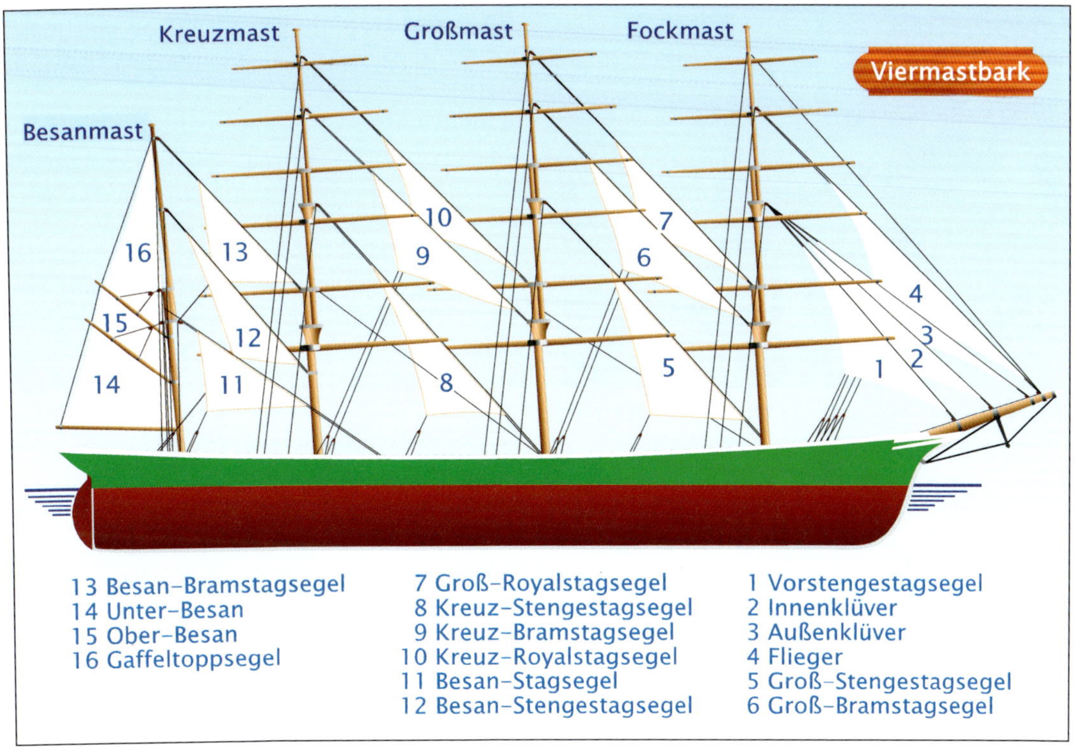

Schratsegel.

Schratsegel – In Längsrichtung des Schiffes gesetzte Segel.

Schricken – Eine belegte Leine vom Beschlag lösen, etwas auffieren = einen Schrick geben und wieder belegen.

Schutzhafen – Hafen, der nur zum Schutz vor schwerem Wetter angelaufen werden darf.

Schutzhafen Helgoland.

Schutzzonen – In den Seekarten eingezeichnete Bereiche, die unter besonderem Naturschutz stehen.

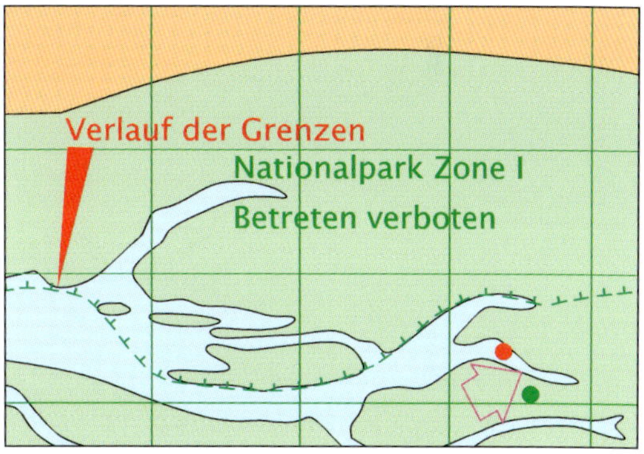

In eine Seekarte eingezeichnete Schutzzone.

Schwalbennest – Kleine Öffnung/Ablage, z.B. im Cockpitbereich.

Schwanenhals – Im Kraftstoff- und Fäkalientank an höchster Stelle eingebautes, gebogenes Rohr zur Entlüftung.

Schwarzer Frost – Vereisung, überkommende See gefriert bei großer Kälte am Schiff.

Schwarzer Frost: Zurück im sicheren Hafen von Jemgum/ Ostfriesland nach einer Eisfahrt in der Nordsee.

Schweinsrücken – Auf Deck angebrachte Halterung für den Stockanker.

Schwell – a) Ankommende Bug- und Heckwellen von Schiffen. b) Von See einlaufende Dünung in einen ungeschützten Hafen.

Schwert – In Schiffsmitte ausfahrbares Schwert oder bei Plattbodenschiffen jeweils seitlich zum Ablassen angebracht. Mit dem Schwert kann gegen den Wind gesegelt werden.

Schwertkasten – Nimmt das aufholbare Schwert auf und verhindert das Eindringen von Wasser.

Schwerwetter – Seemännischer Ausdruck für Sturm, schweren Sturm und Orkan.

Schwimmdock – U-förmiger Schiffskörper zum Absenken und Anheben von Schiffen. Nach der Absenkung kann ein Schiff einschwimmen, wird aufgepallt, und das Dock hebt sich wieder an. Jetzt können Reparaturarbeiten am Unterwasserschiff durchgeführt werden.

Schwimmkompass – (s. Abb. u.) In Flüssigkeit gelagerte Kompassrose. Auch bei Lage kann er gut abgelesen werden.

Schwojen – Die Hin- und Herbewegungen eines Schiffes oder einer Boje vor Anker, beeinflusst durch Strom und Wind. Der Drehkreis ist bei der Wahl des Ankerplatzes zu berücksichtigen.

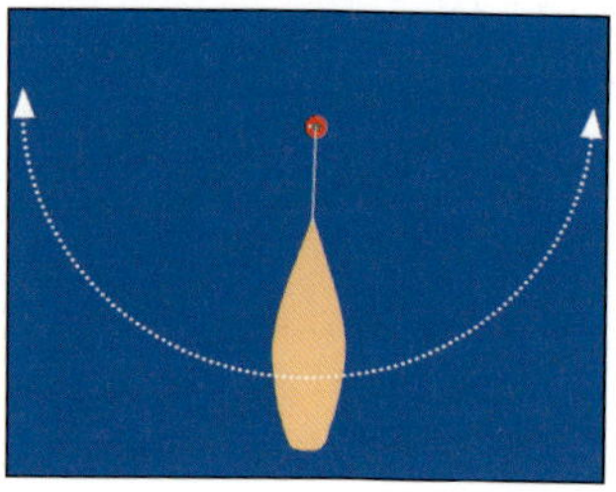

Der Schwimmkompass eignet sich gut für Yachten, da er durch den Vergrößerungseffekt gut ablesbar ist. Durch die kardanische Aufhängung der Kompassrose ist er auch bei Lage des Schiffes gut einzusehen.

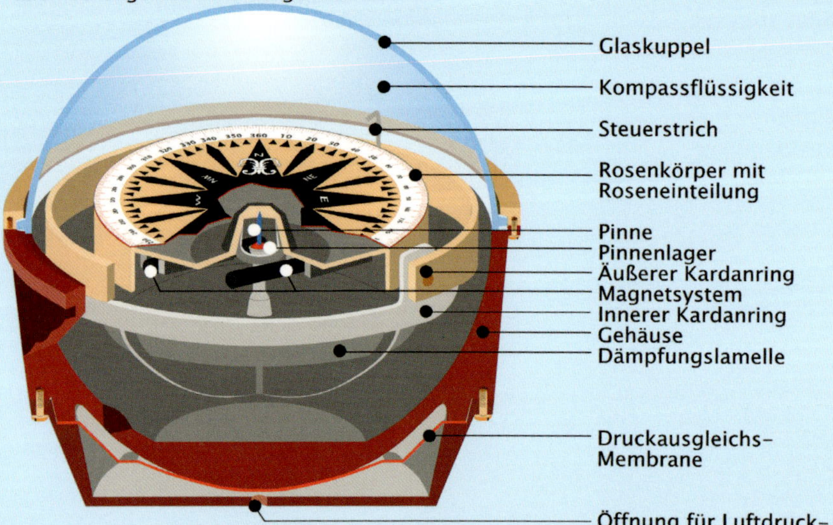

Schwimmkompass.

See – a) Das Meer. b) Der Seegang. c) Jede einzelne Welle.

Seeamt – Jeder schwere Unfall auf oder mit einem deutschen Schiff und jede Havarie wird vor dem Seeamt untersucht. Die Untersuchungen sind keine Straf-, sondern Verwaltungsverfahren zur Erhöhung der Sicherheit auf See. Seeämter befinden sich in Emden, Bremerhaven, Hamburg, Kiel und Rostock. Das Seeamt Kiel vertritt alle anderen Seeämter.

Search and rescue – Suche und Rettung. Einsatz von Luft- und Wasserfahrzeugen zur Rettung von Menschenleben (s. SAR).

See-BG – Seeberufsgenossenschaft von 1887: Wacht unter anderem über die Einhaltung der Unfallverhütungsvorschriften auf unter deutscher Flagge fahrenden Schiffen.

Seefest – Schiffe und Seeleute müssen seefest sein, das heißt sie müssen in der Lage, den Unbilden der See zu trotzen.

Seefunkzeugnis – Zum Betrieb einer Seefunkstelle ist ein amtliches Seefunkzeugnis erforderlich. Nur im Notfall darf jeder die Seefunkstelle bedienen.

SeeFuSt – Kurz für Seefunkstelle. Funkstelle eines nicht dauernd verankerten Seeschiffes. Eine Seefunkstelle muss von der Regulierungsbehörde für Telekommunikation (RegTP) abgenommen sein. Funkstellen auf Binnenschiffen werden als Schiffsfunkstellen bezeichnet.

Seegang – Vom Wind erzeugte Bewegung der Wasseroberfläche. Wird sie unmittelbar von Wind erzeugt, ist es die Windsee. Ist es eine alte Windsee, heißt sie Dünung.

Seegangsreflexe – Auf dem Radarbildschirm weiß erscheinende Bereiche. Werden durch kurze, steile Wellen gebildet. Abhilfe: Hochregulierung der Nahechodämpfung.

Seegangsskala – (s. Abb. folgende Seite) Beschreibung der Wellen auf See mithilfe einer Skala, die von 0 bis 9 unterteilt ist. Die Seegangsstärken entsprechen nicht den Windstärken.

Seehandbuch – Für die Schifffahrt erforderliches Wissen steht in Seehandbüchern.

Seekarte – Darstellung der Seegebiete mit den Küsten auf einer Karte. Alle für die Seefahrt relevanten Dinge wie Wassertiefen, Landzeichen, Tonnen, Seestraßen usw. sind verzeichnet.

Seekartenberichtigung – Die Seekarten auf den neuesten Stand berichtigen.

Seekartennull – (s. Abb. u.) Neues Seekartennull ab 2005 im Bereich der deutschen Nordseeküste: LAT (Lowest Astronimical Tide = ca. 50 cm unter mittlerem Springniedrigwasser MSpNW, dem bisherigen Seekartennull). Die Umstellung der Tiefenangaben in den Seekarten erfolgt jeweils mit den Neuausgaben in den nächsten Jahren. Die Gezeitentafeln werden ab 2005 komplett auf LAT umgestellt.

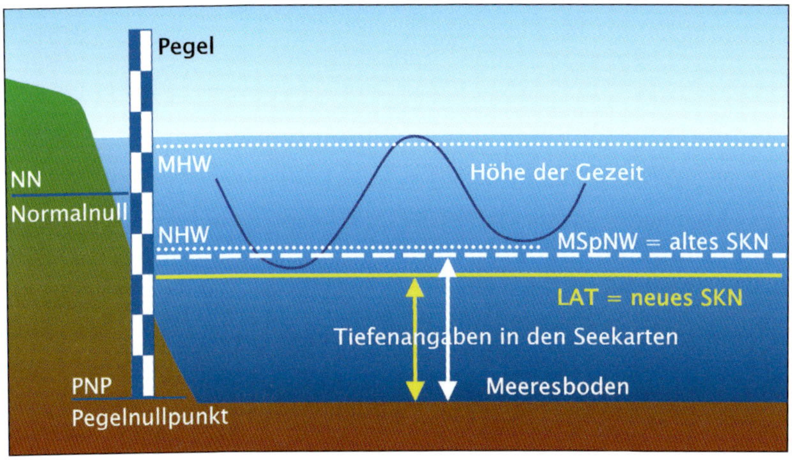

Nr.	Bft.	Bezeichnung	Auswirkung
0	0	Vollkomen glatte See	Spiegelglatte See.
1	1 2	Ruhige, kräuselige See	Kleine, schuppenförmig aussehende Kräuselwellen, keine Schaumkämme.
2	3	Schwach bewegte See	Wellen noch kurz, aber ausgeprägter. Kämme sehen glasig aus brechen sich nicht. Vereinzelt weiße Schaumköpfe.
3	4	Leicht, bewegte See	Wellen noch klein, werden aber länger. Ziemlich verbreitet treten weiße Schaumköpfe auf. Die sich brechende See rauscht.
4	5 6	Mäßig bewegte See	Wellen länger, ausgeprägter. Überall weiße Schaumköpfe. Vereinzelt schon Gischt. Brechen der See hört sich wie Murmeln an.
5	7	Grobe See	Größere Wellen. Käme brechen sich und hinterlassen größere weiße Schaumflächen. Dumpfes, rollendes Geräusch der sich brechenden See.
6	8	Sehr grobe See	See türmt sich. Der beim Brechen entstehende weiße Schaum beginnt sich in Streifen in die Windrichtung zu legen. Das Geräusch der sich brechenden See in größerer Entfernung hörbar.
7	9	Hohe See	Mäßig hohe Wellenberge mit Kämmen von beträchtlicher Länge. Von den Kanten der Kämme beginnt Gischt abzuwehen. Der Schaum legt sich in ausgeprägten Streifen in die Windrichtung.
8	10 11	Sehr hohe See	Hohe Wellenberge mit langen, überbrechenden Kämmen. See weiß durch Schaum. Schweres stoßartiges Rollen der See. Sicht durch Gischt stark beeinträchtigt.
9	12	Außergewöhnlich schwere See	Außergewöhnlich hohe Wellenberge. See völlig weiß. Luft mit Schaum und Gischt augefüllt. Jede Fernsicht hört auf. Rollen der See wird zum Getöse.

Seegangsskala.

An den tatsächlichen Wassertiefen ändert sich selbstverständlich nichts. Die Tiefenangaben sind sicherer geworden, weil sie kaum unterschritten werden.

Seekartenplotter, Kartenplotter – Elektronisches Gerät zur Darstellung von digitalen Seekarten.

Seekartenvertriebsstelle – Vom BSH autorisierte Vertriebsstelle von Seekarten. Muss beim Verkauf die amtlichen Seekarten auf den jeweils neuesten Stand bringen.

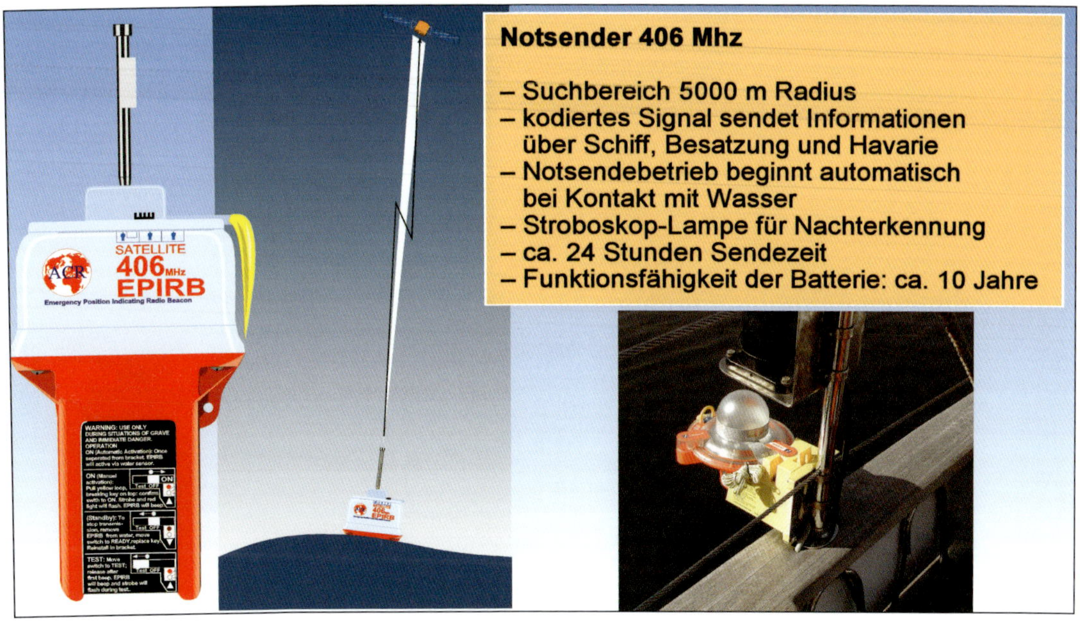

Seenotfunkboje.

Seekiste – Enthielt das Hab und Gut des Seemanns.

Seekiste (Deutsches Schifffahrtsmuseum Bremerhaven)

Seekrankheit – Eine Seekrankheit ist eine ernst zunehmende Krankheit. Der Kranke zeigt ein »Alles-egal-Verhalten«. Befindet er sich an Deck, muss er ständig beobachtet werden.

Seele – Im Drahttauwerk befindliche gefettete Fasern zum Schutz vor Rost. Der Faden war auch farbig zur Kennzeichnung der Qualität und Herkunft; der rote Faden.

Seelenverkäufer – Heruntergekommenes, nicht mehr seetüchtiges Schiff.

Seemannsgarn – Unglaubliche, abenteuerliche und phantasievolle Geschichten des Seemanns.

Seemannssonntag – Ist der Donnerstag, an dem gibt es besseres Essen.

Seemeile – Sie ist 1852 Meter lang.

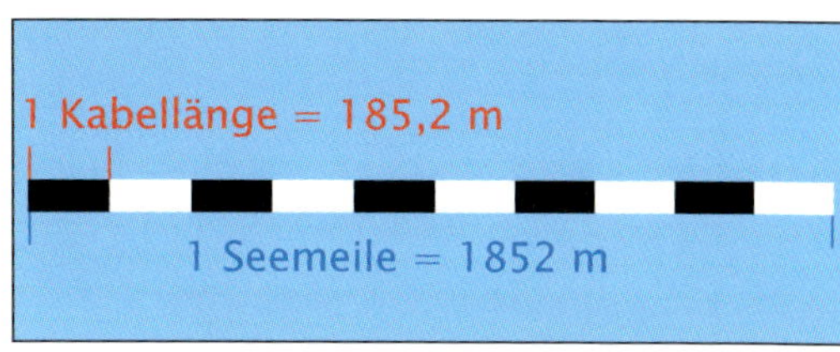

Seenotfall – Ein Seenotfall tritt ein, wenn Leib und Leben der Crew in Gefahr sind.

Seenotfunkboje – Seenotboje, die bei Wasserberührung oder durch Handauslösung ein Notsignal aussendet. Dieses Signal wird von einem Satelliten aufgenommen und an eine Boden-station gesendet. Die Hilfe kann beginnen (s. EPIRB).

Das neueste und größte Schiff der DGzRS, die *HERMANN MARWEDE*, stationiert auf Helgoland.

Seenotkreuzer – Rettungsschiffe der DGzRS (Deutsche Gesellschaft zur Rettung Schiffbrüchiger).

Seenotmeldung – Hilferuf eines in Seenot geratenen Schiffes (über Funk).

Seenotsender – Seenotfunkboje (s. dort).

Seenotsignale – Tritt ein Seenotfall ein, so werden Seenotsignale gegeben. Damit sparsam und effektiv umgehen.

Seepocken – Wird das Unterwasserschiff nicht durch Antifouling geschützt, so setzen sich nach relativ kurzer Zeit Seepocken fest. Diese müssen nach dem Kranen sofort mit einem Hochdruckreiniger entfernt werden, da sie sonst verhärten und mechanisch entfernt werden müssen – mühsame Arbeit.

Seesack, Zampel – Nur ein Seesack, auch Zampel genannt, passt an Bord. Es kann auch eine faltbare Tasche sein. Aber bitte keine Koffer!

Seeschifffahrtsstraßen-Ordnung – Nationale Vorschrift der Bundesrepublik Deutschland auf den Seeschifffahrtsstraßen. Ist den KVR übergeordnet.

Seeschlag – An den Aufbauten und der Decksladung eines Schiffes erzeugter starker Druck durch schwere See. Brückenfenster und Bullaugen können mit Seeschlagsblenden davor gesichert werden.

Seeunfalluntersuchung (SUG) – Jeder Unfall auf einem unter deutscher Flagge fahrenden Schiff muss der SUG gemeldet werden. Daraus kann eine Untersuchung vor einem Seeamt werden.

Seeventil – Ventile, die nach außenbords den Kühlwasser- oder Toilettenabfluss schließen.

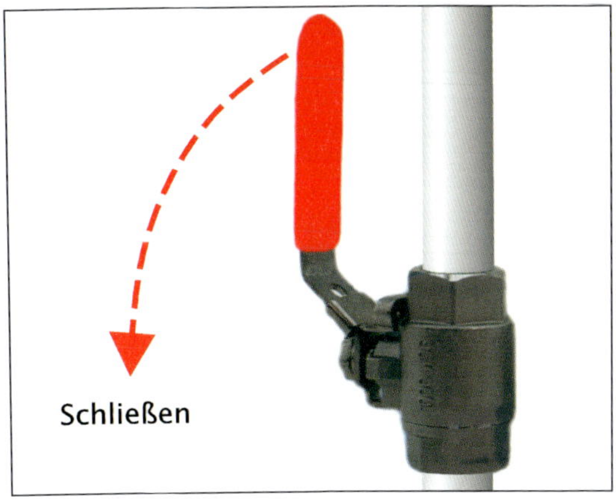

Seewetterbericht – Empfang und Auswertung ist absolutes Muss an Bord. Während des Empfangs ist Ruhe zu halten.

Seewind – Ein tagsüber wehender Wind von See. Kann recht stark sein.

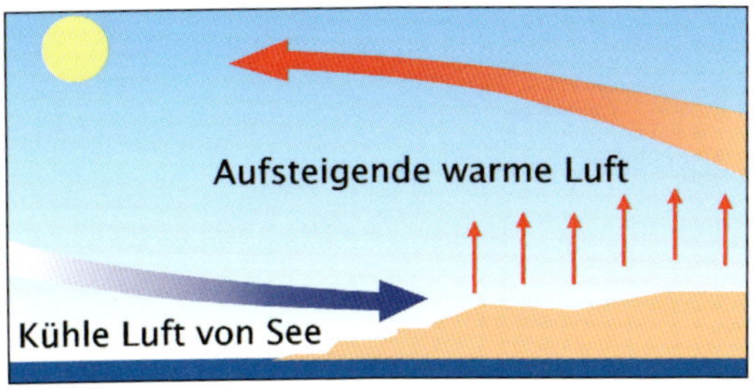

Seewind.

SEEWIS – Sehr gute Wetterinformationen des Deutschen Wetterdienstes. Zum Empfang wird eine kostenpflichtige Software benötigt.

Segel – Drei- oder viereckige Tücher, heutzutage nur noch aus Kunstfaserstoffen. Sie werden unterschieden nach Art und Ort der Anbringung sowie nach der Form und der Windstärke, für die sie geeignet sind. Segel sind der Windmotor eines Segelschiffes.

Segelboot – Kleineres, mit Segel versehenes Boot. Darauf kann noch nicht gewohnt werden, im Gegensatz zur Segelyacht.

Segeldruckpunkt – Theoretischer Punkt, in dem die Gesamtkraft eines Segels angreift.

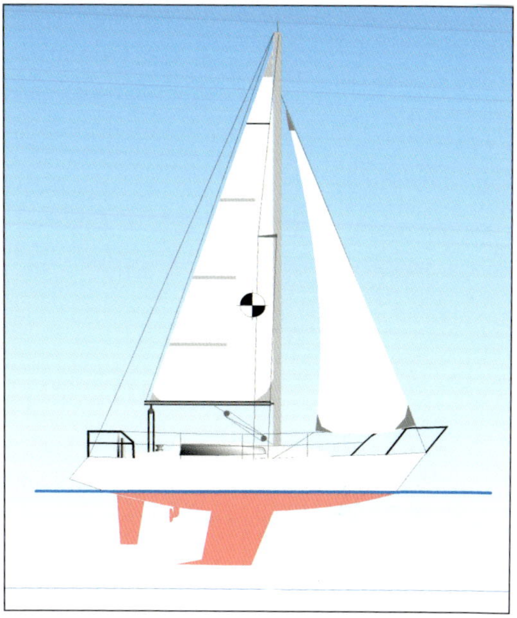

Segelfläche – In der Regel wird die Größe der Segelfläche angegeben, die bei einem Amwindkurs gesetzt wird.

Segelgarn – Wird auch Takelgarn genannt. Für verschiedene Einsätze beim Segelnähen oder für Taklinge.

Segeljacht, -yacht – Definition des Autors: Größeres Segelboot, geeignet zum Bewohnen.

Segelkleid – Abdeckung, Persenning für die Segel. Dient zum Schutz vor Schmutz, Salzwasser und UV-Strahlung.

Segellatten – Versteifungen der Segel im Achterliekbereich, verhindern das Killen der Segel.

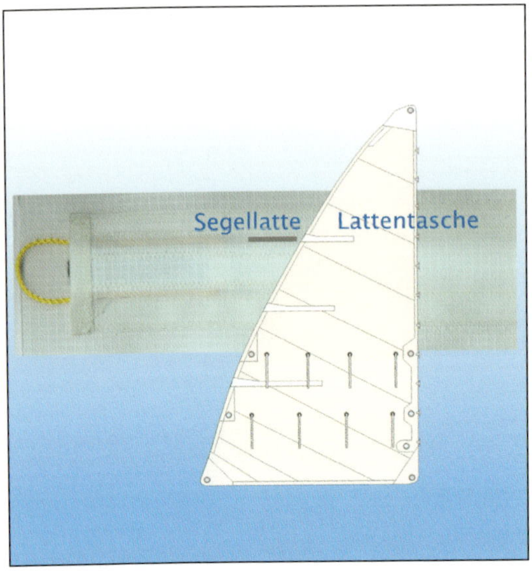

Segelmacherhandschuh – Wird zum Nähen von Segeln benötigt. Damit wird die Segelnadel durch das Segelmaterial gedrückt. Der Daumenschutz hilft beim kräftigen Strammziehen des Segelgarns.

Segeln – Scherzhaft: Unter erheblichen finanziellen Belastungen krank werden und nirgendwohin treiben.

Segelnadel – Dreieckige Nadel zum Nähen von Segeln per Hand.

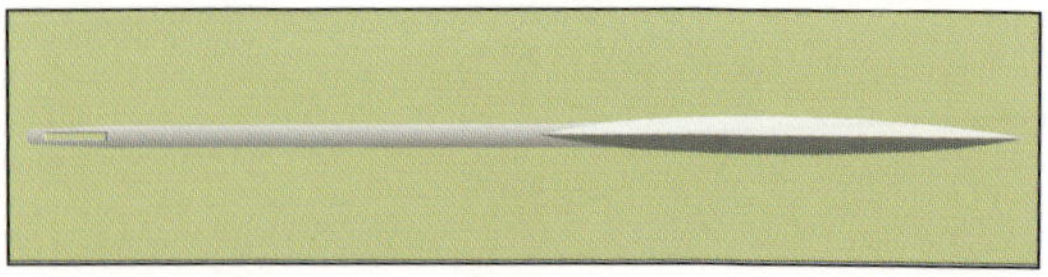

Segeltiefe – Wölbung bzw. Profiltiefe des Segels. Segel mit der größten Wölbung im vorderen Bereich ziehen am besten.

Segeltörn – Eine Reise mit einem Segelboot von einem Hafen zu einem anderen oder sogar mit einer Segelyacht um die Welt.

Segeltrimm – Richtiges Einstellen der Segel mit den Schoten, um maximale Fahrt zu bekommen.

Seglermesser – Sollte jeder Segler bzw. Wassersportler bei sich tragen. Wird zum Öffnen von Schäkeln und zum Durchtrennen von Leinen gebraucht.

Seicht – Flach, flaches Gewässer.

Seitenlichter – An Steuerbord grünes und an Backbord rotes Licht mit einem Winkel von 112,5° (von recht voraus bis 10 Strich zur Seite).

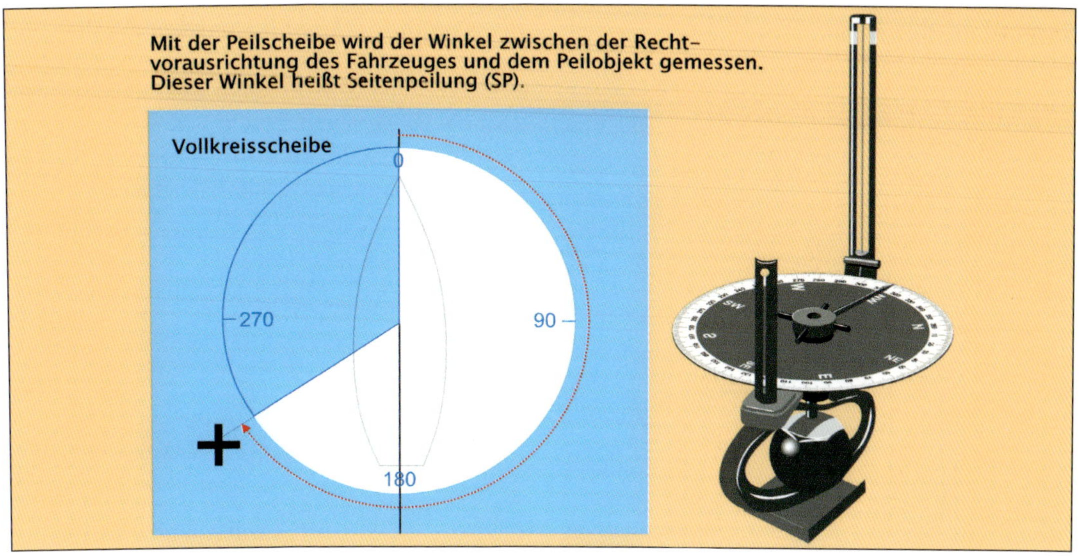

Seitenpeilung.

Seitenpeilung – Richtung eines Objektes mit einer Seitenpeilung feststellen. Aus der Seitenpeilung (SP) und dem rechtweisenden Kurs ergibt sich die rechtweisende Peilung (rwP).

Seitenschwert – Beidseits außenbords angebrachte Schwerter zur Verminderung der Abdrift bei flachbödigen Schiffen. Beim Segeln wird das Lee-Schwert abgelassen und das Luv-Schwert ist aufgeholt.

Sektorenfeuer – Ein Feuer, das durch verschiedenfarbige Sektoren Schiffe in Häfen oder durch Durchfahrten führt.

Selbstwendefock – Das Vorsegel kommt beim Wenden oder bei einer Halse von allein über. Allerdings darf sich beim Wenden niemand im Bereich des Vorsegels mit Bügeln und Blöcken befinden = großes Verletzungsrisiko!

Selbstwendefock auf dem Weserkahn *FRANZIUS.*

Profiliertes Seitenschwert des Weserkahns *FRANZIUS* der Bremer Bootsbau Vegesack.

Semaphor, das – Signalmast mit beweglichen Armen zur Anzeige der Windstärke.

Sextant – Optisches Winkelmessgerät zur Bestimmung der Schiffsposition bei der astronomisch-geografischen Navigation mit Gestirnen. Vorläufer waren der Oktant und davor der Jacobsstab. Inzwischen ist der Sextant auf Berufschiffen und Yachten eine Rarität. Die astronomische Navigation wurde durch die Satellitennavigation ersetzt, aber es ist immer noch eine Herausforderung, mit dem Sextanten zu navigieren.

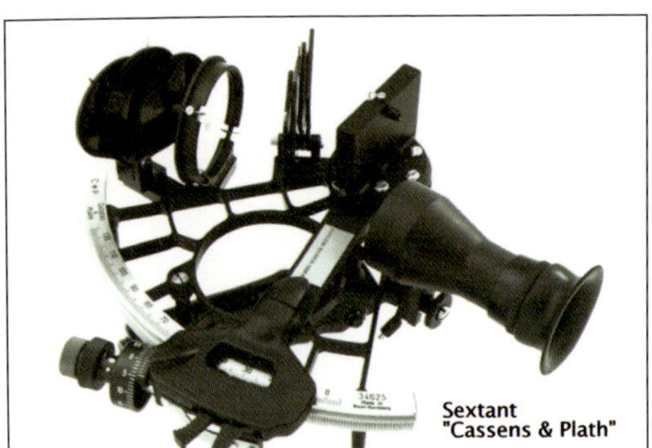

Sextant "Cassens & Plath"

Shanty-Chor – Meist Männerchor, der alte Seemannslieder (Shantys) singt. Das Liedgut stammt von den alten Frachtenseglern. Bei Segelmanövern sang ein Shantyman die Lieder vor. Inzwischen gibt es auch Chöre mit weiblichen Stimmen und Musikinstrumenten (meistens Schifferklaviere).

Sicherheitsausrüstung – Nach SOLAS (Safety of life at sea) vorgeschriebene Ausrüstung. Die Ausrüstungspflicht gilt nicht nur für die Berufsschifffahrt, sondern auch für Yachten.

Sicherheitsgurt – Sicherheitsgurte werden bei schwerer See angelegt. Sie schützen vorm Überbordfallen und vor Verletzungen bei heftigen Bewegungen des Schiffes (s. Lifebelt).

Sicherheitsrolle – Schriftliche Festlegung der Arbeiten und der Ausführenden bei einer Notsituation.

Sicherheitsrolle Lecksuche

Schiffsrumpf auf Dichtigkeit prüfen:

1. Vorpiek	Jürgen
2. Log- und Lotgeber	Jürgen
3. Kielbolzen	Erika
4. Pantry	Erika
5. Maschine/Raum	Monika
6. WC-Räume	Michael
7. Achterkajüte	Michael
8. Backskisten	Thomas
9. Ruderanlage	Thomas
Lenzpumpe	Jürgen
Leckbekämpfung	alle

Greetsiel (links) und Carolinensiel.

Sicherungen – Im elektrischen Panel eingesetzte Sicherungen für die verschiedenen Stromkreise. Immer für genügend Ersatz an Bord sorgen!

Sichten – Sehen. Land oder ein Schiff am Horizont sichten.

Sichtweitenmessung – Z.B. vom Cuxhavener Radarturm werden schwache stroboskopische Blitze ausgesandt, mit deren Hilfe ein Sensor die Sichtweite misst. Die Messung dient der täglichen Sichtweiten-Wettervorhersage.

Siel – Verbindung zwischen inländischen Gewässern binnenwärts der Deiche und dem Meer: Bensersiel, Neuharlingersiel, Hooksiel usw.

Signalball – Schwarzer Ball, der an Land oder auf einem Schiff gehisst wird. Die Bedeutung geht von »Schiff unter Anker« bis »Außergewöhnliche Schifffahrtsbehinderung«: Ball, Ball, Kegel (Spitze unten).

Signalflaggen – Mithilfe einer Flagge wird ein ganzer Satz mitgeteilt. Die Bedeutung ist international festgelegt (s. Internationale Signalflaggen).

Signalhorn – Schiffe ab 12 Metern Länge müssen mit einem Signalhorn ausgerüstet sein.

Signalpistole – Pyrotechnisches Signalmittel für den Seenotfall.

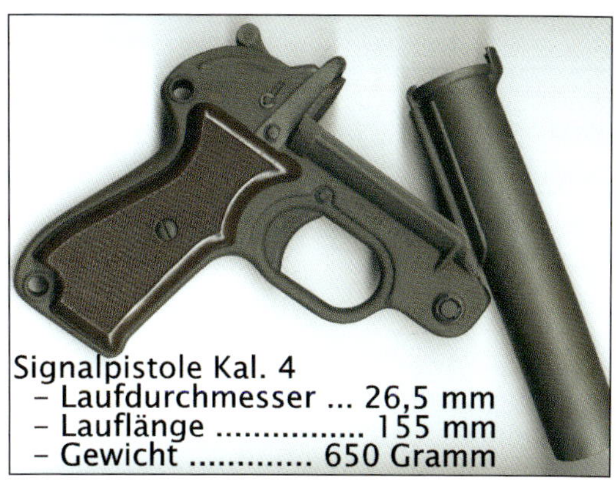

Signalspiegel – Wichtiges Hilfsmittel, um auf sich aufmerksam zu machen.

Simplex-Verkehr – Funktechnischer Verkehr auf einer Frequenz. Es kann immer nur ein Teilnehmer sprechen. Damit der Gesprächspartner weiß, wann er sprechen kann, wird »Over« gesagt und die Sendetaste losgelassen.

Sinken – Untergehen eines Schiffes.

Skiff, das – Regattaruderboot für eine Person.

Skipper – Höchste Instanz (Schiffsführer) auf einer Yacht. Das Wort kommt ursprünglich aus dem Dänischen, ging über das Englische und wurde ins Deutsche übersetzt.

Skullboot – Sportruderboot mit zwei Rudern pro Ruderer.

Skylight – Bringt Licht in darunter liegende Räume (s. Oberlicht).

Slippen – Plötzliches Lösen von Leinen oder Ketten, wenn sie unter Zug stehen.

Slipstek – Knoten, kann durch Aufziehen einer schleifenartigen Verbindung schnell gelöst werden.

Slup – Segelyacht mit einem Mast und einer Hochtakelung.

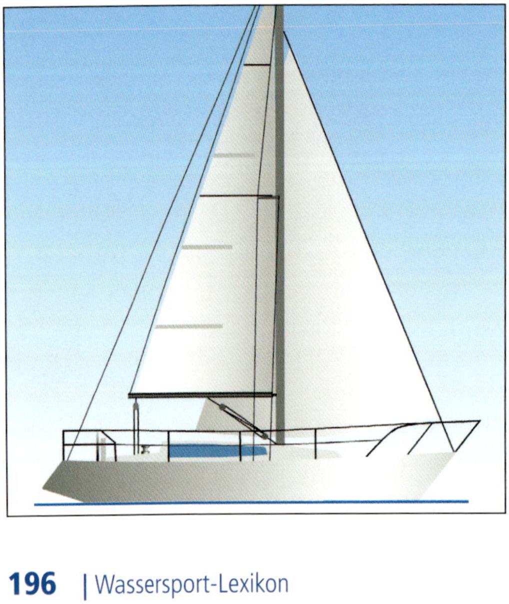

Smeerreeps – Leinen, die bei den Reffs das Segel auf dem Großbaum halten.

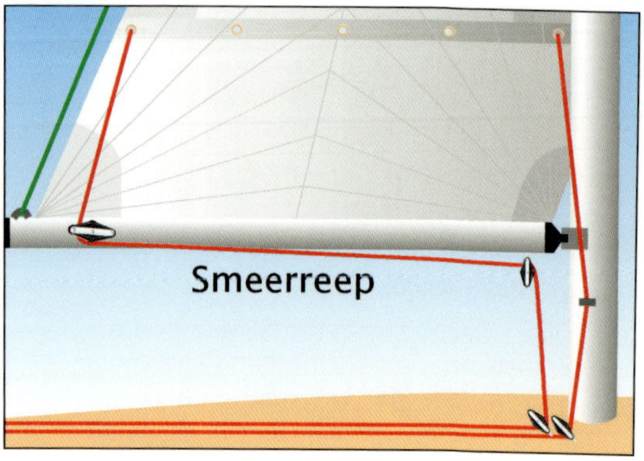

Smutje, Smut – Seemännischer Ausdruck für den Koch auf einem Schiff. Gutes Essen bedeutet gute Stimmung. Der Smutje braucht nicht am Decksdienst teilzunehmen und muss auch bei Segelmanövern nicht Hand anlegen. Kann nachts durchschlafen.

Solarlüfter – Mit Solarstrom betriebener Lüfter auf Deck.

SOLAS-Abkommen – Safety of Life at Sea. Internationales Abkommen zur Mindestausrüstung zum Schutz des menschlichen Lebens auf See.

Sonar – Unterwasserortung durch Schall.

Sonderfahrzeug – Sportfahrzeug, das zur gewerbsmäßigen Ausbildung oder zum gewerbsmäßigen Personentransport benutzt wird. Ausbildungsfahrzeuge bis BRZ 350 und Fahrzeuge bis BRZ 50 zur Personenbeförderung. Diese Fahrzeuge werden von der Seeberufsgenossenschaft überwacht.

Sondergebiet – Seegebiet, in dem die Umwelt besonders stark gefährdet ist. In einem solchen Gebiet gelten strenge Umweltschutzauflagen (s. MARPOL).

Sonnendeck – Meist das höchst gelegene Deck auf einem Kreuzfahrer; dort stehen die Liegestühle.

Sonnenhalo – Optische Erscheinung, hervorgerufen durch Lichtbrechungen an Eiskristallen um die Sonne (s. Halo).

Sonnenschuss – Drehtendenz auf einem Vormwindkurs. Die Segelyacht läuft aus dem Ruder und schießt in die Sonne. Kommt häufig beim Segeln mit Spinnaker vor.

Sonnensegel – Zum Schutz vor der Sonnenstrahlung übers Deck gespanntes Segel.

Sonnensegel auf dem Motorsegler des Autors, der *ARIANE*.

Sorgfaltspflicht – Der Schiffsführer muss unabhängig von Führerscheinpflicht und Alter, körperlich, geistig und fachlich geeignet sein. Er muss die Verantwortung für das Schiff und deren Besatzung tragen können.

SOS – Seenotruf vergangener Zeiten, wurde durch »Mayday, Mayday« ersetzt. Seit dem 1.1.1999 wird das 160 Jahre alte Morsealphabet nicht mehr eingesetzt. Heute übernimmt ein von Satelliten gestütztes Funknetz die Notalarmierung.

SAVE OUR SOULS

Rettet unsere Seelen!
Ein Ruf, der oft um die Welt ging.

▬ ▬ ▬ ● ● ● ▬ ▬ ▬

Der heutige Seenotruf ist Mayday.

Spant – Verstärkung der Beplankung des Schiffsrumpfes.

Speigatt – Öffnungen im Schanzkleid zum Abfluss des Deckswassers.

Sperrgebiet – Durch Tonnen markiertes und in den Seekarten vermerktes Gebiet, das wegen Schießübungen oder aus sonstigen seetechnischen Gründen gesperrt ist. Muss beachtet werden, sonst wird es teuer.

Sperrwerk – Sperrwerke dienen dem Schutz des binnenwärtigen Landes. Sie befinden sich in Flussmündungen und werden bei Sturmfluten geschlossen.

Spiegelheck – Gerader Abschluss des Hecks von der Wasserlinie zum Deck.

Spieker – Kräftiger Schiffsnagel (früher aus Eisen, heute aus Nirosta) mit quadratischem Querschnitt zum Annageln der Holzbeplankung auf die Spante.

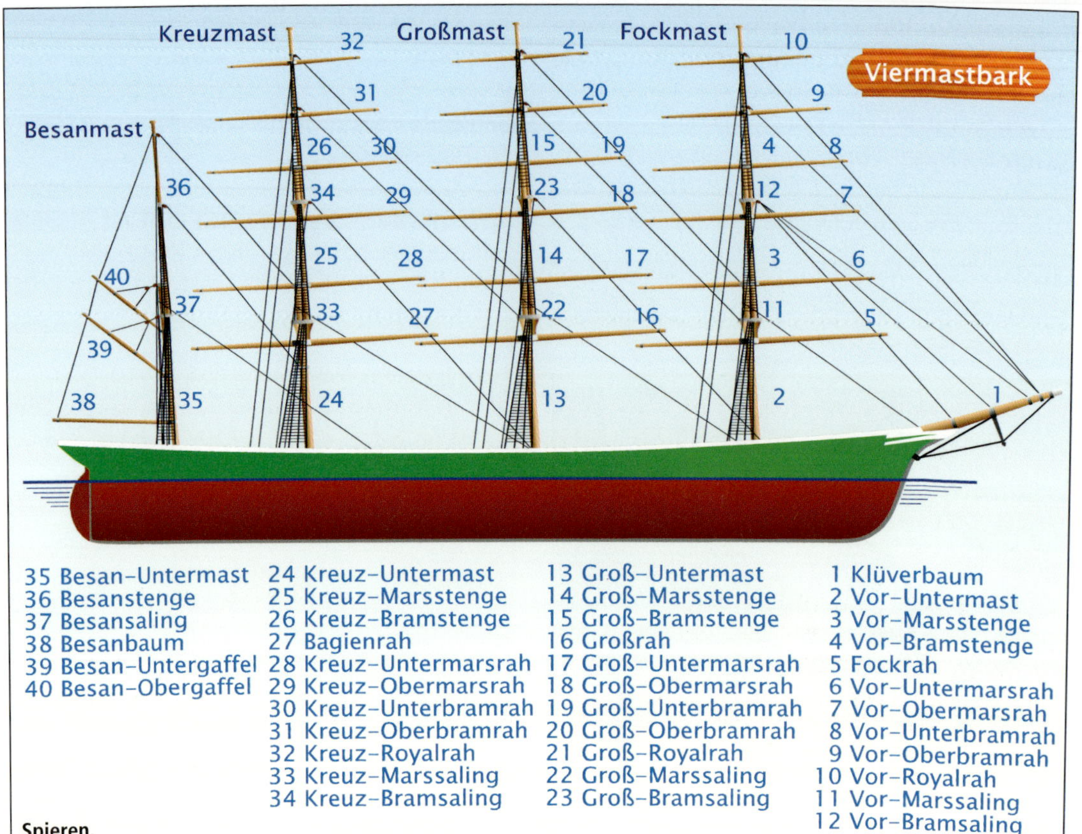

Spieren.

Spiere – Bezeichnung für ein Rundholz, z. B. Klüverbaum, Rah, Besanbaum.

Spill, Gangspill – Dient dem Einholen von Ketten und Trossen. Im Gegensatz zur Winde werden diese mit dem Spill nicht aufgewunden, sondern lediglich durch die Reibung des Spills mitgenommen, um auf der anderen Seite wieder lose abzulaufen. Die Seeleute gehen um das Spill herum und drehen es dabei, deshalb auch Gangspill (s. auch Ankerspill).

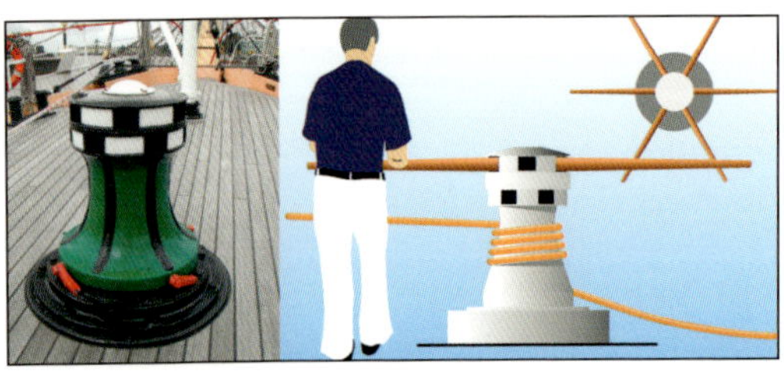
Spill auf dem Schulschiff *DEUTSCHLAND*, Bremen-Vegesack.

Spillspake – Hebelarm/Speiche für den manuellen Betrieb eines Spills.

Spinnaker – Ein Leichtwindsegel von großer Segelfläche, aber leichtem Tuch, das vor dem Wind gesegelt wird, auch »Blase« genannt.

Spinnakerbaum – Verbindung und Trimmung vom Mast zum Hals des Spinnakers. Der Spibaumendbeschlag kann am Mast und am Hals durch Ziehen am Federbolzen gelöst werden.

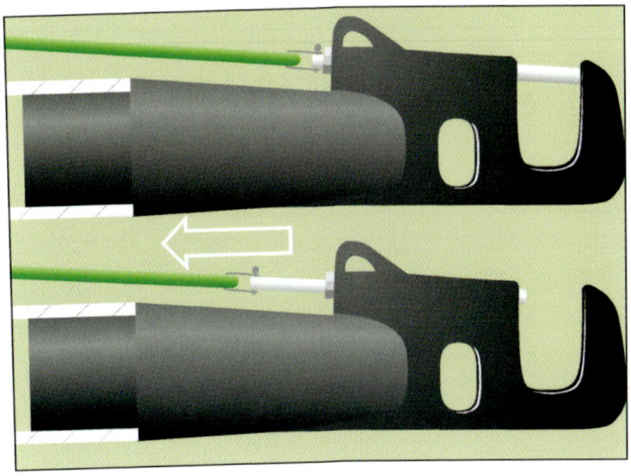

Spinnakerschot – Nach achtern geführte Schot vom Schothorn des Spinnakers auf eine Winsch. Bei sehr wenig Wind wird die Spischot auch schon mal über einen Block aus der Hand gefahren.

Spitzgatt – Spitz zulaufendes Heck.

Spleiß – Handgefertigte Verbindung von Tauwerk.

Splint – Sichert einen Bolzen mit einer Unterlegscheibe vorm Herausfallen.

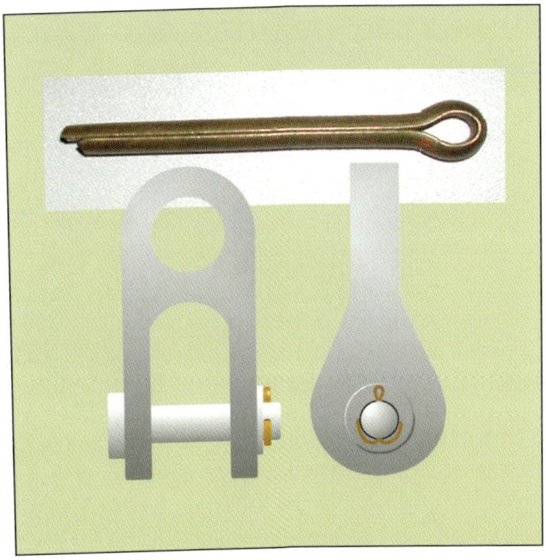

Sportbootführerschein-See (SBF-See) – Erforderlicher Bootsführerschein zum Führen eines Sportbootes. Gilt weltweit und ohne Größenbeschränkung der Yacht. Wird von fast allen Küstenstaaten der Welt anerkannt.

Sporthochseeschifferschein (SHSS) – Erforderlicher Bootsführerschein zum Führen eines Traditionsschiffes unter 25 Meter und einer Ausbildungsyacht für die Hohe See.

Sportseeschifferschein (SSS) – Freiwilliger amtlicher Schein für Motor- oder Segelboot auf der Hohen See.

Sprayhood, Spritzkappe – Schützt die Crew im Cockpit vor überkommender See.

Sprechfunk-Reichweiten – Ultrakurzwelle ca. 30 bis 60 sm, Grenzwelle ca. 300 sm, Kurzwelle weltweit.

Spring – Leine bzw. Festmacher, die das Schiff nach vorn oder achtern in Längsrichtung am Steg oder an der Kaimauer hält.

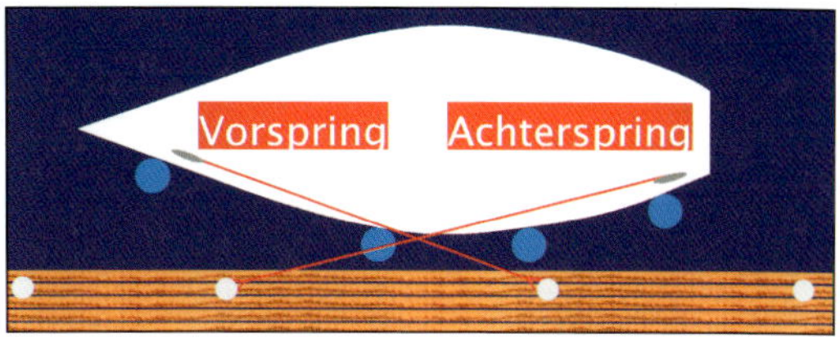

Springflut – Besonders hohe Flut an der Küste.

Springniedrigwasser, mittleres – Mittleres Niedrigwasser zur Springzeit. War bisher das Kartennull in Deutschland. Wurde durch das LAT (s. dort, Lowest Astronomical Tide) ab Januar 2005 ersetzt.

Springverspätung (SpV) – Zeitunterschied (bei halbtäglicher Gezeitenform) zwischen Voll- bzw. Neumond und der nächsten Springzeit.

Springzeit (SpZ) – Zeit (Tag und Uhrzeit), zu der die halbmonatliche Ungleichheit der Hochwasserhöhen ihren größten Wert annimmt.

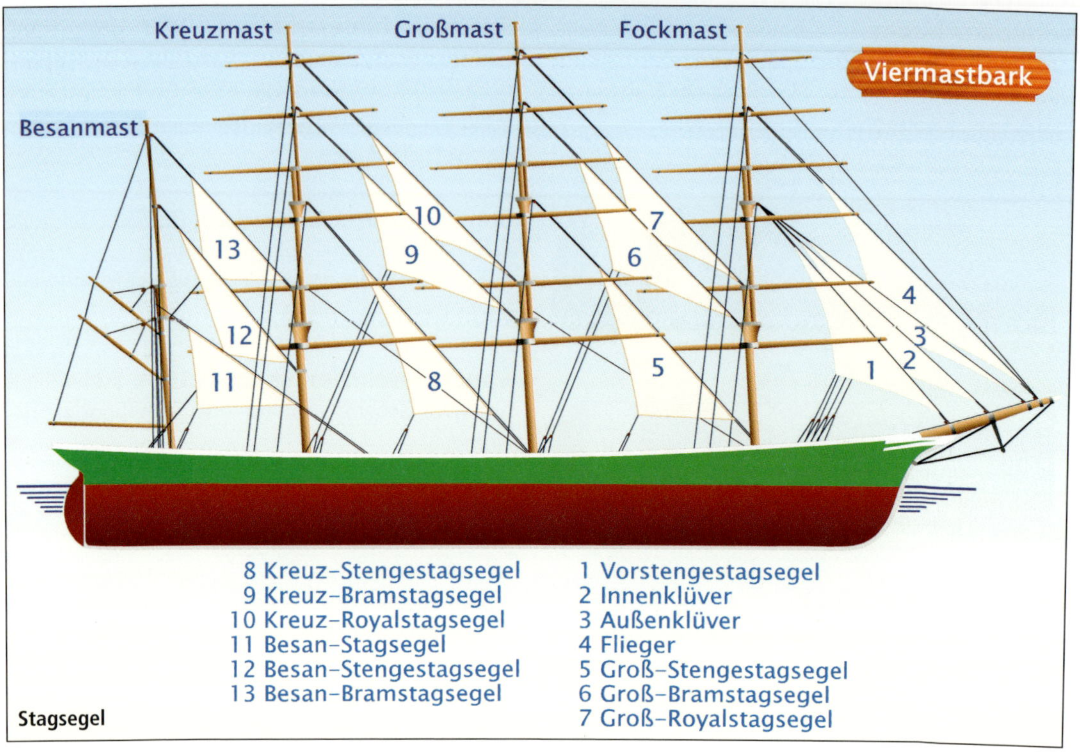

Stagsegel

Stäbig – Steif, robust. Ein stäbiges Schiff hat einen sehr großen Stabilitätsumfang.

Stabilität – Das Vermögen eines Schiffes, nach der Krängung durch Wellen oder Wind sich in der Längsachse (Querstabilität) wieder aufzurichten. Ebenso das Vermögen, der Neigung um die Querachse (Längsstabilität) entgegenzuwirken.

Stag, das – Tauwerk zum Abspannen eines Mastes, wie Vorstag, Achterstag, Babystag usw.

Stagreiter – Am Vorliek eines Stagsegels eingenähter Beschlag. Verbindet die Segel mit dem Stag. Durch Lösen einer Arretierung können die Stagreiter mit dem Segel vom Stag abgenommen werden.

Stagsegel – (s. Abb. o.) Segel, die an einem Stag gefahren werden. Es sind dreieckige Schratsegel.

Staken – Abstoßen eines kleineren Schiffes oder Bootes mit einer Stake am Grund.

Stampfen – Bewegung eines Schiffes um sein Querachse. Bei starker See gegenan kann sich ein untermotorisiertes Schiff feststampfen. Es kommt kaum vorwärts, jede Welle bremst es.

Ein einfaches und genaues Verfahren zu Gewinnung einer Standlinie (= Linie auf der sich die Yacht befindet) ist die Deckpeilung. Zwei in der Seekarte eindeutig identifizierte Objekte werden zu Deckung gebracht. Die Yacht befindet sich auf der Standlinie.

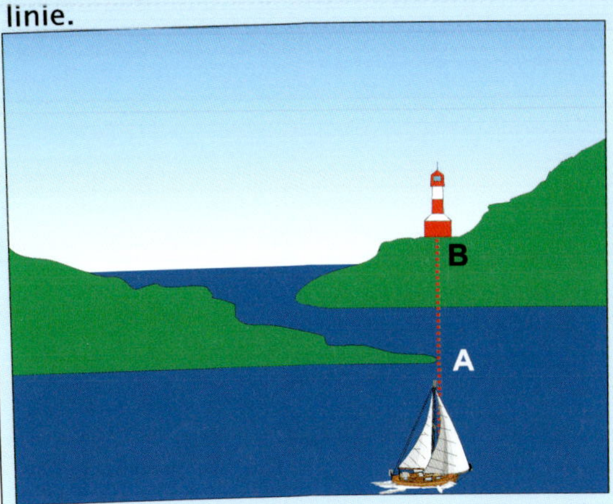

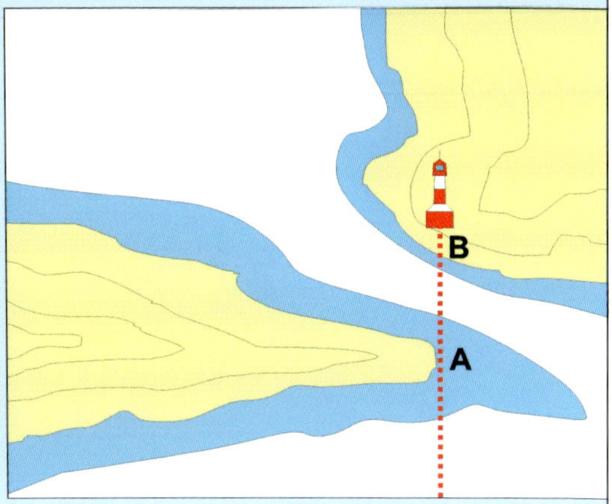

Stander – Stander sind Flaggen in dreieckiger Form mit einem Breiten-Höhen-Verhältnis von 3:5. Mit ihnen wird die Mitgliedschaft in einem Wassersportverein angezeigt = Clubstander.

Standerschein – Der Ausweis einer Yacht. Enthält Angaben über Yacht, Eigner und Vereinszugehörigkeit.

Standlinie – (s. Abb. o.) Peilung von zwei in die Seekarte eingetragenen hintereinander liegenden Objekten. Auf der dadurch erhaltenen Standlinie befindet sich das Schiff.

Standort – Die errechnete bzw. wahre Position des Schiffes; auch Schiffsort genannt.

Stapelhub – Ein Schiff wird getauft und mittels eines Kranes zum ersten Mal ins Wasser gehoben.

Stapellauf – Schiffstaufe und Zuwasserlassen eines neuen, jedoch noch nicht fertigen Schiffes. Der Rumpf gleitet auf einer Hellig mit fettgeschmierten Schlitten ins Wasser.

Stauen – Das Verstauen von Ladung und Gepäck auf einem Schiff.

Stauwasser, Stillwasser – Wasser ohne Strom in der kurzen Zeitspanne zwischen Ebbe und Flut bzw. Flut und Ebbe.

Stechpaddel – Paddel für schnelle Schläge; wird im Kanu benutzt.

Stecken – a) Zwei Enden miteinander verbinden. b) Einreffen eines Segels, ein Reff einstecken.

Steg – Anlegesteg in einem Yachthafen. Er kann fest verrammt sein oder als schwimmender Steg mit Ketten oder Murings gehalten werden.

Steg in der Marina in Santa Cruz de Teneriffa.

Stehen – Gesetzte Segel stehen; sie stehen voll, wenn der Wind sie gut anströmt.

Stehendes Gut – Das stehende/unbewegliche Gut dient zur Versteifung der Masten. Es sind Salinge, Wanten und Stagen.

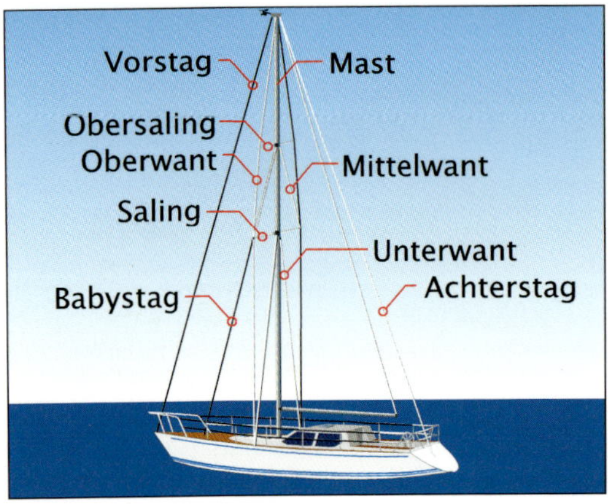

Steigdauer (SD) – Zeitspanne zwischen einer Niedrigwasserzeit und der folgenden Hochwasserzeit.

Stek – Die Endung bei der Knotenbezeichnung, z.B. Palstek, Schotstek usw. Die Bedeutung kommt von stecken.

Stellnetz – Fischernetz, das in Küstengebieten wie ein Vorhang senkrecht ins Wasser gehängt wird.

Stenge – Verlängerung des Mastes; pro Mast können es bis zu zwei Stengen sein.

Steuerbord – Rechte Schiffsseite in Fahrtrichtung. Kommt aus der Zeit der Wikinger: Der Steuermann stand immer rechts.

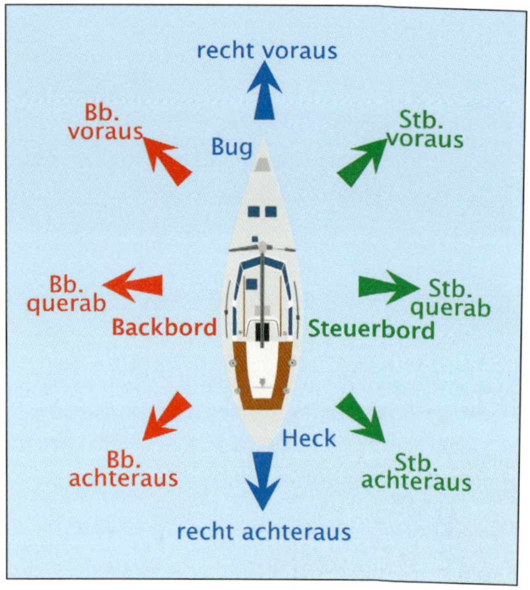

Richtungsangaben auf einem Schiff.

Steuerkompass – In der Nähe vom Steuerrad oder der Pinne angebrachter Kompass, nach dem der Rudergänger oder Steuermann seinen Kurs steuert.

Steuerkompass

Steuerkurs – Anliegender Kurs am Steuerkompass.

Steuermann – Nach dem Kapitän der zweithöchste Offizier an Bord. Der Mann oder die Frau am »Rohr« geht vor. D.h. der Steuermann oder Rudergänger bekommt zuerst zu Essen bzw. ein Getränk; noch vor dem Skipper.

Steuerrad – Mit dem Steuerrad werden über Seilzüge, Ketten und über eine Hydraulik die Steuerbewegungen auf das Ruderblatt übertragen.

Steuerrad auf dem Schulschiff *DEUTSCHLAND* in Bremen-Vegesack.

Steuertafel – Ist die Magnetkompassablenkung größer als 5°, wird neben der Ablenkungstafel zusätzlich eine Steuertafel benötigt. Mithilfe der Steuertafel, die nicht nur schiffs-, sondern auch kursabhängig ist, wird der rechtweisende Kurs bzw. der Magnetkompasskurs errechnet. Als Korrekturwert geht die Ablenkung (Deviation) in die Rechnung ein.

Steven – Bauteil, das den Rumpf vorn und achtern abschließt; Vor- und Achtersteven.

Stevenrohr – Im wasserdichten Stevenrohr läuft die Antriebswelle für den Propeller.

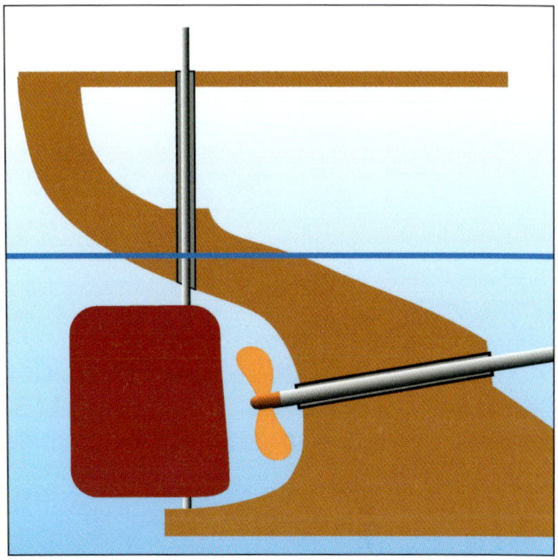

Stevenson-Hütte – Kleines Häuschen, in dem sich meteorologische Messinstrumente befinden. Wird auf den Land-Wetterstationen auf der ganzen Welt benutzt. Die Messinstrumente sind in diesem Häuschen nicht dem Einfluss der Sonne und des Windes ausgesetzt.

Stillwasser – Kurzer Zeitraum zwischen Ebbe und Flut bzw. Flut und Ebbe, in dem das Wasser still steht.

Stockanker – Traditioneller Anker auf älteren Schiffen. Er hat eine sehr hohe Haltekraft, denn er gräbt sich mit seiner Flunke tief ein.

Stopfbuchse – Abdichtung des Stevenrohrs.

Stopperstek – Mit diesem Knoten wird eine dünnere an einer dickeren Leine gesteckt. Die Optisegler z.B. müssen sich beim Ausfahren aus einem windgeschützten Yachthafen zu ihrem Segelrevier an einer langen Leine, die von einem Motorschlauchboot gezogen wird, mit einem Stopperstek festmachen.

Stoppknopf – Wird er herausgezogen, stoppt der Dieselmotor. Muss dann aber wieder hineingeschoben werden, sonst springt der Motor beim nächsten Anlassen nicht an.

Strahlungsnebel – Strahlungsnebel kann am frühen Morgen und an Winterabenden auftreten. Am Boden liegende kalte Luft kann durch geringe Turbulenzen emporgehoben werden und kühlt die obere wärmere Luft ab. Es kommt zur Kondensation und damit zur Nebelbildung.

Strak, der – Verlauf der Schiffslinien. Ein guter Strak zeichnet sich durch einen harmonischen Verlauf aus. Heute sind, ob bei einem Motor- oder bei einem Segelschiff, die Widerstandswerte für einen Rumpf entscheidend.

Strandsegeln – Mit einem dreirädrigen Segelwagen im Strandbereich segeln. Seit 1962 gibt es Europa- und seit 1970 Weltmeisterschaften. Ist nach der Größe der Segelflächen in fünf Klassen unterteilt. Die Wagen erreichen sehr hohe Geschwindigkeiten.

Strandung – Auflaufen eines Schiffes auf einen Uferbereich.

Stratokumulus – Großflächige Wolkenschicht aus vielen Haufenwolken mit unscharfen Rändern.

Stratosphäre – Schicht in der Atmosphäre, oberhalb der Troposphäre; dort gibt es kein Wetter mehr. Bereich, in dem Jetflugzeuge fliegen.

Streckbug – Auf dem Streckbug wird beim Aufkreuzen das Ziel direkt angelegt (s. auch Holebug).

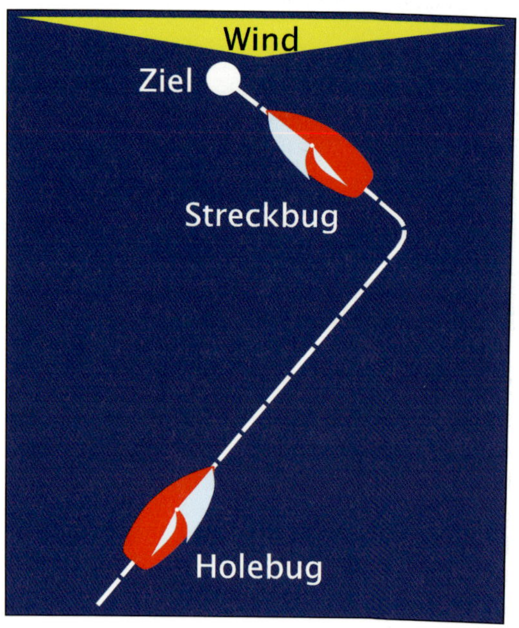

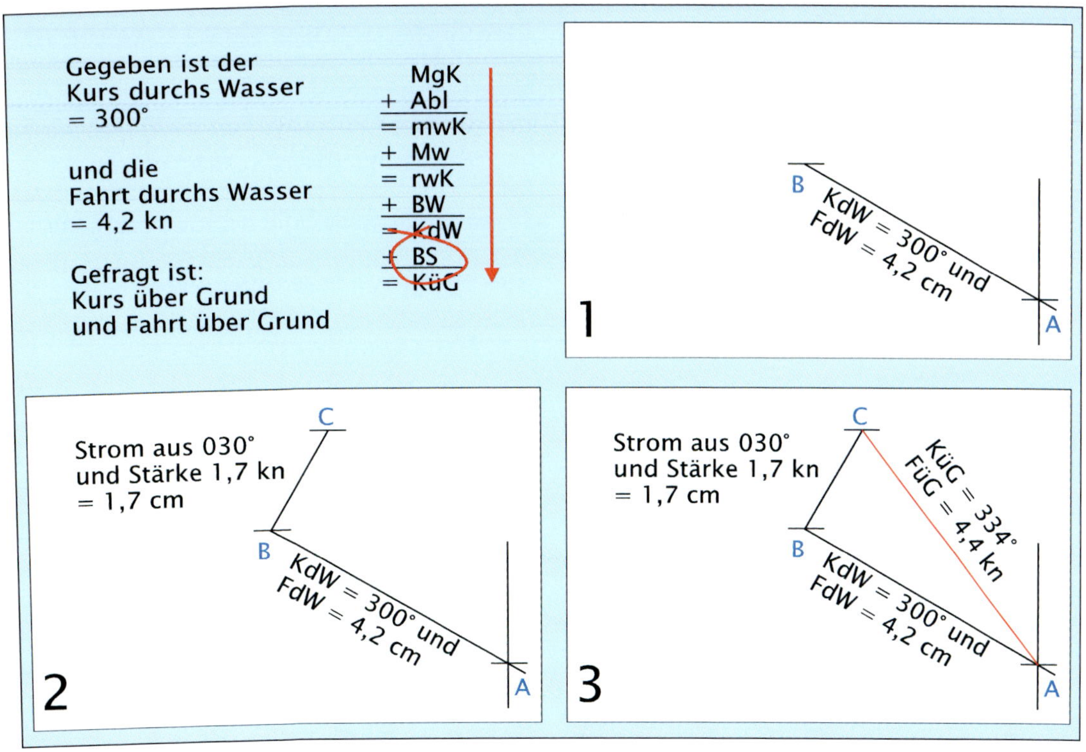

Stromdreieck

Strecktau – Auf Deck von vorn bis achtern gespannte Taue, in die man sich zum Schutz vor dem Überbordfallen mit dem Lifebelt einpickt.

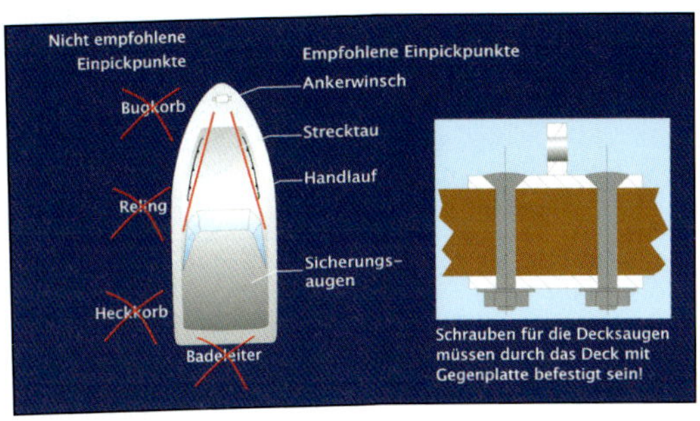

Strich – 32. Teil der Kompassrose, entspricht 11,25°; 4 Strich ergeben damit 45°. 1 Strich entspricht etwa dem Kreisbogen, den die Breite der Faust am ausgestreckten Arm am Horizont bedeckt. Die Kursänderungskommandos erfolgten früher nach Strichbreite, z. B.: »3 Strich Steuerbord!«.

1 Strich = 11,25 Grad.

Stromatlas – Die Stromverhältnisse in Stärke und Richtung für Tidenreviere sind darin niedergeschrieben. Achtung: Anders als beim Wind wird als Stromrichtung die Richtung angegeben, in die der Strom fließt! Als Windrichtung dagegen gilt die Richtung, aus der der Wind weht.

Stromdreieck – Grafische Ermittlung des Versatzes durch den Strom (Beschickung für Strom).

Stropps, die – Durch einen Spleiß hergestellter Ring von Tauwerk.

Sturm – Wind der Stärke 9 auf der Beaufortskala, Wellen 8 bis 9 Meter hoch.

Sturmflut – In Küstenrevieren auftretendes extremes Hochwasser, hervorgerufen durch ein Sturm- oder Orkantief. Das zu erwartende Hochwasser wird über den Rundfunk bekannt gegeben.

Sturmfock – Kleines, hochgeschnittenes Vorsegel aus kräftigem Tuch, wird flach getrimmt.

Sturmlaterne – Kleine Laterne mit Petroleum als Notlicht; brennt bis zu 20 Stunden mit einer Tankfüllung.

Sturmsegel – Kleines Segel aus dickerem Tuch für das Abwettern im Sturm. Muss eine gut sichtbare Farbe haben, z.B. orange.

Sturzsee – Brechende See.

Suchdraggen – Kleiner Anker zum Suchen und anschließendem Hochziehen von Leinen aus dem Ankergrund.

Südwester – a) Kopfbedeckung für schweres Wetter. b) Starker bis stürmischer Wind mit Regen aus Südwest.

Suez-Kanal – Ein 163 km langer künstlicher Wasserweg ohne Schleusen vom Mittelmeer zum Roten Meer. Er erspart der Schifffahrt den Umweg um das Kap der guten Hoffnung. Von der französischen Suez-Kanalbaugesellschaft unter der Leitung von Ferdinand de Lesseps wurde der Kanal erbaut. Am 16. Nov. 1896 wurde er für die Schifffahrt freigegeben. Später übernahm England den Kanal. Unter dem ägyptischen Präsidenten Nasser wurde der Kanal verstaatlicht. Von 1967 bis 1975 war der Kanal aufgrund des Sechstagekrieges geschlossen.

Süll – Einfassung an Decksöffnungen, die überkommende See abhalten soll.

Sumlog – Im Schiffsboden eingebautes Paddelrad als Geber für die Schiffsgeschwindigkeitsanzeige (Fahrt).

Surfen, Windsurfen – a) Mit einem Brett und einem Segel surfen. b) Auf Brandungswellen mit einem Surfbrett reiten. c) Ein Segler »surft« in ein Wellental hinein und erreicht dabei eine hohe Geschwindigkeit.

Halten Sie sich frei von mir; ich bin beim Gespannfischen. (Nur als Flaggensignal erlaubt.)

T Tango

Taifun – Wirbelsturm in Südostasien.

Takelage – Das gesamte stehende und laufende Gut.

Takelage des Großseglers *MIR*.

Takelgarn – Zwei oder dreikardeeliges Garn zum Segelnähen oder zum Anbringen von Taklingen.

Takelung – (s. Abb. u.) Anordnung von Masten und Segeln eines Schiffes.

Takling – Umwickeln eines Tauendes mit Takelgarn, verhindert das Ausfransen bzw. Aufdrehen.

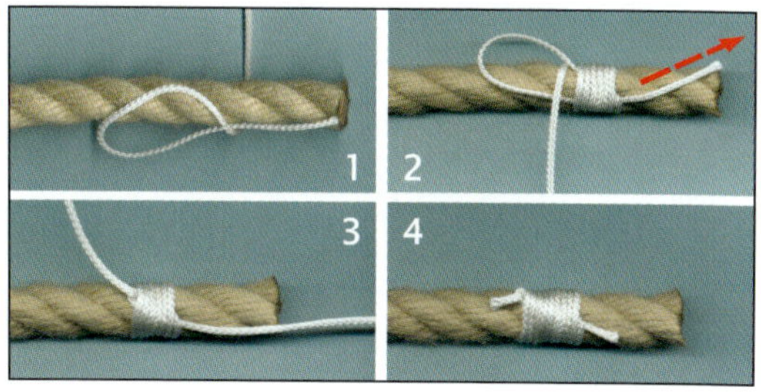

Talfahrt – Die Fahrt stromab zur Flussmündung.

Talje – Auf Schiffen Bezeichnung für einen Flaschenzug sowie für Hilfsmittel für Kräfte. Es gibt fest angeschlagene Taljen und Arbeitstaljen zum beliebigen Einsatz.

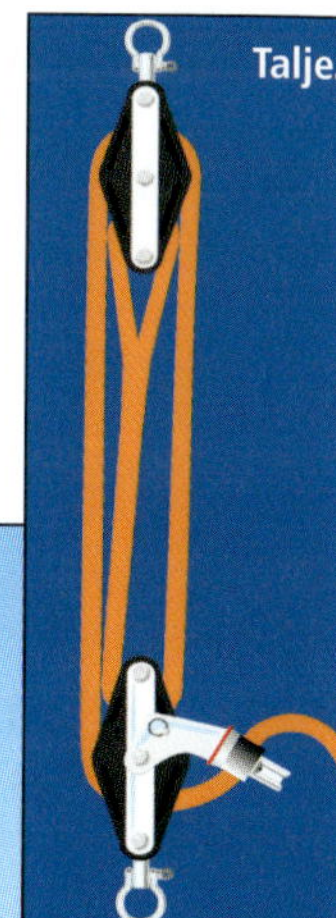

Talje.

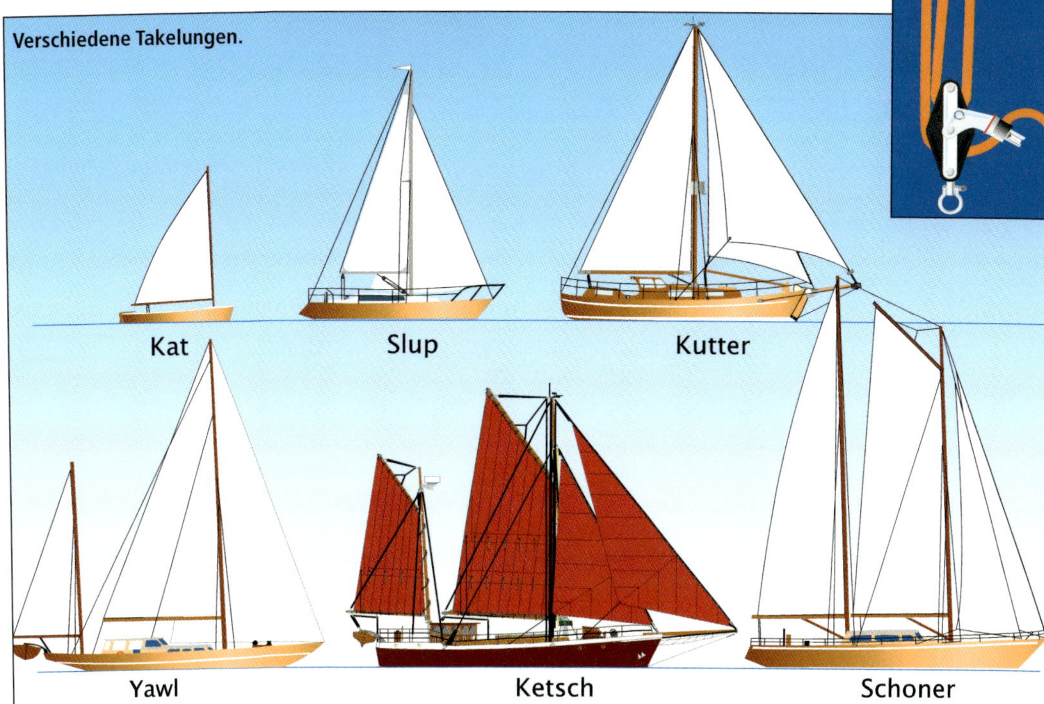

Verschiedene Takelungen.

Tampen – Die Enden einer Leine bzw. das Ende eines Endes – und schon ist die sprachliche Verwirrung perfekt.

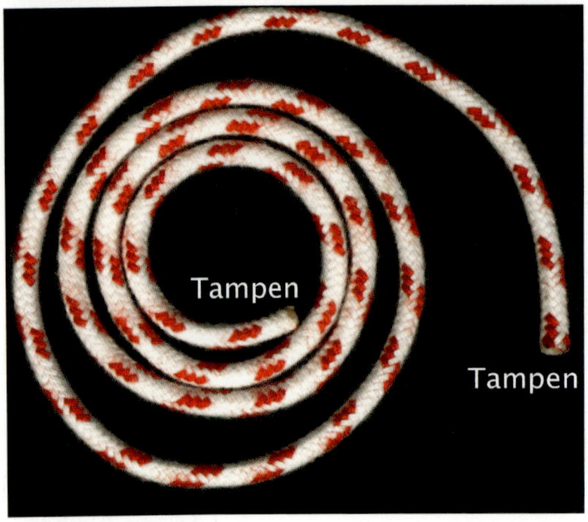

Tankbelüftung – Kraftstofftanks müssen mit einer Belüftung versehen sein, sonst entsteht bei der Entnahme im Betrieb ein Vakuum im Tank, das schließlich zum Stopp des Motors führt.

Taufe – a) Schiffstaufe. b) Äquatortaufe.

Taukausch – Eine ring- oder herzförmige Verstärkung aus Kunststoff oder Metall für ein Auge aus Tauwerk (s. Kausch).

Tauklemme – Geschlitztes Rohr zum Festsetzen von Tauwerk.

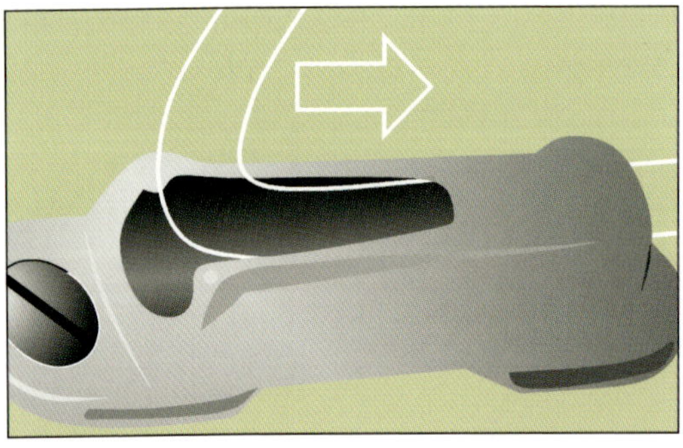

Taukloben – Besonders belastbarer Block zum Heben von schweren Lasten, meist aus Metall.

Taukloben.

Taupunkt – Sichtbares Zeichen für Erreichen des Taupunktes ist die Kondensation in Form von Wolken.

Tauwerk – Tauwerk ist der Gesamtbegriff für Leinen, Trossen oder Bändselgut aus Kunstfasern wie Polyester, Polyamid, Polypropylen, Polyäthylen, Aramid. Auch das Drahttauwerk fällt unter den Begriff Tauwerk.

Teak – Tropisches Holz zum Bootsbau und besonders zur Decksbeplankung. Es ist ein ölhaltiges Holz und eignet sich sehr gut zum Bootsbau. Inzwischen gibt es Einfuhrbeschränkungen für Teakholz. Nur Plantagenteak mit entsprechendem Zeichen darf uneingeschränkt eingeführt werden.

Teakdeck – Decksbeplankung in Vollholz oder als dünnes Laminat.

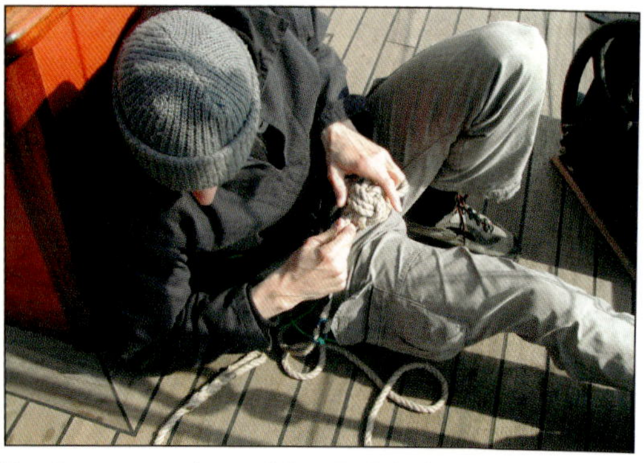

Der Bootsmann sitzt auf dem Teakdeck und spleißt.

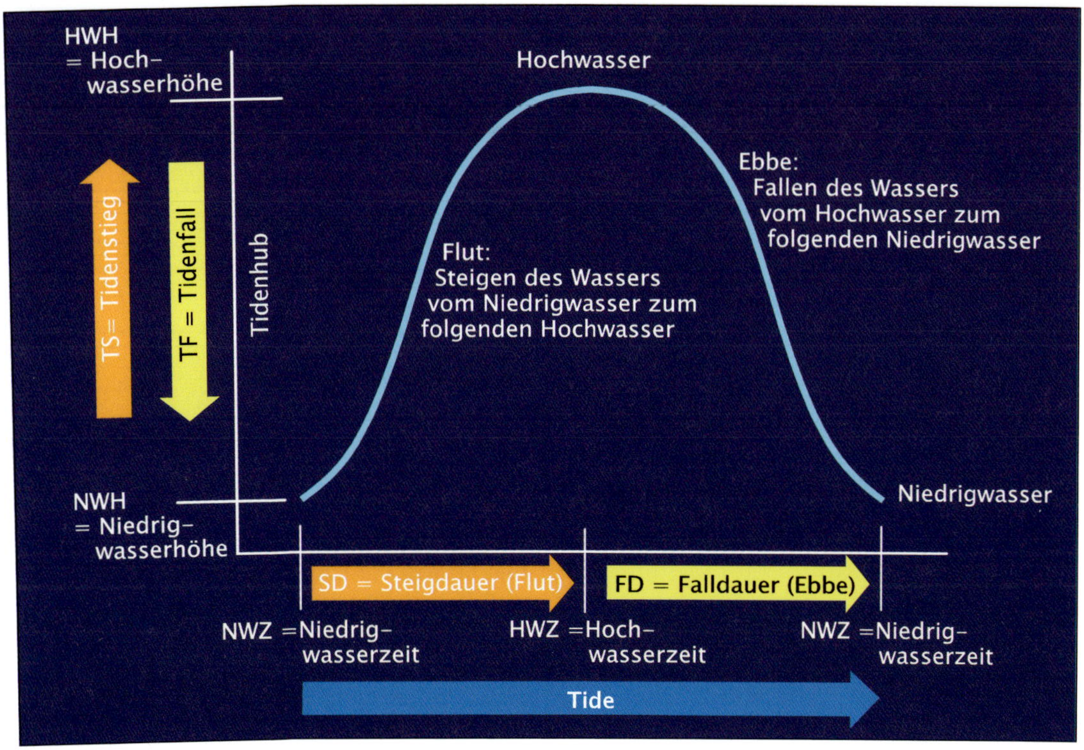

Tide.

Teflon – Hitzefester Kunststoff oder Kunststoffbeschichtung.

Tenax-Druckknöpfe – Halten eine Persenning oder eine Sprayhood.

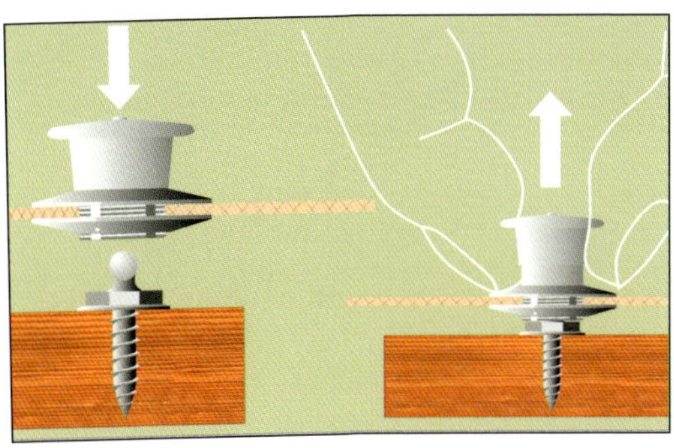

Terminal, der – Endbeschlag am Drahttauwerk: Augterminal, Gabelterminal.

Terrestrische Navigation – (terrestrisch = die Erde betreffend) Ortsbestimmung durch Koppeln, Peilen von in der Seekarte eingetragenen Landmarken, Ermitteln von Standlinien.

Territorialgewässer – Gewässer, in denen der Küstenstaat die Hoheitsrechte besitzt.

Tetrapoden – Mächtige, aus Beton gegossene Wellenbrecher. Sie schützen Hafenanlagen vor dem anrollenden Meer.

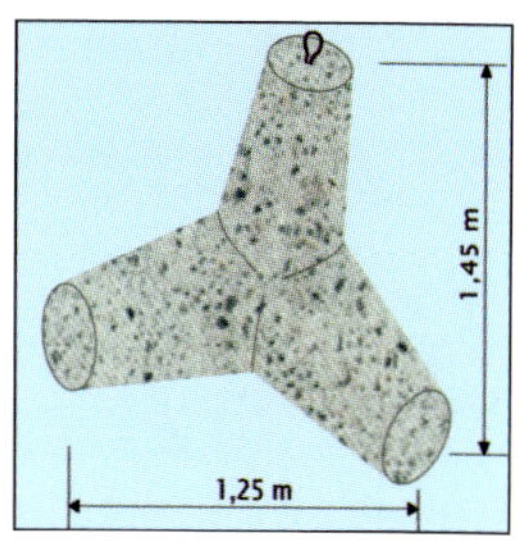

Thermograf – Präzisionsgerät zum Aufzeichnen der Temperatur über einen längeren Zeitraum.

Tidal Stream Atlas – Britischer Stromatlas.

Tide, die – Teil der Gezeit, der sich aus der Flut und der nachfolgenden Ebbe zusammensetzt.

Tidenfall (TF) – Unterschied zwischen einer Hochwasserhöhe und der folgenden Niedrigwasserhöhe.

Tidengewässer – Gewässer, Flüsse und Häfen, in denen eine Wasserstandsänderung durch die Gezeiten erfolgt.

Tidenhub – Arithmetischer Mittelwert aus Tidenstieg und Tidenfall einer Tide.

Tidenkalender – (s. Abb. o.) Gezeitenkalender. Jährlich vom BSH oder im Ausland von anderen amtlichen Stellen herausgegebener Kalender der Hoch- und Niedrigwasserzeiten.

Tidenkurve – Grafische Darstellung von Tiden an bestimmten Bezugsorten.

Tidenstieg (TS) – Unterschied zwischen einer Niedrigwasserhöhe und der folgenden Hochwasserhöhe.

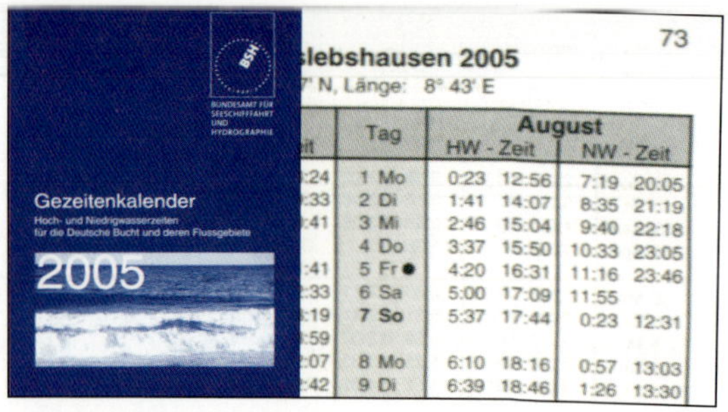

Tidenkalender

Tief – Auch Zyklon, Gebiet mit niedrigem Luftdruck.

Tiefdruckrinne – Verbindung von zwei ausgeprägten Tiefs durch eine Rinne.

Tiefgang – Entfernung von der Wasseroberfläche zum tiefsten Punkt des Unterwasserschiffes, einschließlich Ballastkiel.

Tiefgangbehindert – Ein Schiff, das auf Grund seines Tiefgangs in flacheren Gewässern nicht wie vorgeschrieben manövrieren kann.

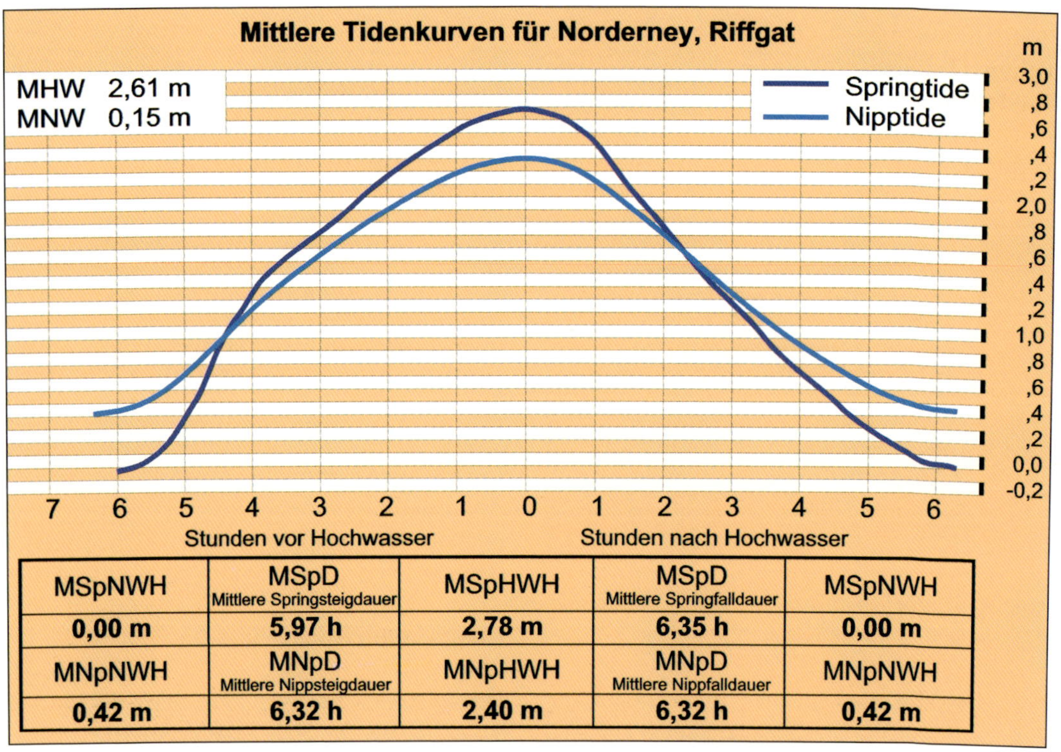

MSpNWH	MSpD Mittlere Springsteigdauer	MSpHWH	MSpD Mittlere Springfalldauer	MSpNWH
0,00 m	**5,97 h**	**2,78 m**	**6,35 h**	**0,00 m**
MNpNWH	MNpD Mittlere Nippsteigdauer	MNpHWH	MNpD Mittlere Nippfalldauer	MNpNWH
0,42 m	**6,32 h**	**2,40 m**	**6,32 h**	**0,42 m**

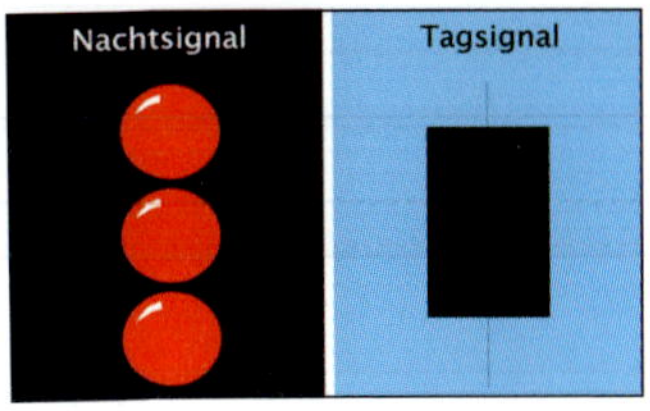

Vorgeschriebene Signale für ein Schiff mit Tiefgangbehinderung.

Tjalk, die – Holländisches Plattbodenschiff mit Gaffel- oder Sprietsegel und Seitenschwertern.

T-Nachrichten – »Vorübergehende« Nachrichten (T = Temporary), werden beim Verkauf von Seekarten von Seekartenvertriebsstellen mit einem Berichtigungsdienst in die Seekarte eingetragen.

Toggle, der – Toggle nehmen außer den Zugbelastungen Belastungen in zwei Richtungen auf. Sie verhindern dadurch den Bruch von Wanten, Stagen oder von anderem stehendem Gut.

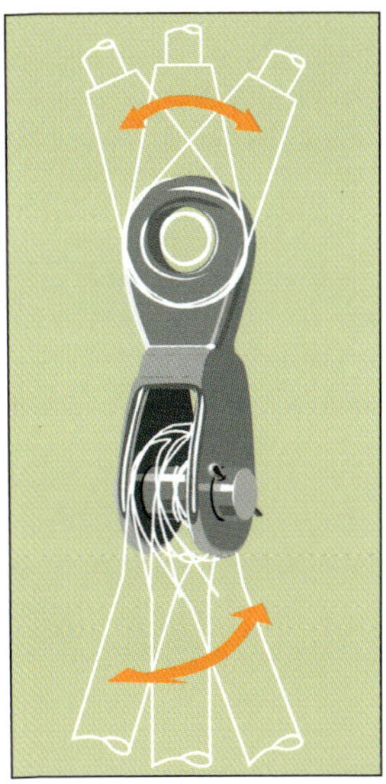

Toleranzfläche – Werden bei einer Peilungsberechnung mehrere Objekte gepeilt, so entsteht an den Schnittpunkten eine Fläche. Sie entsteht durch die Ungenauigkeit der einzelnen Peilungen.

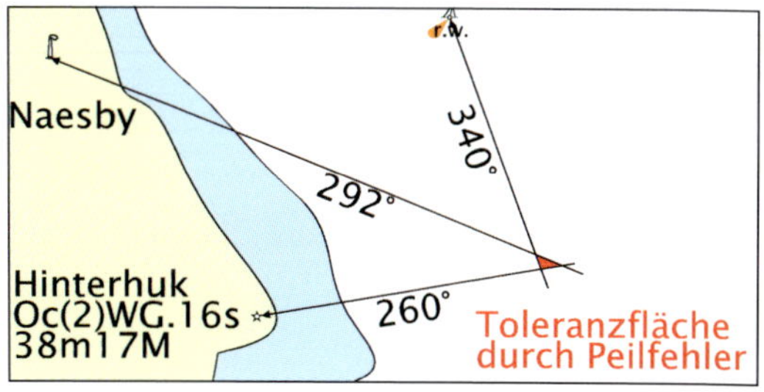

Tonne – Fahrwassermarkierung, wird fälschlicherweise oft als Boje bezeichnet.

Fahrwassertonne der neuen Generation mit Solarspeicher.

Topp, der – a) Bezeichnung für einen kompletten Mast mit stehendem und laufendem Gut sowie den Segeln. b) Spitze eines Mastes (Masttopp).

Topplicht – Auch Dampferlicht genannt. Weißes Licht, nach vorn gerichtet mit einem Sektor von 225°.

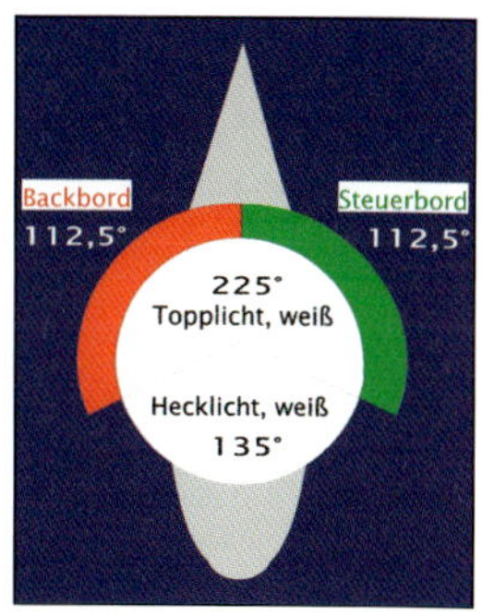

Toppnant, der – a) Hält den Spinnakerbaum in einer waagerechten Position. b) Von den Rahnocken zur Rahmitte schräg nach oben oder zur Stenge verlaufendes Tau, das die Rah in der Horizontalen hält und ihre vertikale Ausrichtung beim Trimmen ermöglicht.

Toppsegel – Unter der Mastspitze (Topp) gefahrene Segel.

Toppsegelschoner – Segler mit zwei Masten, der vordere mit Rah- und Gaffelsegel; der hintere mit Gaffelsegel.

Toppzeichen – Auf Tonnen und Baken angebrachte Zeichen in verschieden Formen und Farben.

Torfeuer – Feuer auf beiden Seiten eines Ufers, genau gegenüberliegend. Gleiche Feuerhöhe, gleiche Lichtstärke und Kennung.

Torfeuer an der Weser in Bremen.

Törn, der – a) Fahrt mit einem Segel- oder Motorboot. b) Verdrehung, Kinken in einem Tauwerk.

Tornado – a) Wirbelsturm in Nordamerika. b) Olympische Segelklasse (Katamaran).

Tote See – Glatte See bei Windstille.

Totholz – Füllholz im Holzbootsbau zwischen dem Kiel und dem darunter liegende Ballastkiel.

Traditionsschiff – Schiff, das nach altem Seemannsbrauch gepflegt und gefahren wird.

Reparatur eines Traditionsschiffes: Hansekogge *ROLAND VON REMEN*.

Toppzeichen.

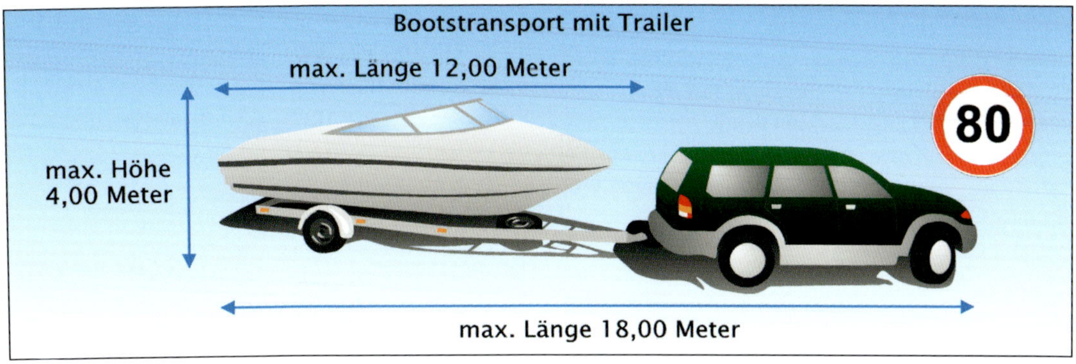

Tragweite – Sichtweite eines Leuchtfeuers. Ist unter anderem abhängig von der Höhe des Beobachters und der Höhe des Feuers.

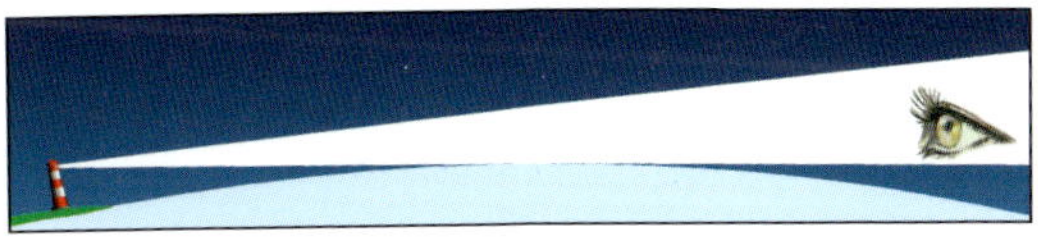

Trailer – (s. Abb. o.) Anhänger zum Transport von Booten.

Transponder – SAR-Transponder (Transmitter/Responder = Sender/Antworter), bildet auf einem Radarschirm eine Kette von 12 Punkten. Erleichtert das Suchen von Schiffbrüchigen mit Radar.

Trapez – Ausreitvorrichtung für Jollen, bestehend aus Trapezhose und Stahlseil.

Traveller – Quer zur Segelyacht befestigte Schiene mit einem Rollenschlitten. Die Großschot ist an dem Schlitten befestigt, und damit kann das Großsegel eingestellt werden.

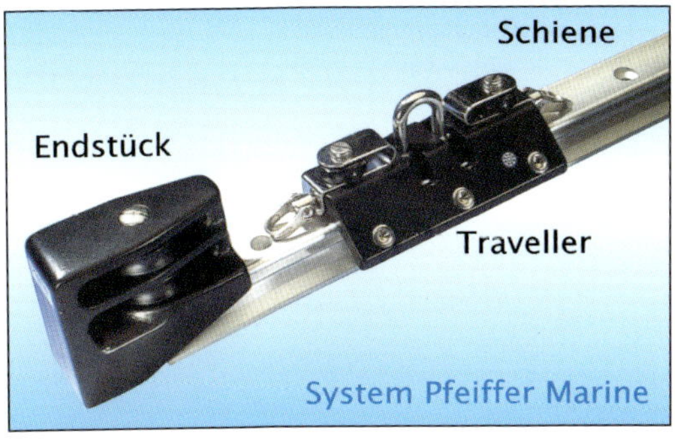

Travellifter – Mobiler Kran zum Herausheben und Hineinlassen von Yachten aus dem Wasser. Fährt über die Yacht, die sich in einer Box befindet, mittels Gurten wird der Rumpf bewegt.

Trawler – Fischereifahrzeug mit Grundschleppnetz.

Treibanker – Reduziertes und kontrolliertes Ablaufen unter Topp und Takel. Der Treibanker bremst die Fahrt im Sturm.

Treiber – Besansegel am hinteren Mast auf einer Yawl.

Treibnetzfischerei – Fischfangmethode, bei der ein bis zu 48 km langes Netz durch die Strömung getrieben wird. Die Netze sind kaum wahrnehmbar und fangen alles auf ihrer Drift durch die Meere.

Treibsand – Verhängnisvoller Mahlsand von See kommend vor Flussmündungen. Kommt ein Schiff dort fest, so gibt der Sand es nicht mehr frei.

Treideln – Ein Schiff von Land aus mit einer Leine durchs Wasser ziehen. Die Arbeit kann dabei von einem Menschen, aber auch von Eseln, Pferden, Ochsen oder Maschinen verrichtet werden.

Trennzone – (s. Abb. u.) Bereich zwischen zwei Einbahnwegen im Verkehrstrennungsgebiet; darf nicht befahren werden, außer zum Queren oder Einlaufen in einen Einbahnweg, in Notfällen zur Abwendung einer Gefahr oder zum Fischen innerhalb der Trennzone.

Trimaran – Schnelles Schiff mit einem Hauptrumpf und zwei Auslegern (Multihull).

Trimmen – a) Die Segel optimal einstellen. b) Trimmlage eines Schiffes einstellen.

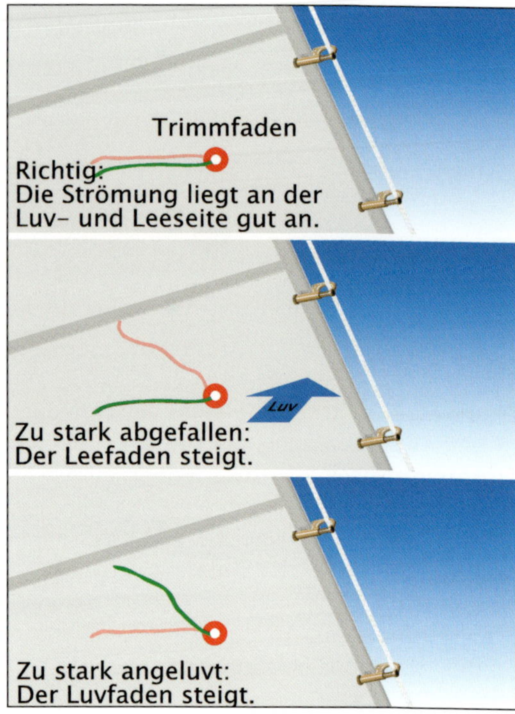

Trimmfäden – Durch Trimmfäden an einem Segel kann die Anströmung sichtbar gemacht werden.

Trimmklappen – Am Heck eines Gleiters angebrachte Klappen zur Einstellung der Trimmlage.

Trimmlage – Kopflastigkeit, Hecklastigkeit oder ausgeglichene Lage eines Schiffes.

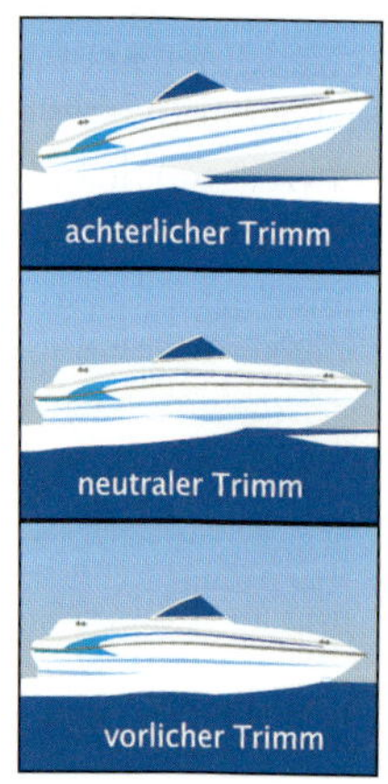

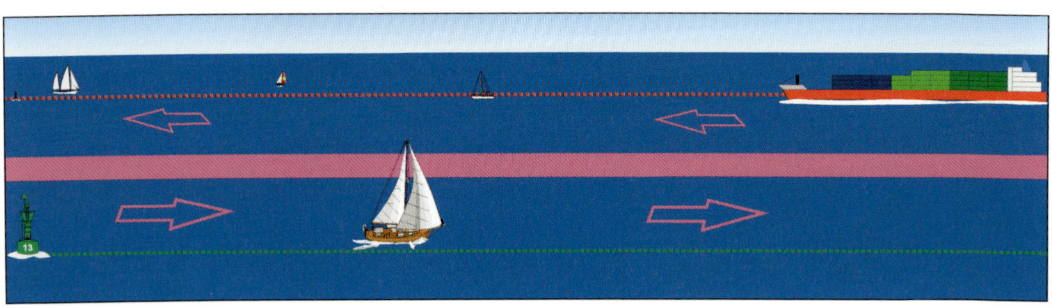

Trennzone.

Trippleine – Leine zwischen einem Anker und einer Ankerboje. Mit einer Trippleine kann ein Anker geborgen werden, dessen Kette oder Leine gebrochen ist.

Trockendock – (s. Abb. u.) Flutbares Dock für Schiffsneubau und Reparatur.

Trockenfallen – Bei Niedrigwasser auf Grund aufsetzen. Kann nur mit einem Langkieler und flachem Kiel gemacht werden. Auch mit einem einholbaren Schwert möglich. In Wattengebieten werden bei einem Kielboot Wattenstützen benötigt.

Trockenfallen mit einem Schiff, das dafür nur bedingt geeignet ist.

Trockenfallen im Watt – Außer in für Wassersportler gesperrten Zonen erlaubt. Geht nur mit Plattbodenschiffen oder mit zusätzlichen Wattenstützen.

Trockenfallen mit *ROTER SAND* und *FRANZIUS* in der Nordsee.

Trockendock der Jos.-L.-Meyer-Werft in Papenburg.

Troglage – Verstärkung eines Tiefs mit Sturm und sogar Orkan.

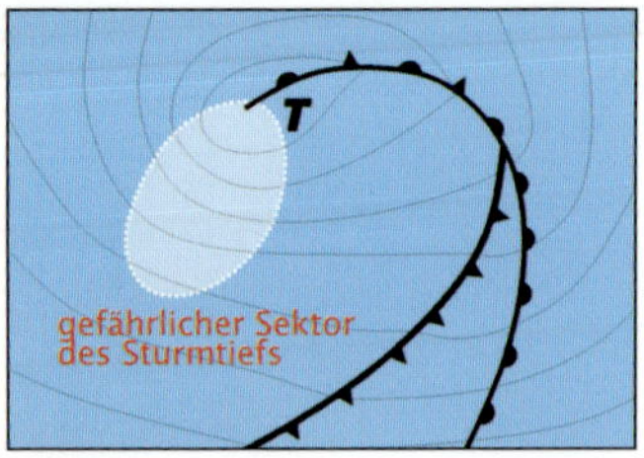

Trommelsextant – Präzisionsgerät zum Messen des Winkels zum Horizont von Sonne, Mond und Gestirnen (s. Sextant).

Trompetenlüfter – Auf Deck montierter Lüfter mit trompeten-/tubaartigem Aussehen.

Tropopause – Die Troposphäre wird gedeckelt durch die Tropopause, über der Tropopause beginnt die Stratosphäre.

Troposphäre – Unterer Teil der Atmosphäre. Das Wetter spielt sich in der Troposphäre ab. Über der Troposphäre ist die Stratosphäre. Abgegrenzt werden die Schichten durch die Tropopause. Jetflugzeuge fliegen – jenseits vom Wettergeschehen – in der Stratosphäre.

Trosse – Starkes Tauwerk zum Festmachen oder Schleppen.

Troyer – Dicker Pullover des Seemanns.

Trysegel – Sturmsegel, das anstelle des Großsegels am Mast und mit losem Unterliek gefahren wird. Es muss flach getrimmt werden.

Tsunami, der – Große Flutwelle an einer Küstenregion. Entsteht durch Seebeben. Auf See läuft der Tsunami mit großer Geschwindigkeit, an der Küste »stolpert« er und führt zu verheerenden Zerstörungen (26. Dezember 2004 in Südasien). Seine Höhe von bis zu über 30 Metern erreicht der Tsunami erst beim Auflaufen auf die Küste.

TTG – Time to go (errechnete Zeit bis zum nächsten Wegpunkt). Begriff beim Navigieren mit GPS (s. dort).

Twist – (s. Abb. r.) Verwindung des Segels.

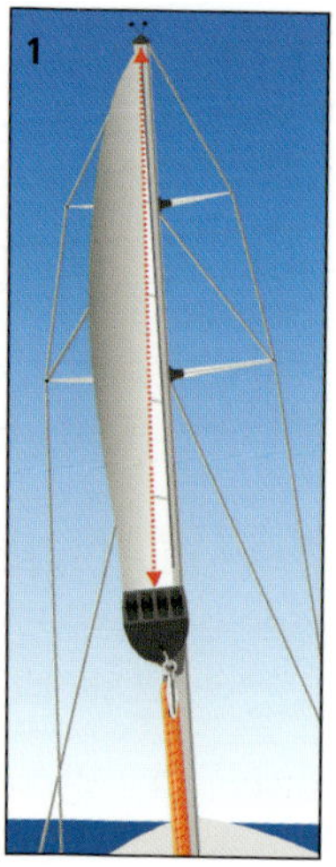

Abb. 1
Keine Verwindung:
Die Schot greift mittschiffs an. Das Achterliek ist schnurgerade. Kraftvolles Profil durch starke Ablenkung der Luftströmung. Kritisch durch Strömungsabriss. Maximaler Ruderdruck.

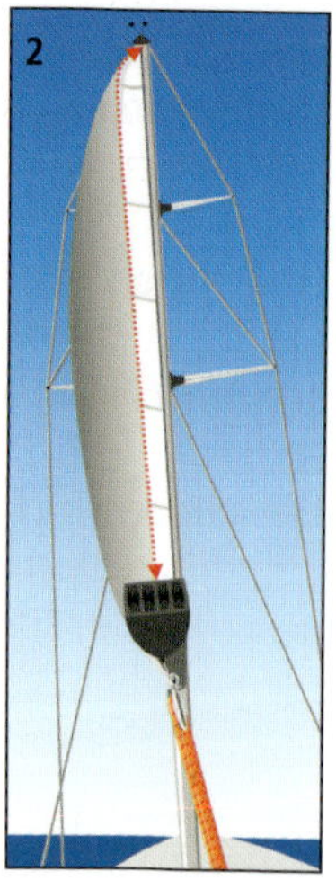

Abb. 2
Leichte Verwindung:
Die Schot greift leicht in Luv an. Das Achterliek ist leicht geöffnet. Für Leichtwind oder wenn bei mehr Wind der Ruderdruck zunimmt.

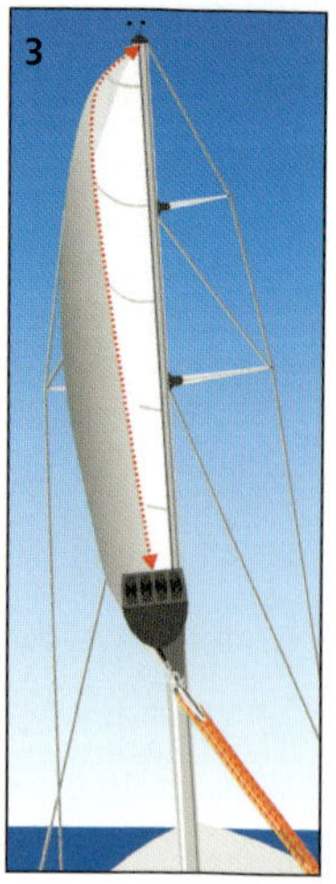

Abb. 3
Viel Verwindung:
Die Schot greift weit in Luv an. Baum kann hochsteigen. Verringert Kränkung und wirkt starkem Ruderdruck entgegen. Richtige Einstellung für Starkwind bzw. hohen Wellengang.

Über die Toppen flaggen – Aus feierlichem Anlass vom Bug über die Mastspitzen bis zum Heck die Signalflaggen (siehe Flaggengala) setzen.

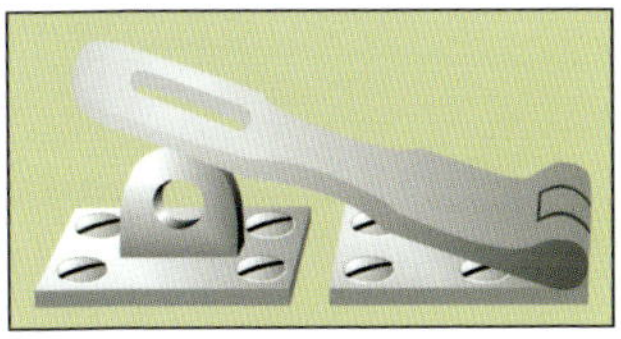

Überfall – Verriegelung mit Gegenstück, kann mit einem Schloss gesichert werden. Dient zum Schutz vor kriminellen Handlungen.

Überholen – (s. Abb. u.) a) Der Überholende hat sich frei zu halten, der Überholte muss seinen Kurs halten. b) Ein Schiff holt über: es krängt.

Überholverbot – Überholverbot besteht an Stellen und Strecken, die durch das Überholverbotszeichen gekennzeichnet sind.

Zeichen für Überholverbot.

Überlappen – Segelregattabegriff: ein Regattaboot überlappt, wenn es mit seinem Heck (einschließlich von Anhängen) den achterlichsten Punkt eines Voraussegelnden überschneidet und damit nicht mehr klar achteraus ist.

Übersee – Länder jenseits eines Ozeans.

Übersegler – Seekarte mit größerem Maßstab. Allerdings ohne detaillierte Küsten mit Häfen.

Übertakelt – Segler mit zu viel Segelfläche und/oder zu vielen oder zu hohen Masten.

UKW – Ultrakurzwelle, im Sprechfunk 156 bis 162 MHz. Reichweite ca. 30 sm, UKW-Rundfunk im Bereich von 88 bis 106 MHz.

Umlaufende Winde – Winde, die ständig ihre Richtung wechseln. Kommt bei schönem Sommerwetter mit leichten Winden häufig vor.

Umweltschutz – Wassersportler nehmen den Umweltschutz sehr ernst und handeln entsprechend.

Union Jack – Die Nationale von Großbritannien.

Unklar – Auf einem Schiff ist eine Sache nicht vorbereitet, z.B. der Anker ist unklar.

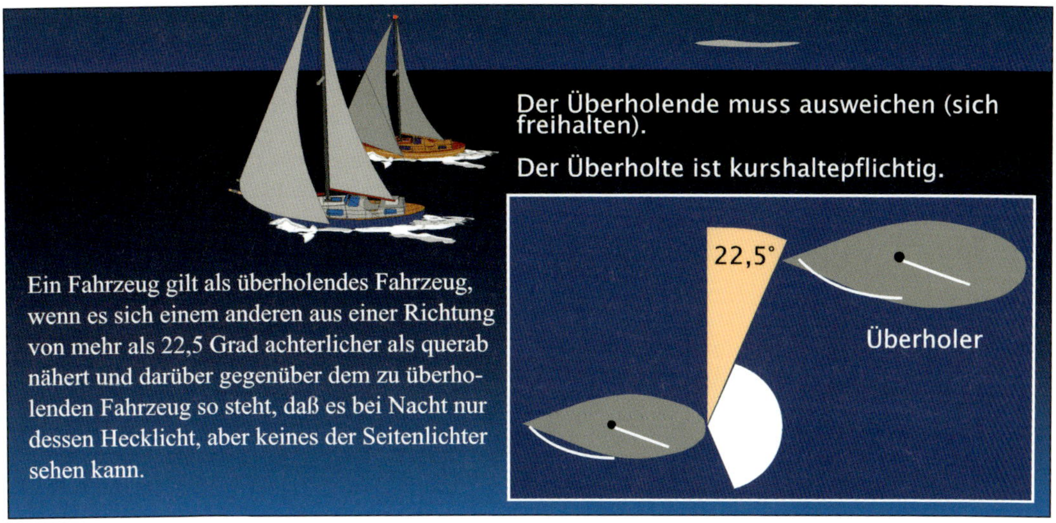

Überholen.

Unrein – Der Meeresboden ist unrein. Es befinden sich dort Felsen oder Steine.

Unterbrochenes Feuer – Die Lichterscheinungen sind länger als die Dunkelphasen.

Unterfeuer – Das untere Feuer eines Richtfeuers.

Unterliek – Die untere Kante eines Segels.

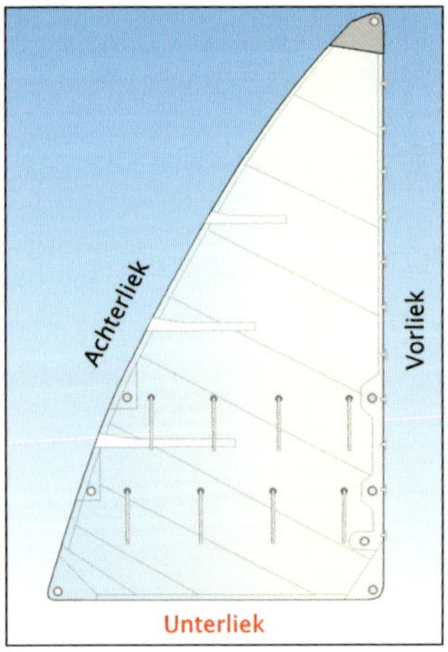

Untersaling – Querstrebe zum Verspannen des Mastes (s. Saling).

Unterscheidungssignal – Das Unterscheidungssignal deutscher Schiffe besteht aus vier Buchstaben von DAAA bis DRZZ. Fahrzeuge ab 15 Meter Länge müssen, kleinere Fahrzeuge können registriert werden. Nicht registrierte Fahrzeuge erhalten ein Rufzeichen von der Regulierungsbehörde zwischen DA2001 und DJ9999.

Unterschneiden – Eintauchen des Bugs in eine anlaufende Welle. Kann zum Querschlagen des Rumpfes führen.

Unterwant – Untere Verspannung der Masten (s. Want).

Unterwasserkabel – Sind in der Seekarte vermerkt. In ihrem Bereich können Abweichungen des Magnetkompasses entstehen. Über einen Magnetkompass arbeitende Autopiloten in diesen Bereichen möglichst abschalten.

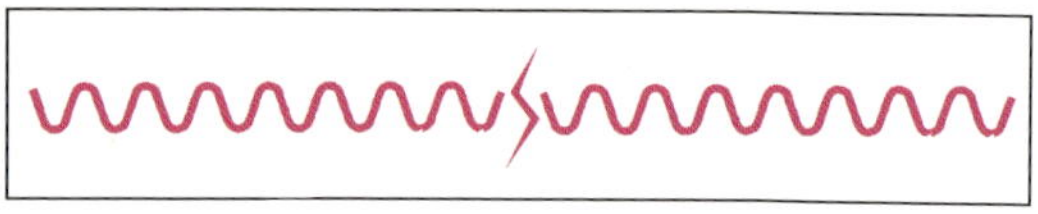

Unterwasserkabel, wie es in der Seekarte eingezeichnet ist.

Unterwasserschiff – Bereich des Schiffes, der außen vom Wasser benetzt wird.

Untiefe – Flacher Bereich im Wasser, z.B. über Sandbänken.

Untiefentonne – Bezeichnet Untiefen (flache Bereiche) nach dem Koordinatensystem. Z.B. West: Die Tonne befindet sich westlich von der Untiefe; sie muss also ihrerseits westlich passiert werden (s. auch Kardinalbetonnung).

Kardinal-Tonne auf der Weser.

UTC, die – Koordinierte Weltzeit, entspricht der Zeitzone des 0°-Meridians von Greenwich. Um die mitteleuropäische Sommerzeit zu erhalten, müssen zwei Stunden zur UTC hinzugerechnet werden: 0650 UTC entspricht 0850 MESZ.

»Voll und bei!« – Kommando für den Rudergänger, so zu steuern, dass hoch am Wind die Segel gerade noch stehen. Auf einer Slup ist das gut zu erkennen, wenn das Großsegel gerade beginnt, am Vorliek einen Gegenbauch zu bekommen. Die Höhe wird dann gehalten und der Segler läuft maximale Geschwindigkeit.

V-Antrieb – Schiffsantrieb, bei dem Antriebswelle und Motor ein »V« bilden.

VDR – (Voyage Data Recorder = Reisedatenschreiber) Ab Juli 2006 sind die Datenrekorder auch für alle vor Juli 2002 gebauten Frachtschiffe mit einer Größe von 20000 BRZ und größer, ab Juli 2007 auch für Schiffe der Größen 3000 bis 20000 BRZ vorgeschrieben. Für die seit Juli 2002 gebauten Fahrgastschiffe und Frachtschiffe über 3000 BRZ ist der »maritime Flugdatenschreiber« bereits jetzt Pflicht.

Ventimeter, das – Handwindmessgerät für Windgeschwindigkeiten von 0 bis 25 m/sec.

Verchartern – Ein Boot oder eine Yacht für einen bestimmten Zeitraum vermieten.

Verdrängerfahrt – Höchstmögliche Geschwindigkeit eines Wasser verdrängenden Schiffes. Sie berechnet sich nach der Formel 2,43 x Wurzel aus Wasserlinienlänge.
Beispiel:
Wasserlinienlänge = 16 m.
Wurzel aus 16 = 4.
Höchstmögliche Geschwindigkeit =
4 x 2,43 = 9,7 kn.

Verdrängung – Ein Schiff verdrängt das Gewicht an Wasser, das es wiegt.

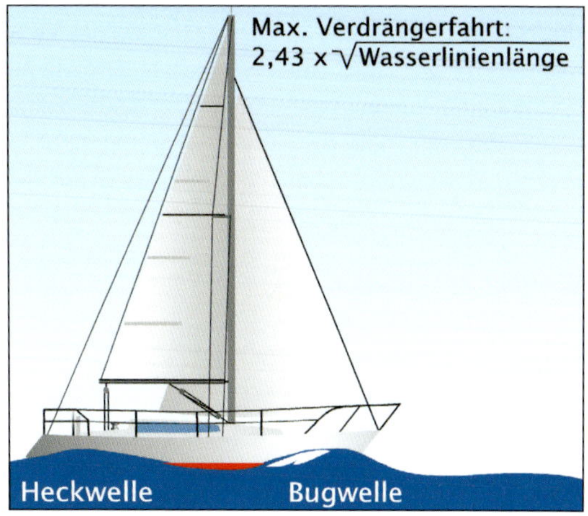

Verdrängerfahrt.

Vergattern – Die Wache zur Einhaltung der Vorschriften verpflichten.

Verholen – a) Ein Schiff an einen anderen Liegeort bringen. Kann mit Leinen durchgeführt werden. b) Ein Seemann verholt sich, wenn er sich zurückzieht.

Verkatten – Ausbringen eines zweiten Ankers bei Sturm oder starkem Seegang oder drohendem Legerwall.

Verkatten.

Verkehrstrennungsgebiet – Einbahnstraßen der Verkehrswege.

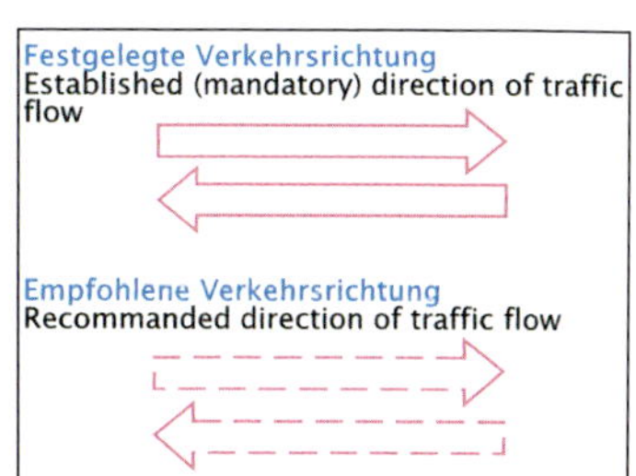

Verkehrstrennungsgebiete, wie sie in den Seekarten eingezeichnet sind.

Verklarung – Eine eidesstattliche Erklärung des Kapitäns oder Skippers über einen erheblichen Vorgang an Bord. Kann der Vorgang eines Unfalls oder eine sonstige schwerwiegende Maßnahme oder Anordnung sein. Die Eintragung erfolgt im Schiffstagebuch, das später die Grundlage für ein Untersuchung an Land nach SUG ist.

Verklicker – Drehbar gelagerte kleine Fahne im Masttop zum Anzeigen der Windrichtung. Ohne Fahrt wird der wahre Wind, mit Fahrt wird der scheinbare Wind angezeigt.

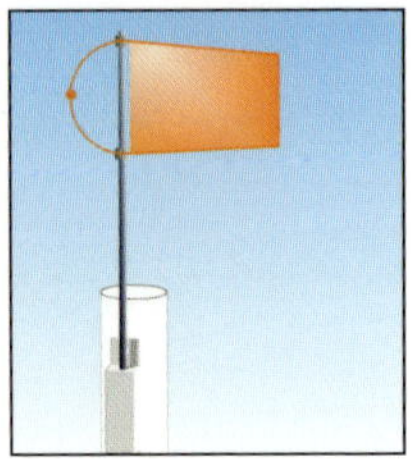

Verlaschen – Lose Teile an Bord festzurren.

Verminderte Sicht – Sichtbehinderung durch Dunst, Nebel, Rauch, starker Regen oder Schneefall. Bei einer Sichtweite unter 1000 Metern sprechen wir vom Nebel.

Vermuren – Ein Schiff vor zwei Bugankern legen. Im Tidengewässer werden zwei Anker ausgebracht, einer stromabwärts und der andere stromaufwärts.

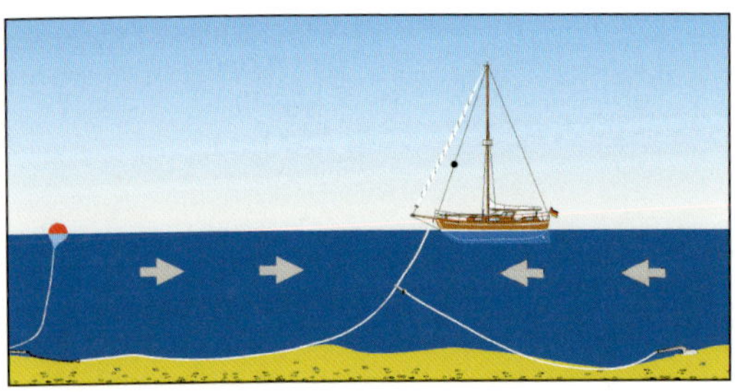

Versegeln – Zurücklegen einer in Seemeilen bestimmten Fahrstrecke durch ein Segelschiff.

Versegelungspeilung – Ein Objekt wird in einem bestimmten zeitlichen Abstand nacheinander gepeilt. Die Strecke zwischen den beiden Peilungen ist die versegelte Strecke.

Versetzung durch Strom – Durch den Strom verursachte Versetzung nach Richtung und Distanz.

Versetzung durch Wind – Durch den Wind verursachte Versetzung nach Richtung und Distanz.

Verstagen – Die Masten mit Stagen (Vor-, Baby- und Achterstag) auf Deck befestigen.

Verstellpropeller – Steigung des Propellers ist variabel und damit die Schubkraft, so kann aber auch beim Segeln der Widerstand reduziert werden. Große Steigung und niedrige Drehzahl, wenn viel Schubkraft verlangt wird. Kleine Steigung und hohe Drehzahl, wenn viel Fahrt benötigt wird.

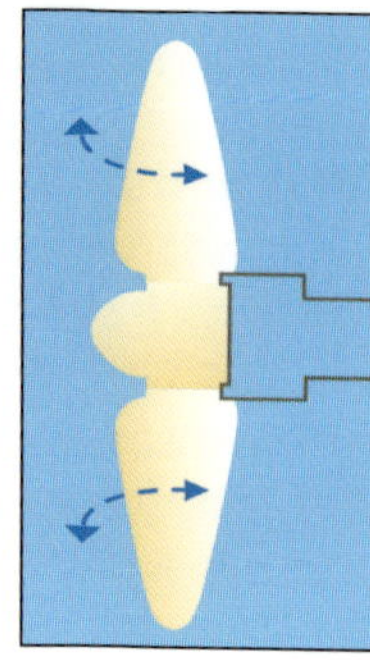

Vertörnen – Tauwerk verdrehen, sodass es nicht mehr durch Blöcke laufen kann.

Verwarpen – Einen Anker mit einem Beiboot ausbringen, um dann das Schiff an der Ankerkette oder -leine heranzuholen (s. Warpanker).

Vierkant brassen – Rahen quer zur Längsrichtung brassen.

Viermastbark – Viermastiges Schiff mit Rahsegeln an Fock-, Groß-, und Kreuzmast und Schratsegel am Besanmast.

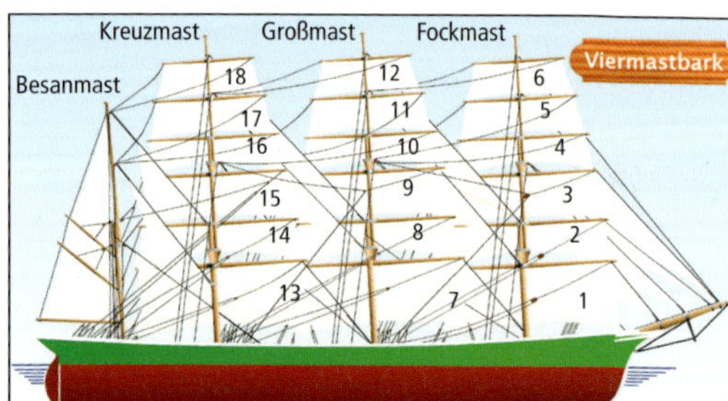

13 Bagien	7 Großsegel	1 Fock
14 Kreuz-Untermarssegel	8 Groß-Untermarssegel	2 Vor-Untermarssegel
15 Kreuz-Obermarssegel	9 Groß-Obermarssegel	3 Vor-Obermarssegel
16 Kreuz-Unterbramsegel	10 Groß-Unterbramsegel	4 Vor-Unterbramsegel
17 Kreuz-Oberbramsegel	11 Groß-Oberbramsegel	5 Vor-Oberbramsegel
18 Kreuz-Royalsegel	12 Groß-Royalsegel	6 Vor-Royalsegel

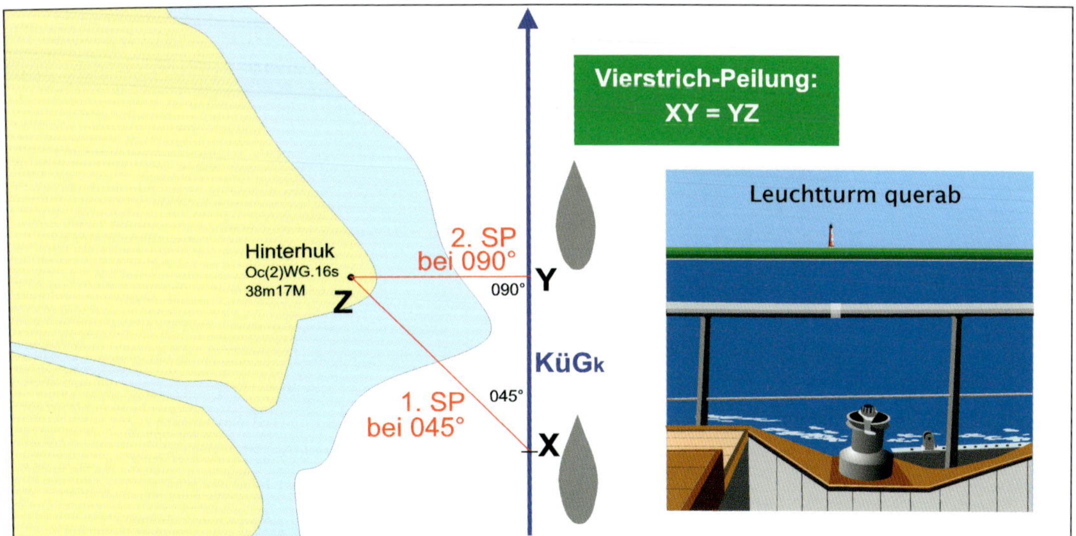

Bei anliegendem Kurs KüGk wird Lf. Hinterhuk gepeilt, wenn es durch die an der Peilscheibe vorher eingestellten Seitenpeilung 45° geht (X).
Zeit und Loggestand werden festgehalten. Befindet sich Lf. Hinterhuk genau querab (Y), SP=90°, wird die in der Zwischenzeit versegelte Distanz ermittelt.

Die mathematische Konstruktion ergibt ein rechtwinkliges gleichschenkliges Dreieck.

Der Kurs zwischen X und Y muss genau gehalten werden!
Die dargestellte Vierstrichpeilung erlaubt erst dann die Ermittlung des Passierabstandes, wenn die Huk querab ist, was bei einer vorgelagerten Untiefe evtl. zu spät sein kann. Deshalb sollte diese Peilung nur dann erfolgen, wenn keine andere Ortsbestimmung möglich ist!

Viermastvollschiff – Der Segler trägt an allen Masten Rahsegel.

Vierstrichpeilung – Zweimal am Kursdreieck peilen und die gemessene Strecke messen, ergibt einen beobachteten Ort (Ob).

Viertakt-Benzinmotor – (s. Abb. folgende Seite) Der Benzinmotor wird auf schnellen Motorbooten eingesetzt. Er ist leichter als ein Dieselmotor bei gleicher Kraft. Allerdings ist sein Verbrauch höher und Benzin kann im Gegensatz zu Diesel explodieren.

Viertakt-Dieselmotor – (s. Abb. folgende Seite) Dieselmotoren werden überwiegend an Bord von Yachten eingesetzt. Sie sind sparsam im Verbrauch und erfordern wenig Reparaturen. Auch die Lebensdauer ist höher als bei Benzinmotoren. Allerdings ist ihr Gewicht höher und sie sind teurer.

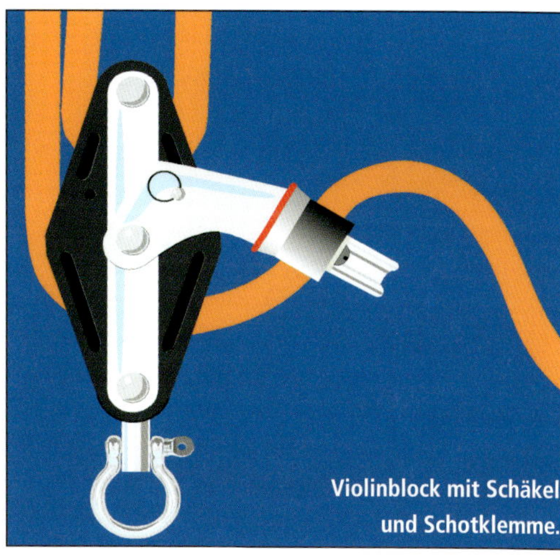

Violinblock mit Schäkel und Schotklemme.

Violinblock – Block mit zwei übereinander liegenden, unterschiedlich großen Scheiben; hat die Form einer Violine.

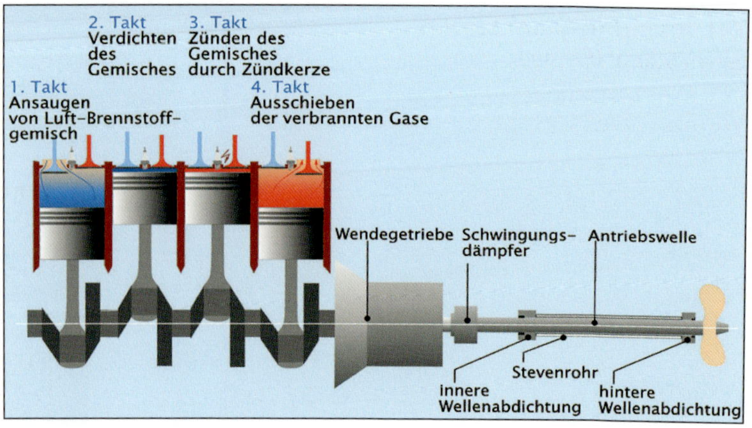

Funktionsschema eines Viertakt-Benzinmotors.

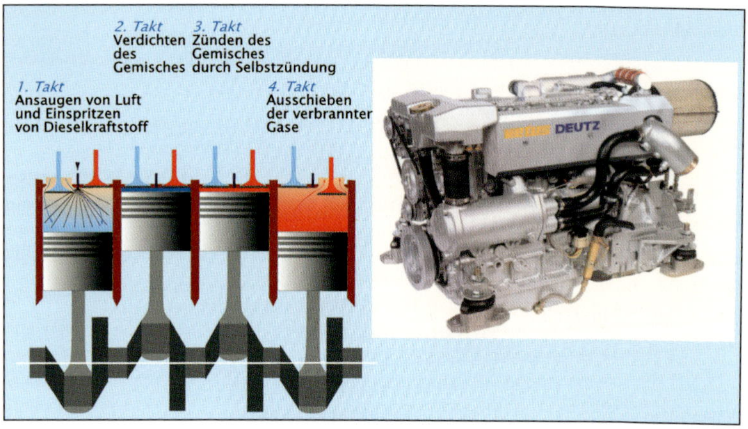

Funktionsschema eines Viertakt-Dieselmotors.

Voll brassen – Die Rahen so brassen, dass die Segel voll stehen, aber nicht killen.

Vollschiff – Vollschiffe haben nur Rahsegel und mindesten drei Masten.

Fünfmastvollschiff.

Vollzeug – (s. Abb. r.) Ein Schiff fährt unter Vollzeug, wenn alle vorhandenen Segel gesetzt sind.

Segler unter Vollzeug.

Volvo Ocean Race – Etappenregatta um die Welt. Wurde 1973 als »Whitbread Round the World« erstmals gestartet. Die Regatta startet und endet in einem europäischem Hafen und führt um das Kap der guten Hoffnung, um Kap Leeuwin/Australien und um Kap Horn. Im Jahr 2004 gewann zum ersten Mal eine deutsche Yacht, die »Illbruck«.

Vor Topp und Takel lenzen – Ohne Segel vor einem Sturm ablaufen.

Voraus – Alles, was sich vor dem Bug befindet.

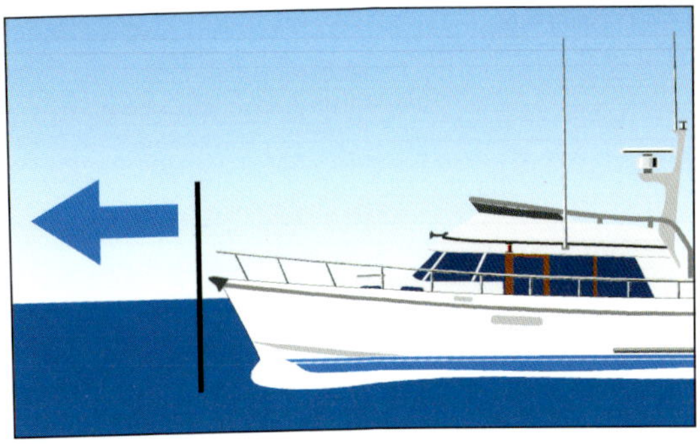

Vordersteven, Vorsteven – Vordere Begrenzung des Rumpfes.

Vorfahrt – Die SeeSchStrO spricht von Vorfahrt, die KVR nur von Ausweichen.

Vorhafen – Schützt den Haupthafen vor der See, bietet Seglern aber auch eine gute Möglichkeit, die Segel zu setzen oder zu bergen.

Vorhaltewinkel – Winkel für die Kurskorrektur, mit welcher der Versatz durch Strom oder Wind ausgeglichen werden soll.

Vorhersagegebiet – Das in der Wettervorhersage angesprochene Gebiet. Eine Wettervorhersage an Bord zu empfangen, ist eine wichtige Sache, deshalb gilt währenddessen: Ruhe im Schiff!

Vorleine – Festmacheleine vom Bug zum Land.

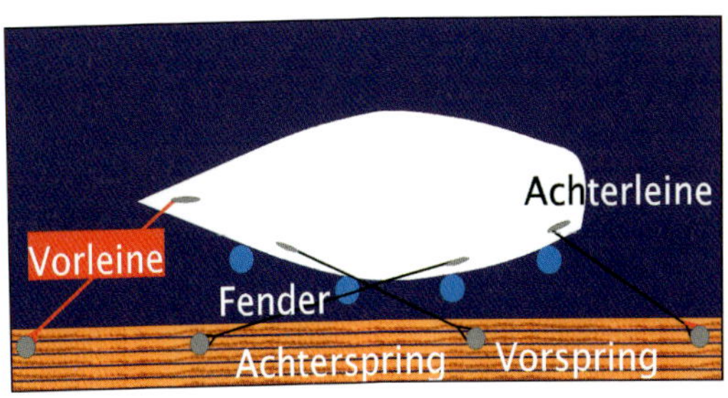

Vorlich – Bereich/Richtung des Schiffes von vorn bis querab. Gegenteil: achterlich.

Vorliek – Vordere Seite eines Segels, wird am Mast angeschlagen; auch Mastliek genannt.

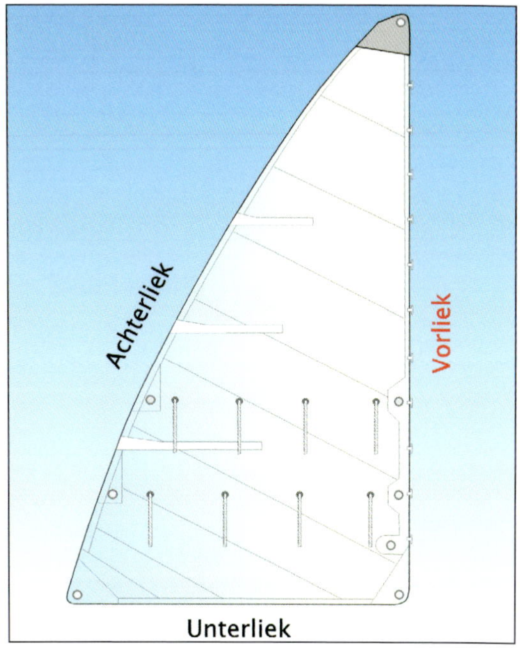

Vormann – Schiffsführer auf Seenotschiffen der DGzRS.

Vormwindkurs – Der Wind kommt von achtern.

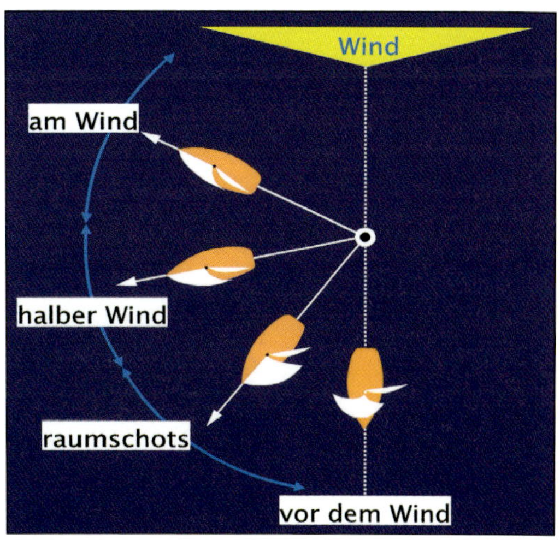

Vorpiek, die – Vorderster Raum im Schiff, vor dem Kollisionsschott.

Vorreiber – Verriegelung mit Gegenplatte.

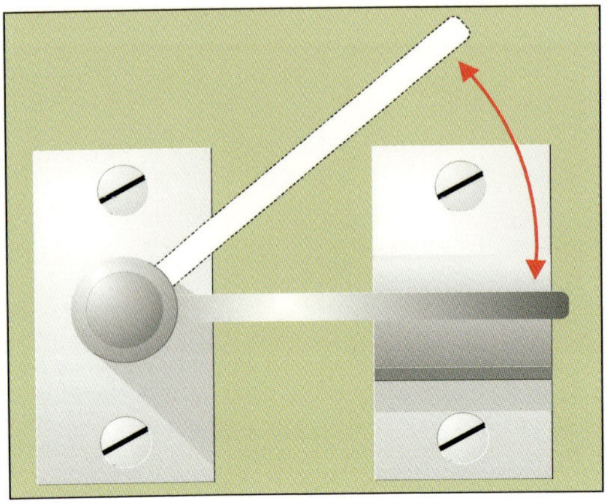

Vorschiff – Vorderer Bereich des Schiffes, reicht bei Seglern bis zum Fockmast.

Vorschiff der *ARIANE*.

Vorschoter – Scherzhafterweise auch »Fockaffe« genannt, ist für die Vorsegel zuständig.

Vorsegel – Segel, die vor dem Mast angeschlagen sind.

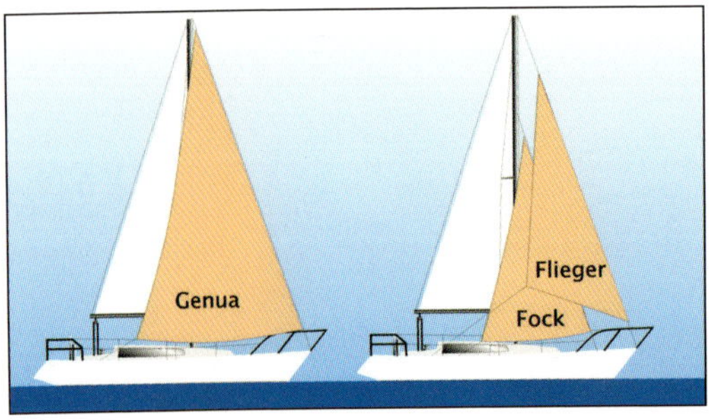

Vorspring – Festmacheleine vom Vorschiff nach achtern; verhindert die Bewegung nach vorn.

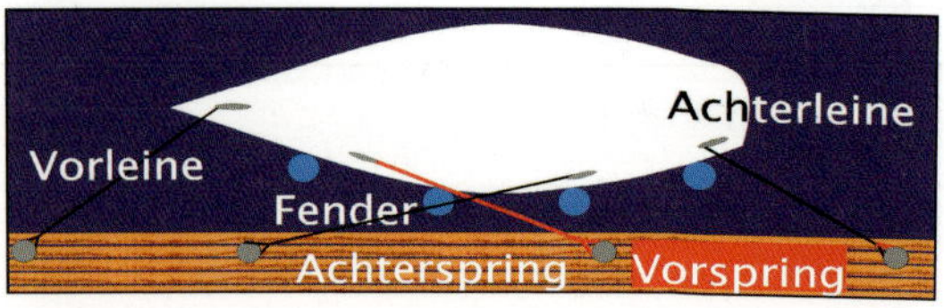

Vorstag – Hält den Mast nach vorn; das Vorsegel wird am Vorstag angeschlagen.

Vorsteven, Vordersteven – Vordere Begrenzung des Rumpfes.

Vorwindkurs – Der Segler läuft vor dem Wind auf fast gleichem Kurs wie der Wind.

VRM-Taste – Radarbegriff: Variable range marker = variable Messringe. Richtungstaste zur Einstellung des variablen Messringes und zum Setzen der Alarmzone.

VTG – Einteilung der Schifffahrtsstraßen in Einbahnwege, Regel 1d der IMO (s. Verkehrstrennungsgebiet).

»Wahrschau!« – Seemännischer Zuruf für »Obacht geben«, etwa: »Achtung, pass auf«.

Wache – (s. Abb. u.) a) Teil der Crew, der Dienst tut. Einteilung erfolgt nach einem Wachplan. Die wachfreie Besatzug heißt Freiwache. b) Der Zeitraum, über den sich eine Wache erstreckt.

Waffenbesitzkarte – Wird zum Kauf von Signalmunition für eine Signalpistole benötigt.

Wahrer Wind – Tatsächlicher Wind auf einem Schiff, wenn es keine Fahrt macht.

Walfang – Der Walfang war grausam und vernichtend. Er führte zur Reduzierung der Populationen vieler Walarten auf fünf bis zehn Prozent. Allein im Südpolarmeer wurden zwei Millionen Wale getötet. Die Bestände haben sich nach den Fangverboten insgesamt nicht wieder erholt, bei einigen Arten werden sich die Bestände wahrscheinlich auch nie wieder erholen. Bereits im Jahr 1931 wurde für den Nordkaper und südlichen Glattwal ein weltweites Fangverbot erlassen, und heute, nach 74 Jahren,

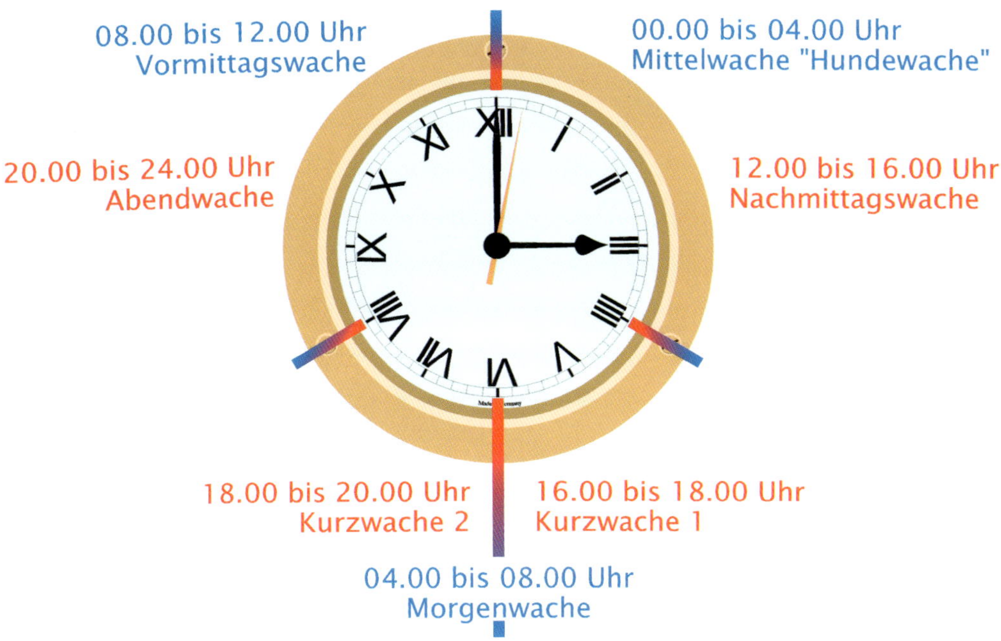

Wachzeitenwechsel

Wacheinteilung

leben noch immer nicht mehr als rund 300 Exemplare von ihnen. Allerdings gibt es bei den Grauwalen wieder eine konstante Zunahme, ihre Zahl ist fast schon wieder so hoch wie zu Beginn des Walfangs. Dennoch wird es auch bei völligem Stopp des Walfangs sicher noch mindestens hundert Jahre brauchen, bis die Populationen sich wieder einigermaßen erholt haben.

Norwegen und Japan jagen nach wie vor Wale, zum Teil illegal oder unter dem Deckmantel der Forschung. Japan fängt pro Jahr etwa 30 000 Delphine und bietet das Fleisch mangels Walfleisch als Walfleisch an. Diese intelligenten Tiere werden auch geopfert, um als Futter in Fischaufzuchten verfüttert zu werden. Wale und Delphine haben ein ausgeprägtes Sozialgefüge und der Verlust eines Familienmitgliedes ist für sie sicher sehr schmerzlich.

Want, die – Tauwerk oder Drahttauwerk zur Verstagung/Abspannung der Masten. Bei großen Yachten aus Nirosta-Vollmaterial.

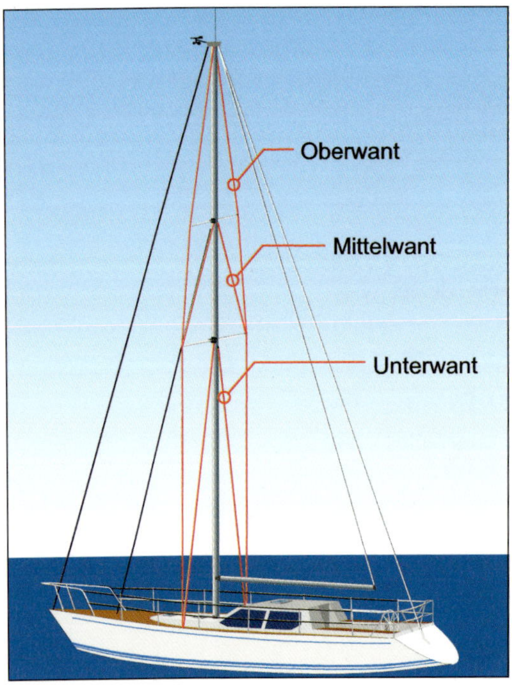

Wantenschere – Gehört zur Sicherheitsausrüstung. Wird beim Mastbruch zum Trennen der Wanten vom Rumpf bzw. von den Püttings benötigt.

Wantenschoner – Meist Plastikrohre zum Schutz vor Verletzungen und zum Schutz vorm Schamfilen.

Wantenspanner – Spannschraube zwischen Want und Pütting, dient zum Spannen der Want.

Wantenspanner auf der Gaffelketsch *FRANZIUS*.

Wärmetauscher – Leitet die Wärme vom Motorkühlwasser ab in das Wasser des Seewasserkühlkreislaufs.

Warmfront – (s. Abb. folgende Seite) Eine Warmfront kündigt sich mit Zirren an (nicht immer: »Bei Menschen und Zirren kann man sich irren«). Die Bewölkung geht über in Nimbostratus, und nach ca. 3–5 Stunden beginnt es zu regnen. Der Regen kann 4–6 Stunden anhalten und danach steigt die Lufttemperatur um einige Grade.

Warmwassernebel – Nebel, der sich bildet, wenn kalte Luft über warmes Wasser streicht.

Warngebietstonne – Gehört zu den Sonderzeichen und markiert besondere Gebiete Ihre Bedeutung kann der Seekarte oder den nautischen Veröffentlichungen entnommen werden.

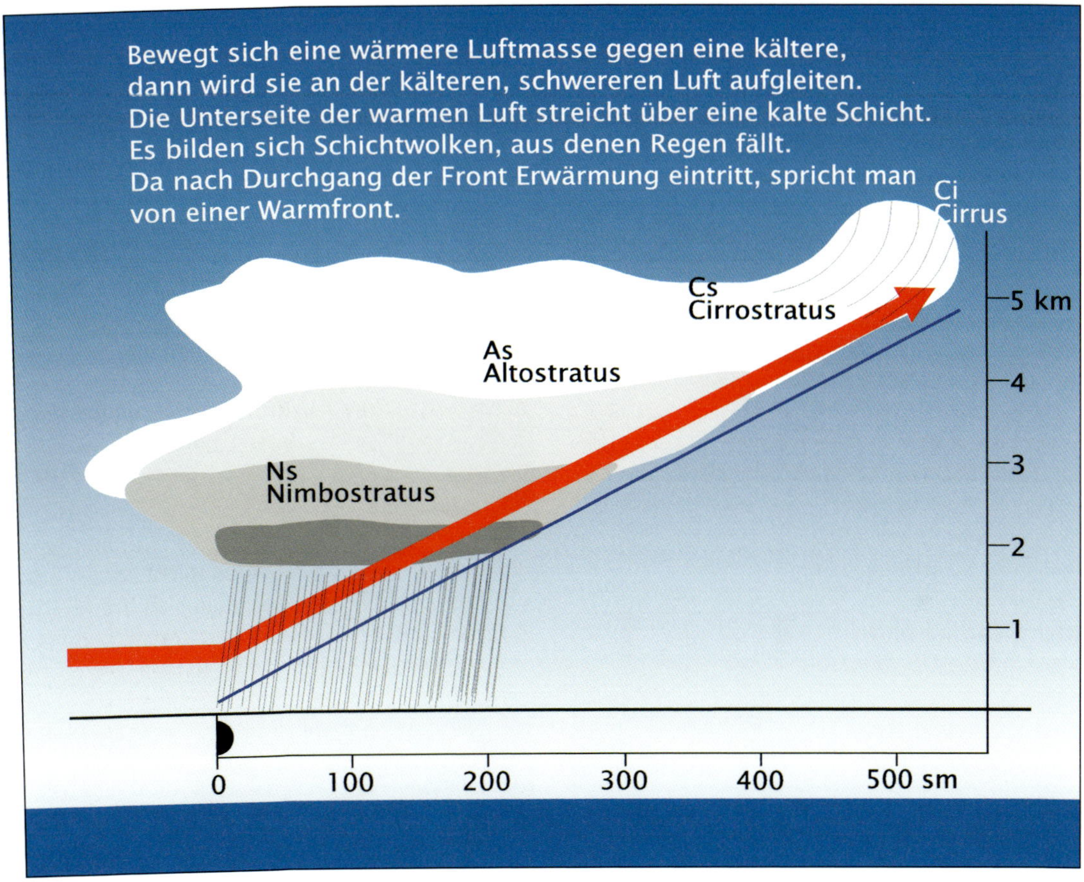

Warmfront.

Warnsektor – Ein Leitfeuer besteht aus einem weißen Leitsektor und zwei angrenzenden Warnsektoren (grün und rot). Befindet sich ein Schiff im grünen Warnsektor, so muss es seinen Kurs nach Backbord ändern; im roten Sektor nach Steuerbord.

Warpanker – Kleiner Hilfsanker zum Verholen eines Schiffes. Der Anker kann mit einem Beiboot ausgebracht werden und das Schiff wird dann verholt.

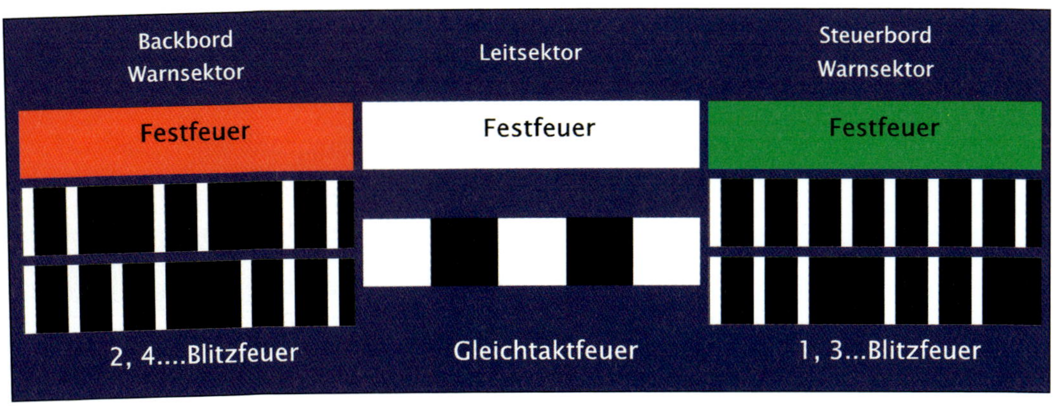

Warpen, verwarpen – Ausbringen eines Warpankers als zweitem Anker oder zum Verholen eines Schiffes.

Waschbord, der – Erhöhter Rand (Süll) des Cockpits zum Schutz gegen überkommende Seen.

Wasser machen – Wasser dringt durch undichte Stellen in der Außenhaut ein.

Wasserabscheider – Im Kraftstoffsystem eingebauter Filter zum Abscheiden von (Kondens-)Wasser im Kraftstoff.

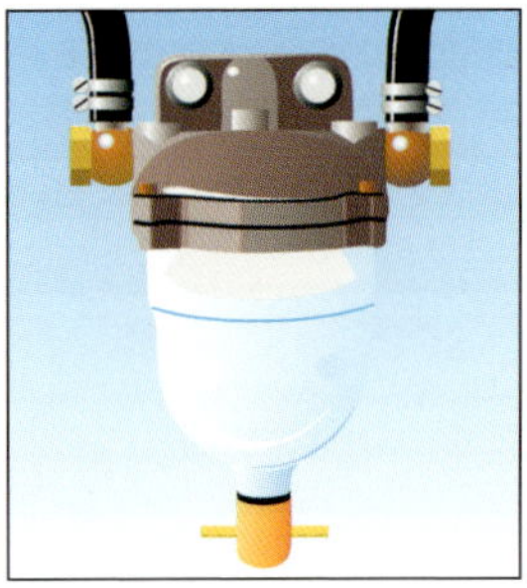

Wasserbob – Schwimmendes Wassermotorrad für ein bis zwei Personen. Sehr schnelle und wendige Wasserflitzer.

Wasserlinie (WL) – Eintauchlinie, ab der das Wasser den schwimmenden Rumpf berührt. Die berechnete Wasserlinie heißt Konstruktionswasserlinie (CWL). Die Eintauchtiefe des Rumpfes ist von der Beladung und dem Salzgehalt des Wassers abhängig.

Wasserpass – Markantes Band am Rumpf eines Schiffes, kennzeichnet die Eintauchtiefe.

Wasserski – Wasserski darf nur in gesondert gekennzeichneten Bereichen und nur zur Tagzeit gelaufen werden.

Das Zugboot muss mit zwei Personen besetzt sein. Eine Begleitperson beobachtet den Wasserskiläufer und gibt dem Bootsführer Informationen.

Wasserstag – Verspannung von Bugspriet und Klüverbaum zum Vorsteven.

Waterkant – Begriff für die Nordseeküste, kommt aus dem plattdeutschen »Wasserkante«.

Watt, Wattenmeer – Einzigartiger Lebensraum, der alle sechs Stunden trockenfällt und alle sechs Stunden wieder vom Meer überspült wird.

Wattenhoch – Trockenfallende, im Watt liegende Sandbänke. Bei Niedrigwasser ein guter Platz für Seehunde.

Phänomene im Watt.

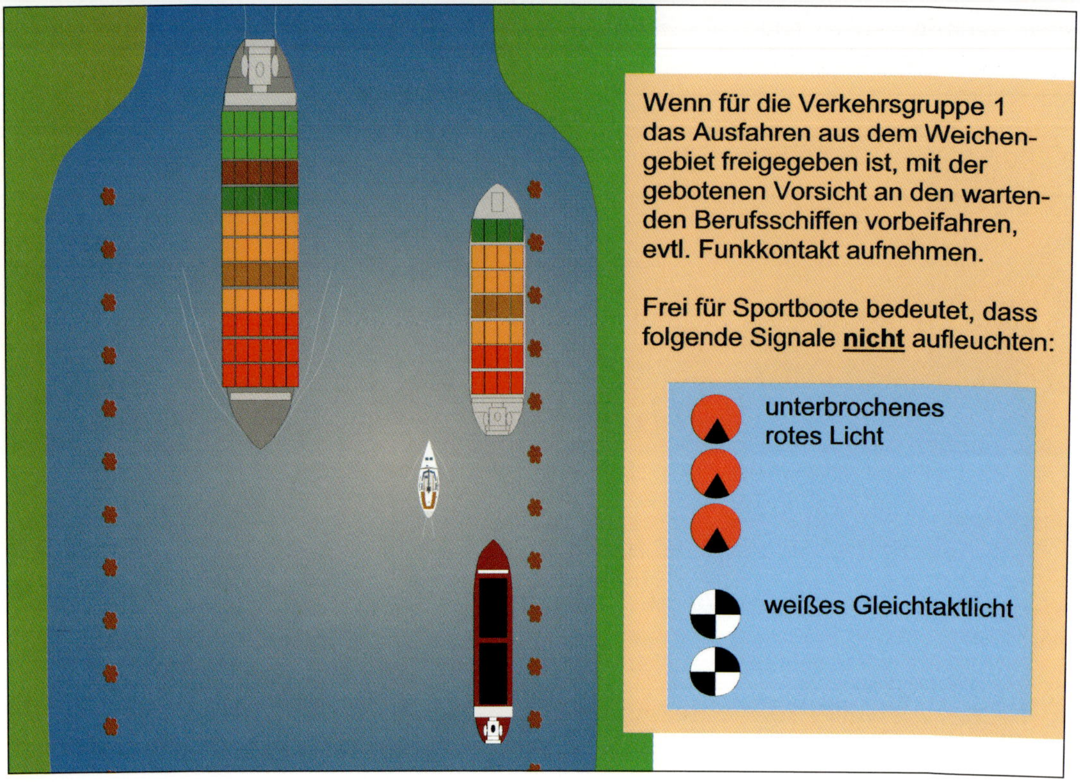

Weiche im Nord-Ostsee-Kanal.

Wattenstützen – Beim Trockenfallen werden an einer Kielyacht auf beiden Seiten des Rumpfes Stützen angebracht, damit die Yacht in waagerechter Lage stehen bleibt.

Webeleinen, Webleinen – Querleinen als Sprossen, die waagerecht in den Wanten befestigt werden. Dienen als »Stufen« zum Aufentern in die Rahen.

Webeleinenstek – Knoten zum Belegen eines Endes an Pfahl oder Poller sowie zum Befestigen von Fendern. Knoten mit zwei Törns, die sich gegenseitig bekneifen.

Weger, die – Schiffsplanke.

Wegerecht – Regelt die Ausweichpflichten der Schiffe untereinander.

Wegerechtschiff – Schiff, dem aufgrund seines Tiefgangs oder sonstiger Eigenschaften und der damit verbundenen eingeschränkten Manövrierfähigkeit ausgewichen werden muss.

Wegerung – Die innere Isolation eines Schiffes gegen Wärme und Kälte.

Wegpunkt – s. WPT.

Weiche – (s. Abb. o.) Ausweichstelle im Nord-Ostsee-Kanal (NOK bzw. international: Kiel-Canal).

Wellenanode – Auf der Antriebswelle befestigte Opferanode, die Welle und Propeller vor Elektrolyse schützt.

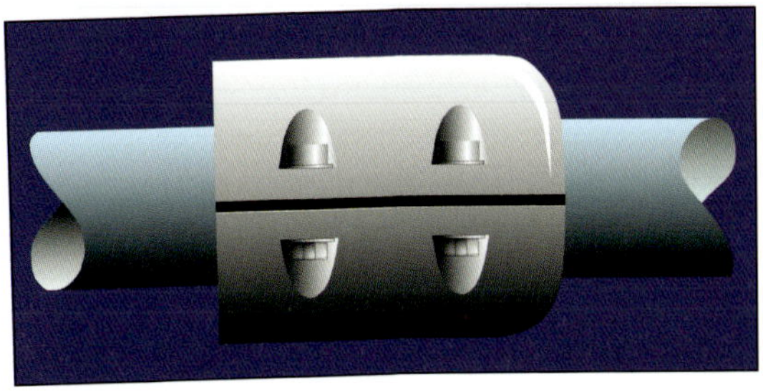

Wellenhöhe – Höhendifferenz zwischen Wellenberg und Wellental. Wellenhöhen sind schwer zu schätzen, da wir als Wassersportler zum Wellenberg oder in das Wellental verzerrt schauen.

Wellenlänge – Länge von einem Wellenberg zum nächsten.

Wellenperiode – Zeitraum zwischen zwei an einem festen Ort vorbeiziehenden Wellenkämmen.

Wende – Die Wende umfasst die vortriebslose Phase vom Amwindkurs durch den Wind drehend wieder zum Amwindkurs.

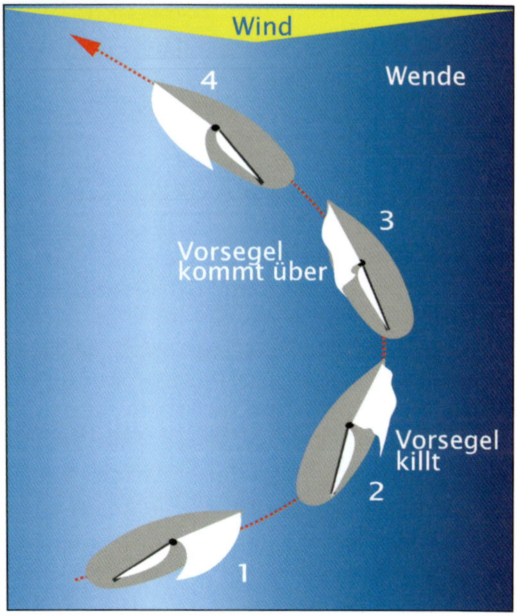

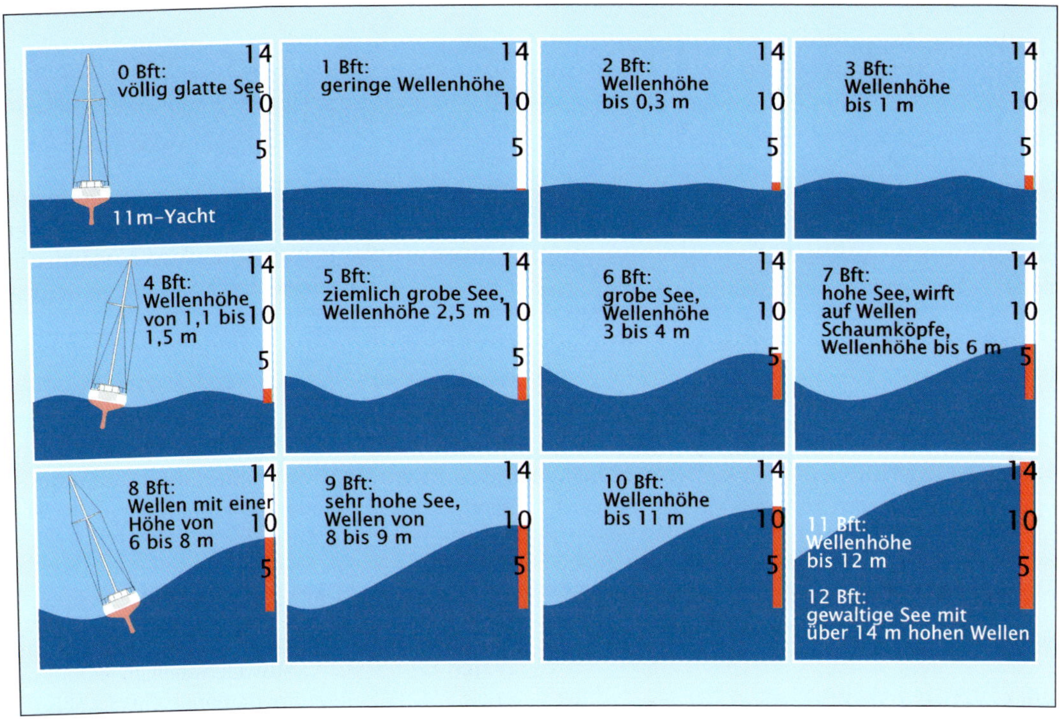

Wellenhöhen

Wendegetriebe – Reduziert die Drehzahl der Propellerwelle und kehrt die Drehrichtung des Propellers um.

Hydraulisch geschaltetes ZF-Wendegetriebe. (Zahnradfabrik Friedrichshafen AG)

Werg – Kalfatwerg aus Hanf zum Abdichten (Kalfatern) von Schiffsholzrümpfen, Schiffsverbänden und Schraubverbindungen.

Wetterkarte – Darstellung des Wettergeschehens auf einer Landkarte mit international festgelegten Wettersymbolen.

WGS 84 – World Geodetic System 1984: Seekartenbezugssystem. In Seekarten ist die Abweichung von Satellitennavigation und WGS 84 vermerkt.

Widerstand – Auf einem Vormwindkurs werden die Segel bauchig getrimmt; Antrieb durch Widerstand.

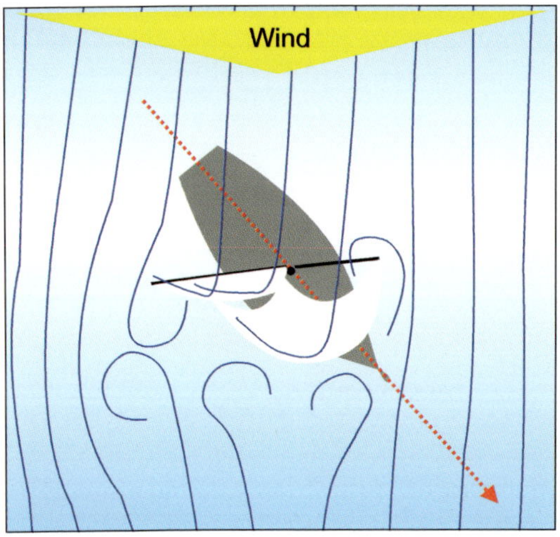

Wiederkehr – Leuchtfeuer haben eine Kennung. Das Wiederholen dieser Kennung ist die Wiederkehr.

Wiek, Wieck, Wik, Wyk, die – Kleinere Buchten in der Ostsee, z.B. Wyk auf Föhr.

Wikinger – Nordmänner, Männer auf Seefahrt. Vom 8. bis zum 11. Jahrhundert wurden so die heidnischen Männer im heutigen Dänemark, Norwegen und Schweden genannt. Der Name könnte von »Vik« abgeleitet sein: die in einer Bucht leben. Sie waren nicht ganz so kriegerisch, wie sie in Büchern und Filmen dargestellt werden. Sie konnten weite Strecken mit ihren Langschiffen (Kleids = Kriegsschiffe) und den Lastenseglern unternehmen; bis in das Mittelmeer. Sie machten Erkundungsfahrten und trieben regen Handel. Ihre Navigationskenntnisse waren damals schon ausgezeichnet, denn sie beherrschten das Koppeln sehr genau. Ihre Schiffe, mit Segel und Riemen ausgerüstet, waren sowohl für die See als auch für Flüsse geeignet.

Wikingerschiff. (Schifffahrtsmuseum Oslo, Norwegen)

Wimpel – Wimpel sind flach geschnittene Dreiecksflaggen (Höhen-Breiten-Verhältnis 10:3). Sie werden als Zahlenwimpel oder Antwortwimpel benutzt.

Wind – Wind ist sich bewegende Luft. Zwischen einem hohen und niedrigen Luftdruck findet ein Ausgleich statt, Wind weht zum niedrigen Luftdruck. Ist der Druckunterschied sehr groß, ist der Wind entsprechend stärker.

Windchillfaktor – Gefühlte Kälte auf der Haut, hervorgerufen durch den Wind. Bei einer Temperatur von z.B. -10 °C und einer Windgeschwindigkeit von 40 km/h ergibt sich eine gefühlte Temperatur von -31 °C. Die ungeschützte Haut kann in wenigen Minuten erfrieren.

Windex – Anzeige im Masttopp für den wahren und bei Fahrt für den scheinbaren Wind.

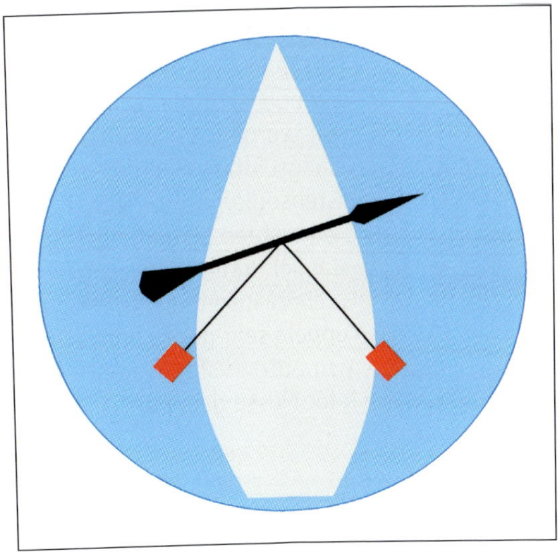

Windfieder – Symbol in Wetterkarten für Windrichtung, Windstärke und Bedeckungsgrad.

Windgenerator – Auf Segelyachten installiertes Windrad zum Erzeugen von Strom. Segler sind immer in Stromnot, und wenn ein Segler die Welt umsegelt, ist er auf Wind und Sonne als Energiequelle für die Navigationsgeräte angewiesen.

Windregel – Der Wind in Kaltfronten zunächst parallel zur Front, häufig frischt er heftig auf, bis zu Sturmböen. Nach Durchzug der Front flaut er ab und frischt hinter der Front recht drehend wieder auf.

Windrose – Windrichtungsscheibe, entspricht der Kompassrose. Auf alten Windrosen haben die verschiedenen Windrichtungen Windnamen, die aus dem Griechischen und später aus dem Italienischen kamen, wie z.B. Levante für Ostwind oder Scirocco für NO.

Windsee – Durch den örtlichen Wind verursachte Wellen.

Windstärke – Maß für die Stärke, mit der der Wind weht. Die Angabe erfolgt in Beaufort oder Knoten (s. Beaufortskala).

Windsurfen – Mit einem Brett und einem Segel über das Wasser gleiten. Windsurfer erreichen hohe Geschwindigkeiten.

Winsch, die – Seemännischer Ausdruck für eine Winde. Vorrichtung zum Heben bzw. Ziehen von Lasten. Bei Seglern zum Holen und Fieren der Schoten.

Winschkurbel – Mit der Winschkurbel wird die Winsch von Hand gedreht.

Winterlager – Ort, an dem Boote überwintern, entweder abgedeckt im Freien oder abgestellt in Hallen.

Wirbelschäkel – Schäkel mit einem drehbarem Auge.

Wolkenformen.

Wolken – Luft, die ausreichend feucht ist, kondensiert zu Wassertröpfchen. Wolken gibt es in verschieden Höhen unserer Lufthülle, und jede Wolkenform wird von den Meteorologen genau bezeichnet.

WPT – Waypoint, Wegpunkt: der nächste anzusteuernde Ort in geografischer Länge und Breite. Begriff beim Navigieren mit GPS (s. dort).

Wrack – Heruntergekommenes oder gesunkenes Schiff.

Wrange, Bodenwrange – Querschiffs liegende Bodenverstärkung.

Wriggen – Übers Heck mit einem Paddel oder Riemen durch drehartige Bewegungen für Vortrieb sorgen. Berühmt sind die Gondelfahrer in Venedig für ihre schon kunstvoll zu nennenden Fahrten.

WSD – Wasser- und Schifffahrtsdirektion.

Wuhling – a) Seemännischer Ausdruck für »heilloses Durcheinander«. b) Dicht nebeneinander liegende Tauumwicklungen (z.B. an Masten) wurden als Wuhlings bezeichnet. Die Wicklungen dienten zur Stabilisierung der Masten.

Wuhlingstek – Ein unseemännischer Knoten, der nicht hält oder sich nicht öffnen lässt.

Wulstbug – Strömungsgünstigere Form des Bugs durch einen Wulst. Der amerikanische Admiral und Schiffbauer David Watson Taylor entwickelte diesen Bug.

Wurfleine – Dünne, am einen Ende beschwerte Leine, mit der zum Land oder einem Boot eine Verbindung hergestellt wird. Danach wird mit der Wurfleine der dickere Festmacher oder die Schlepptrosse herübergezogen.

Unterbrechen Sie Ihr gegenwärtiges Vorhaben (Manöver) und achten Sie auf meine Signale.

X X-ray ▬ ● ● ▬

Ich treibe vor Anker.

Y Yankee ▬ ● ▬ ▬

X-Band – Begriff der Radartechnik, 3-cm-Band: Die Wellenlänge des Radarstrahls beträgt 3 cm. Die Frequenz liegt zwischen 9320 und 9500 MHz. X-Band-Radargeräte werden auf Yachten eingesetzt.

X-Schiene – X-förmige Metallschiene, auf der der Großschotwagen (Traveller) auch unter Belastung leicht läuft.

XTD, XTE – Cross track distance bzw. cross track error, seitliche Ablage des Kurses nach Backbord oder Steuerbord in sm. Begriff beim Navigieren mit GPS (s. dort).

Yacht – Allgemeiner Begriff für größere Sportboote; Motor- und Segelboote. Die Crew kann – ggf. auch mit Passagieren – auf Yachten »wohnen«.

Ist auch eine Yacht.

Yachtheck – Die Yachthecks haben sich im Laufe der Jahre ständig geändert. Zurzeit ist der einfallende Spiegel sehr modern (s. Heck).

Yardstick – Vom Engländer Zillwood Milledge 1951 festgelegte Zahl, damit bei Regatten unterschiedliche Yachten gegeneinander segeln können. Die Yachten bekommen eine Yardstickzahl, durch die die gesegelte Zeit geteilt wird.

Yawl, die – Die Yawl wird charakterisiert durch ihren hinteren Mast: der Besan steht außerhalb der Wasserlinie.

Ich benötige einen Schlepper.
Fischerei:
Ich setze Netze aus.

Z Zoulou ▬ ▬ ● ●

Z-Antrieb – Maschinenantrieb in Z-Form, meist für schnelle Motorboote.

Zeesenboot – Früher ein slup- oder ketschgetakeltes Fischereiboot in der Ostsee. Heute ein Wassersportfahrzeug mit 10 bis 12,5 m Länge, 2,80 bis 3,45 m Breite und 0,95 bis 1,20 m Tiefgang.

Zehn goldene Regeln – Verhaltensmaßregeln der Wassersportler zum Schutz der Umwelt.

Zeisen – Mit Zeisingen etwas zusammenbinden, z.B. die Segel.

Segel zeisen in der Nordsee auf dem Weserkahn *FRANZIUS* der Bremer Bootsbau Vegesack.

Zeisinge – dünnes Tauwerk.

Zeitunterschied der Gezeiten (ZUG) – Unterschied zwischen Hochwasserzeit bzw. Niedrigwasserzeit am Anschlussort und Hochwasserzeit und Niedrigwasserzeit am Bezugsort.

Zeug – a) Gesamtheit der Segel auf einem Schiff. b) Bekleidung des Seemanns.

Ziehschein – Verpflichtung des Reeders, auf Verlangen des Seemanns insgesamt 75% der Heuer (Nettolohn) in Abschlägen am fünfzehnten und am letzten Tag eines Monats direkt an seine Familie oder an eine vom ihm bezeichnete Person auszuzahlen.

Zinkanode – Wird bewusst der Elektrolyse im Unterwasserbereich des Schiffes ausgesetzt, um zu verhindern, dass das eigentliche Schiffsmetall von der Elektrolyse in Mitleidenschaft gezogen wird. Muss regelmäßig erneuert werden (s. Opferanode).

Zirkel – Instrument zum Abgreifen von Distanzen in der Seekarte (s. Kartenzirkel und Einhandzirkel).

Zirrokumulus – Sehr hohe, dünne Kumulusfelder oder -flocken.

Zirrokumulus

Zirrus – Wolken im »obersten Stockwerk«. Einzelne Fasern oder Büschel aus Eis. Sie können eine Warmfront anzeigen; aber auch harmlose Reste von Kondensstreifen sein, weshalb Wetterprognosen auf der Basis solcher Wolken immer unsicher bleiben. Merkspruch: Bei Menschen und Zirren kann man sich irren.

Zirrus

Zirrostratus – Hoher, durchscheinender Wolkenschleier, der sich über den ganzen Himmel erstreckt und evtl. ein Halo erzeugt.

Zodiak – Sehr wendige, motorisierte Schlauchboote zur Exploration. Werden auch von Greenpeace bei deren Umweltaktionen eingesetzt.

Zollboot, Zollkreuzer – Schiffe des Zolls, sollen die Einhaltung der Zollbestimmungen im Flussmündungsbereich und auf See überwachen.

Zollboote in Bremerhaven.

Zollhafen – Zuständiger Aus- und Einklarierungshafen.

Zollzeichen – Zeichen (Hilfsstander 3, nachts ein grünes Licht): »Alle Zollformalitäten sind erledigt« bzw. »Ich will verzollen«.

Das Zeichen soll an einem Signalstag am Vor- oder Hintermast gut sichtbar gesetzt sein. Das Schiff darf bei der Ausfahrt bis zur Zollgrenze keinen Kontakt mehr mit einem anderen Schiff oder einer Landstelle haben. Kommt es von See, so setzt es an der Zollgrenze das Zeichen und meldet sich so zur Einklarierung in einem zuständigen Zollhafen.

Zossen, der – Altes Wasserfahrzeug, älteres Schiff. Wird manchmal auch zu einem alten Pferd gesagt.

ZUG, der – Unterschied zwischen Hochwasserhöhe bzw. Niedrigwasserhöhe am Anschlussort und Hochwasserhöhe und Niedrigwasserhöhe am Bezugsort.

Zurren – Ladung oder lose Teile festmachen, festlaschen.

Zwei halbe Schläge – Dienen zum Befestigen von Leinen, wenn nicht zu viel Zug auf die Leinen kommt.

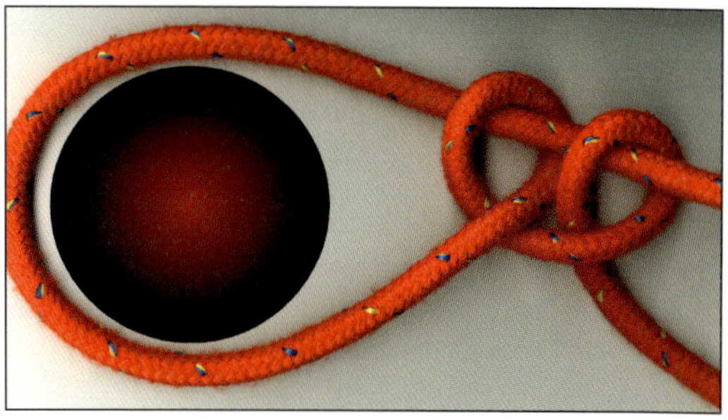

Zweifarbenlaterne – Laterne, in der die beiden Seitenlichter (grün und rot) untergebracht sind. Auf Jachten unter 20 m Länge am Bug zugelassen.

Zweihebelschaltung – Getrennte Schaltung für das Getriebe (vor und zurück) und Drehzahl des Motors.

Zweikomponentenlack – Erst, wenn der Härter als zweite Komponente zum Lack gemischt wird, beginnt der Trocknungsprozess, und der erfolgt dann sehr rasch. Der Lack kann wie beim Auto nach der Trocknung poliert werden.

Zweikreiskühlung – (s. Abb. folgende Seite) Kühlsystem mit einem Primär- und einem Sekundärkreislauf. Der Primärkreislauf ist der Seewasserkreislauf, der Sekundärkreislauf ist der geschlossene Moto-

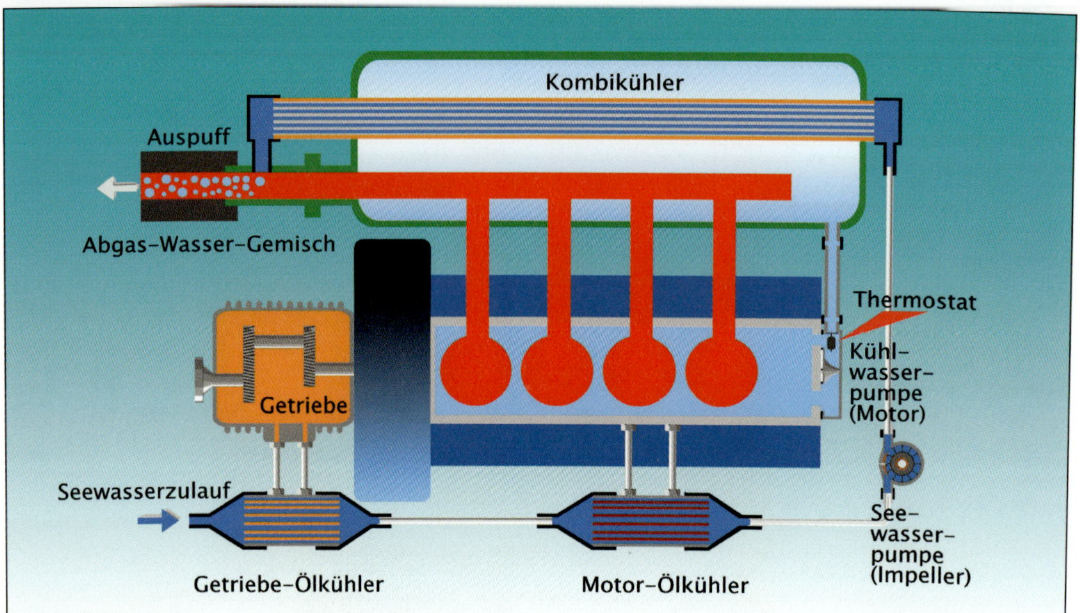

Zweikreiskühlsystem.

renkreislauf mit Süßwasser und Frostschutz. Über einen Wärmetauscher gibt der Sekundärkreislauf die Wärme an den Primärkreislauf ab.

Zweileinen-Reffsystem – Durch zwei Leinen bedienbares Reffsystem.

Zweitaktbenzinmotor – (s. Abb. folgende Seite) Kostengünstiger und leichter Motor (als Außenborder), hat aber hohe Emissionen. Viertaktbenzinmotoren und auch schon Dieselmotoren werden ebenfalls als Außenborder eingesetzt.

Zweitregister – Schiffsregister, in das Schiffe unter vereinfachten Bedingungen eingetragen werden können. Kommt den Billigflaggen gleich.

Zwischenhoch – Ein zwischen zwei Tiefdruckgebieten sich bil-

Zweileinen-Reffsystem.

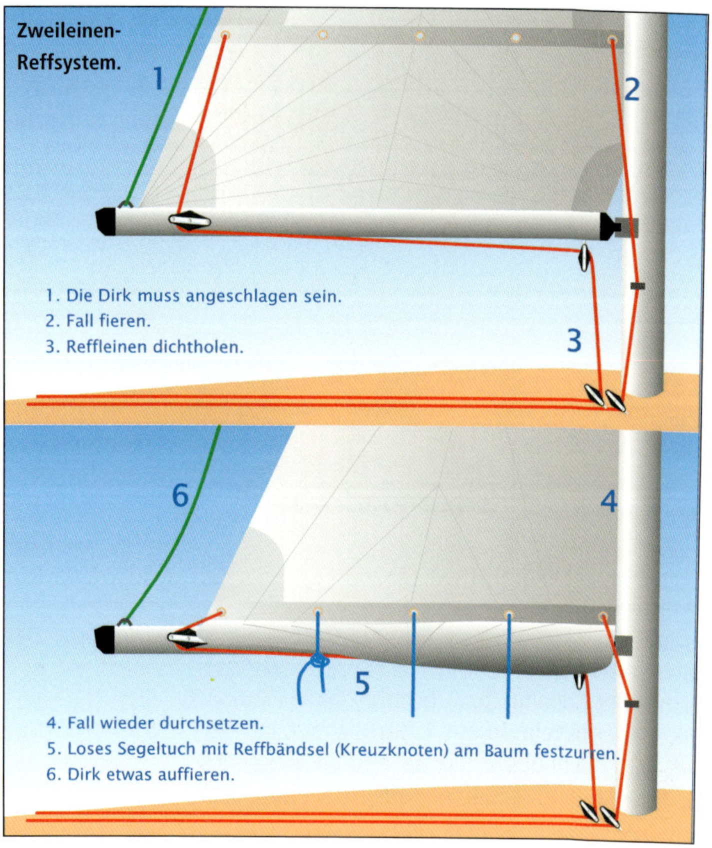

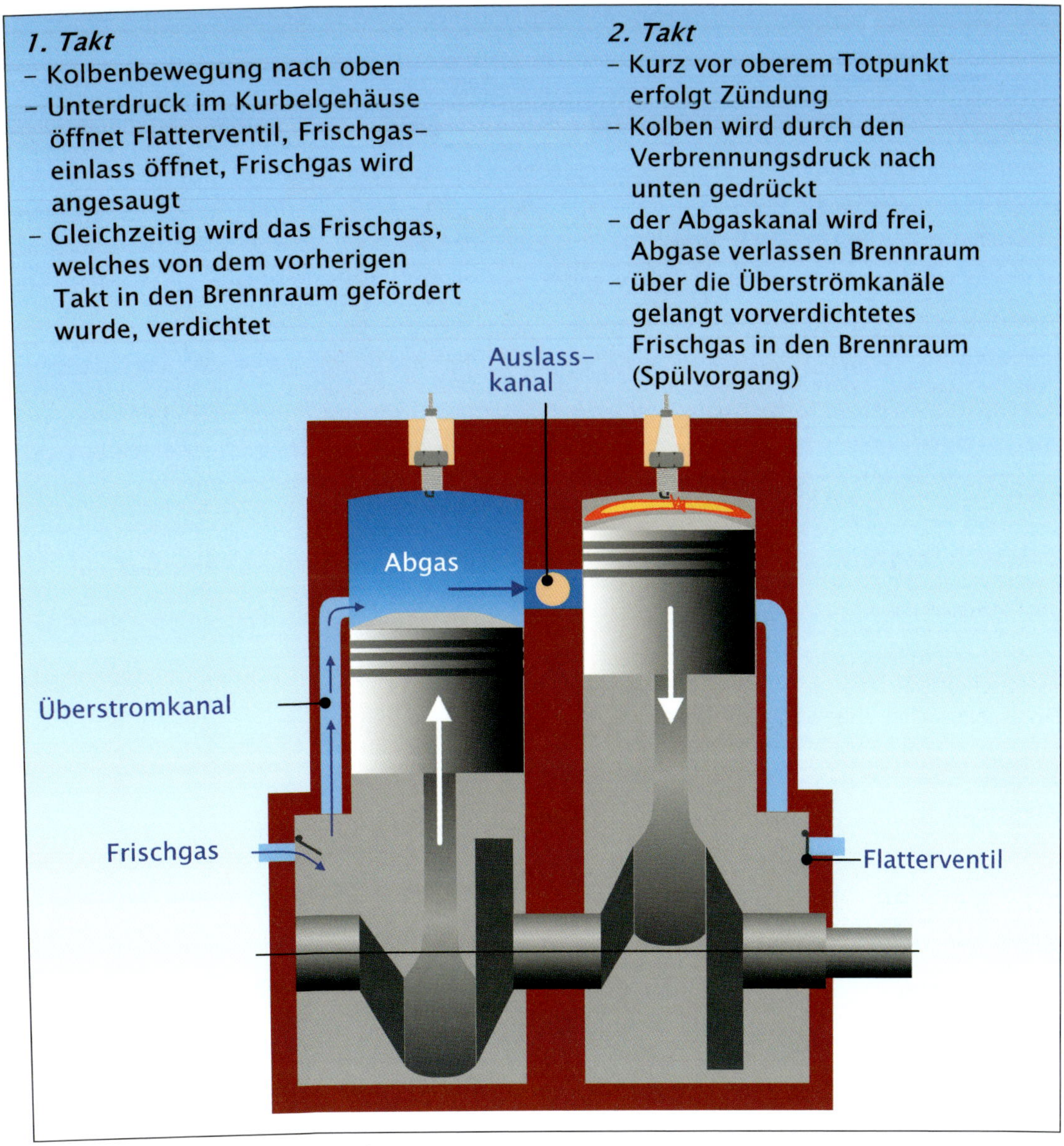

Funktionsschema eines Zweitakt-Benzinmotors.

dendes, kurzlebiges Hochdruckgebiet, kurzzeitige Wetterbesserung.

Zwölftelregel – Die Tidenkurve ist eine Kosinuskurve. Der Tidenhub bzw. Tidenfall lässt sich rechnerisch ermitteln. In der 1. Stunde erfolgt etwa 1/12 des Tidenhubs; 2. Stunde: 2/12 des Tidenhubs; 3. Stunde: 3/12 des Tidenhubs; 4. Stunde: 3/12 des Tidenhubs; 5. Stunde: 2/12 des Tidenhubs und 6. Stunde noch einmal 1/12 des Tidenhubs.

Zyklon – a) Tiefdruckgebiet. b) Tropischer Wirbelsturm von April bis Dezember im nördlichen Indischen Ozean.